Kultur- und sozialwissenschaftliche Studien

Studies in Cultural and Social Sciences

Herausgegeben von/Edited by
Stefan Breuer, Eckart Otto,
Hubert Treiber

Band/Volume 2

2009

Harrassowitz Verlag · Wiesbaden

Mathias Berek

Kollektives Gedächtnis und die gesellschaftliche Konstruktion der Wirklichkeit

Eine Theorie der Erinnerungskulturen

2009

Harrassowitz Verlag · Wiesbaden

Gedruckt mit Unterstützung der Stiftung Erinnerung, Lindau.

Bibliografische Information der Deutschen Nationalbibliothek
Die Deutsche Nationalbibliothek verzeichnet diese Publikation in der Deutschen
Nationalbibliografie; detaillierte bibliografische Daten sind im Internet
über http://dnb.d-nb.de abrufbar.

Bibliographic information published by the Deutsche Nationalbibliothek
The Deutsche Nationalbibliothek lists this publication in the Deutsche
Nationalbibliografie; detailed bibliographic data are available in the internet
at http://dnb.d-nb.de.

Informationen zum Verlagsprogramm finden Sie unter
http://www.harrassowitz-verlag.de

ISSN 1866-6884
ISBN 978-3-447-05921-3

Inhalt

Danksagung

Diese Arbeit ist zwar das Werk eines Einzelnen, allerdings eines Einzelnen in Gesellschaft, und so stecken darin zweifellos auch die Einflüsse von anderen. Ich schließe hier nicht nur an die Denkleistungen anderer an und versuche diese fortzusetzen, sondern will auch denen danken, die mir in der ganzen Zeit eine große Hilfe waren. Zuallererst danke ich Klaus Christian Köhnke für sein inspirierendes und umsichtiges Wirken als Betreuer dieser Arbeit. Er verschaffte mir nicht nur den Zugang zur Kulturtheorie, sondern zeigte sich in klärenden und immer wieder motivierenden Gesprächen auch als idealer Mentor. Ebenfalls dankbar bin ich Monika Wohlrab-Sahr und Hans-Georg Soeffner, die in ihren Gutachten wertvolle, für die vorliegende Druckfassung unverzichtbare Anregungen geliefert haben. Für ihre unschätzbaren Kommentare und Diskussionen zur Arbeit und die Aufopferung zur Korrektur danke ich insbesondere Anne Friedrichs, Susanne Feustel und Jörn Bohr, für die langjährige freundschaftlich-intellektuelle Begleitung Susanne Hagemann. Auch den Teilnehmer/-innen der Kolloquien am Institut für Kulturwissenschaften sei für wichtige Anregungen und Perspektivwechsel gedankt. Letztlich hätte die Arbeit auch ohne die Hilfe des Instituts und seiner Mitarbeiter/-innen nicht in der jetzigen Form entstehen können. Dafür auch ihnen Dank, ebenso wie der Universität Leipzig für die Unterstützung in Form eines Graduiertenstipendiums. Der Druck dieser Arbeit wurde durch die Stiftung Erinnerung (Lindau) großzügig gefördert, auch dafür will ich an dieser Stelle danken.

Ein ganz persönlicher Dank geht an Nadine – nicht nur dafür, dass sie immer für Textkritik zur Verfügung stand, sondern für jeden Moment zusammen mit ihr. Keineswegs zuletzt, sondern an prominenter Stelle möchte ich schließlich meinen Eltern danken, für all die Jahre und dass ich zu jeder Zeit auf ihre Unterstützung zählen konnte. Ihnen sei dieses Buch gewidmet.

Leipzig, im Juni 2009.

1 Einleitung

1.1 Erinnerungsforschung und ihre Ergebnisse

Am Thema kollektives Gedächtnis herrscht in den Geistes- und Sozialwissenschaften spätestens seit Beginn der neunziger Jahre reges Interesse: Eine »Erinnerungswelle« rollte durch die akademische Welt.[1] Erinnerung, Gedächtnis und Erinnerungskultur sind mittlerweile Leitbegriffe der Kulturgeschichtsschreibung[2] und »zentrales Konzept der Geisteswissenschaften« geworden.[3] Eine Unzahl von Einzelstudien und Kongressen beschäftigte sich im Verlauf der letzten 15 Jahre mit Erinnerungskulturen verschiedener Epochen, Länder und Schichten, aber auch mit kollektivem Gedächtnis an sich und seinem Verhältnis zu anderen gesellschaftlichen Phänomenen oder Systemen. Allein die Anzahl der Veröffentlichungen macht es dabei zu einem kaum leistbaren Unterfangen, einen Überblick zu bewahren.[4] Mittlerweile sind zwar auch immer deutlichere Zeichen von Unwillen und Ermüdung zu erkennen, und allein die Wortwahl »Welle« spricht bereits für eine gewisse distanzierte Abwehrhaltung, von einem Ende des Themas kann jedoch keine Rede sein. Unter Bezug auf Susanne K. Langer könnte man aber auch die Frage aufwerfen, ob denn solch ein Boom überhaupt in geringschätzigem Tonfall festgestellt werden muss. So wie gescholtene »Modeströmungen in der Philosophie« kann auch die Beschäftigung mit der Erinnerung, ein »Wort, das jeder aufschnappt,« eine »Frage, die jeden erregt«, durchaus und vielleicht auch gerade deshalb eine fruchtbare Idee bergen.[5]

---

1 »[...] the memory wave that has gripped academia« – Kansteiner, Wulf: Of Kitsch, Enlightenment, and Gender Anxiety: Exploring Cultural Memories of Collective Memory Studies. *History & Theory* 46 (2007) 1, S. 82–91, hier 82. Und: Olick, Jeffrey: Collective Memory: The Two Cultures. *Sociological Theory* 17 (1999), 3, S. 333–348, hier 333.

2 Cornelißen, Christoph: Was heißt Erinnerungskultur? Begriff – Methoden – Perspektiven. In: *Geschichte in Wissenschaft und Unterricht* 54 (2003), 9, S. 548–563.

3 Kansteiner, Wulf: Postmoderner Historismus – Das kollektive Gedächtnis als neues Paradigma der Kulturwissenschaften. In: Jaeger, Friedrich / Straub, Jürgen (Hg.): Handbuch der Kulturwissenschaften. Band 2: Paradigmen und Disziplinen. Stuttgart: Metzler 2004, S. 119–139, hier 119.

4 Umso erfreulicher, wenn ein solcher dann doch gewagt wird, z. B.: Erll, Astrid: Kollektives Gedächtnis und Erinnerungskulturen. Eine Einführung. Stuttgart: Metzler 2005; Kansteiner, Wulf: Postmoderner Historismus, und: König, Helmut: Politik und Gedächtnis. Weilerswist: Velbrück Wissenschaft 2008.

5 Langer, Susanne K.: Philosophie auf neuem Wege. Das Symbol im Denken, im Ritus und in der Kunst. Frankfurt/M.: Fischer 1984 [1965, amer. 1942], S. 31.

Bedeutend zur Vorbereitung des Forschungsbooms beigetragen haben unter anderem bereits 1980 ein von Lutz Niethammer herausgegebener Band,[6] die Neuauflage zweier Bücher des lange Zeit vergessenen französischen Soziologen Maurice Halbwachs[7] und Ende der achtziger Jahre die Veröffentlichungen von Connerton,[8] Burke,[9] Assmann/Hölscher[10] und Assmann/Harth.[11] Man könnte den Beginn der »memory wave« aber auch mit der ersten Ausgabe der Zeitschrift *History & Memory* auf das Jahr 1989 datieren.[12]

Der einfache Grund des Booms der Erinnerungskultur*forschung* war die Feststellung, dass es in den westlichen Industriegesellschaften seit den siebziger Jahren einen *Boom der Erinnerung* gegeben habe. In Deutschland habe er sich geäußert als Ausbreitung von Denkmalschutzvereinen,[13] Geschichtswerkstätten,[14] Museen und Populärhistorie,[15] in einem neuen, personalisierteren Umgang mit den Opfern des Nationalsozialismus,[16] in einer intensivierten Beschäftigung mit dem »Dritten

---

6 Als eine der ersten Verwendungen des Begriffes »kollektives Gedächtnis« im Deutschen: Niethammer, Lutz (Hg.): Lebenserfahrung und kollektives Gedächtnis. Die Praxis der »Oral History«. Unter Mitarbeit von Werner Trapp. Frankfurt/M.: Suhrkamp 1985 [1980].

7 Auf deutsch im Jahr 1985: Halbwachs, Maurice: Das Gedächtnis und seine sozialen Bedingungen. Frankfurt/M.: Suhrkamp 1985 [1966, frz. 1925] und ders.: Das kollektive Gedächtnis. Frankfurt/M.: Fischer 1985 [1967, frz. 1950].

8 Connerton, Paul: How Societies remember. Cambridge: Cambridge University Press 1989.

9 Burke, Peter: History as social memory. In: Butler, Thomas (Hg.): Memory. History, Culture and the Mind. Oxford: Blackwell 1989, S. 97–113. [dt. Übers. als: Geschichte als soziales Gedächtnis. In: Assmann, Aleida / Harth, Dietrich (Hg.): Mnemosyne. Formen und Funktionen der kulturellen Erinnerung. Frankfurt/M.: Fischer 1991, S. 289–304]. Auf Englisch erschienen bereits seit Beginn der achtziger Jahre vermehrt Studien zum kollektiven Gedächtnis, hier am Anfang u. a. Shils, Edward: Tradition. London: Faber and Faber 1981.

10 Assmann, Jan / Hölscher, Tonio (Hg.): Kultur und Gedächtnis. Frankfurt/M.: Suhrkamp 1988.

11 Assmann, Aleida / Harth, Dietrich (Hg.): Mnemosyne.

12 *History and Memory*: Studies in Representation of the Past. Hg. an der Aranne School of History, Tel Aviv University, Frankfurt/M.: Athenäum 1 (1989), Später unter dem Titel: History & Memory. Studies in Representation of the Past. Bloomington: Indiana University Press; seit 1997 hg. am Eva and Marc Besen Institute for the Study of Historical Consciousness, Tel Aviv University.

13 Koshar, Rudy J.: Building Pasts: Historic Preservation and Identity in Twentieth-Century Germany. In: Gillis, John R. (Hg.): Commemorations. The Politics of National Identity. Princeton: Princeton University Press 1994, S. 215–238.

14 Deren Unterschied zur etablierten Geschichtsschreibung vor allem in der Orientierung am Alltagsleben bestand – vgl. Niethammer, Lutz: Einführung. In: ders. (Hg.): Lebenserfahrung und kollektives Gedächtnis, S. 7–33.

15 Lübbe, Hermann: Der Fortschritt und das Museum. In: ders.: Die Aufdringlichkeit der Geschichte. Herausforderungen der Moderne vom Historismus bis zum Nationalsozialismus. Graz u. a.: Styria 1989, S. 13–29 [zuerst als: Der Fortschritt und das Museum. Über den Grund unseres Vergnügens an historischen Gegenständen. The Bithell Memorial Lecture. University of London 1982].

16 Z.B. die Ausstrahlung des Fernsehfilms »Holocaust« im Jahr 1979. Vgl. Brandt, Susanne: Holocaust – redaktionell bearbeitet. Wie die Erstausstrahlung der Holocaust-Serie 1979 das deutsche Nachkriegserinnern beeinflusste. Über den Zusammenhang von Fernsehen und kol-

Reich« bis hin zur der Entstehung des Großteils der bundesdeutschen Gedenkstättenlandschaft[17] oder in einem erneuten Anstieg der Anzahl veröffentlicher Heimatbücher.[18]

Zur Erklärung dieses Booms schälen sich drei Hauptstränge heraus:

– *technische Entwicklungen*, vor allem die neuen Möglichkeiten von Speicherung und Kommunikation;[19]

– *soziale und politische Umbrüche*: das Nachlassen »lebendigen« nationalen Zusammenhalts,[20] das Ende des Auswendiglernens in der Schule, der Bedeutungsverlust der Großfamilie mit ihren Vergangenheit vermittelnden Großeltern und die Mitgliedschaft der Menschen in verschiedenen Gruppen mit unterschiedlichen Gedächtnissen,[21] die Beschleunigung von sozialem Wandel und Städteumbau,[22] und für die Bundesrepublik nicht zuletzt die seit 1968, spätestens aber seit der Ostpolitik der sozialliberalen Regierung anhaltenden Auseinandersetzungen zwischen politisch linksliberalem und rechtskonservativem Spektrum um die Deutung der Vergangenheit,[23] die

---

lektivem Gedächtnis. In: *Zeitschrift für KulturAustausch* 49 (1999), 4, S. 89–91; und Kansteiner, Wulf: Nazis, Viewers and Statistics: Television History, Television Audience Research and Collective Memory in West Germany. In: *Journal of Contemporary History* 39 (2004), 4, S. 575–598.

17 Vgl. Koonz, Claudia: Between Memory and Oblivion: Concentration Camps in German Memory. In: Gillis, John R. (Hg.): Commemorations, S. 258–280. Zwölf der 16 (deutschsprachigen) Mahnmale, Gedenkstätten und Dokumentationszentren in ehemaligen Konzentrationslagern auf westdeutschem Gebiet wurden in den Jahren 1977–1987 eingeweiht, davon 11 seit 1981 – vgl. Puvogel, Ulrike / Stankowski, Martin: Gedenkstätten für die Opfer des Nationalsozialismus. Eine Dokumentation. Unter Mitarbeit von Ursula Graf. Band I. Bonn: Bundeszentrale für politische Bildung 21995 [1987].

18 Die sich vor allem an Dörfern, Städten und kleineren geographischen Räumen orientierten – vgl. das Kapitel »Zur Semantik des Heimatbegriffs« von Klaus Christian Köhnke, in: ders. / Kösser, Uta: Prägnanzbildung und Ästhetisierung in Bildangeboten und Bildwahrnehmungen. Unter Mitwirkung von Anke Hofmann. Leipzig: Leipziger Universitätsverlag 2001, S. 114–148.

19 Echterhoff, Gerald / Saar, Martin: Einleitung: Das Paradigma des kollektiven Gedächtnisses. Maurice Halbwachs und die Folgen. In: dies. (Hg.): Kontexte und Kulturen des Erinnerns. Maurice Halbwachs und das Paradigma des sozialen Gedächtnisses. Konstanz: UVK 2002, S. 13–35; Assmann, Jan: Das kulturelle Gedächtnis. In: *Erwägen Wissen Ethik* 13 (2002) 2, S. 239–247, hier 246; Borsó, Vittoria: Einleitung. In: dies. / Krumeich, Gerd / Witte, Bernd (Hg.): Medialität und Gedächtnis. Interdisziplinäre Beiträge zur kulturellen Verarbeitung europäischer Krisen. Stuttgart, Weimar: Metzler 2001, S. 9–20.

20 Nora, Pierre: Zwischen Geschichte und Gedächtnis. Berlin: Wagenbach 1990, S. 22; und Lübbe, Hermann: Vergangenheit: ihre Lust und deutsche Last. In: ders.: Zwischen Trend und Tradition. Überfordert uns die Gegenwart? Zürich: Edition Interfrom 1981, S. 7–22, hier 29.

21 Gillis, John R.: Memory and Identity: The History of a Relationship. In: ders. (Hg.): Commemorations, S. 3–24, hier vor allem 14–16.

22 Lübbe, Hermann: Der Fortschritt und das Museum, S. 27, und ders.: Vergangenheit, S. 12.

23 Hintergründe u.a.: die Frage der Anerkennung der DDR und der Nachkriegsgrenzen, Brandts Kniefall vor dem Warschauer Ghetto-Mahnmal, der Streit um die »Holocaust«-Ausstrahlung

mit dem Ende der DDR nicht aufhörten, sondern noch um die Erinnerungs-
Konkurrenz DDR-Vergangenheit erweitert wurden;

– und, vor allem bezogen auf die Erinnerung an Zweiten Weltkrieg und
Zivilisationsbruch Holocaust:[24] das *Verschwinden der Erlebnisgeneration*,
die von ihren damaligen Erlebnissen berichten könnte; damit gehe die
»authentische«, »originale«, »lebendige« Erinnerung verloren, man müsse
nur noch mit vermittelter, medialer Erinnerung vorlieb nehmen.[25]

Dass es also einen Boom von Erinnerungskultur, mindestens seit den 1970er Jahren und insbesondere auch in Deutschland, gegeben hat, ist bestens dokumentiert.
Und der darauf folgende Boom der Erinnerungskultur*forschung* brachte Ergebnisse
in einer Vielzahl von Wissenschaftsdisziplinen hervor. Die Forschungsfelder ziehen
sich von einigen naturwissenschaftlichen Disziplinen bis quer durch den Großteil der
Geisteswissenschaften.[26]

In den Neurowissenschaften etwa verabschiedete man sich vor nicht zu langer
Zeit vom Modell einer statischen Ein*speicher*ung von Erfahrungen im Gehirn, die
dann im Akt des Erinnerns original wieder abgerufen werden könnten, und wandte
sich einem *Produktions*modell zu. Erinnerungen werden darin als je aktuelle Inhalts-
produktionen verstanden, als Wahrnehmung ohne direkten sensorischen Auslöser.[27]
Dabei unterliegen sie ebenso wie die Wahrnehmung der Vorprägung durch bereits
vorhandene neuronale Strukturen, da das Gehirn in jede Situation schon ein be-
trächtliches Vorwissen mitbringt.[28] Was genau beim Erinnern komplexer Erfahrun-

---

mit der dahinterliegenden Debatte um die Verlängerung der Verjährungsfristen für Kriegs-
verbrechen, aber auch die Debatte um nationalen oder Verfassungspatriotismus und die Frage,
ob die Bundesrepublik weiter als Provisorium zu betrachten sei – vgl. Wolfrum, Edgar: Geschichtspolitik in der Bundesrepublik Deutschland. Der Weg zur bundesrepublikanischen Erinnerung. Darmstadt: Wissenschaftliche Buchgesellschaft 1999. Außerdem gehörte ab
Mitte/Ende der siebziger Jahre die Mehrheit der Deutschen nicht mehr zur Tätergeneration und
hatte somit kein Bedürfnis mehr, die nationalsozialistische Vergangenheit zu beschweigen:
Kansteiner, Wulf: Nazis, Viewers and Statistics, S. 11f.

24 Diner, Dan: Zivilisationsbruch. Denken nach Auschwitz. Frankfurt/M.: Fischer 1988.
25 Exemplarisch für diese ubiquitäre Auffassung: Knigge, Volkhard: Statt eines Nachworts: Ab-
    schied der Erinnerung. In: ders. / Frei, Norbert (Hg.): Verbrechen erinnern. Die Auseinander-
    setzung mit Holocaust und Völkermord. Unter Mitarbeit von Annett Schweitzer. München:
    Beck 2002, S. 422–439, hier 429; Assmann, Jan: Die Katastrophe des Vergessens: Das Deute-
    ronomium als Paradigma kultureller Mnemotechnik. In: Assmann, Aleida / Harth, Dietrich
    (Hg.): Mnemosyne. S. 337–355; Reichel, Peter: Politik mit der Erinnerung. Gedächtnisorte im
    Streit um die nationalsozialistische Vergangenheit. Frankfurt/M.: Fischer 1999, S. 289.
26 Nach Helmut König jedoch nicht im Mainstream der Politikwissenschaft: das Thema »fälllt
    durch die Maschen des Policy-Netzes hindurch.« – Politik und Gedächtnis, S. 16.
27 Schmidt, Siegfried J.: Gedächtnisforschung: Positionen, Probleme, Perspektiven. In: ders.
    (Hg.): Gedächtnis. Probleme und Perspektiven der interdisziplinären Gedächtnisforschung.
    Frankfurt/M.: Suhrkamp 1991, S. 9–54.
28 Singer, Wolf: Die Entwicklung kognitiver Strukturen – ein selbstreferentieller Lernprozeß. In:
    Schmidt, Siegfried J. (Hg.): Gedächtnis, S. 96–124, hier 119. Das wäre im Übrigen das neuro-
    logische Pendant zum älteren Begriff der Apperzeption.

gen im menschlichen Hirn passiert und was die Vorgänge hinter dem Phänomen von Gedächtnis sind, ist neurologisch jedoch alles andere als geklärt. Sicher scheint nur zu sein, dass unzählige Hirnareale in den Prozess des Erinnerns einbezogen sind und dass das Gedächtnis aus einem ungeheuer komplizierten System von Verweisungen und gegenseitigen Mit-Aktivierungen diverser neuronaler Strukturen besteht. Das Gedächtnis ist also bereits auf der neuro-strukturellen Ebene kommunikativ organisiert und beruht auf der Aktivierung miteinander verwobener Bereiche.[29]

In der *psychologischen* Forschung hat man festgestellt, dass Menschen ohne weiteres auch »falsche« Erinnerungen produzieren können. Das heißt, sie können sich lebhaft an Vorgänge »erinnern«, die sie, empirisch nachgewiesen, nicht erlebt haben.[30] Das menschliche Gedächtnis scheint generell recht anfällig für Manipulationen zu sein. Vor allem das Quellengedächtnis, also die Fähigkeit, zu einer erinnerten Information sich auch noch an die Quelle dieser Information und die Situation, in der man sie aufgenommen hat, zu erinnern, ist besonders leicht zu täuschen. So ist es also keine Ausnahme, sondern eine recht verbreitete Erscheinung, dass Menschen glauben, sich an bestimmte, selbst erlebte Ereignisse erinnern zu können, die sie jedoch »nur« aus Büchern oder Filmen kennen.[31] Darüber hinaus hat sich erwiesen, dass Haltbarkeit und Eindringlichkeit einer Erinnerung eng mit ihrem emotionalen Gehalt gekoppelt sind. Je mehr Gefühle bei der Wahrnehmung eines Ereignisses beteiligt sind, desto intensiver bleibt die Erinnerung daran.[32]

Die Glaubwürdigkeit des Gedächtnisses wurde auch in der *Sozialpsychologie* in Frage gestellt. In einer Mehrgenerationenstudie zum Familiengedächtnis in Deutschland stellte sich heraus, dass in vielen deutschen Familien offenbar die Vorstellung dominiert, die am Nationalsozialismus beteiligten Generationen seien in der übergroßen Mehrheit *dagegen* gewesen, ja hätten sich sogar fast immer an widerständigen Akten beteiligt.[33] Die Eltern und Großeltern erscheinen in diesen Familienerinnerungen fast immer als Opfer der Verhältnisse oder anderer Leute. Obwohl die erinnerte Vergangenheit oft in Widerspruch zu den Fakten der Zeitgeschichte steht und die Erzählungen meist sogar *in sich selbst* widersprüchlich waren, hinderte das weder die erzählende Generation noch die Kinder oder Enkel, sich dieser spezifischen Erinnerung als »wahr« gewiss zu sein.

---

29 Welzer, Harald: Das kommunikative Gedächtnis. Eine Theorie der Erinnerung. München: Beck 2002, S. 44.

30 Schacter, Daniel L.: Wir sind Erinnerung. Hamburg: Rowohlt 1999, S. 183.

31 Ebda, S. 190ff.

32 Welzer, Harald: Das kommunikative Gedächtnis, S. 100–130.

33 Welzer, Harald / Moller, Sabine / Tschugnall, Karoline: »Opa war kein Nazi«. Nationalsozialismus und Holocaust im Familiengedächtnis. Unter Mitarbeit von Olaf Jensen und Torsten Koch. Frankfurt/M.: Fischer 2002. Zu ähnlichen Ergebnissen hinsichtlich der Exkulpierung der Mehrheitsbevölkerung und Viktimisierung der Täter kommt: Zülsdorf-Kersting, Meik: Historische Identität und geschichtskulturelle Prägung: empirische Annäherungen In: *Geschichte in Wissenschaft und Unterricht* 59 (2008) 11, S. 631–646.

Mit der Sozialpsychologie sind bereits jene Felder der Erinnerungsforschung erreicht, die sich nicht nur mit dem individuellem Gedächtnis beschäftigen, sondern mit dem Zusammenhang von individueller und kollektiver Erinnerung. Es ist mittlerweile eine allgemein akzeptierte Erkenntnis in den nicht-naturwissenschaftlichen Disziplinen, dass das Gedächtnis der Subjekte von kollektiven Einflüssen abhängt und das kollektive nur soweit reicht, wie es von den Individuen getragen wird. So war es die *Geschichtswissenschaft*, in der an konkreten Beispielen nachgewiesen wurde, wie Personen und Organisationen bestimmte Traditionen *erfunden* haben – Traditionen, die den Menschen sogleich als vermeintlich wahrhaftig geschehene Vergangenheit erschienen.[34] Große Teile der schottischen Traditionen beispielsweise sind Erfindungen des 19. Jahrhunderts, obwohl sie als uralte Überlieferungen aus wesentlich früheren Tagen gelten und in dieser Form zentral für das Selbstverständnis vieler sich ethnisch als »Schotten« begreifender Menschen sind.

Es waren gerade die vergangenen zweihundert Jahre, die sich als Zeit eines Booms der Erfindung von Traditionen erwiesen. Althergebrachte Praktiken und Welterklärungen verloren in der modernen Industriegesellschaft an Bedeutung, und das Vakuum, das sie hinterließen, erzeugte das Bedürfnis, es mittels neuer, oft erfundener Traditionen zu füllen.[35]

Auch die Auseinandersetzung mit der nationalsozialistischen Vergangenheit bot eine Fülle an Material für historiographische Untersuchungen zum kollektiven Gedächtnis. Dabei wurde unter anderem diskutiert, wie eng politische Vorgänge und Interessen mit der kollektiven Erinnerung verknüpft sind,[36] oder in welchen Formen der Holocaust überhaupt erinnert werden kann.[37]

Für die Forschung zur kollektiven Erinnerung bedeutsam waren auch die *literatur- und kunsthistorisch* angelegten Untersuchungen Jan Assmanns:[38] Der Ägyptologe befasste sich mit der Rolle des kollektiven Gedächtnisses in frühen Hochkulturen von Ägypten über das antike Israel bis zur hellenischen Epoche und entwickelte die Unterscheidung von kommunikativem und kulturellem Gedächtnis, die bis heute weit verbreitet ist.[39] Mindestens ebenso wichtig war die literaturwissenschaftliche Gedächtnisforschung Aleida Assmanns, der unter anderem die Beschreibung von Funktions- und Speichergedächtnis zu verdanken ist.[40]

---

34 Hobsbawm, Eric / Ranger, Terence (Hg.): The Invention of Tradition. Cambridge: Cambridge University Press 1983.

35 Hobsbawm, Eric: Das Erfinden von Traditionen. In: Conrad, Christoph / Kessel, Martina (Hg.): Kultur und Geschichte. Neue Einblicke in eine alte Beziehung. Stuttgart: Reclam 1998, S. 97–118.

36 Exemplarisch: Reichel, Peter: Politik mit der Erinnerung.

37 Ebenfalls exemplarisch: Young, James: Formen des Erinnerns. Gedenkstätten des Holocaust. Wien: Passagen 1997.

38 Assmann, Jan: Das kulturelle Gedächtnis. München: Beck, ^{5}2005 [1992]; vgl. auch ders.: Kollektives Gedächtnis und kulturelle Identität. In: ders. / Hölscher, Tonio (Hg.): Kultur und Gedächtnis. Frankfurt/M.: Suhrkamp 1988, S. 9–19.

39 Vgl. dazu Kapitel 2.4 zu kommunikativem und kulturellem Gedächtnis.

40 Assmann, Aleida: Funktionsgedächtnis und Speichergedächtnis. Zwei Modi der Erinnerung. In:

Die grundlegenden *soziologischen* Werke zur Erinnerung lieferte Maurice Halbwachs, vor allem mit den beiden Texten zu kollektivem Gedächtnis und dessen sozialen Rahmen.[41] Sein Ansatz, das individuelle Gedächtnis sei immer in sozialen Gruppen verankert und damit kollektiv bestimmt, während das kollektive Gedächtnis gleichzeitig immer des Individuums als Trägers bedürfe, bleibt für die aktuelle Forschung von großer Bedeutung und ist gewissermaßen zu kanonischem Wissen geworden. Nach Jan Assmann[42] ist neben Halbwachs auch Aby Warburg einer der Referenzautoren, die zu ihrer Zeit, Anfang des 20. Jahrhunderts, eine Gedächtnistheorie vertraten, die gegen die Vererbungslehre der Rasse-Theoretiker (aber auch gegen die Archetypen-Theorie C.G. Jungs[43]) Gedächtnis als *kulturelles Produkt* von Sozialisation und Überlieferung ansahen. Die in jener Zeit geprägte Gedächtnistheorie sah die Erinnerung als »etwas, das den Menschen ganzheitlich bestimmt und Individuum und Kultur verbindet.«[44] Eine Mnemonik, die sich nicht mehr nur für die Frage interessiert, wie etwas für die Nachwelt erhalten werden könnte, sondern, wie der Zugang zu Gedächtnisinhalten möglich sei, war um die Jahrhundertwende zwar neu, ist heute jedoch eine »Selbstverständlichkeit«.[45]

Aber auch zwischen den klassischen Disziplinen fand ein wichtiger Teil der Erinnerungskulturforschung statt. So haben sich *Systemtheorie*,[46] *Medienwissenschaft*[47] oder *Kultursemiotik*[48] mit dem kollektiven Gedächtnis auseinandergesetzt und unter anderem festgestellt, dass durch die kommerzialisierte »Bilderflut« der Populärkultur und Events wie Gedenktage eine Emotionalisierung, Personalisierung und Trivialisierung von Geschichte stattfinde.[49] Auch in der *Diskurs-* und

---

Dabag, Mihran / Platt, Kristin (Hg.): Generation und Gedächtnis. Erinnerungen und kollektive Identitäten. Unter Mitwirkung von Susanne Heil. Opladen: Leske + Budrich 1995, S. 169–185.

41 Die verwendeten Ausgaben: Halbwachs, Maurice: Das Gedächtnis und seine sozialen Bedingungen. Berlin / Neuwied: Luchterhand 1966. Und ders.: Das kollektive Gedächtnis. Frankfurt/M.: Fischer 1985. Vgl. Anm. 7.

42 Assmann, Jan: Kollektives Gedächtnis und kulturelle Identität, S. 9.

43 Die selbst im Jahr 1989 noch von Thomas Butler u. a. vertreten wurde: Butler, Thomas: Memory: A Mixed Blessing. In: ders. (Hg.): Memory. History, Culture and the Mind, S. 1–31, und Shorter, Bani: Memory in Service of Psyche: The Collective Unconscious in Myth, Dream and Ritual. In: Ebd., S. 61–75.

44 Niethammer, Lutz: Kollektive Identität. Heimliche Quellen einer unheimlichen Konjunktur. Unter Mitarbeit von Axel Doßmann. Reinbek: Rowohlt 2000, S. 329 – Niethammer nennt als weitere Begründer dieser Gedächtnistheorie Henri Bergson, Sigmund Freud, Friedrich Nietzsche, William Stern, Ernst Cassirer, Walter Benjamin und Marcel Proust.

45 Ebd., S. 330–360.

46 Zum Beispiel: Esposito, Elena: Soziales Vergessen. Formen und Medien des Gedächtnisses der Gesellschaft. Frankfurt/M.: Suhrkamp 2002.

47 Stellvertretend für die Vielzahl hier noch zu Wort kommender Bände: Erll, Astrid / Nünning, Ansgar (Hg.): Medien des kollektiven Gedächtnisses. Konstruktivität – Historizität – Kulturspezifität. Berlin / New York: de Gruyter 2004 (Media and cultural memory 1).

48 Erll, Astrid: Kollektives Gedächtnis und Erinnerungskulturen.

49 Bergmann, Klaus: Gedenktage, Gedenkjahre und historische Vernunft. In: *Geschichte lernen* 9 (1996), 49, S. 11–18; Hein, Dörte: Mediale Darstellungen des Holocaust. Zum World Wide

Konflikttheorie wurde festgestellt, dass die Handelnden die Vergangenheit ständig konstruierten und rekonstruierten, »um soziales Handeln in der Gegenwart zu begründen und zu legitimieren.[50] Aus *phänomenologischer* Perspektive konstatierte Edward Casey, dass das eigentliche Gedächtnis in der heutigen Zeit entwertet werde, indem es immer mehr an Maschinen und maschinenähnlich interpretierte Teile unseres Geistes delegiert und Erinnerung kaum noch um der Erinnerung willen praktiziert werde.[51] Und Paul Connerton hat 1989 in seiner einflussreichen Studie zur Erinnerungskultur festgehalten: Für die allgemeine Dimension *memory* gelte erstens: die gegenwärtigen Erfahrungen hängen stark vom Wissen über die Vergangenheit ab, gleichzeitig werden die Erinnerungen von gegenwärtigen Faktoren beeinflusst. Für *social memory* lasse sich zweitens festhalten: die Bilder der Vergangenheit legitimieren die gegenwärtige Sozialordnung, indem die Mitglieder ein gemeinsames Gedächtnis pflegen – tun sie dies nicht mehr, ist ein Verlust gemeinsamer Wirklichkeit die Folge.[52] Gerade diese von Connerton als einem der ersten so präzise formulierten Axiome sind Leitmotiv einer konstruktivistisch inspirierten Erforschung der Erinnerungskultur, zu der auch die hier vorliegende Arbeit beitragen will.[53]

Das Thema kollektives Gedächtnis wurde auch von Vertretern der Theorie einer globalisierten »zweiten Moderne« aufgegriffen: Daniel Levy und Natan Sznaider zufolge sei der Holocaust heute ein Phänomen globalisierter Erinnerung. Abseits seines historischen Kontextes sei er »zu einer relevanten globalpolitischen und globalkulturellen Norm«[54] geworden. Diese »Norm« könne nun auf alle möglichen anderen Taten und Ereignisse angewandt werden. Dadurch allerdings, wie Dan Diner bemerkte, habe der Holocaust für das westliche Bewusstsein eine »überhistorische, ikonoklastische« Bedeutung erlangt, so dass die »historische Inanspruchnahme des nationalsozialistischen Horrors für eine Skandalisierung aller nur möglichen Untaten inflationär geworden« sei – »'Auschwitz' reüssiert als gleichsam uni-

Web und zu seiner Disposition als Gedächtnismedium. In: *Jahrbuch für Kommunikationsgeschichte* Bd.7 2005, S. 176–196.

50 Herz, Thomas / Schwab-Trapp, Michael: Konflikte über den Nationalsozialismus nach 1945. Eine Theorie der politischen Kultur. In: dies. (Hg.): Umkämpfte Vergangenheit. Diskurse über den Nationalsozialismus seit 1945. Opladen: Westdeutscher Verlag 1997, S. 11–36, hier: 32.

51 Casey, Edward S.: Remembering. A Phenomenological Study. Bloomington, Indianapolis: Indiana University Press 1987.

52 Connerton, Paul: How societies remember. S. 2f. Vgl auch: »remembering and forming relation are integral to each other« – Campbell, Sue: The second voice. In: Memory Studies 1 (2008),1, S. 41–48, hier 46.

53 Vgl. Jan-Holger Kirsch mit Fokus auf »politische Kultur«: »Kultur als Gesamtheit von Ideen, sozialen Praktiken und symbolischen Formen bedarf der Produktion und Reproduktion durch historisches Erinnern. Politische Kultur als Ensemble der Vorstellungen vom Gemeinwesen basiert auf vergegenwärtigter historischer Erfahrung.« – ders.: »Wir haben aus der Geschichte gelernt«: der 8. Mai als politischer Gedenktag in Deutschland. Köln u. a.: Böhlau 1999, S. 34 (Beiträge zur Geschichtskultur, 16).

54 Levy, Daniel / Sznaider, Natan: Erinnerung im globalen Zeitalter: Der Holocaust. Frankfurt/M.: Suhrkamp 2001, S. 18.

versell anerkannte Metapher des politisch Bösen«,[55] und der eigentlich vollzogene Zivilisationsbruch, das Zerbrechen aller bis dahin als sicher geltenden Handlungsschranken, gerät immer weiter aus dem Blick.[56]

Inwiefern aber wirklich von einer globalisierten Erinnerung gesprochen werden kann, darf weiter hinterfragt werden. Zum einen findet parallel dazu eine Nationalisierung, Regionalisierung und Gruppen-Partikularisierung der Shoah-Erinnerung statt, insofern verschiedene kollektive Gedächtnisse in Konkurrenz treten, zum anderen steht es durchaus noch in Frage, ob globale Vernetzung und Kommunikation wirklich zu einer globalen Annäherung der Geschichtsbilder geführt hat.[57] Schließlich muss auch ein globales Gedächtnis partikular verankert sein.[58]

Überschaut man die Forschung zur Erinnerungskultur, fällt auf, dass die betreffenden wissenschaftlichen Projekte oft deutlich einen interdisziplinären Anspruch artikulieren. Das Thema kollektives Gedächtnis lässt sich schwerlich mit enger disziplinärer Abgrenzung und unter Ausblendung der auf anderen Feldern erreichten Leistungen bearbeiten. Somit findet sich gerade in diesem Forschungsbereich eine Fülle von Kongressen und Sammelbänden, die versuchen, die Arbeit von verschiedenen Forschungsrichtungen zu bestimmten Aspekten des kollektiven Gedächtnisses zu bündeln.[59]

---

55 Diner, Dan: Nationalsozialismus und Stalinismus. Über Gedächtnis, Willkür, Arbeit und Tod. In: ders.: Kreisläufe. Nationalsozialismus und Gedächtnis. Berlin: Berlin 1995, S. 47–75, hier 50f. Vgl. auch: Eckel, Jan / Moisel, Claudia: Einleitung. In: dies.(Hg.): Universalisierung des Holocaust? Erinnerungskultur und Geschichtspolitik in internationaler Perspektive. Göttingen: Wallstein 2008 (Beiträge zur Geschichte des Nationalsozialismus, 24), S. 9–25.

56 Diner, Dan: Gegenläufige Gedächtnisse. Über Geltung und Wirkung des Holocaust. Göttingen: Vandenhoeck & Ruprecht 2007 (toldot – Essays zur jüdischen Geschichte und Kultur Band 7).

57 Im Projekt »Globus05« an der Universität Leipzig wurden per Internetfragebogen 5500 Menschen vor allem in Europa, Nordamerika und Australien befragt und keine weltweite Angleichung ihrer Geschichtsbilder festgestellt. Deutliche Unterschiede fanden sich vielmehr je nach Region und Alter. Vgl. Friedrichs, Anne: Tagungsbericht zum First European Congress of World and Global History 2005, http://hsozkult.geschichte.hu-berlin.de/tagungsberichte/id=999 18.3.2007, und: Recknagel, Eva / Kromeier, Kay-Uwe / Janke, Miriam: Ein globalisiertes Gedächtnis? Weltweite Umfrage zum Thema Erinnerung. In: *Journal / Universität Leipzig* (2005), 6, S. 20.

58 »Ein universelles an und für sich – ein solches Gedächtnis gibt es nicht.« – Diner, Dan: Gedächtnis und Institution. Über zweierlei Ethnos. In: ders.: Kreisläufe. S. 113–121, hier 117.

59 Echterhoff, Gerald / Saar, Martin (Hg.): Kontexte und Kulturen des Erinnerns; Berg, Nicolas / Jochimsen, Jess / Stiegler, Bernd (Hg.): Shoah. Formen der Erinnerung. Geschichte, Philosophie, Literatur, Kunst. München: Fink 1996; Assmann, Aleida / Harth, Dietrich (Hg.): Mnemosyne; Wodak, Ruth / Menz, Florian / Mitten, Richard / Stern, Frank: Die Sprachen der Vergangenheiten. Öffentliches Gedenken in österreichischen und deutschen Medien. Frankfurt/M.: Suhrkamp 1994; Pollak, Alexander: Zwischen Erinnerung und Tabu – Die diskursive Konstruktion des Mythos von der »sauberen Wehrmacht« in den österreichischen Medien nach 1945. In: *Folia Linguistica* XXXV/1–2, Berlin 2001, S. 131–156.

1.2 Probleme und Kritik

Der Forschungsboom zu kollektivem Gedächtnis und Erinnerungskultur blieb jedoch nicht unwidersprochen. Die weitestgehende Kritik stellte konsequenterweise auch die Verwendung des Begriffes »kollektives Gedächtnis« gänzlich in Frage. So beklagen Noa Gedi und Yigal Elam aus der Sicht der Fach-Historie, dass dieser Terminus wie ein geschmolzener Felsblock in die älteren Formationen feiner Unterscheidungen der Geschichtswissenschaft eingedrungen sei.[60] Die »memoriologists« würden kollektives Gedächtnis als ein wirklich lebendes Wesen ansehen,[61] und die Dichotomie zwischen individuellem und sozialen Gedächtnis würde komplett verwischt, indem beide nur noch als Seiten derselben Münze gälten. Vieles, was als kollektives Gedächtnis angesprochen werde, sei weder kollektiv noch Gedächtnis, und vor allem sei es nichts anderes als ein neuer, irreführender Name für Stereotype und Mythen, weshalb sie auch vorschlagen, zu diesen »guten alten« Begriffen zurückzukehren.[62] Nun steckt dahinter auch ein Gutteil Protest gegen die Infragestellung des Objektivitätspostulats der Geschichtswissenschaft: So beklagen sie etwa die Behauptung der Gedächtnisforschung, auch die Arbeit der Historiker/-innen sei durch kollektives Gedächtnis beeinflusst, und wollen nicht mehr als die (überwindbare) Beeinflussung durch Stereotype zugestehen.[63] Aber dennoch sprechen sie damit ein grundlegendes Problem der Gedächtnisforschung an: die Verwaschenheit ihres Zentralbegriffs durch breiteste Anwendung.

Daraus folgen Probleme mit methodologischem und begrifflichem Rahmen.[64] Es herrscht nicht unbedingt Beliebigkeit vor, aber Unschärfen bezüglich der Begriffe scheinen sich bei einem Thema, das so viele Disziplinen zu umspannen fähig ist, nachgerade aufzudrängen. Als ein Forschungsfeld, schrieb Alon Confino 1997, habe Gedächtnis eher ein Label als einen Inhalt. Den isolierten Einzeluntersuchungen mangele es an einem klaren Fokus sowie an kritischer Reflexion und Methode.[65]

Und leider kann man sich trotz aller Vorteile der interdisziplinären Arbeit oft des Eindrucks nicht erwehren, dass die einzelnen Beiträge von Sammelbänden weniger Bezug aufeinander nehmen, als die Rede von der Interdisziplinarität nahe legen würde – einzige gemeinsame Referenz bleibt oft das vage Thema Gedächtnis/Erinnerung. So öffnet sich ein weiteres Einfallstor für begriffliche Inkongruenzen, und die Ergebnisse bleiben über die Fachgrenzen hinaus wenig befruchtend. Sowohl die Begriffe Erinnerung und Gedächtnis selbst als auch deren nähere Bestimmungen und Kombinationen als: kollektives, soziales, kulturelles und kommu-

---

60 Gedi, Noa / Elam, Yigal: Collective Memory – What Is It? In: *History & Memory* 8 (1996) 1, S. 30–50, hier 30.
61 Ebd., S. 34.
62 Ebd., S. 46f.
63 Ebd., S. 41.
64 Echterhoff, Gerald / Saar, Martin: Einleitung.
65 Confino, Alon: Collective Memory and Cultural History: Problems of Method. In: *American Historical Review* 102 (1997), 5, S. 1386–1403, hier 1387f.

nikatives Gedächtnis, Erinnerungskultur und -politik oder Geschichtspolitik wurden und werden in einer Fülle von Kontexten und Bedeutungen benutzt und müssen somit immer wieder neu bestimmt werden, bevor sich mit ihnen auseinandergesetzt werden kann. Mit dieser Aufgabe wird sich die vorliegende Arbeit weiter unten ausführlicher beschäftigen.[66]

Ein weiteres Problem besteht in der Beziehung zwischen individuellem und kollektivem Erinnern. Die gegenwärtige Forschung, so Wulf Kansteiner, habe das kollektive konzeptuell noch nicht hinreichend vom individuellen Gedächtnis getrennt, weshalb immer noch und immer wieder versucht werde, kollektives Gedächtnis in psychoanalytischen und psychologischen Kategorien zu beschreiben.[67] Dieser Vorwurf war bereits an Maurice Halbwachs gerichtet worden: Marc Bloch kritisierte 1925 an dessen Konzeption, dass es zwar legitim sei, das Durkheimsche Vokabular von Vorstellung, Bewusstsein und Gedächtnis auf Kollektive anzuwenden, damit dürften aber nicht dieselben Tatsachen gemeint sein – zu verschieden wären die jeweiligen Prozesse.[68] Und Frederic C. Bartlett betonte 1932, die Untersuchung Halbwachs' habe sich entgegen dessen Bekundung eben nicht mit dem Gedächtnis *der* Gruppe, sondern immer noch mit dem Gedächtnis *innerhalb* der Gruppe beschäftigt. Es gebe keine Belege dafür, dass Gruppen ein eigenes Bewusstsein oberhalb dem ihrer individuellen Mitglieder hätten.[69] Ob man ausgerechnet Halbwachs diese Vorwürfe zu Recht machen kann, sei dahingestellt.[70] Trotzdem findet sich die problematische Verdinglichung von Gruppen und kollektiven Leistungen auch heute immer wieder und genau dann, wenn psychologische oder psychoanalytische Kriterien auf das kollektive Gedächtnis angewandt werden und Identitäten, Unterbewusstsein, Traumata und Verdrängungshandlungen von Kollektiven thematisiert werden.[71] Dem entgegen hat es Amos Funkenstein klar auf den Punkt gebracht:

---

66 Siehe Teil 2.

67 Kansteiner, Wulf: Finding Meaning in Memory. A Methodological Critique of Collective Memory. In: *History & Theory* 41 (2002) 2, S. 179–197, hier 180, und ders.: Postmoderner Historismus, insbesondere S. 124–127.

68 Bloch, Marc: Kollektives Gedächtnis, Tradition und Brauchtum. Anmerkungen zu einer Neuerscheinung. In: ders.: Aus der Werkstatt des Historikers. Zur Theorie und Praxis der Geschichtswissenschaft. Frankfurt/M., New York: Campus 2000 [frz. 1925], S. 241–251.

69 »Whether the social group has a mental life over and above that of its individual members is a matter of speculation and belief. That the organised group functions [...] in determining and directing the mental lives of its individual members is a matter of certainty and of fact.« – Bartlett, Frederic C.: Remembering. A Study in Experimental and Social Psychology. Cambridge: Cambridge University Press 1932 [Reprint 1995], S. 294–300, hier 296 und 300, Zitat: 300.

70 Denn er betont durchaus, dass das kollektive Gedächtnisse nur durch die erinnernden Einzelnen funktioniere, wie auch in der aktuellen Forschung festgestellt wurde (Frank, Michael / Rippl, Gabriele: Arbeit am Gedächtnis. Zur Einführung. In: dies. (Hg.): Arbeit am Gedächtnis. Für Aleida Assmann. München: Wilhelm Fink 2007, S. 9–28).

71 Zum Beispiel: »und es macht Sinn, von einem individuellen und *kollektiven historischen Unbewußten* zu sprechen« – Rüsen, Jörn: Was ist Geschichtskultur? Überlegungen zu einer neuen Art, über Geschichte nachzudenken. In: Füßmann, Klaus / Grütter, Heinrich Theodor / Rüsen,

»[...] consciousness and memory can only be realized by an individual who acts, is aware, and remembers. Just as a nation cannot eat or dance, neither can it speak or remember. Remembering is a mental act, and therefore it is absolutely and completely personal.«[72]

Noch einen Schritt weiter warnte Harald Welzer davor, »die Verhältnisse zwischen großräumigeren gesellschaftlichen Deutungsmustern und dem individuellen Gedächtnis« seien so komplex, dass »jede Analyse sich in heillose Spekulationen verstricken« müsse.[73]

Zum selben Problemkreis gehört die mangelnde Aufmerksamkeit für die *Rezeption* kollektiven Gedächtnisses. Zu oft wird stillschweigend davon ausgegangen, dass die Menschen alle Produkte der Erinnerungskultur genau so aufnehmen würden, wie von den Produzent/-innen intendiert.[74] In der Folge stellen viele Untersuchungen zum kollektiven Gedächtnis vor allem Institutionen und Führungspersonal in den Mittelpunkt, verlieren dabei jedoch die Sozial- und Kulturgeschichte des Gedächtnisses aus den Augen (wenn sie diese denn je im Blick hatten).[75]

Noch viel seltener als die Rezeptionsseite kollektiven Gedächtnisses kommt allerdings ein anderer Punkt zur Sprache: der Einfluss der *materiellen* Rahmenbedingungen, unter denen Erinnerungskulturen sich entfalten. In der heutigen Situation bedeutet das in der Regel die warenförmige und an Verwertung orientierte kapitalistische Vergesellschaftung.

Vor allem jedoch ist die Erinnerungskultur bisher selten aus einer konstruktivistisch-wissenssoziologischen Perspektive beleuchtet worden.[76] In dem dafür grundlegenden Werk, Peter L. Bergers und Thomas Luckmanns »Die gesellschaftliche Konstruktion der Wirklichkeit«[77], wird das Phänomen des kollektiven Gedächtnisses nur

---

Jörn (Hg.): Historische Faszination. Geschichtskultur heute. Köln u. a.: Böhlau 1994, S. 3–26, hier 5 [Hervorh.: M.B.].

72 Funkenstein, Amos: Collective Memory and Historical Consciousness. In: *History and Memory* 1 (1989) 1, S. 5–26, hier 6.

73 Welzer: Das kommunikative Gedächtnis, S. 148.

74 Kansteiner, Wulf: Finding Meaning in Memory.

75 Confino, Alon: Collective Memory and Cultural History. S. 1386. Und: Abraham, Anke: Der Körper im biographischen Kontext. Ein wissenssoziologischer Beitrag. Wiesbaden: Westdeutscher Verlag. 2002. S. 165.

76 Ausnahmen, fokussiert auf einzelne Elemente von Erinnerungskultur: Abraham, Anke: Der Körper im biographischen Kontext; Zifonun, Dariuš: Gedenken und Identität. Der deutsche Erinnerungsdiskurs. Frankfurt/M., New York: Campus 2004 (Wissenschaftliche Reihe des Fritz Bauer Instituts, 12).

77 Berger, Peter L. / Luckmann, Thomas: Die gesellschaftliche Konstruktion der Wirklichkeit. Eine Theorie der Wissenssoziologie. Frankfurt/M.: Fischer [6]1999 [amer. 1966]. Ab hier: Berger/Luckmann. Die Autoren weigerten sich zwar, als »Konstruktivisten« verstanden zu werden, allerdings wird ihr Werk in den Geisteswissenschaften mittlerweile allgemein als sozialer Konstruktivismus identifiziert (Vgl. Lautmann, Rüdiger: Eintrag Konstruktivismus, Teil [1]. In: Lexikon zur Soziologie. Hgg. v. Werner Fuchs–Heinritz u.a., 3., völlig neu bearb. Auflage. Opladen: Westdeutscher Verlag 1994, S. 363). Ihr Ansatz ist indes nicht zu verwechseln

erwähnt, nicht jedoch eingehender behandelt. Die Metapher der sozialen Konstruktion wurde zwar wegen ihrer inflationären Nutzung mittlerweile wieder in Frage gestellt – so hält Hacking sie für »abgenutzt«, »abgestanden« und »tot«[78] – und außerdem hätten schon Plato und Kant die Dichotomie zwischen Erscheinung und Wirklichkeit im Blick gehabt.[79] Allerdings gesteht selbst Hacking ein, dass ein konstruktivistischer Ansatz von Nutzen ist, wenn man über die Vorstellung hinauskommen will, die gesellschaftlichen Verhältnisse seien unvermeidlich, zwangsläufig und vom Wesen der Dinge bestimmt.[80]

Im Gegenzug ist in der Forschung zur Erinnerung selten ein Versuch unternommen worden, den konstruktiven Charakter der Vergangenheit als Teilbereich einer gesellschaftlich hergestellten, symbolischen Sinnwelt *systematisch* herzuleiten und zu begründen.[81] Es ist zwar mittlerweile eine weit verbreitete Einsicht, dass gegenwärtige Erinnerung die Vergangenheit erst erschaffe,[82] dass sie aktuelle Sinnproduktion sei[83] und zur »Bühne politischer Kämpfe, um Gegenwart zu definieren«, werde,[84] oder dass ethische und politische Werte eng mit geschichtlichen Erzählungen verbunden seien.[85] Kollektive Erinnerung gilt als Ausgangspunkt für Identität und Handeln in Gegenwart und Zukunft, für Individuen wie Kollektive.

---

mit Konstruktivismen Luhmannscher Prägung.

78 Hacking, Ian: Was heißt »soziale Konstruktion«? Zur Konjunktur einer Kampfvokabel in den Wissenschaften. Frankfurt/M.: Fischer ³2002, ¹1999, S. 61, 81 und 82. Obwohl Hacking den Begriff »konstruktionistisch« für passender hält, werde ich auch im weiteren Verlauf »konstruktivistisch« verwenden, da dies eher dem (deutschsprachigen) Gebrauch in den Geistes- und Sozialwissenschaften entspricht.

79 Ebd., S.81.

80 Ebd., S.19ff. – Voraussetzung ist, den Ausgangspunkt der Untersuchung wie Berger und Luckmann genau darauf zu beschränken, dass ein Zustand X nicht vom Wesen der Dinge bestimmt ist. Alle darüber hinausgehenden *Setzungen* wie »X hätte nicht so sein müssen«, »X ist schlecht« und »X gehört abgeschafft« sind nach Hacking verantwortlich für die Abnutzung des Begriffs der sozialen Konstruktion. Diese Beschränkung gilt auch für die vorliegende Arbeit.

81 In diese Richtung zielen, wenn auch eher diskurs- und konflikttheoretisch orientiert, Herz/Schwab-Trapp (Hg.): Umkämpfte Vergangenheit. Zum Mangel an einer systematischen Begründung der memory studies siehe auch: Roediger, Henry L. III / Wertsch, James V.: Creating a new discipline of memory studies. Memory Studies 1 (2008) 1, S. 9–22, hier: 18.

82 Vgl. bspw. Welzer, Harald: Das soziale Gedächtnis. In: ders. (Hg.): Das soziale Gedächtnis. Geschichte, Erinnerung, Tradierung. Hamburg: Hamburger Edition 2001, S. 9–21; ders.: Das kommunikative Gedächtnis; Zuckermann, Moshe: Zweierlei Holocaust. Der Holocaust in den politischen Kulturen Israels und Deutschlands. Göttingen: Wallstein 1999; Echterhoff, Gerald / Saar, Martin (Hg.): Kontexte und Kulturen des Erinnerns; Davis, Natalie Zeman / Starn, Randolph: Introduction. In: Special Issue: Memory and Counter-Memory. *Representations* 7 (1989) 26, S. 1–6; Knapp, Steven: Collective Memory and the Actual Past. In: ebd., S. 123–149.

83 Schmidt, Siegfried J.: Gedächtnis – Erzählen – Identität. In: Assmann, Aleida / Harth, Dietrich (Hg.): Mnemosyne. S. 378–397.

84 Novick, Peter: Nach dem Holocaust. Der Umgang mit dem Massenmord. Stuttgart, München: Deutsche Verlags-Anstalt 2001, S. 350.

85 Knapp, Steven: Collective Memory and the Actual Past, S. 123.

Erinnerungskultur wird als Gegenstand politischer Auseinandersetzung verstanden.[86] Dies wird jedoch in der Regel nicht in einen systematischen Zusammenhang gestellt, auch nicht in den naheliegenden sozial-konstruktivistischen, selbst wenn Berger/Luckmann teilweise durchaus Erwähnung finden.[87] Da eine systematische Begründung des konstruktiven Charakters von Erinnerungskultur meist fehlt, kommt es immer noch und immer wieder vor, dass trotz allem die Topoi von »missbrauchter« oder »verfälschter« Erinnerung,[88] von »guter« oder »schlechter« Erinnerungspolitik aufgegriffen werden.[89] Hinter diesen Begriffen steht die Auffassung, es gäbe eine originäre, eine »authentische« Erinnerung, die nur korrekt abgerufen werden müsste; und dahinter wiederum lugt das alte *Speicher*-Modell von Gedächtnis hervor. Wenn jedoch kollektives Gedächtnis stets als Ergebnis gemeinsamer Konstruktionsarbeit verstanden würde, und die einzelnen Dimensionen dieses Prozesses und ihre Konsequenzen ausgeleuchtet wären, dann wäre dem irreführenden Vorwurf eines *Missbrauchs* von Erinnerung der Boden entzogen, weil kollektive Erinnerung eben immer *als Gebrauch* der Vergangenheit stattfindet.

Dabei würde es sich auch und gerade für eine wissenssoziologisch-konstruktivistische Forschung durchaus lohnen, sich des Phänomens der Erinnerung anzunehmen. Denn die Untersuchung von Erinnerungskultur besitzt ein enormes Potenzial dafür, die Zusammenhänge der Wirklichkeitskonstruktion zu erklären. Symbolische Sinnwelten stützen sich auf anerkannte Erinnerungen an vergangene Zeiten, Individuen bauen ihre Identität und ihre kollektiven Identitätstypen auf einem bestimmten Bild der Vergangenheit auf, welches in immer wiederkehrenden Ritualen der Erinnerung aufgefrischt, verändert oder neu geschaffen wird, und gesellschaftliche Institutionen legitimieren ihre Existenz mit im kollektiven Gedächtnis verankerten Bezügen auf geschichtliche Vorgänge. Und betrachtet man die Ergebnisse auf den verschiedenen Feldern der Erinnerungsforschung, dann sieht man, dass die verschiedenen Disziplinen unzählige Einzelnachweise für eine konstruktivistische Sichtweise auf Erinnerung und Gedächtnis erbringen können.

---

86 Vgl. Saar, Martin: Wem gehört das kollektive Gedächtnis? Ein sozialhistorischer Ausblick auf Kultur, Multikulturalismus und Erinnerung. In: Echterhoff, Gerald / Saar, Martin (Hg.): Kontexte und Kulturen des Erinnerns, S. 267–278; Assmann, Aleida / Frevert, Ute: Geschichtsvergessenheit, Geschichtsversessenheit. Vom Umgang mit deutschen Vergangenheiten nach 1945. Stuttgart: Deutsche Verlags-Anstalt 1999; Koonz, Claudia: Between Memory and Oblivion; Zerubavel, Yael: The Historic, the Legendary, and the Incredible: Invented Tradition and Collective Memory in Israel. In: Gillis, John R. (Hg.): Commemorations. S. 105–123; Zifonun, Dariuš: Gedenken und Identität, S. 125.

87 So z. B. in: Assmann, Jan: Das kulturelle Gedächtnis, S. 16.

88 So bei Paul Ricoeur, in: ders.: Gedächtnis, Geschichte, Vergessen. München: Fink 2004, v. a. S. 96–143.

89 »aufklärerisch-kritische Geschichtspolitik ist ebenso möglich wie legitimatorische und regressive.« – Wolfrum, Edgar: Geschichtspolitik in der Bundesrepublik Deutschland 1949–1989. Phasen und Kontroversen. In: Bock, Petra / ders. (Hg.): Umkämpfte Vergangenheit. Geschichtsbilder, Erinnerung und Vergangenheitspolitik im internationalen Vergleich. Göttingen: Vandenhoeck & Ruprecht 1999, S. 55–81, hier 59.

Dieser Aufgabe, einer systematischen Begründung des konstruktiven Charakters von Erinnerungskultur und einer Beschreibung ihrer Rolle für die gesellschaftliche Konstruktion von Wirklichkeit, will sich die vorliegende Arbeit widmen.

1.3 Ansatz dieser Arbeit

Jeffrey K. Olick stellte fest, dass die Analyse kollektiven Gedächtnisses sich in zwei Lager spalte, die entweder »collected memory« oder aber »collective memory« im Sinn hätten.[90] Mit »collected memory«, verstanden als angehäufte Erinnerungen von Individuen als Mitglieder von Gruppen, befassten sich vor allem die subjektivistisch orientierten Neurowissenschaften und die Psychologie – Grundsatz ist hier, dass zunächst nur Individuen erinnern. »Collective memory« dagegen sei der Gegenstand von Analysen, die vor allem auf die kollektiven Zusammenhänge Wert legten. Eine der zentralen Annahmen bei diesen sei die Autonomie der kollektiven Symbolsysteme, Prozesse und Strukturen gegenüber den Individuen. Diese individualistisch und kollektivistisch genannten Modelle kollektiven Gedächtnisses nun will er einander annähern, indem die verschiedenen Ansätze miteinander in Dialog treten sollen und indem beim Nachdenken über Erinnern die eingeschärfte Tendenz, das Individuelle und die Gesellschaft als getrennte Dinge zu betrachten, überwunden werden müsse.[91] – Auch wenn Olick bei der Beschreibung der beiden Sichtweisen vielleicht zu konstruierend vorgegangen ist und mehr Dichotomie unterstellte als vorhanden ist, bleibt seine Einschätzung im Kern richtig und sein Ziel ein lohnendes. Genau diese Annäherung individualistischer und kollektivistischer Sichtweisen auf das Gedächtnis will auch diese Arbeit versuchen.

Der Ausgangspunkt ist dabei ein kulturwissenschaftlicher, der den Anspruch hat, alle zur Kultur[92] gehörigen Einflüsse und Variablen in den Griff der Analyse zu nehmen. Das kann nun nicht bedeuten, alle verfügbare Literatur aus Neurophysiologie, Kognitionspsychologie, Geschichts- und Literaturwissenschaften, Philosophie und Soziologie heranzuziehen, um daraus ein komplette Mnemologie zu erstellen. Allein der Umfang der zu diesem Thema in den genannten Fachgebieten erschienenen Literatur würde dieses Vorhaben zum Scheitern verurteilen, und ohne weiteres sind auch nicht alle vertretenen Ansätze aufeinander beziehbar. Erkenntnisse aus den verschiedenen Fächern sollen dagegen auf zwei Wegen einfließen: auf dem einen wird versucht, sie mit dem Gang der Darstellung von Entstehung, Struktur und Funktion von Gedächtnis zur Deckung zu bringen, indem sie als Belege und Beispiele eingeführt werden. Auf dem anderen versucht das hier vorgeschlagene Verständnis von Erinnerungskultur, offen zu sein für alle Herangehensweisen an dieses

---

90 Olick, Jeffrey K.: Collective Memory.
91 Ebd., S. 346.
92 Zur Diskussion des Kulturbegriffs siehe Kapitel 2.2.

Problem, und schlägt eine Struktur vor, die es eben doch ermöglicht, diese aufeinander zu beziehen.

Fassen wir zusammen: *Ziel* dieser Arbeit ist die systematische Herleitung des konstruktiven Charakters von Erinnerungskultur sowie eine Analyse ihrer Eigenschaften und Funktionen für die Wirklichkeit einer Gesellschaft unter Berücksichtigung von Erkenntnissen der Forschung zu kollektivem Gedächtnis. Es geht darum nachzuweisen, dass *Gedächtnis eine notwendige Bedingung menschlichen Selbstbewusstseins ist und Erinnerungskultur eine essenzielle Eigenschaft menschlicher Vergesellschaftung.* Die interessegeleitete Nutzung kollektiven Erinnerns durch gesellschaftliche Akteure kann demnach als solche nicht *normativ* bewertet werden, denn sie ist ein unverzichtbarer Bestandteil der gemeinsamen Konstruktion von Wirklichkeit.

Theoretischer Ausgangspunkt zur Erreichung dieses Ziels ist die bereits erwähnte konstruktivistische Wissenssoziologie von Peter L. Berger und Thomas Luckmann. Diese Wahl beruht vor allem auf zwei Gründen:

Erstens geht es dieser Wissenssoziologie darum, das Wesen der Wirklichkeit, ein »von jeher zentrales Problem der Philosophie«,[93] systematisch als ein gesellschaftlich konstruiertes zu begreifen. Sie will die Wissensstrukturen zu erhellen, aufgrund derer sich Menschen in kollektiven Prozessen das erst *schaffen*, was ihnen dann als objektiv gegebene »Welt« *erscheint*. Damit verfolgen Berger und Luckmann den Ansatz Karl Mannheims weiter, nach dem menschliches Wissen und Denken untrennbar verbunden ist mit dem »Sein«, den sozialen Strukturen und historischen Bedingungen, unter denen es entsteht.[94]

Und zweitens betonen und begründen die Autoren anhand dieser Wissensstrukturen die »Bedeutung des Wissens für die Dialektik zwischen Individuum und Gesellschaft, persönlicher Identität und Gesellschaftsstruktur«.[95] Damit bietet sich ein Erfolg versprechender Ansatz, Erinnerungskultur als einen Teilbereich des Wissens gleichzeitig unter individualistischer wie kollektivistischer Perspektive zu analysieren.

Für Berger und Luckmann ist die von den Menschen erfahrene Wirklichkeit immer das Produkt menschlichen Handelns in einer Gesellschaft. Die Wahrnehmungen sind durch Sozialisation in einem bestimmten Kollektiv stets auf vielfache Weise vorgeprägt. Das Verhältnis zwischen dem Individuum und der Gesellschaft ist dabei immer eines der Interaktion – individuelles Denken und Handeln ist von der Gesellschaft geprägt, und umgekehrt besteht dieselbe Gesellschaft notwendig aus handelnden Individuen. Die Autoren verstehen menschliches Zusammenleben also als

---

93 Berger/Luckmann, S. 201.
94 Mannheim, Karl: Wissenssoziologie. In: Handwörterbuch der Soziologie. Herausgegeben von Alfred Vierkandt. Stuttgart: Ferdinand Enke 1931, S. 659–680. Allerdings verweigern sich Berger und Luckmann explizit dem von Mannheim gestellten *erkenntnistheoretischen* Anspruch der Wissenssoziologie (Berger/Luckmann, S. 14ff.), ob zu Recht, sei in Frage gestellt.
95 Berger/Luckmann, S. 198.

ein Aufeinandereinwirken individueller und kollektiver Vorgänge. Menschen ohne Gesellschaft könne es ebenso wenig geben wie Gesellschaft ohne Individuen.[96]

Der Prozess des gegenseitigen Aufeinandereinwirkens von Menschen und ihrer Gesellschaft geschieht hierbei in einem symbolischen Medium: vermittelt durch *Objektivationen* der Erfahrungen, Gedanken und gesellschaftlichen Sachverhalte. Jede Gesellschaft verfügt dabei über einen gemeinsamen *Wissensvorrat*, in dem ihre Typisierungen, die Logik und Legitimierungen ihrer Institutionen, ihre Rollenmuster und ihre *symbolischen Sinnwelten* abgelagert sind. Letztere, beispielsweise Religionen, bilden darin die höchste Ebene der Objektivationen. Sie fungieren als weiteste Klammer für die Wirklichkeit der darin lebenden Menschen, indem sie sowohl den gesellschaftlichen Institutionen und Zuständen in den Augen der Einzelnen einen Sinn geben als auch die einzelne Biographie in einen das eigene Leben transzendierenden Zusammenhang stellen. Auf diese Weise werden erst persönliche Identität und kollektive Identitätstypen[97] geschaffen und befestigt.

Erinnerung wird von Berger und Luckmann immerhin als Begriff eingeführt – als etwas, das von der symbolischen Sinnwelt bereitgehalten werde, um ein stimmiges Bild von Vergangenheit zu erzeugen.[98] Und sie beschreiben die Vorgänge von *Tradierung* und *Sedimentierung gesellschaftlichen Wissens*: Das Wissen muss auch für kommende Generationen vermittelbar gemacht werden. Dabei durchläuft es Prozesse der Routinisierung und Formalisierung, manchmal auch der Trivialisierung. Aber obwohl bei all diesen Prozessen die kulturellen Phänomene der Erinnerung eine entscheidende Rolle spielen, behandeln Berger und Luckmann den Aufbau und die Funktion des Komplexes Erinnerungskultur bzw. kollektives Gedächtnis nicht näher. Das ist kein Mangel; war es doch auch gar nicht ihr Anspruch, alle Aspekte menschlicher Kultur en detail zu beschreiben. Hier jedoch will die vorliegende Arbeit ansetzen. Die konstruktivistische Wissenssoziologie soll nicht nur als theoretische Grundlegung einer Theorie von Erinnerungskultur dienen, sondern gleichzeitig soll diese Wissenssoziologie damit um ein Kapitel erweitert werden: um die Rolle der Erinnerungskultur für die gesellschaftliche Konstruktion von Wirklichkeit.[99]

Die *Leitfrage* ist folglich: *Welchen Stellenwert hat Erinnerung bei der kollektiven Herstellung von Wirklichkeit?* Und, davon ausgehend: Wie ist sie in die Vor-

---

96 Und im Gegensatz zu Halbwachs beschränken sie die relevanten sozialen Gruppen nicht auf kleinere Einheiten wie die Familie, sondern beziehen sich gerade auf komplexe Strukturen wie die Nation.

97 Um analog zu Berger/Luckmann den Begriff einer *kollektiven Identität* zu vermeiden, da dieser zu einer gefährlichen Subjektivierung von Kollektiven führt – mit der Folge der Ausblendung individuellen Handelns.

98 Berger/Luckmann, S. 110.

99 Nebenbei wäre damit der Beschränkung der Wissenssoziologie auf die Existenz einer weiteren bloßen »Bindestrich-Soziologie« erneut entgegengewirkt (vgl. Meja, Volker / Stehr, Nico: Zur gegenwärtigen Lage wissenssoziologischer Konzeptionen. In: dies. (Hg.): Der Streit um die Wissenssoziologie. Frankfurt/M.: Suhrkamp 1982, S. 893–946, hier: 913.).

gänge von Objektivation, Typisierung und Legitimierung eingebunden? In welchem Zusammenhang stehen die individuellen Phänomene von Erinnern und Vergessen mit den kollektiven Strukturen? Welche Rolle spielt Erinnerung bei der Konstruktion von Identität?

Wenn man sich eingehender mit Bergers und Luckmanns Wissenssoziologie beschäftigt, wird ein anderer, gewissermaßen dahinter stehender Autor wichtig: ihr Lehrer Alfred Schütz. Auf ihn gehen bedeutende Teile ihrer Theorie zurück, im hier in Frage stehenden Themenfeld vor allem der Bezug auf die Alltagswelt und die Struktur des Wissensvorrats im Zusammenhang von Individuum und objektiver Welt. Schützens Verdienst, so Luckmann, sei die Erkenntnis, dass die »*objektiven* Eigenschaften historischer sozialer Wirklichkeiten auf den universalen Strukturen *subjektiver* Orientierung in der Welt beruhen.«[100] Die von Schütz weitergeführte Phänomenologie habe die menschliche *Erfahrung* als Grundlage der Gesellschaftstheorie wiederentdeckt und konstituiere damit die »invarianten Strukturen des Alltagslebens«.[101]

Auf die Beschreibung der »Lebenswelt«[102] von Alfred Schütz werde ich mich dabei nicht nur deshalb beziehen, weil die Arbeit von Berger und Luckmann in zentralen Punkten an diese anschließt, sondern weil sie in der Analyse der Vorgänge der Sinnkonstitution und des Aufbaus des Wissensvorrats überhaupt erst eine Grundlage für die Beschreibung von individuellem und kollektivem Gedächtnis schafft. Außerdem soll versucht werden, das Schützsche Potenzial, mittels der Beschreibung von inter- und übersubjektiver Konstitution von Sinn eine Brücke zu schlagen zwischen den unmittelbar interaktiven und den komplexeren Formen menschlichen Handelns,[103] am Beispiel der Erinnerungskultur auszuloten. Damit reiht sich die vorlie-

---

100   Luckmann, Thomas: Phänomenologie und Soziologie. In: Sprondel, Walter M. / Grathoff, Richard (Hg.): Alfred Schütz und die Idee des Alltags in den Sozialwissenschaften. Stuttgart: Enke 1979, S. 196–206, hier 200 (Hervorh. i. Orig.).

101   Ebenda, S. 205. Siehe auch: ders.: Eine phänomenologische Begründung der Sozialwissenschaften? In: Henrich, Dieter (Hg.): Kant oder Hegel? Über Formen und Begründungen der Philosophie. Stuttgart: Klett-Cotta 1983, S. 506–518. Das Schützsche Vokabular inklusive des Begriffs der Lebenswelt und seine Phänomenologie beruhen wiederum auf Edmund Husserl – eine weitergehende philosophiehistorische Genealogie soll jedoch nicht das Thema dieser Arbeit sein.

102   »Und die Analyse der Strukturen der Lebenswelt gibt den Wissenschaften vom Menschen, von der Anthropologie und Soziologie bis hin zur Psychologie und Pädagogik, jene allgemeine Begründung, die sie in den verschiedenen materialistischen Reduktionismen ebensowenig finden konnte wie im idealistisch getönten historischen Relativismus«, nämlich die »Möglichkeit einer philosophischen 'Begründung' der **Sozial**wissenschaften durch die Lösung ihres Grundproblems. Dieses besteht darin, daß die **objektiven** Eigenschaften historischer sozialer Wirklichkeiten im **intersubjektiven** menschlichen Handeln hervorgebracht werden ('sozial konstruiert' sind) und daß dieses auf den universalen Strukturen der subjektiven Orientierung in der Welt beruht.« – Luckmann, Thomas: Lebenswelt: Modebegriff oder Forschungsprogramm? In: *Grundlagen der Weiterbildung* 1 (1990) 1, S. 9–13, hier 9 und 11 [Hervorh. i. Orig.].

103   Endreß, Martin / Renn, Joachim: Einleitung der Herausgeber. In: Schütz, Alfred: Der sinn-

gende Arbeit auch in jene *Anwendungs*-Phase der Schütz-Rezeption ein, in der diese nach einer Zeit aneignender Interpretation »zunehmend eine mehr instrumentelle Gestalt bekommt.«[104] Und in der Tat liefert Schütz, wie sich zeigen wird, ein äußerst brauchbares Instrumentarium zur Beschreibung des Gedächtnisses. Ich werde mich dabei vor allem auf das von Thomas Luckmann beendete Spätwerk Schütz', die »Strukturen der Lebenswelt«[105] beziehen, da in ihm all die Themen weitergeführt wurden, die er bereits 1932 im »Sinnhaften Aufbau der sozialen Welt« als Probleme angelegt hatte.[106]

Auch die Betonung der *Alltagswelt* bei der Analyse der Erinnerungskultur lässt sich auf Schütz, Berger und Luckmann zurückführen. Im Anschluss an diese will ich den Einfluss *theoretischer* Konzepte und Ideen auf das kollektive Gedächtnis zwar nicht negieren, allein, die meisten Menschen leben den größten Teil ihrer Zeit in der Alltagswelt, stehen alltäglichen Problemen gegenüber und befinden sich mit ihrem Bewusstsein in der Alltagswirklichkeit. Der Alltagswelt gilt die vorrangige Aufmerksamkeit der Menschen, sie ist die einzige Wirklichkeit, die sie mit ihren Handlungen ändern können.[107] Die Beziehungen der alltäglichen zu anderen Wirklich-

---

hafte Aufbau der sozialen Welt. Eine Einleitung in die verstehende Soziologie. Hg. v. Martin Endreß und Joachim Renn. Konstanz: UVK 2004, S. 65 (= Alfred Schütz Werkausgabe, Band II). Damit wäre auch dem Aufruf J.A.Barashs nachgekommen: »call for a renewal of the phenomenological approach to collective memory that seeks its locus in the space between personal recollection and symbolic embodiment« – Barash, Jeffrey Andrew: Analyzing Collective Memory. In: Mendels, Doron (Hg.): On Memory. An Interdisciplinary Approach. Oxford u.a.: Peter Lang 2007, S. 101–116, hier 115.

104 List, Elisabeth / Srubar, Ilja: Vorwort. In: dies. / ders. (Hg.): Alfred Schütz: neue Beiträge zur Rezeption seines Werkes. Amsterdam: Rodopi 1988, S. 1–4, hier 4.

105 Schütz, Alfred / Luckmann, Thomas: Strukturen der Lebenswelt. Konstanz: UVK 2003 [zuerst als amer. Übers. 1973, dt. 1975]. Ab hier: Schütz/Luckmann. Das Werk »Strukturen der Lebenswelt« stellt gewissermaßen die Zusammenfassung des Schaffens von Alfred Schütz dar, seiner »Forschungen, Überlegungen und verstreuten Publikationen«, die von seinem Schüler Thomas Luckmann bearbeitet und »zuende gebracht« wurden (Soeffner, Hans-Georg: Rezension zu Schütz/Luckmann: Strukturen der Lebenswelt, Bd. 1 u. 2. In: *Kölner Zeitschrift für Soziologie und Sozialpsychologie* 39 (1987), 4, S. 801–806, hier 801). Deshalb soll im weiteren Text, solange nicht anders vermerkt, immer von »Schütz« die Rede sein wird, wenn es um beider Werk »Strukturen der Lebenswelt« geht.

106 »Die endgültige Zusammenfassung seiner Gedanken und seiner Arbeit, die als systematische Beschreibung von Alltagswelt als sozialer Wirklichkeit entworfen war, sollte ganz eindeutig auf der Lösung jener Probleme [im *Sinnhaften Aufbau*] beruhen. Die außerordentlich genauen Analysen der Objektivierungen menschlicher Bewusstseinstätigkeit und deren wichtigster Ergebnisse, nämlich der Bedeutung von Typisierungen und von Zeichen und Symbolen in intersubjektiver Kommunikation, waren offensichtlich notwendige Voraussetzungen für diese Zusammenfassung.« – Luckmann, Thomas: Vorwort. In: Schütz/Luckmann, S. 13–26, hier 17f.

107 Soeffner, Hans-Georg: Alltagsverstand und Wissenschaft. Anmerkungen zu einem alltäglichen Mißverständnis von Wissenschaft. In: ders.: Auslegung des Alltags – Der Alltag der Auslegung. Zur wissenssoziologischen Konzeption einer sozialwissenschaftlichen Hermeneutik. Konstanz: UVK 22004, [¹1989], S.15–60, hier 18.

keiten (wie Traum, Ekstase, Theorie) und die zwingende Notwendigkeit des normalen Lebens in Gesellschaft, immer wieder in die Alltagswirklichkeit zurückkehren zu
müssen, haben Berger und Luckmann ausführlich beschrieben und zusammengefasst:[108] »Theoretische Gedanken, 'Ideen', Weltanschauungen, sind so wichtig nicht
in der Gesellschaft. [...] wenige befassen sich mit der theoretischen Interpretation der
Welt, aber alle leben in einer Welt.« Deshalb gebühre dem »Allerweltswissen, nicht
'Ideen'« das Hauptinteresse der Wissenssoziologie.[109]

1.4 Vorgehensweise

Mit diesen Zielen und Vorgaben im Gepäck will die vorliegende Arbeit den Zusammenhang von kollektivem Gedächtnis und gesellschaftlicher Wirklichkeitskonstruktion zu einer Theorie der Erinnerungskultur verdichten. Bevor wir uns jedoch
der eigentlichen Untersuchung zuwenden, sind zunächst Begriffsklärungen nötig –
die zentralen Termini Erinnerung, Gedächtnis, Kultur, Erinnerungskultur und kollektives Gedächtnis sind aufgrund ihrer weitläufigen Nutzung meist unterbestimmt.
Dieser Begriffsklärung wird sich Teil 2 widmen.

Im Anschluss daran wird Teil 3 das Phänomen Erinnerungskultur in seinen verschiedenen Dimensionen unter Rückgriff auf die Schützsche Analyse der Lebenswelt sowie Bergers und Luckmanns Theorie der Wissenssoziologie untersuchen: die
Entstehung von Gedächtnis als Teil des Wissensvorrats (im kommunikativem Verhältnis von Individuum zu Kollektiv), seine Struktur (zeitliche und räumliche Dimension, Medialität, das Verhältnis von Alltagswelt zu theoretischer Einstellung und
von Erinnerung zu Wahrheit) und seine Funktionen (für Wahrnehmung, Zeitvorstellungen, Legitimierung und Wirklichkeitskonstruktion).

Die Ergebnisse aus den verschiedenen Bereichen der Erinnerungskulturforschung fließen darin ein und werden mit den theoretischen Befunden in Beziehung
gesetzt. Meine These dazu ist, dass sich die Ergebnisse der Neurowissenschaften zur
vernetzten, assoziativen Struktur des menschlichen Gehirns und seiner Anpassungs-
fähigkeit ebenso in eine Beschreibung der Erinnerungskultur des Menschen einfügen
lassen wie die der Psychologie zu emotionalen und sozialen Bedingungen von Erinnern (und Vergessen), die der Historiographie zum Widerspruch zwischen doku-
mentarisch belegten Vorgängen und deren Erinnerung durch Augenzeugen, die der
Soziologie zur Übernahme von fremden Geschichtsbildern bei migrierten Gruppen
oder die der Politologie zur interessegeleiteten Institutionalisierung von bestimmten
Vergangenheitsversionen.

Die Arbeit soll dabei keine umfassende Darstellung aller Phänomene des Gedächtnisses des Individuums leisten, sondern viel eher den Zusammenhang zwischen
der subjektiven und der objektiven, der individuellen und der kollektiven Dimension

---

108   Berger/Luckmann, Teil I – Die Grundlagen des Wissens in der Alltagswelt.
109   Berger/Luckmann, S. 16.

von Erinnerung in den Blick nehmen und sich darüber hinaus den Eigenschaften und Funktionen dieser kollektiven Vorgänge widmen. Die auf dem Feld der *Theorie* gewonnene konstruktivistisch-wissenssoziologische Beschreibung von Erinnerungskultur soll innerhalb dieser Arbeit auch nicht in einer *empirischen* Untersuchung angewendet werden, da bereits eine Fülle von solchen Analysen vorliegt, deren Ergebnisse die hier vorgeschlagene theoretischen Struktur mit konkreten Beispielen untermauern können.

Am Ende dieses Abschnitts von Teil 3 steht die komplexeste Funktion von Erinnerungskultur, die Erinnerungspolitik. Die anhand des bis dahin erarbeiteten Standes zu belegende These lautet, dass Erinnerungskulturen immer Gegenstand von interessegeleiteten Auseinandersetzungen zwischen Individuen, Gruppen und Institutionen sind, also Gegenstand politischer Auseinandersetzung, und im Gegenzug sich politisches Handeln der Erinnerungskultur bedient.

Teil 4 der Arbeit erstellt ausgehend vom Erarbeiteten eine Typologie von Formen der Erinnerungskultur. Es geht dabei um die Frage, ob neben Denkmälern, Museen und Gedenktagen nicht letztlich alle kulturellen Phänomene zu Formen der Erinnerungskultur werden können, bis hin zu geographischen Räumen, und anhand welcher Kriterien sie sich unterscheiden und strukturieren lassen. Meine Einteilung verläuft anhand der inneren Struktur der erinnerungskulturellen Formen, anhand ihrer Anbindung an verschiedene Gruppen und anhand ihrer Integration in Machtstrukturen.

Die Arbeit schließt in ihrem 5. Teil mit dem Versuch, einen kohärenten und auf den bis dahin gewonnenen Erkenntnissen beruhenden Begriff von Erinnerungskultur zu gewinnen. Dieser soll sowohl an die bereits geleistete Forschung anschließen als auch selbst anschlussfähig sein für ein möglichst breites Spektrum von Erinnerungskultur-Forschung. Diese Anschlussfähigkeit beruht vor allem darauf, Erinnerungskultur als Teil des gemeinsamen Wissensvorrats zu verstehen: Damit ist ein gemeinsamer Fluchtpunkt für Forschungsansätze zu kollektivem Gedächtnis gegeben, der sie in den Fragen vereinen kann, was Menschen von der Vergangenheit wissen, wie dieses Wissen strukturiert ist, welchen Einflüssen es unterliegt, und wie Menschen mit Hilfe dieses Wissens ihre Wirklichkeit konstruieren. Gleichzeitig ergänzt diese konstruktivistische Erweiterung der Erinnerungskulturforschung damit die von Schütz, Berger und Luckmann erarbeitete Theorie um den Aspekt der kollektiven Erinnerung.

2 Begriffe

Beim Forschungsbereich Erinnerungskultur hat man es zwangsläufig mit problematischen Begriffen zu tun. Theorien ganz unterschiedlicher Provenienz und getrennter Disziplinen definieren und bearbeiten diese Begriffe, und auch im Alltag sind sie häufig in Gebrauch. Es konkurrieren also sowohl verschiedene wissenschaftliche Begriffsdefinitionen miteinander als auch diese mit einer allgemeinsprachlichen und weitgehend unreflektierten Nutzung. Die Folge dieser Überstrapazierung ist eine Unterdeterminierung, die Missverständnissen und Allgemeinplätzen Tür und Tor öffnet. Deshalb ist es nötig, die zentralen, zum Teil verwaschenen Begriffe vor Beginn der eigentlichen Arbeit zu klären und einzugrenzen – auch wenn das zeitweilig wie der berühmte Versuch anmutet, »einen Pudding an die Wand zu nageln«.[110] Zu diesen Begriffen zählen Erinnerung, Gedächtnis, Kultur, Erinnerungskultur und kollektives Gedächtnis. Wichtig für das Vorverständnis erscheint mir auch, auf die Diskussion um »kommunikatives« und »kulturelles« Gedächtnis einzugehen.

2.1 Erinnerung und Gedächtnis

Bis zu diesem Punkt der Arbeit wurden die Begriffe Erinnerung und Gedächtnis weitgehend ungenau und mehr oder weniger synonym verwendet. Da sie die zentralen Begriffe dieser Untersuchung sind, müssen zum einen beide für sich, zum anderen ihr Verhältnis zueinander geklärt werden, bevor mit ihnen weitergearbeitet wird.

Der Ursprung des Verbs »erinnern« liegt im »inne werden« oder »innern«.[111] In der Gegenwart erstreckt sich dessen semantisches Wortfeld vor allem auf »wieder ins bewußtsein, ins gedächtnis bringen«[112] und »sich wieder ins gedächtnis rufen, an

---

110   Wie Max Kaase seinerzeit den Versuch einer Bestimmung von *Political Culture* beschrieb: ders.: Sinn oder Unsinn des Konzepts »Politische Kultur« für die Vergleichende Politikforschung, oder auch: Der Versuch, einen Pudding an die Wand zu nageln. in: ders. / Klingemann, Hans-Dieter (Hg.): Wahlen und politisches System. Analysen aus Anlass der Bundestagswahl 1980. Opladen: Westdeutscher Verlag 1983. S. 144–171.

111   Grimm, Jacob und Wilhelm: Deutsches Wörterbuch. Dritter Band, E–Forsche. Leipzig: S. Hirzel 1862, Sp. 858–859, hier 858. Zur Geschichte des Begriffes Erinnerung in der philosophischen Auseinandersetzung siehe Bormann, C. v.: Erinnerung. In: Historisches Wörterbuch der Philosophie. Hg. v. Joachim Ritter. Band 2: D–F. Basel/Stuttgart: Schwabe 1972. Sp. 635–643.

112   Im Sinne von »mahnen, auffordern, etwas nicht zu vergessen« (Hauptgebrauch bis ins 18.Jh.), »gemahnen, die erinnerung an etwas wachrufen, wachhalten« und »durch eine ähnlichkeit ins bewußtsein bringen, ähnlich erscheinen« – Berlin-Brandenburgische Akademie

etwas (zurück)denken«.[113] Es geht dabei also darum, bestimmte Inhalte (wieder) in den Griff des gegenwärtigen Bewusstsein zu bringen, sowohl reflexiv – das Subjekt auf sich selbst (sich an etwas erinnern) – als auch auf andere Subjekte (jemanden an etwas erinnern) bezogen. Damit ist bereits die begriffliche Grundlage für individuelles und kollektives Erinnern gelegt. Auf die Herkunft aus »inne(n)« wird sich dabei durchaus auch noch in der Gegenwart bezogen, etwa wenn Jan Assmann Erinnerung als »verinnerlichte Vergangenheit« definiert.[114]

Abgeleitet vom Verb meint das Substantiv »Erinnerung« in der Verwendungsgeschichte Mahnung, Aufforderung, Bitte, Hinweis, etwas nicht zu vergessen,[115] ebenso wie Gedenken, Andenken[116] und Nachdenken über Vergangenes, Vergegenwärtigung, Rückblick.[117] Daraus folgt auch die Bedeutung als Summe der vorhandenen Erinnerungen.[118] Über die semantischen Ableitungen vom Verb hinaus kommen hier jedoch (zunehmend seit dem 18. Jh.) noch die Bedeutungen Erinnerungsvermögen (als Fähigkeit, sich zu erinnern) und Gedächtnis (als der Besitz aller bisher aufgenommenen Eindrücke)[119] dazu.

Die Gleichsetzung von Erinnerung und Gedächtnis ist also zwar eine in der deutschen Sprache vorhandene Tatsache, das Bedeutungsfeld von »Gedächtnis« spannt sich jedoch weiter auf – zwischen den beiden Bereichen Erinnerungsvermögen (die Fähigkeit, Sinneswahrnehmungen oder psychische Vorgänge im Gehirn zu speichern, sodass sie bei geeigneter Gelegenheit ins Bewusstsein treten können; Vermögen, Bewusstseinsinhalte aufzubewahren und sich ins Bewusstsein zurückzurufen) und Gedenken (ehrendes Andenken).[120] Die Besonderheit von »Gedächtnis« besteht letztlich darin, dass es vor allem als *Zustand* bezeichnet wird.[121] Aus dem

---

der Wissenschaften / Akademie der Wissenschaften zu Göttingen (Hg.): Deutsches Wörterbuch von Jacob und Wilhelm Grimm. Neubearbeitung. 8. Band: Emporheben–Exzitieren. Stuttgart: S. Hirzel 1999, Sp. 1839–1842.

113   Im Sinne von »sich entsinnen«, »wieder in den sinn kommen« (Hauptgebrauch im 19./20. Jh.) und »eingedenk sein, beachten, beherzigen«. Daneben gibt es noch »informieren, in kenntnis setzen, instruieren, eröffnen« im rechtlichen Sinne und das veraltende »kritisch anmerken, einwenden, auf etwas aufmerksam machen« – ebd.

114   Assmann, Jan: Das kollektive Gedächtnis, S. 75.

115   Und, heute veraltet, »kritische bemerkung, einwand, erläuterung, erwähnung« – Grimm, Neubearbeitung, Sp. 1842–1845.

116   Als »ehrendes, verbundenheit ausdrückendes gedenken« und »etwas, das erinnert, erinnern soll«, ein »erinnerungszeichen, -gegenstand, andenken« – ebd.

117   Ebd.

118   »im gedächtnis bewahrtes, erinnertes«, meist im Plural. Ausschließlich im Plural folgen hier noch die Niederschriften von Erinnertem, die Memoiren – ebd.

119   Ebd. Die Erläuterungen in Klammern: Wissenschaftlicher Rat der Dudenredaktion (Hg.): Duden. Das große Wörterbuch der deutschen Sprache. In zehn Bänden. Mannheim: Bibliographisches Institut und Brockhaus 1999. Band 3: Einl–Geld, S. 1080. Im Gegensatz zur Grimm-Neubearbeitung, wo sie als viertes erwähnt wird, steht diese Bedeutung im Duden an erster Stelle.

120   Duden, ebd., S. 1398f.

121   Grimm, Jacob und Wilhelm: Deutsches Wörterbuch. Vierten Bandes Erste Abtheilung, Erste

Sprachgebrauch ergeben sich also sowohl Überschneidungen zwischen Erinnerung und Gedächtnis als auch trennende Momente.

Die Diskussion um Gleichsetzung oder Unterscheidung wurde auch in der Erinnerungs- und Gedächtnisforschung anhand von Eigenschaften und Struktur fortgesetzt. Zwei Beispiele: die Literaturwissenschaftlerin Aleida Assmann merkt zwar an, dass es seit Georg Wilhelm Friedrich Hegel öfter das Bestreben gab, die beiden Begriffe zu trennen, schließt sich dieser Einschätzung jedoch nicht an. Vielmehr will sie Erinnerung und Gedächtnis als ein *Begriffspaar* verstanden wissen, als komplementäre Aspekte desselben Zusammenhangs.[122] Siegfried J. Schmidt dagegen nimmt aus kognitionswissenschaftlicher Perspektive eine klare Trennung von Erinnerung und Gedächtnis vor. Gedächtnis meint bei ihm eine im Gehirn verteilte Funktion, den jeweiligen »Stand der Wahrnehmungsgeschichte«, die die Bedeutungszuweisungen an aktuelle Wahrnehmungen mittels Schemata steuert.[123] Erinnerung dagegen ist in diesem Modell ein Prozess, eine »kognitive Operation [...], in der bestimmten komplexen neuronalen Prozessen Bedeutungen zugewiesen werden«,[124] wodurch sie mit Wahrnehmung und Schlussfolgerung gleichgestellt wird. Erinnerungen sind »Arten von Wahrnehmungen ohne direkten sensorischen Auslöser«.[125] Beim Erinnern werden also Wahrnehmungen, die bei früheren Erlebnissen ausgebildet worden sind, aktuell (re)produziert. Auch wenn die Definitionen von Assmann und Schmidt aus verschiedenen Disziplinen stammen und somit nicht einfach vergleichbar sind, entwerfen sie doch beide eine Bestimmung von Erinnerung und Gedächtnis, in der diese zwar als getrennt, aber dennoch als demselben Zusammenhang zugehörig gedacht werden.

Folgt man Astrid Erlls Überblick über den Forschungsstand zu kollektivem Gedächtnis und Erinnerungskulturen, herrscht mittlerweile disziplinübergreifend Einigkeit darüber, Erinnern als *Prozess* des Entstehens von Erinnerungen zu begreifen und das Gedächtnis als die *Fähigkeit* dazu oder die veränderliche *Struktur* dieser Erinnerungen.[126] Dem schließt sich auch die vorliegende Untersuchung weitgehend an. Da es mir hauptsächlich um die wissenssoziologischen Aspekte der Erinnerungskultur geht, ergibt eine Unterscheidung genau am Punkt der Prozessualität Sinn: Gedächtnis ist ein bestimmter Zustand zu einem bestimmten Zeitpunkt, es ist die Gesamtheit der in der Gegenwart zuhandenen Wissenselemente über die Vergangenheit. Erinnern dagegen ist der aktive Vorgang, das eigentliche Reproduzieren der vergangenen Wahrnehmungen. Das Verhältnis von Gedächtnis und Erinnerung kommt insofern der bekannten Humboldtschen Unterscheidung von Werk (Ergon)

Hälfte: Forschel–Gefolgsmann. 1878, Sp. 1927–1937.

122   Assmann, Aleida: Zur Metaphorik der Erinnerung. In: Assmann, Aleida / Harth, Dietrich (Hg.): Mnemosyne, S. 13–35, hier: 14.
123   Schmidt, Siegfried J.: Gedächtnisforschung, S. 32.
124   Ebd., S. 33.
125   Ebd.
126   Erll, Astrid: Kollektives Gedächtnis und Erinnerungskulturen, S. 7.

und Tätigkeit (Energaia) nahe.[127] Die kategoriale Trennung von *Erinnern* und *Erinnerung* will ich dagegen nicht im selben Ausmaß wie Erll mitmachen, da Erinnerung nicht nur als das Produkt des Vorgangs des Erinnerns verstanden werden kann, sondern auch als die Gesamtheit des Vorgangs »Er-innern« selber.[128] Dadurch erst ergibt sich die semantische Unterscheidung zwischen Zustand, Fähigkeit und Struktur auf der einen und dem Prozess auf der anderen Seite. Und so nur wird erst die Bildung von zusammengesetzten Wörtern wie Erinnerungskultur ermöglicht.

Dem entspricht auch die Tatsache, dass es im deutschen Alltagsgebrauch für das Nomen »Gedächtnis« keine dazugehörende Verbform gibt, im Gegensatz zur »Erinnerung«. Vielmehr wird »erinnern« oft sogar mit »ins Gedächtnis rufen« gleichgesetzt.[129] Die Erinnerung trägt also im Gegensatz zum Gedächtnis einen deutlich prozessualen Charakter.

Deshalb soll im Folgenden immer von der *Erinnerungskultur* die Rede sein, wenn es um die *gesellschaftlichen Prozesse* geht, *in denen Vergangenheit reproduziert wird*, und von *Gedächtnis*, wenn *der gesamte Fundus der repräsentierten Vergangenheitsbilder, -texte und -bedeutungen* im Fokus steht, der zum untersuchten Zeitpunkt in der Gesellschaft präsentgehalten wird oder potenziell verfügbar ist. Um es an einem Beispiel zu veranschaulichen: Die Mitglieder eines lokalhistorischen Vereins vollführen einen Akt der *kollektiven Erinnerung*, wenn ihr Verein feierlich ein Buch über die Geschichte ihrer Stadt herausgibt. Mit diesem Akt aber wird wiederum ihr *kollektives Gedächtnis* und das aller lokalen Leser/-innen dieses Buches modifiziert. Bereits bestehende Vorstellungen über die Vergangenheit des Ortes werden verfestigt, neue kommen hinzu. An diesem *kollektiven Gedächtnis* können jederzeit und auch zu jedem beliebigen Jahrestag immer neue *Erinnerungsakte* vollzogen werden.

Die genannten sprachlichen Unterscheidungen werfen ein weiteres Problem auf, das nicht unerwähnt bleiben darf: Sie alle gelten zunächst einmal nur für die deutsche Sprache, in der die vorliegende Arbeit geschrieben ist. In anderen Sprachen gibt es andere Ausdrucksmöglichkeiten im Zusammenhang mit Erinnern und Gedächtnis, sowohl was die Anzahl der möglichen Wörter angeht, als auch die Möglichkeit, zwischen verschiedenen Bedeutungen zu differenzieren. Im Englischen beispielsweise gibt es für »Erinnern« einige Begriffe mehr als im Deutschen – remember, recollect, reminisce, remind, memorize, commemorate, recall. Darüber hinaus, wie Edward S. Casey beklagt, ist die Zahl der englischen Wörter im Erinnerungszusam-

---

127 Humboldt, Wilhelm von: Über die Verschiedenheit des menschlichen Sprachbaues und ihren Einfluß auf die geistige Entwicklung des Menschengeschlechts. Hg. v. Donatella Di Cesare. Paderborn u. a.: Schöningh 1998 [1836], S. 174.

128 Siehe das o.g. Bedeutungsfeld von Erinnerung.

129 Hier exemplarisch: Großes Wörterbuch. Köln: Serges Medien 2000, S. 221. Grimm: Deutsches Wörterbuch von 1878 nennt als ein Gebrauch von »Gedächtnis« zwar auch »als substantiv zu gedenken, sich erinnern, zurückdenken« (a. a. O.), diese Einschätzung wird jedoch z.B. im Duden-Wörterbuch von 1999 nicht mehr geteilt (a. a. O., S. 1398f.).

menhang in den letzten 200 Jahren sogar massiv zurückgegangen.[130] Gleichzeitig wird sowohl für »Erinnerung« als auch für »Gedächtnis« meistens, und auch in wissenschaftlichen Texten, nur das Wort »memory« benutzt. Eine Unterscheidung fällt also hier bereits mangels Begriffes unter den Tisch.[131] Die hier angestellten Überlegungen zur verwendeten Begrifflichkeit gelten also immer nur für die jeweils verwendete Sprache oder werden auf die Differenzen, sofern sie ins Gewicht fallen, Bezug nehmen müssen.

2.2 Kultur

Um den Begriff der Erinnerungskultur bestimmen zu können, muss nach der Klärung von »Erinnerung« auch das Wort »Kultur« definiert werden. Dieses wird in so vielen Zusammenhängen und Bedeutungen gebraucht, dass die Wortkombination »Begriff Kultur« beinahe schon ein Oxymoron ist. Daher ist eine Standortbestimmung nötig, welches Verständnis von Kultur dieser Arbeit zugrunde liegt.[132]

Im Allgemeinen wird Cicero als einer der wichtigsten Erst-Referenten zur Herkunft des Wortes angesehen, der sowohl die Variante *natura altera* (die zweite Natur des Menschen, im Sinne seiner Gebräuche, Gewohnheiten, Gegenstände, Lebensweisen, materiellen und immateriellen Objektivationen des Geistes, seiner schaffenden Eingriffe in seine Umwelt)[133] als auch diejenige der *cultura animi* (als Pflege und Kultivierung des Geistes, von Tugenden, Wissenschaften, Künsten, aber auch Lastern)[134] prägte. Beide Bedeutungen gehen dabei vom Wortfeld des lateinischen *colere* aus, das wiederum auf »sich bewegen« und »sich befinden an« zurückgeht und damit bereits den Doppelcharakter aufweist, nicht nur den *Prozess*, sondern auch dessen *Ergebnis* zu bezeichnen.[135]

---

130   Casey, Edward S.: Remembering. A Phenomenological Study. S. 5f.

131   Vgl. dazu auch Weinert, F. E.: Gedächtnis. In: Historisches Wörterbuch der Philosophie. Band 3: G–H 1974, Sp. 35–42, hier 35.

132   Auch wenn Ralf Konersmann meinte, Kultur als Totalität sprenge bereits die *begriffliche Form*: ders.: Kulturphilosophie zur Einführung. Hamburg: Junius 2003, S. 8.

133   Köhnke, Klaus Christian: Einleitung des Herausgebers in: Lazarus, Moritz: Grundzüge der Völkerpsychologie und Kulturwissenschaft. Hgg., mit einer Einleitung und Anmerkungen versehen von Klaus Christian Köhnke. Hamburg: Meiner 2003, S. IX–XXXVII; Böhme, Hartmut: Vom Cultus zur Kultur(wissenschaft). Zur historischen Semantik des Kulturbegriffs. In: Glaser, Renate / Luserke, Matthias (Hg.): Literaturwissenschaft – Kulturwissenschaft. Positionen, Themen, Perspektiven. Opladen: Westdeutscher Verlag 1996, S. 48–68, hier 48.

134   Laster allerdings nicht bei Cicero. Vgl. Perpeet, Wilhelm: Kultur, Kulturphilosophie. In: Historisches Wörterbuch der Philosophie. Band 4: I–K 1976, Sp. 1309–1324, hier 1309; und: Fisch, Jörg: Zivilisation, Kultur. In: Geschichtliche Grundbegriffe. Historisches Lexikon zur politisch-sozialen Sprache in Deutschland. Hg. v. Otto Brunner, Werner Conze und Reinhardt Koselleck. Band 7: Verw–Z. Stuttgart: Klett-Cotta 1992, S. 679–774.

135   Ebd., S. 684.

Colere hat seinen Hintergrund im Übergang zu Sesshaftigkeit und Ackerbau und damit in agrikulturellen Sozialformen: 1) anbauen, bearbeiten, bewohnen, verpflegen 2) betreiben, üben, wahren, hochhalten und 3) wahren, veredeln, verehren, huldigen. In 1) findet sich der transformative, verändernde, wirkend Einfluss nehmende Aspekt von Kultur, in 2) das Wiederholende, Gewohnheitsmäßige, institutionell Gesicherte und in 3) das Ästhetische, Ideelle, Wertbezogene, Tradierte der Kultur wieder.[136] Nach Böhme sind wir also auch im Zeitalter von Computern noch »Erben einer ums Zentrum der Agrikultur gebildeten Sprache: wir sprechen, ohne uns dessen besonders bewusst zu sein, die Sprache bäuerlicher und manufactureller Kultur«.[137] Dieser Einfluss lässt sich in unzähligen anderen Vorstellungen und Begriffsbildungen wiederfinden, vor allem aber im Wortfeld von *colere/cultus*. In diesem sieht Böhme bereits den fundamentalen Dualismus von Heiligem und Profanem angelegt – neben einer ganzen Reihe weiterer: Kultur/Natur, Ordnung/Chaos, räumliche Ständigkeit/unständiger Unraum, dauerhaft/ephemer, Gedächtnis/Andenkenlosigkeit, bewahren/verschwinden, Eigenes/Fremdes.[138] Schon im Bedeutungsfeld der lateinischen Wurzel von Kultur finden sich also wichtige Bestimmungen, an die auch ich anschließe: Kultur als menschliches *Wirken* (sie erfordert anstrengende menschliche Tätigkeit)[139] und als *Ergebnis diesen Wirkens* kann nur in menschlicher *Geselligkeit* entstehen und ist ein System von Institutionen, Traditionen und Werten, die *über die Generationen hinweg weitergegeben* werden.[140] *Natura altera* oder *zweite Natur* ist Kultur nach Köhnke damit im doppelten Sinne: Sie verändert nicht nur die Menschen und ihre Lebensweisen, sondern ist eben auch jene »inselgleiche 'zweite Natur', die die Menschen sich durch Arbeit ihrer Hände geschaffen« haben,[141] ihre Lebenswelt.

Letztendlich dient der Begriff von Kultur einer allgemeinen Bestimmung dessen, was den Menschen als Menschen ausmacht und somit vom Tier unterscheidet. Und das, was ihn unterscheidet, ist nicht nur die Vergesellschaftung, sondern eben das erwähnte Wirken in und Verändern dieser sozialen Welt: »So wie das Tier unterwirft sich der Mensch zwar den gesellschaftlichen Regeln, aber zugleich nimmt er aktiven

---

136   Vgl. dazu Böhme, Hartmut: Vom Cultus zur Kultur(wissenschaft).
137   Ebd., S. 62.
138   Ebd., S. 60.
139   Perpeet, Wilhelm: Zur Wortbedeutung von »Kultur«. In: Brackert, Helmut / Wefelmeyer, Fritz (Hg.): Naturplan und Verfallskritik. Zu Begriff und Geschichte der Kultur. Frankfurt/M.: Suhrkamp, S. 21–28, hier 21.
140   Damit ist der Begriff Kultur »ergologisch, soziativ und temporal« aufgeladen: ebd., und ders.: Kultur, Kulturphilosophie, S. 1310.
141   Köhnke, Klaus Christian: Einleitung des Herausgebers, S. XXXIIIf. Eine interessante Konsequenz dessen zeigt (neben anderen) Luckmann auf: Die Gesellschaftsstruktur sei zur zweiten Natur geworden und erscheine damit den Menschen in der Moderne als ebenso schicksalhaft und außerhalb menschlicher Verfügungsgewalt wie vormals die Natur – Luckmann, Thomas: Rationalität der Institutionen im modernen Leben. In: ders.: Lebenswelt und Gesellschaft. Grundstrukturen und geschichtliche Wandlungen. Paderborn u.a.: Schöningh 1980, S. 190–206, hier 206.

Anteil an der Hervorbringung und Veränderung der gesellschaftlichen Lebensformen.«[142] Menschliche Kultur ist kein vererbtes System von instinktiven Verhaltensregeln, sondern eine in permanentem Wandel befindliche Welt, die ebenso die Menschen formt, wie sie von diesen geformt wird. Diese Welt ist ein von Menschen geschaffenes »symbolisches Universum« aus Sprache, Religion, Mythos, Kunst und Wissenschaft.[143] Die kulturelle Existenz des Menschen ist dabei eine *Zwischenexistenz* zwischen Innen und Außen, zwischen Individuum und Gesellschaft:

> »Die Kultur beginnt genau dort, wo der Mensch zum ersten Mal seinen Organismus überschreitet und sich eine neue Welt zwischen den Individuen aufbaut, eine Welt der materiellen Zeichen und Geräte, die fortan die Außenwelt seines Handelns wie die Innenseite seines Denkens und Fühlens, seines Erlebens und Strebens prägen werden. Zugleich wird dabei aber auch in einem gewissen Sinn der Unterschied zwischen Innenwelt und Außenwelt aufgehoben. Vorwegnehmend kann man sagen, daß Kultur eben darin besteht, die Innenwelt des Menschen aus seiner selbstgeschaffenen Außenwelt, als die Innenseite der Außenwelt, zu bilden und die Außenwelt als Präsentation, als faßbare Gegenwart der Innenwelt, als die Außenseite der Innenwelt, aufzubauen.«[144]

Damit kann ein Mensch *außerhalb* dieser symbolisch kommunizierten sozialen Welt mit anderen Menschen auch nicht zum Menschen werden: Der Mensch ist seinem Wesen nach gesellschaftlich.[145] Somit kann es einen kultur-losen Menschen auch nicht geben.[146] Wie sehr Menschen von dieser kulturellen Welt abhängen, veranschaulicht Cassirers Beispiel der blind und taubstumm geborenen Helen Keller, die in *dem* Moment erst einen mentalen und kognitiven Sprung macht, als sie trotz ihres Mangels an Seh- und Hörsinn mit Hilfe des Fingeralphabets lernt, den Dingen

---

142 Cassirer, Ernst: Versuch über den Menschen. Einführung in eine Philosophie der Kultur. Hamburg: Meiner 1996 [1990, amer. 1944], S. 338.

143 Ebd., S. 335.

144 Schwemmer, Oswald: Die kulturelle Existenz des Menschen. Berlin: Akademie 1997. S. 30.

145 »[D].h. daß er zum gesellschaftlichen Leben bestimmt ist, weil er nur im Zusammenhange mit seinesgleichen das werden und das leisten kann, was er soll; so sein und wirken kann, wie er zu sein und zu wirken durch sein eigenstes Wesen bestimmt ist. Auch ist thatsächlich kein Mensch, was er ist, rein aus sich geworden, sondern nur unter dem bestimmenden Einflusse der Gesellschaft, in der er lebt. Jene unglücklichen Beispiele von Menschen, welche in der Einsamkeit des Waldes aufgewachsen waren, hatten vom Menschen nichts als den Leib, dessen sie sich nicht einmal menschlich bedienten: sie schrien wie das Thier und gingen weniger als sie kletterten oder krochen.« – Lazarus, Moritz: Ueber das Verhältniß des Einzelnen zur Gesammtheit. In: ders.: Grundzüge der Völkerpsychologie und Kulturwissenschaft, S. 39–129, hier 49 [1862].

146 Perpeet, Wilhelm: Kultur, Kulturphilosophie, S. 1321, unter Bezug auf Cassirers »Versuch über den Menschen« und Gehlens »Der Mensch« (»[D]ie Kulturwelt ist die menschliche Welt« und »es gibt keinen 'Naturmenschen' im strengen Sinne« – Gehlen, Arnold: Der Mensch. Seine Natur und seine Stellung in der Welt. Wiesbaden: Aula 1³1986 [1940], S. 38).

Namen zu geben und so in die extrem erweiterte Welt der symbolischen Objektivationen vorstößt.[147]

Schließlich: Kultur entfaltet sich als ein menschliches Wirken, das immer zwischen den Polen *Tradition* und *Innovation*, zwischen *reproduzierenden* und *kreativen* Kräften oszilliert und dabei ein dynamisches Gleichgewicht zwischen diesen herstellt.[148] Diese Cassirersche Unterscheidung wurde später von Aleida Assmann als die zwischen *Verflüssigung* und *Verfestigung* hin zu den Modi von Kultur als *Lebenswelt* und *Monument* fortgeschrieben[149] – eine Trennung, die sich in der späteren Diagnose von kommunikativem und kulturellem Gedächtnis wiederfinden sollte.[150]

Bei dieser weiten Definition von Kultur kann keineswegs die herkömmliche Trennung in *Kultur* und *Zivilisation* nachvollzogen werden, die sich seit Rousseau und Kant durch die Geistesgeschichte zieht.[151] Kultur im hier vertretenen weiten Sinne lässt sich nicht als »sinn- und formvolles menschliches Zusammenleben«[152] der Zivilisation gegenüberstellen und von ihr abtrennen, schon gar nicht in der völkisch-rassistischen Spielart, die seit Ende des 19. Jahrhunderts vornehmlich in Deutschland ihr Unwesen treibt:

> »Erst ein Bewusstsein, das daran verzweifelt, die menschliche Welt aus Freiheit und Bewusstsein zu gestalten, und sie darum wie Spengler nach Analogie des pflanzenhaften Werdens und Vergehens beschreibt, kommt dazu, Kultur als Seelengebilde messerscharf von der Äußerlichkeit der Zivilisation zu trennen, gegen diese auszuspielen und zu verabsolutieren – oft genug nur, um damit dem wahren Feind das Tor zu öffnen, der Barbarei.«[153]

Diese Trennung kann vor allem deshalb nicht mitgemacht werden, weil Kultur hier als die Gesamtheit menschlichen Wirkens und der Produkte dieses Wirkens verstanden wird und somit Zivilisation entweder – als eine bestimmte Vergesellschaftungsform – ein Modus bzw. Teilphänomen dieses Ganzen ist oder ganz und gar synonym zu verwenden wäre. Im Sprachgebrauch der Vergangenheit wie der Gegenwart hat es sowohl die synonymische wie die antithetische Verwendung in ganz verschiedenen Spielarten gegeben. Mit meiner Definition von Kultur will ich

---

147 Cassirer, Ernst: Versuch über den Menschen. S. 60–62.
148 Cassirer, Ernst: Versuch über den Menschen. S. 339–346.
149 Assmann, Aleida: Kultur als Lebenswelt und Monument. In: dies. / Harth, Dietrich (Hg.): dass., Frankfurt/M.: Fischer 1991, S. 11–25.
150 Siehe Kapitel 2.4.
151 Vgl. Institut für Sozialforschung: Kultur und Zivilisation. In: Konersmann, Ralf (Hg.): Kulturphilosophie. Leipzig: Reclam, ³2004 11996 [1956], S. 153–167; Perpeet, Wilhelm: Kultur, Kulturphilosophie, S. 1318; und Fisch, Jörg: Zivilisation, Kultur, passim.
152 Institut für Sozialforschung: Kultur und Zivilisation, S. 157.
153 Ebd., S. 163f. Wenngleich ich den Kulturpessimismus der Verf. nicht mittragen will. Er übernimmt ebenjene negative (konsum- und massenkritische) Beschreibung von Zivilisation, nur um Kultur ebenfalls darin einzuordnen: Die Beschwörung der Kultur sei ohnmächtig, weil ebenso nur Teil des »Zerfallscharakters der Zivilisation« (S. 165).

mich vor allem von der engeren Fassung des Begriffs abgrenzen, die im deutschen Alltagssprachgebrauch dominant geworden ist, sich aber auch im Englischen und Französischen verbreitet: Im Begriff Kultur werden dabei vor allem die künstlerisch-geistigen Aspekte der Gesellschaft gesehen, um ihn gegen die negativen Eigenschaften moderner Gesellschaften als Pool des Positiven zu erhalten. Letztlich entstammt dieses engere Verständnis von Kultur der alten Bestimmung der *cultura animi*. Aus dieser Begriffsfassung resultieren auch die verschiedenen Komposita, wie Subkultur oder Esskultur,[154] *nicht* jedoch Erinnerungskultur. Denn *Erinnerungskultur* in meinem Verständnis umfasst nicht nur die künstlerischen oder geistigen Aspekte, sondern wertungsfrei alle gesellschaftlichen Phänomene im Zusammenhang mit Vergangenheitsreproduktion. Siehe dazu das folgende Kapitel.

Daran schließt sich die Frage nach der Singularität von Kultur an. Die vorgenommene Abgrenzung des Kulturbegriffs ist zunächst eine abstrahierende Beschreibung. Darüber hinaus postuliere ich damit aber nicht die Existenz *einer* menschlichen Kultur, sondern gehe immer von einer Vielzahl aus. Kultur im Singular meint hier die Gesamtheit und Verallgemeinerung aller einzelnen Kulturen. In der Einzahl mit bestimmtem Artikel würde eine solche Definition nur sinnvoll sein, wenn es eine zu vergleichende nicht-menschliche Kultur gäbe. Solange dies jedoch nicht in Reichweite menschlicher Wahrnehmung liegt, kann es menschliche Kultur also entweder nur als generalisierende Begriffsbildung geben oder *die* Kultur als eine spezifische Kultur unter anderen.[155]

2.3 Erinnerungskultur und kollektives Gedächtnis

Auch der Begriff *Erinnerungskultur* ist weitgehend unterdeterminiert, da er im deutschen öffentlichen Sprachgebrauch und hier vor allem in politischen Auseinandersetzungen oft verwendet wird. So wird im Alltag darunter meist der Umgang der Bundesrepublik mit der nationalsozialistischen Vergangenheit verstanden, und manche sind durchaus der Auffassung, dass der Begriff aus dem öffentlichen Diskurs erst in den wissenschaftlichen eingezogen sei.[156] Die Urheberschaft des Begriffs *kollektives Gedächtnis* dagegen kann guten Gewissens Maurice Halbwachs zuerkannt werden, zumindest kommt seit der erwähnten »Wiederentdeckung« des französischen Soziologen kaum ein wissenschaftlicher Text zum Thema ohne einen Verweis auf Halbwachs aus.

Da es ein Ziel dieser Arbeit ist, eine Theorie der Erinnerungskultur zu entwerfen, kann dieses Ergebnis nicht schon an dieser Stelle vorweggenommen werden. Trotz-

---

154 Fisch, Jörg: Zivilisation, Kultur. S. 771–773.

155 Diese Begriffsfassung ist keineswegs mit einer weiteren, spezifisch deutschen Verwendung des Kulturbegriffs zu verwechseln: Aus der Ethnologie abgeleitet, ist darin von anderen, »fremden«, stets aber außereuropäischen Kulturen im Sinne von »Völkern« die Rede – ebd.

156 Cornelißen, Christoph: Was heißt Erinnerungskultur?, S. 552.

dem ist es angesichts der Unschärfe des Begriffes nötig, als Grundlage aller weiteren Auseinandersetzung eine Arbeitsdefinition vorzunehmen. Ich verstehe dabei unter Erinnerungskultur ähnlich wie Christoph Cornelißen, der in ihr »einen formalen Oberbegriff für alle denkbaren Formen der bewussten Erinnerung an historische Ereignisse, Persönlichkeiten und Prozesse« sieht,[157] die Gesamtheit aller Phänomene menschlicher Gesellschaft, die den gemeinsamen Umgang mit Vergangenheit zum Inhalt haben.[158] Dazu zählen etwa *Einrichtungen* wie Museen oder Bildungsministerien, *Prozesse* wie politische Debatten oder Familiengespräche, aber auch geschlossene *Sinnwelten* wie Vergangenheitsbilder von Golden Ages oder nationale Geschichtserzählungen. Erinnerungskultur umfasst also den gesamten Komplex kollektiven Erinnerns von Menschen in Gesellschaft – das Wirken als solches und dessen Ergebnisse.

Was hier als *Erinnerungskultur* bestimmt wurde, wurde andernorts als Definition des *kollektiven Gedächtnisses* verwendet. Astrid Erll etwa versteht letzteres als »Oberbegriff für alle jene Vorgänge organischer, medialer und institutioneller Art, denen Bedeutung bei der wechselseitigen Beeinflussung von Vergangenem und Gegenwärtigem in soziokulturellen Kontexten zukommt.«[159] Damit haben wir es analog zum weiter oben bereits diskutierten Begriffspaar Erinnerung und Gedächtnis auch hier mit einem Abgrenzungsproblem zu tun. Die Frage, ob Erinnerungskultur und kollektives Gedächtnis gleichgesetzt werden können, soll hier parallel zur Scheidung von Erinnerung und Gedächtnis beantwortet werden, indem sie als verschiedene *Aspekte desselben Zusammenhangs* begriffen werden. Der Begriff kollektives Gedächtnis legt dabei den Schwerpunkt auf die *Inhalte* des gemeinsam Erinnerten und auf den gegenwärtigen *Zustand* der Summe all dieser Erinnerungen, während Erinnerungskultur den Fokus auf die *Prozesse* richtet: die Strukturen, Funktionen und Abhängigkeiten kollektiven Erinnerns.

Der Begriff des kollektiven Gedächtnisses stieß aus verschiedenen Gründen auch auf Kritik. Er sei ein überflüssiger Tropus, der mit seiner Individualmetaphorik die besonderen Strukturen und Formen, die der Gebrauch von Vergangenheit durch Gesellschaft annehme, verdecke,[160] oder er schere zu viele Phänomene über einen

---

157 Cornelißen: Was heißt Erinnerungskultur?, S. 555.

158 Damit entspricht so verstandene Erinnerungskultur auch nicht der von Jörn Rüsen vorgenommenen Bestimmung von »Geschichtskultur«: »Geschichtskultur ist nun jener Teil von Wahrnehmung, Deutung, Orientierung und Zwecksetzung, in dem es um Zeit als Bestimmungsfaktor des menschlichen Lebens geht.« – Rüsen, Jörn: Was ist Geschichtskultur?, S. 214, bzw. Geschichtskultur als »Fundamentalkategorie des historischen Denkens im Leben« – ders.: Geschichtskultur als Forschungsproblem. In: ders.: Historische Orientierung, S. 235–245, hier 235.

159 Erll, Astrid: Kollektives Gedächtnis und Erinnerungskulturen, S. 6. Andererseits bestimmt Erll kollektives Gedächtnis später als semiotische Struktur einer Erinnerungskultur zu einem bestimmten Zeitpunkt (102).

160 Cancik, Hubert / Mohr, Hubert: Erinnerung/Gedächtnis. In: Handbuch religionswissenschaftlicher Grundbegriffe. Hg. v. Hubert Cancik, Burkhard Gladigow, Matthias Laubscher. Band II: Apokalyptik – Geschichte. Stuttgart u. a.: Kohlhammer 1990, S. 299–323, hier 311.

Kamm, obwohl es schon andere, ältere Begriffe gebe, welche die Dinge viel differenzierter benennen könnten, z.B. Mythos.[161] Andere wollten *collective memory* durch *social memory* ersetzen, da *collective memory* in eine individualistische und eine kollektivistische Deutung zerfalle, *social memory* dagegen alle neuronalen, kognitiven, personalen, angehäuften und kollektiven Gedächtnisphänomene umfassen könne.[162] Ich will an dieser Stelle jedoch nicht tiefer auf diese Kritiken eingehen, weil es mir hier vor allem darauf ankommt, meinen Arbeitsbegriff von kollektivem Gedächtnis und Erinnerungskultur einzugrenzen.

Dazu ist auch die Klarstellung nötig, welches Verhältnis zwischen der Singular- und der Pluralversion von Erinnerungskultur besteht. Nötig ist sie deshalb, weil bei der Verwendung der Einzahl unterstellt werden könnte, es existiere *eine* Erinnerungskultur einer Gesellschaft oder der ganzen Menschheit. Das ist jedoch nicht der Fall, vielmehr verfügt, abgesehen von einigen wenigen Ausnahmen, wohl jede Gesellschaft über mehrere, miteinander in Konkurrenz stehende Erinnerungskulturen. Erinnerungskultur im Singular meint dagegen Erinnerungskultur als Abstraktum, als Gesamtheit der Prozesse, Strukturen, Funktionen und Wirkungen von kollektiven Vergangenheitsbezügen. Im Plural bezieht sich der Begriff auf konkrete Erinnerungskulturen konkreter Kollektive in konkreten Gesellschaften.

Ebenfalls im Zusammenhang mit der Eingrenzung der Begriffe Erinnerungskultur und kollektives Gedächtnis steht die wissenschaftliche Diskussion um das Verhältnis von Geschichte und kollektivem Gedächtnis. Bereits Maurice Halbwachs stellte sie einander gegenüber: Kollektives Gedächtnis sei immer an eine Gruppe gebunden, deren Mitglieder die in Frage stehenden Ereignisse erlebt hätten und die die Vergangenheit als eine »kontinuierliche Denkströmung«[163] ohne klare temporale Grenzen wahrnehmen würden – mit Hauptaugenmerk auf Ähnlichkeiten, die das Selbstbild der Gruppe untermauern. Geschichte dagegen beginne für ihn erst in dem »Augenblick, in dem das soziale Gedächtnis erlischt und sich zersetzt.«[164] Sie sei das Verzeichnis des Geschehenen und interessiere sich vor allem für Unterschiede und Trennungslinien zwischen verschiedenen Ereignissen und Epochen. Pierre Nora schloss sich dieser Bestimmung an, mit deutlich wertendem Akzent auf dem Gedächtnis. Dieses sei absolut, lebendig, von Kollektiven getragen, aktuell präsent und stets am Gegenstand und Raum haftend, während Geschichte eine problematisierende Rekonstruktion dessen sei, was früher war: eine universale, relative und entzaubernde intellektuelle Operation. Die Ambition des Historikers sei »die Vernich-

161   Gedi, Noa / Elam, Yigal: Collective Memory – What Is It?
162   Olick, Jeffrey K.: Collective Memory: The Two Cultures. S. 346. Zum *social memory* bereits
       1992: Fentress, James / Wickham, Chris: Social memory. Oxford, Cambridge: Blackwell
       1992. Soziales nicht als Ersetzung von kollektivem Gedächtnis, sondern als Ergänzung zu
       diesem zu verstehen, brachte Harald Welzer in die Diskussion ein, indem er damit die Praktiken des Alltags, das »Universum der Vergangenheitsbildung en passant« bezeichnete –
       Welzer, Harald: Das soziale Gedächtnis, S. 12.
163   Halbwachs, Maurice: Das kollektive Gedächtnis, S. 66–77, hier 68.
164   Ebd., S. 66.

tung dessen, was geschehen ist«.[165] Dem zugrunde liegt die (bedauernde) Feststellung Noras, in der Gegenwart sei ein Zeitalter der (nationalen) Gleichzeitigkeit von Geschichte und Gedächtnis durch die »Zerrüttung des Gedächtnisses unter dem [...] entwurzelnden Zugriff der Geschichte«[166] zu Ende gegangen. Seit der angeblichen Machtübernahme durch die Gesellschaft anstelle der Nation stünden Geschichte und Historiker nicht mehr im Dienst des nationalen Gedächtnisses, und die bisher identitären Geschichts- und Gedächtnisereignisse würden nun dekonstruiert. Dementsprechend wurde Nora und auch seinem Dokumentationsprojekt »Les Lieux de Mémoire«[167] vorgeworfen, im Gegensatz zu Halbwachs kein Interesse an der *Analyse*, sondern eher an der *Definition* des kollektiven Geschichtsbewusstseins zu haben,[168] nationalen Mythen Vorschub zu leisten, eine staats- und elitezentrierte Sicht ohne Berücksichtigung von Kolonialismus und Minderheiten zu vertreten und generell eine zu strikte Dichotomisierung vorgenommen zu haben.[169]

Eine andere und immer noch verbreitete geschichtswissenschaftliche Sichtweise auf Geschichte und Gedächtnis dagegen unterscheidet in Geschichte als das, was geschehen ist, und Gedächtnis als das, was erinnert wird, geschehen zu sein[170] – ein »vor- oder frühmodernes Verständnis von Gedächtnis und Geschichte, [...] welches sie ins Verhältnis von Magie und Aufklärung versetzt und die Lektionen der neueren Gedächtnistheorie versäumt.«[171]

Insgesamt kommen bei der Unterscheidung von Geschichte und Gedächtnis vor allem zwei Dualismen zum Einsatz, die beide bereits bei Halbwachs angelegt sind. Im ersten steht neutrale Wissenschaft der normativen Funktionalisierung für die Gruppenidentität gegenüber. Diesen vertritt Nora, und darunter lassen sich auch die Unterscheidungen zwischen Geschichte als »wirklichen« Vorgängen und *Legenden* als »folkloristischen« Erfindungen einordnen.[172] Der zweite Dualismus weist Geschichte allen Vergangenheitsbezug jenseits des Horizonts der eigenen Generation,

---

165   Nora, Pierre: Zwischen Geschichte und Gedächtnis, S. 14.
166   Ebenda, S. 12.
167   Nora, Pierre (Hg.): Les Lieux de Mémoire. 7 Bände. Paris: Gallimard 1984–1992.
168   Carrier, Peter: Pierre Noras Les Lieux de Mémoire als Diagnose und Symptom des zeitgenössischen Erinnerungskultes. In: Echterhoff / Saar (Hg.): Kontexte und Kulturen des Erinnerns, S. 141–162.
169   Eine Übersicht über die Kritik an Nora findet sich bei: Schmidt, Patrick: Zwischen Medien und Topoi: Die Lieux de mémoire und die Medialität des kollektiven Gedächtnisses. In: Erll, Astrid / Nünning, Ansgar (Hg.): Medien des kollektiven Gedächtnisses. S. 25–43.
170   »To date, in fact, the survivor's memory has played little, if any, role in Holocaust historiography, due primarily to the somewhat forced distinction historians have maintained between memory and history: history as that which happened, memory as that which is remembered of what happened.« – Young, James E.: Between History and Memory. The Uncanny Voices of Historian and Survivor. In: *History & Memory* 9 (1997) 1, S. 47–58, hier 50.
171   Niethammer, Lutz: Diesseits des »Floating Gap«. Das kollektive Gedächtnis und die Konstruktion von Identität im wissenschaftlichen Diskurs. In: Dabag, Mihran / Platt, Kristin (Hg.): Generation und Gedächtnis, S. 25–50, hier 48.
172   Zum Beispiel: Zerubavel, Yael: The Historic, the Legendary, and the Incredible, S. 105.

dem Gedächtnis dagegen die »originalen« Erinnerungen der Dabeigewesenen zu. Das meint stellvertretend Norbert Frei, wenn er über die Erinnerung an die Nazizeit in Deutschland schreibt, dass heute »fast niemand mehr sagen kann: 'Ich erinnere mich!' Für die allermeisten von uns ist die Hitler-Zeit keine erlebte Vergangenheit, sondern Geschichte. *History, not memory.*«[173] Diese, zweite Version der Differenzierung von Geschichte und Gedächtnis ist in der Erinnerungskulturforschung vor allem unter den Schlagwörtern von kulturellem und kommunikativem Gedächtnis bekannt geworden.[174]

Die Gegenposition zu diesen Dualismen könnte unter dem Titel des richtungsweisenden Aufsatzes von Peter Burke aus dem Jahr 1989 zusammengefasst werden: *History as social memory.*[175] Geschichte als Wissenschaft ist dabei nur eine unter mehreren Formen des Vergangenheitsbezugs und damit *Teil* des kollektiven Gedächtnisses. Auch die Geschichtswissenschaft kann sich von ihren Voraussetzungen und denen ihres Personals nicht freimachen: In ihr wirken die gleichen Einflüsse der Gegenwart und bestimmen darüber mit, was und wie aufgezeichnet, konserviert oder reproduziert wird.[176] Auf diese Beziehung zwischen der gegenwärtigen Alltagswelt und der theoretischen Wirklichkeit wird noch zurückzukommen sein.[177] Mit der Scheidung von Geschichte und Gedächtnis als Verhältnis von *kommunikativem* und *kulturellem Gedächtnis* wird sich dagegen das anschließende Kapitel ausführlicher beschäftigen.

2.4 Kommunikatives und kulturelles Gedächtnis

Die Unterteilung des kollektiven Gedächtnisses in kommunikatives und kulturelles Gedächtnis geht auf die Arbeiten von Aleida und Jan Assmann zurück. Die zentralen Texte dafür sind Jan Assmanns Beitrag »Kollektives Gedächtnis und kulturelle Identität« und sein Buch »Das kulturelle Gedächtnis«.[178] Er geht darin von der Beobachtung einer »floating gap« bei schriftlosen Kulturen aus. Damit ist eine Erinnerungslücke gemeint, die mit den Generationen mitwandere: Zu jedem Zeitpunkt besitze die betreffende Gesellschaft demnach zwei Arten von Gedächtnis. Das eine liege nicht mehr als drei Generationen zurück und behandle die nähere Geschichte,

---

173   Frei, Norbert: 1945 und wir. In: ders.: 1945 und wir. Das dritte Reich im Bewusstsein der Deutschen. München: Beck 2005, S. 7–22, hier 8.
174   So finden sich Elemente bereits der Halbwachsschen Unterscheidung, z.B. die Beschränktheit auf die Lebenszeit der Mitglieder und das Nichtgebundensein an schriftliche Festlegung, in Jan Assmanns Konzeption von kommunikativem und kulturellem Gedächtnis wieder, siehe das folgende Kapitel.
175   Siehe Anm. 9.
176   Kansteiner, Wulf: In Pursuit of German Memory. History, Television, and Politics after Auschwitz. Athens: Ohio Uinversity Press 2006, S. 84.
177   In Kapitel 3.2.5 dieser Arbeit.
178   Siehe Anm. 38.

von der die seinerzeit Anwesenden immer noch live berichten könnten, das andere liege weit in der Vergangenheit und erzähle von den Ursprungsmythen und Gründer-Ahnen. Die Zeiträume dazwischen würden demgegenüber ausgeblendet, vergessen, aus dieser Zeit gebe es keine Überlieferungen. Diese Lücke zwischen den beiden Zeiträumen sei in der Gesellschaft aber nicht bewusst, sie werde nicht wahrgenommen. Somit erscheine den Menschen ihre kollektive Vergangenheit auch trotz dieser Leerstelle konsistent. Diese beiden Erinnerungsfelder nun spricht Jan Assmann mit den Begriffen kulturelles und kommunikatives Gedächtnis an.[179]

Das *kommunikative* ist nach Assmann auf die direkte Kommunikation zwischen den Menschen angewiesen. Die Teilnahme ist gleichberechtigt und diffus, es wird mit den Zeitgenossen geteilt, ist eng mit Alltag und eigener Biographie verknüpft und umfasst nicht mehr als drei bis vier Generationen. Es kennt keine Fixpunkte, die es an die weiter entferntere Vergangenheit binden könnte, weil es nur eine geringe kulturelle Formung aufweist.[180] Auch in heutigen modernen Kulturen reicht demnach die kommunikative Erinnerung nicht weiter als 80 Jahre zurück, alles darüber hinaus Gehende ist Schulbuchwissen oder Wissen der Mythen und Monumente.[181] Das *kulturelle* Gedächtnis andererseits ist nach Assmann ein die kollektive Identität fundierendes Erinnerungsfeld, in dessen Teilhabe man sorgfältig eingewiesen wird und das nur kontrolliert verbreitet wird; es ist eine institutionalisierte Mnemotechnik und geht weit über Kommunikation und den Alltag hinaus.[182] Es thematisiert die schicksalhaften Ereignisse der Vergangenheit und bildet durch institutionalisierte Kommunikation und kulturelle Formung erst eigentliche Erinnerungsfiguren. Die Merkmale des kulturellen Gedächtnisses nach Assmann sind: Identitätskonkretheit und Gruppenbezogenheit (positiv oder negativ-abgrenzend), Rekonstruktivität (was die Gesellschaft mit gegenwärtigen Bezugsrahmen rekonstruieren kann), Geformtheit (mittels sprachlicher, bildlicher, ritueller Objektivationen), Organisiertheit (institutionelle Absicherung und Zeremonialisierung, Spezialisierung der Träger), Verbindlichkeit (Wertperspektive, zivilisierende und humanisierende Formativität, handlungsleitende Normativität) und Reflexivität (Selbstthematisierung).[183] Auch Aleida Assmanns »Kultur als Lebenswelt und Monument« mit ihren wechselwirkenden Prozessen von Verflüssigung und Verfestigung von Kultur lässt sich in dieses System von kommunikativem und kulturellem Gedächtnis einordnen. Dementsprechend schlägt sie später auch eine Typologisierung von Gedächtnis vor, in der sie individuelles, generationelles, kollektives und kulturelles unterscheidet.[184]

---

179 Assmann, Jan: Das kulturelle Gedächtnis, S. 50.
180 Assmann, Jan: Kollektives Gedächtnis und kulturelle Identität, S. 10f.
181 Assmann, Jan: Das kulturelle Gedächtnis, S. 51.
182 Ebd., S. 24 und 50ff.
183 Assmann, Jan: Kollektives Gedächtnis und kulturelle Identität, S. 12.
184 Assmann, Aleida: Vier Formen des Gedächtnisses. In: *Erwägen Wissen Ethik* 13 (2002) 2, S. 183–190. Kritiken an dieser Einteilung aus verschiedenen Disziplinen finden sich im selben Heft.

Folgt man dieser Definition, ergibt sich eine recht deutliche Trennung zwischen kulturellem und kommunikativem Gedächtnis eines Kollektivs. Diese Trennung hat einen beinahe ubiquitären Status in der Erinnerungskulturforschung (zumindest der deutschsprachigen) erlangt und wird bis heute immer wieder zur Erklärung von Phänomenen der Erinnerungskultur herangezogen.[185] Mit dieser Unterscheidung wird vor allem der Übergang zu einer anderen Erinnerungsform durch das Sterben der Zeitzeug/-innen beschrieben.[186] Andererseits aber meint Jan Assmann, das Verhältnis zwischen den beiden Formen sei vor allem in modernen Gesellschaften eher das einer Skala.[187] Das würde bedeuten, sowohl kulturelles als auch kommunikatives Gedächtnis kämen in Reinform eher selten vor, sondern wären eher die beiden Pole eines Kontinuums, in dem sie ineinander übergehen.

Aber auch unabhängig von dieser Selbst-Einschränkung gab es am Konzept von kommunikativem und kulturellem Gedächtnis Kritik. Jan-Holger Kirsch etwa widersprach der so erfolgenden Abkopplung kulturellen Gedächtnisses von den Subjekten damit, dass man auch die ältesten Teile des kulturellen Gedächtnisses immer wieder kommunikativ aktualisieren müsse,[188] und schlug stattdessen vor, nach zeitgeschichtlichem und geschichtlichem Reden zu unterteilen.[189] Und Angela Keppler kritisierte die Anwendung des Schemas auf die Gegenwart, da heute der religiöse Festkalender durch massenmediale Ereignissen der Erinnerungskultur ersetzt worden und auch das kommunikative Gedächtnis immer schon von Massenmedien durchdrungen sei – somit sei eine Trennung in institutionalisierte Alltagsferne und informelle Alltagsnähe nicht mehr durchhaltbar.[190]

Und tatsächlich bleiben auch dann noch Zweifel, wenn wir das Assmannsche Konzept als Skala und nicht als klar getrennte Bereiche verstehen. Zum einen ist das, was Jan Assmann mit kommunikativem Gedächtnis bezeichnet, auch immer Ergebnis kultureller *Formung* und durchsetzt mit Elementen, die er eigentlich dem kulturellen zuordnet: Vergegenwärtigung von kulturell geformten Erinnerungsfiguren und Vergewisserung der Gruppenidentität. Zum anderen sind die Inhalte des kulturellen Gedächtnisses immer auch im *Alltag* präsent. Schon wenn sich zwei Kollegen in der Frühstückspause über ein gewonnenes Fußballspiel der Nationalmannschaft unterhalten und meinen, »Wir haben gestern verdient gewonnen, endlich wieder!«, steckt

---

185 Vgl. Cornelißen: Was ist Erinnerungskultur?, Erll: Kollektives Gedächtnis und Erinnerungskulturen. S. 118–120, oder Dejung, Christof: Oral History und kollektives Gedächtnis. Für eine sozialhistorische Erweiterung der Erinnerungsgeschichte. In: *Geschichte und Gesellschaft* 34. 2008 1, S. 96–115.

186 Ein Beispiel unter vielen: Ackermann, Zeno: »Der Untergang« und die erinnerungskulturelle Rahmung des Zivilisationsbruchs. In: *Geschichte in Wissenschaft und Unterricht* 58 (2007), 3, S. 148–162.

187 Assmann, Jan: Das kulturelle Gedächtnis. S. 55.

188 Kirsch, Jan-Holger: Formen des Erinnerns – Kulturtheorie und Sozialgeschichte. In: *Erwägen Wissen Ethik* 13 (2002) 2, S. 253–255, hier 254.

189 Kirsch, Jan-Holger: »Wir haben aus der Geschichte gelernt«, S. 31.

190 Keppler, Angela: Soziale Formen des Erinnerns. Die kommunikative Tradierung von (Familien-)Geschichte. In: Welzer, Harald (Hg.): Das soziale Gedächtnis, S. 137–159.

allein in diesem »Wir« und dem »wieder« schon ein ganzer Satz in »Mythen transformierter Geschichte«,[191] die Assmann von der Kommunikationssituation her dem kommunikativen Gedächtnis zurechnen müsste, vom Inhalt her jedoch dem kulturellen.

Schließlich könnte man als Einwand noch einmal auf Halbwachs zurückgehen, wonach jede lebendige Kultur immer auf dem in Erzählungen, Artefakten und Institutionen überlieferten Gedächtnis einer Gesellschaft fußt. Wenn die weitergegebene Geschichte und die kollektiv erinnerten Ereignisse der Vergangenheit konstitutiv für die Identität des Kollektivs sind,[192] dann kann damit auch *jede* Kommunikation über die Vergangenheit, selbst die mündliche zwischen Zeitgenossen und über Ereignisse, die weniger als 60 Jahre zurückliegen, eine identitätsstiftende Funktion haben.

Wie es aussieht, ergeben sich aus der Unterscheidung, die Jan Assmann vorschlägt, keine klar abgrenzbaren *Bereiche* kollektiven Gedächtnisses, sondern eher verschiedene *Modi* desselben. Identitätsstiftung beispielsweise kann dabei sowohl in der von Spezialisten organisierten Form festlich-zeremoniellen Gedenkens stattfinden als auch im alltäglichen Zweiergespräch von Zeitzeuginnen über erlebte Ereignisse. Und inwiefern kollektives Gedächtnis *immer*, also in allen seinen Varianten, kultureller Formung unterliegt, ist Gegenstand dieser Arbeit.[193]

2.5 Politik

Was *Erinnerungspolitik* ist und welche Funktionen sie erfüllt, wird in einem späteren Kapitel behandelt werden und sich erst aus der grundsätzlichen Untersuchung von kollektivem Gedächtnis ergeben.[194] Als letzter Punkt der Begriffsklärungen soll jedoch an dieser Stelle noch eine Eingrenzung des verwendeten *Politik*-Begriffs erfolgen.

Auch dieser hat eine seiner Wurzeln in der Antike, insofern der aristotelische Begriff auch für die Neuzeit bestimmend blieb: als Aufgabe, das gute und tugendhafte Leben der Bürger zu verwirklichen – »dem öffentlichen Interesse, dem Gemeinwohl gemäß«.[195] Die zweite Wurzel des Begriffs und eine Triebfeder der Auseinandersetzungen um ihn liegen in Machiavellis Auffassung, dass es in der Politik vor allem um die Kunst des Machterwerbs und -erhalts gehe. Die meisten Verständnisweisen von Politik orientieren sich dabei an Staat und Regierung. Integrative Politikbegriffe verstehen das Politische als Funktion, »die in ständigem Wandel

---

191 Assmann, Jan: Das kollektive Gedächtnis, S. 53. Zum »Wir«-Gefühl der Nation vgl. bereits Moritz Lazarus: Ueber das Verhältniß des Einzelnen zur Gesammtheit, v. a. S. 92–94.

192 Saar, Martin: Wem gehört das kollektive Gedächtnis?; Halbwachs, Maurice: Das Gedächtnis und seine sozialen Bedingungen.

193 Zur weiteren Diskussion dieser begrifflichen Problematik siehe Kapitel 5.2.

194 Siehe Kapitel 3.3.6.

195 Sellin, Volker: Politik. In: Geschichtliche Grundbegriffe. Band 4: Mi–Pre 1993 [1978]. S. 789–874, hier 789f.

befindlichen gesellschaftlichen Prozesse in die Willenseinheit des Staates zu vermitteln und ihnen auf diese Weise den ihrem relativen Gewicht entsprechenden Anteil an der Gestaltung des Gesamtwillens zu sichern.« Zur Politik gehören also jene »Handlungen und Prozesse, durch die sich ein Volk als Macht- und Willenseinheit konstituiert und erhält«.[196] Es sind jedoch nicht nur die Regierenden, die Politik treiben, sondern auch alle »frei am Staatsleben teilnehmenden Individuen, welche [...] politisieren«, d.h. »auf Staatliches einzuwirken suchen«,[197] Auch nach Weber ist Politik die »Leitung oder Beeinflussung der Leitung eines *politischen* Verbandes, heute also: eines *Staates*«, und das »Streben nach Machtanteil oder nach Beeinflussung der Machtverteilung, sei es zwischen Staaten, sei es innerhalb eines Staates zwischen den Menschengruppen, die er umschließt.«.[198] Jenseits etatistischer oder gouvernmentaler gibt es seit 1945 auch »dynamistische« Konzepte, die ihren Fokus nicht nur auf Staatsorgane, sondern auf allgemeine Machtphänomene und ihre Äquivalente legen:[199] »P[olitik] ist auf Macht und Herrschaft in der Gesellschaft und auf die Gestaltung des öffentlichen Lebens gerichtetes Verhalten und Handeln von Individuen, Gruppen, Organisationen, Parteien, Klassen, Parlamenten und Regierungen.«[200]

Aus wissenssoziologischer Sicht wurde Politik als eine sämtliche Institutionalisierungen der Gesellschaft legitimierende symbolische Sinnwelt interpretiert, die ihre »Idee des Gemeinwesens nicht nur gegenüber den konkurrierenden Mitgliedern der politischen Klasse, sondern auch gegenüber den Angehörigen der Gesellschaft insgesamt durchsetzt und dieser damit allgemeine Gültigkeit verschafft.«[201] Dieser Erweiterung schließe ich mich an und will unter Politik (als begriffliche Grundlage von Erinnerungspolitik) verstehen: das gegenseitige und über Machtmechanismen vermittelte Handeln von Individuen, Gruppen, Institutionen und Organisationen, das auf die in der Gesellschaft allgemein gültigen Regeln[202] und Formen des Zusammenlebens, aber auch auf Wirklichkeiten und damit die Legitimierung der institutionalen Ordnung Einfluss nehmen will. In der Gegenwart sind Staat und Nation dafür zwar nach wie vor und weltweit die wichtigsten, aber nicht die alleinigen Adressaten von Politik.

---

196 Ebd., S. 865.
197 Schäffle, Albert: Über den wissenschaftlichen Begriff der Politik. *Zeitschrift für die gesamte Staatswissenschaft.* 53 (1897), S. 581–585. Zitiert nach: Sellin, Volker: Politik, S. 867.
198 Weber, Max: Politik als Beruf. München, Leipzig: Duncker & Humblodt 1919, S.3f.
199 Vgl. dazu Vollrath, E.: Politik. In: Historisches Wörterbuch der Philosophie. Band 7: P–Q 1989, Sp. 1038–1072, hier 1071.
200 Neumann, Franz: Politik. In: Gesellschaft und Staat. Lexikon der Politik. Redaktion Franz Neumann. Baden-Baden: Signal, [5]1979, S. 432. Zitiert nach: Vollrath, E.: Politik, S. 1071.
201 Zifonun, Dariuš: Politisches Wissen und die Wirklichkeit der Politik. Zum Nutzen der Wissenssoziologie für die Bestimmung des Politischen. In: Schwelling, Birgit (Hg.): Politikwissenschaft als Kulturwissenschaft. Theorien, Methoden, Problemstellungen. Wiesbaden: Verlag für Sozialwissenschaften 2004, S. 255–275, hier 271.
202 Patzelt, Werner J.: Einführung in die Politikwissenschaft. Grundriß des Faches und studiumbegleitende Orientierung. Passau: Wissenschaftsverlag Rothe, [5]2003 [1992], S. 23.

Nachdem die zentralen Begriffe gegen eine Anzahl möglicher missverständlicher Deutungen abgegrenzt worden sind, kann sich nun dem eigentlichen Kern der Arbeit zugewendet werden – der Entstehung, Struktur und Funktion von Erinnerung.

3 Erinnerung – Aufbau und Funktion

3.1 Entstehung

3.1.1 Neuronale und psychische Grundlagen

Wenn es darum gehen soll zu beschreiben, wie Gedächtnis entsteht und funktioniert, bietet es sich an, mit der Beschreibung der physischen Grundlagen zu beginnen. Weit davon entfernt zu behaupten, die Phänomene menschlicher Erinnerung ließen sich allein oder hauptsächlich auf die neuronalen Vorgänge im Gehirn zurückführen oder über diese determinieren, muss man jedoch anerkennen, dass das Gehirn und die darin ablaufenden physischen Vorgänge zunächst einmal die Grundlagen allen Denkens und aller Erinnerung sind. Die neuronalen Vorgänge sind gewissermaßen das *Substrat* der Erinnerung, ihre Voraussetzung, eine Bedingung der Möglichkeit des Erinnerns.

Wenn man sich diese genetische[203] Dimension der Erinnerung an einem Schema verdeutlichen wollte, wären die neuronalen Grundlagen die Basis eines mit einer Spitze nach oben zeigenden Dreiecks, *innerhalb* dessen sich die individuellen Faktoren des Gedächtnisses befinden und *außerhalb* dessen wir die gesellschaftlichen Faktoren verorten (vgl. Abb. 1). An der Basis ist damit der individuelle Anteil am stärksten. Je weiter in Richtung Spitze wir kommen, desto geringer wird der individuelle Anteil und desto größer der gesellschaftliche. Erinnerung jenseits der neuronalen und psychischen Grundlagen lässt sich nicht mehr klar in individuelle und gesellschaftliche Bereiche trennen, wie im nächsten Kapitel zu zeigen sein wird. Deshalb auch trägt das Modell des Dreiecks ab dieser Stelle nicht weiter, und deshalb auch ist die Spitze des Modells offen; trotzdem bleibt es hilfreich, um die neuronalen und psychischen Grundlagen zu verdeutlichen, auf denen individuelles und kollektives Gedächtnis aufruhen.

---

203 Genese, nicht Genom.

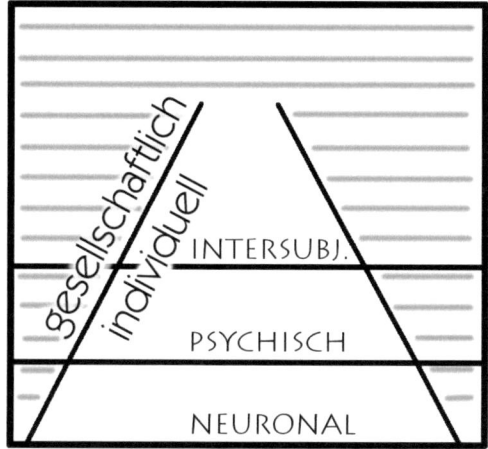

Abb. 1: Faktoren der Erinnerungsgenese

An der neuronalen Basis überwiegt noch der Beitrag, den das Individuum zum Funktionieren von Erinnerung beizutragen hat. Das heißt jedoch nicht, es gäbe auf dieser Ebene keinen gesellschaftlichen Einfluss. Das individuelle Gedächtnis entwickelt sich in einem wechselwirkenden »bio-sozio-kulturellen System«.[204] Das bedeutet zum einen, dass es eine Parallele zwischen der neuronalen Struktur und der sozialen Struktur von Kommunikation gibt, und zum anderen, dass die physische Struktur des Gehirns von kommunikativen Gegebenheiten außerhalb des Individuums ebenso geformt wird wie physische Veränderungen des Gehirns, etwa durch Unfälle oder Krankheiten, einen direkten Einfluss auf Kommunikations- und Erinnerungsfähigkeit haben können.[205]

Zunächst zur genetischen Parallele von neuronaler und sozialer Struktur: Sie besteht darin, dass beide *kommunikativ* aufgebaut sind. Gedächtnis auf der neuronalen Ebene beruht auf der Aktivierung miteinander verwobener Bereiche.[206] Auch wenn die Neurowissenschaften noch nicht einmal in Aussicht haben, die komplexen Vorgänge im Gehirn, in denen Sinn, Vorstellungen oder Erinnerungen entstehen, in ihrer Funktionsweise zu erklären, scheint in der aktuellen Forschung zumindest festzustehen, dass das Gedächtnis eine über das gesamte Gehirn verteilte Funktion ist, die

---

204 Welzer, Harald: Das kommunikative Gedächtnis, S. 101.

205 Vgl. Schacter, Daniel L.: Wir sind Erinnerung.

206 Repräsentation von Informationen, vor allem des episodischen Gedächtnisses, erfolgt im Gehirn nicht durch Einspeicherung an bestimmtem Ort, sondern durch Ablage »in weitmaschigem Verbund« – Markowitsch, Hans J.: Bewußte und unbewußte Formen des Erinnerns. Befunde aus der neurowissenschaftlichen Gedächtnisforschung. In: Welzer, Harald (Hg.): Das soziale Gedächtnis, S. 219–239. Vgl. auch: Welzer, Das kommunikative Gedächtnis, S. 44 und Kapitel III.

sich nicht einer bestimmten Region zuordnen lässt.[207] Vielmehr ist das wichtigste Merkmal des Gedächtnisses die Kommunikation verschiedener Bereiche des Gehirns miteinander und die Aktivierung von neuronalen Verschaltungsstrukturen durch mit ihnen benachbarte oder verbundene Strukturen. Und auch in Bezug auf die soziale Dimension beruht Gedächtnis auf Kommunikation: Erinnerungen werden in Gesprächen weitergegeben, sie verfestigen oder verändern sich durch wiederholtes Erzählen.[208]

Bio-sozio-kulturelles System heißt aber auch, dass die physischen Gegebenheiten des Gehirns direkt von sozialen Faktoren abhängig sind. Man kann beim menschlichen Gehirn schwerlich zwischen »Hard- und Software« unterscheiden.[209] Das Wissen steckt in der Struktur und Funktion des Nervensystems, jeder Lern- und Vergessensvorgang ändert die physische Architektur des Gehirns.[210] Die Ontogenese des Menschen ist ein verhältnismäßig langer Vorgang, das Gehirn ist erst viele Jahre nach der Geburt voll entwickelt und selbst dann immer noch in Veränderung begriffen. Neurologische Forschungen kamen zu dem Ergebnis, dass psychische Traumatisierungen in der Kindheit die Hirnstruktur sogar physisch schädigen können.[211] Ein Mangel an Kommunikation in der langen Phase der Ontogenese führt dazu, dass bestimmte Hirnstrukturen gar nicht erst oder nur schwach ausgebildet werden. Deshalb auch würde ein angenommener Caspar Hauser schwerwiegende Schäden bereits auf der neuronalen Ebene erlitten haben, die es ihm schwer machten, mit anderen Menschen zu kommunizieren und auf eine ähnliche Weise wie sie zu denken oder Bewusstsein zu entwickeln. Andererseits bringt das Gehirn in jede Kommunikationssituation bereits Vorstrukturierungen, Wissen und Erfahrungen ein. Erfahrungen werden immer aufgrund bereits vorhandener Erfahrungen bewertet und eingeordnet. Das »Gehirn organisiert sich auf der Basis seiner eigenen Geschichte.«[212] Das heißt, es gibt schon aufgrund der Struktur des Gehirns und seiner Funktionsweise faktisch keine Erfahrungs- oder Kommunikationssituation, die aus dem Nichts heraus verarbeitet würde. Erfahrungen verändern Hirnstrukturen und bereits vorhandene Strukturen steuern die Bewertung neuer Erfahrungen. Gehen wir von dieser Einschätzung aus, dann kann auch Gedächtnis keine reine Ablagerung von Erfahrungen sein, die nach Belieben und im Originalzustand wieder abgerufen werden können. Gedächtnis ist demnach viel eher eine Hirnfunktion, die es uns ermöglicht, gegenwärtige Erfahrungen zu beurteilen und unser Verhalten danach auszurichten. Oder, um es im Sinne Humberto R. Maturanas auszudrücken: Gedächtnis ist die Etablierung verhaltenssynthetisch relevanter, dauerhafter Kognitionsstrukturen, die für weitere Kogni-

---

207   Schmidt, Siegfried J.: Gedächtnisforschung.
208   Vgl. Kapitel 3.1.2.
209   Schmidt, Siegfried J.: Gedächtnisforschung, S. 27. Oder: Inhalt und Operation sei bei Hirnprozessen nicht zu trennen – Fried, Johannes: Der Schleier der Erinnerung. Grundzüge einer historischen Memorik. München: Beck 2004.
210   Singer, Wolf: Die Entwicklung kognitiver Strukturen – ein selbstreferentieller Lernprozeß.
211   Welzer, Harald: Das kommunikative Gedächtnis, S. 69.
212   Schmidt, Siegfried J.: Gedächtnisforschung, S. 13f.

tionen zur Verfügung stehen.[213] Gedächtnis als neuronale Funktion ist dabei nicht unbedingt bewusstseinspflichtig, sondern umfasst immer einen größeren Bereich, als der Mensch sich bewusst halten kann.[214]

Nun ist diese Arbeit keine neurowissenschaftliche. Ich wollte hiermit nur kurz anreißen, dass bereits auf der neuronalen Ebene der physischen Struktur und Funktionsweise des Gehirns das Gedächtnis keine feste Eingravierung objektiver äußerer Vorgänge ohne jede subjektive Vorbeurteilung ist. Und genauso wenig können diese eingravierten Objektivitäten später im Originalzustand repetiert werden. Eher ist Erinnern ein ungeheuer komplexer, im ganzen Gehirn gleichzeitig stattfindender kommunikativer Vorgang der assoziativen Musterwiedererkennung,[215] der Hirnstrukturen formt und verändert. Die Realität wird dabei auf gänzlich verschiedenen Wegen interpretiert und bewertet, je nach den bereits vorhandenen Bewertungskriterien.

Kommen wir zurück zum oben erwähnten Dreieck der genetischen Dimension der Erinnerung. Auf der Ebene über der neuronalen – der psychischen – ist das Dreieck schon etwas schmaler: Auf der psychischen Ebene wird Erinnerung schon wesentlich stärker als auf der neuronalen von gesellschaftlichen Einflüssen bestimmt, der individuelle Anteil wird geringer.

Auch die ungeheuer umfangreichen Ergebnisse, welche die Psychologie zur Gedächtnisforschung beizusteuern hat, können und wollen wir nur knapp und ausschnitthaft beleuchten. Wichtig für das hier vorliegende Thema sind vor allem die Phänomene der *Emotion*sabhängigkeit von Erinnerung, der sozialen bzw. *kommunikativen Prägung* von individueller Erinnerung und die Problematik *falscher Erinnerungen*.[216]

Ob ein Ereignis erinnert wird, hängt zu einem hohen Grad von den mit ihm verbundenen Emotionen ab. Emotion und Kognition sind zwar getrennte, aber wechselwirkende Faktoren für das Gedächtnis.[217] Emotionen sind wichtig für die Bewertung von sozialen Ereignissen und Erfahrungen. Der Grad der Emotionalität eines Ereignisses bestimmt darüber, ob und wie es erinnert wird. Ereignisse, die mit keinerlei oder wenigen Emotionen gekoppelt sind, geraten schneller in Vergessenheit, während emotionsgeladene Vorgänge den Weg ins Gedächtnis wesentlich leichter

---

213 Schmidt, Siegfried J.: Gedächtnisforschung, S. 24, unter Bezug auf: Maturana, Humberto. R.: Erkennen: Die Organisation und Verkörperung von Wirklichkeit. Ausgewählte Arbeiten zur biologischen Epistemologie. Braunschweig / Wiesbaden: Vieweg ²1985 [1982].

214 Schmidt, Siegfried J.: Gedächtnisforschung, S. 33.

215 Welzer, Harald: Das kommunikative Gedächtnis, S. 20.

216 Die Problematik der verschiedenen individuellen Gedächtnis*systeme* soll an dieser Stelle nur erwähnt, aber nicht weiter ausgeführt werden, da sie sich für das hier zu behandelnde Thema als nicht hinreichend relevant erwiesen hat. Vgl. dazu u. a. Welzer, Harald: Das kommunikative Gedächtnis.

217 Welzer, Harald: Das kommunikative Gedächtnis, S. 130ff.; Berg, Nicolas: Perspektivität, Erinnerung und Emotion. Anmerkungen zum »Gefühlsgedächtnis« in Holocaustdiskursen. In: Echterhoff, Gerald / Saar, Martin (Hg.): Kontexte und Kulturen des Erinnerns. S. 225–251.

finden. Wenn es um die Erzählung von Geschichte geht, wird viel öfter die emotionale Färbung weitergegeben als die rein objektiven Fakten.

Es sind aber nicht nur die Emotionen (set), die eine so wichtige Rolle dafür spielen, ob und wie Ereignisse erinnert werden, sondern auch die soziale Umgebung (setting) der Erinnerungswiedergabe. Jede Erzählung von Erinnerung richtet sich an ein Publikum mit ganz bestimmten Erwartungen an das Erzählte und mit ganz bestimmtem Verhältnis zum Erzähler. Aber auch die Erzählerin hat ganz bestimmte Erwartungen an das Publikum: wie es reagieren soll, wie aufmerksam es sein soll, welche Wirkung die Erzählung hinterlassen soll. Außerdem findet die Erzählung auch immer in einer bestimmten Situation statt: Man hat viel oder wenig Zeit, man ist ungestört oder wird permanent unterbrochen, man fühlt sich in der jeweiligen Räumlichkeit wohl oder nicht. Jedes Mal, wenn ein Ereignis erzählt wird, unter derart determinierten Bedingungen, verändert es sich und wird gleichzeitig in der Erinnerung der Erzählenden verfestigt.[218] Einzelne Elemente der Erzählung, die in Erwartung einer negativen Reaktion des Publikums weggelassen wurden, verblassen langsam in der Erinnerung. Andere Elemente, die bei vorherigen Erzählungen des Ereignisses deutliche Begeisterung oder erhöhtes Interesse ausgelöst hatten, werden weiter ausgebaut und mit mehr Details versehen, die sich dann auch in der Erinnerung entsprechend zementieren.

Generell gilt, dass die *Kommunikation* von Erinnerungen wichtig für deren Erhalt ist. Das Gedächtnis wird gewissermaßen durch die (soziale) Erinnerungspraxis zusammengehalten. Erlebnisse, die oft erzählt werden, sind viel stärker im Gedächtnis verankert als solche, die man aus verschiedenen Gründen noch niemandem gegenüber geäußert hat. Das soll nicht heißen, dass die letzteren automatisch aus dem Gedächtnis verschwinden würden, aber unangenehme Erfahrungen werden im Normalfall seltener erinnert als positive. Auch wenn durch bestimmte Auslöser solche negativen und »verdrängten« Erfahrungen plötzlich doch wieder ins Bewusstsein dringen können: Die Regel ist doch, dass die Menschen sich in ihren aktiven Erinnerungshandlungen zumeist auf positive Erfahrungen beziehen.

Darüber hinaus werden die individuellen Erinnerungen durch sozial abgestützte Erzählmuster geformt. Geschichten folgen oft bestimmten Erzählkonventionen, denen dann auch die individuellen Erinnerungen angepasst werden, unabhängig von der objektiven Faktenlage um das erinnerte Ereignis. Elemente der Erinnerung, die den Erzählfluss durchbrechen oder den Erzählkonventionen zuwiderlaufen, werden dann – gleichgültig, ob es so gewesen ist oder nicht – eher Opfer des Vergessens als andere. Erinnert sei in diesem Zusammenhang an die klassische Untersuchung Bartletts, in der seine studentischen Testpersonen eine indianische (und somit aus einer anderen Kultur und einem anderen sozialen Umfeld stammende) Erzählung nacherzählen sollten. *Alle* Teilnehmenden wichen mehr oder weniger stark von der eigentlichen Erzählung ab und passten die Geschichte ihren eigenen Konventionen und Vorstellungen an: Nur solche Details wurden erinnert, die zu den bereits vor-

---

218   Welzer, Harald: Das kommunikative Gedächtnis, S. 100.

handenen Einstellungen und Interessen passten, und Namen und Zitate wurden so-
fort an die für die Testpersonen aktuell gültigen Formen angepasst. Die geänderten
Geschichten wurden mit jeder erneuten Nacherzählung mehr stereotypisiert und
verfestigt.[219] Letztlich ist es für das individuelle Gedächtnis also nicht so sehr von
Bedeutung, wie kohärent und »wahr« erinnerte Ereignisse sind, sondern, ob man das
Gefühl hat, dass sie wahr sind.[220]

In der Psychotherapie ist es seit langem eine anerkannte Behandlungsweise, Pati-
ent/-innen »falsche« Erinnerungen einzupflanzen, um sie von psychischen Problemen zu befreien. Auch das Phänomen der Scheinerinnerungen ist bekannt: So fanden die Mitglieder von bestimmten Gruppentherapien am Ende alle die gleichen
»aufgedeckten« Erinnerungen »wieder«. Dasselbe Phänomen spielt auch in Sekten
eine Rolle: Die Mitglieder entdecken am Ende des psychischen Prozesses, dass sie
schon immer ein falsches Bewusstsein hatten und dass ihnen deshalb dieses oder
jenes sich erst im Nachhinein als extrem bedeutsam herausstellende Ereignis ent-
gangen war – oder sie es schlicht vergessen hatten.[221]

Zur sogenannten »falschen« Erinnerung wurden auch klinische Untersuchungen
durchgeführt: In einer Testanordnung etwa wurden Student/-innen nach Kindheits-
erinnerungen befragt. Dabei wurden ihnen sowohl wirklich stattgefundene Ereignisse als auch frei erfundene vorgelegt und sie gefragt, ob sie sich daran erinnern
könnten. Die »wirklichen« Ereignisse wurden vorher in Gesprächen mit Verwandten
eruiert. Im zweiten und dritten Durchlauf der Befragung haben sich dann 20–30%
der Proband/-innen auch an diejenigen Ereignisse »erinnert«, die erfunden und ihnen
im Lauf der Untersuchung erst untergeschoben worden waren. Das Quellengedächtnis, also die Zuordnung bestimmter Erinnerungen zu der Situation und dem Zusammenhang, in dem sie erworben wurde, scheint also besonders anfällig für Täu-
schung, Manipulation und Erosion zu sein. In anderen Tests wurden Menschen bestimmten Ereignissen ausgesetzt, und anschließend bekamen sie zu diesen Ereignissen zusätzliche, aber falsche Informationen. In Folgebefragungen erinnerten sich
dann einige Teilnehmer/-innen nicht nur auch an die gar nicht erlebten Tatsachen,
sie beharrten auf diesen sogar dann noch, als ihnen gesagt wurde, dass die späteren
Informationen falsch gewesen seien.[222]

Besondere Probleme ergeben sich in diesem Zusammenhang für die Oral
History. Aufgrund physiologischer Funktionsverluste im Hirn nimmt das Quellengedächtnis im Laufe des Lebens immer weiter ab. Das heißt, die Zuordnung von
erinnerten Informationen zur Situation, in der diese Information aufgenommen
wurde oder von wem sie stammt, wird immer unzuverlässiger. Das hat weitrei-
chende Konsequenzen, etwa wenn Fragmente aus Filmen oder Büchern nicht mehr
in diesem – medialen – Kontext erinnert werden, sondern für eigene Erinnerungen

219 Bartlett, Frederick C., Remembering, S. 63–94.
220 Welzer, Harald: Das kommunikative Gedächtnis, S. 205.
221 Schacter, Daniel L.: Wir sind Erinnerung, S. 438ff.
222 Ebd., S. 183–191.

gehalten werden. So kann es zu Phänomenen wie dem Tiefflieger-Mythos vom Februar 1945 in Dresden kommen. Zwar ist es mittlerweile anhand anderer Quellen nachgewiesen, dass es nach den Bombenangriffen keine »Tiefflieger« gegeben haben kann, die auf den Elbwiesen der brennenden Stadt Jagd auf einzelne Menschen gemacht hätten.[223] Dennoch behaupten viele Menschen (die meisten von ihnen waren damals Kinder oder Jugendliche) weiter – und auch in der Öffentlichkeit – das Gegenteil. Die Einsatzbefehle der Air Force, die Protokolle der deutschen Luftraumüberwachung, die Sichtverhältnisse in einer zu erheblichen Teilen brennenden Stadt, die Tatsache, dass selbst in den offiziellen Berichten von Wehrmacht und Propagandaministerium über das Bombardement nirgends die Rede von Tiefflieger-Angriffen ist, obwohl solche mit Sicherheit ausgeschlachtet worden wären, schließlich auch die Untersuchung der Elbwiesen auf Geschossreste – all das spricht faktisch gegen die Tiefflieger-Geschichten. In Dresdner Diskussionsveranstaltungen oder Lesungen, aber auch in dokumentarischen Fernsehsendungen werden trotzdem immer wieder dieselben Erzählungen repetiert: Tiefflieger am Elbufer. Historiker, die quellengestützt die Tiefflieger-, aber auch die Phosphor-Legende in Frage stellen, sehen sich immer wieder heftigem Protest gegenüber.[224]

Die Oral History, angetreten, um gegenüber der Geschichtsschreibung der großen Köpfe die Sozial- und Alltagsgeschichte stark zu machen,[225] steht damit vor einem großen Problem. Es zeigt sich, dass die Erzählungen der Protagonist/-innen unglaublich unzuverlässig sein können, eben weil das Quellengedächtnis der Menschen so unzuverlässig ist. Wenn mediale Produkte wie Kinofilme zum Deutungsrahmen privater Erinnerungen werden, stellt sich die Frage nach der Glaubwürdigkeit von Oral History ganz grundlegend. Trotzdem bleiben natürlich ältere Menschen als Erzähler/-innen von Geschichten wichtig für das individuelle und kollektive Gedächtnis – insbesondere trifft das für das Familiengedächtnis zu. Zudem muss

223 Schnatz, Helmut: Tiefflieger über Dresden? Legenden und Wirklichkeit. Köln u. a.: Böhlau 2000; Taylor, Frederick: Dresden, Dienstag 13. Februar 1945. Militärische Logik oder blanker Terror? München: Bertelsmann 2004, insbes. S. 465–478. Landeshauptstadt Dresden (Hg.): Erklärung der Dresdner Historikerkommission zur Ermittlung der Opferzahlen der Luftangriffe auf die Stadt Dresden am 13./14. Februar 1945. 1.10.2008, http://www.dresden.de/media/pdf/presseamt/Erklaerung_Historikerkommission.pdf, 21.12.2008.

224 »Wer sich daranmacht, sie [die über das belegbare Geschehen hinausgehenden Wucherungen der Erzählungen] zu demontieren, sieht sich heftigem Widerspruch ausgesetzt und der Verdächtigung, er wolle die Dinge verharmlosen. Die meisten Leute, die glauben, etwas Bestimmtes gesehen zu haben, beharren darauf. Offenbar wächst mit dem Zeitabstand nicht die Bereitschaft, einen vor Jahrzehnten gewonnenen Eindruck als falsch zu erkennen und anzuerkennen; eher verfestigt er sich in der Erinnerung.« – Bergander, Götz: Dresden im Luftkrieg. Vorgeschichte, Zerstörung, Folgen. Weimar u.a.: Böhlau 1994, S. 187.

225 Zumindest in Deutschland, wo die Oral History erst relativ spät Bedeutung erlangte. Siehe dazu und zu den Gründen: Niethammer, Lutz: Einführung, S. 12. In den USA und anderen Ländern hat die Oral History eine wesentlich längere Tradition, das erste Interview des Oral History Institute an der Columbia University wurde 1948 geführt. Vgl. Starr, Louis M.: Oral History in den USA. Probleme und Perspektiven. In: Niethammer, Lutz (Hg.): Lebenserfahrung und kollektives Gedächtnis, S. 37–74.

zwischen der wissenschaftlichen, der journalistischen und der pädagogischen Nutzung von Zeitzeug/-innen-Interviews unterschieden werden.[226] Die Infragestellung
der Oral History soll an dieser Stelle keine absolute sein, da Augenzeug/-innenbe-
richte auch aus der Geschichtsschreibung nicht wegzudenken sind. Worauf die Kritik abzielt, ist der Status als *automatisch authentische Quelle*, der ihnen bisweilen
(und in der Populärwissenschaft permanent) zuerkannt wird. Die Unzuverlässigkeit
des menschlichen Gedächtnisses verbietet jedoch unbedingt eine derartige Einstu-
fung, abgesehen davon, dass dieses Prädikat sowieso nie vergeben werden sollte.
Dokumentationen der Oral History müssen genau wie alle anderen Quellen einer
gründlichen wissenschaftlichen Quellenkritik unterworfen werden, dann erst können
sie neben anderen als Ursprung wissenschaftlicher Erkenntnis dienen. Nicht umsonst
begleitet diese Kritik die Oral History bereits seit ihrer Entstehung, und in der wissenschaftlichen Oral-History-Forschung wird auch seit langem kritisch mit den
Quellen umgegangen. Der Umgang in Journalismus und Pädagogik steht freilich auf
einem anderen Blatt.[227]

Zusammengefasst: Es spielt also aus psychologischer Sicht keine Rolle, ob Erinnerungen auf wahren Gegebenheiten beruhen oder nicht. Es kommt darauf an, ob sie
für wahr gehalten werden.[228] »Erinnerungen gehören zum Unzuverlässigsten, was
ein Mensch besitzt. Jeweils aktuelle Affekte und Motive sind die Wächter über Erinnern und Vergessen«.[229] Dabei ist es am wichtigsten, welchen Bezug zur Gegenwart
die Erinnerung hat. Um es mit Siegfried J. Schmidts Definition zu sagen: »Erinnern
ist aktuelle Sinnproduktion ohne Wahrheitsbezug im Zusammenhang aktuell wahrgenommener oder empfundener Handlungsnotwendigkeiten.«[230] In diesem Sinne
sind auch die Probleme zu verstehen, die Überlebende des Holocaust mit ihren Erinnerungen haben. In den meisten Fällen hatten sie nämlich keine Chance, diese Erfahrung in eine kohärente Lebensgeschichte einzubauen, und zu oft und zu lange wurde
sie von der Umwelt nicht anerkannt – in Deutschland, den USA, lange Jahre selbst
in Israel.[231]

Neurologische und psychologische Herangehensweisen an Fragen des Gedächtnisses werden jedoch genau dann problematisch, wenn Begriffe und Zusammen-

226 Plato, Alexander von: Medialität von Erinnerung. Darstellung und »Verwendung« von
     Zeitzeugen in Ton, Bild und Film. In: *BIOS – Zeitschrift für Biographieforschung, Oral
     History und Lebensverlaufsanalysen* 21 (2008), 1, S. 79–92, hier: 82.
227 Auch innerhalb der Oral-History-Bewegung ist mindestens seit den sechziger Jahren bekannt,
     dass die Erzähler/-innen sich auch irren können, obwohl sie sich angeblich ganz genau erin-
     nern, und dass Quervergleiche und eine Untersuchung der Interviewsituation notwendig seien
     – siehe Starr, Louis M.: Oral History in den USA. Vgl. zum Stand auch die weiteren Beiträge
     in *BIOS* 21 (2008), 1: Erinnerung und Medialität als Kategorien politischer Kulturgeschichte.
228 Oder: authentisch statt wahr, vgl. Assmann, Aleida: Erinnerungsräume. Formen und
     Wandlungen des kulturellen Gedächtnisses. München: Beck 1999, S. 252ff.
229 Ebd., S. 64.
230 Schmidt, Siegfried J.: Gedächtnis – Erzählen – Identität, S. 386.
231 Niethammer, Lutz: Diesseits des »Floating Gap«; Schacter, Daniel L.: Wir sind Erinnerung,
     S. 490f. Vgl. dazu auch Kapitel 3.3.6.4.

hänge des individuellen Gedächtnisses auf Kollektive übertragen werden – das Problem der *Verdinglichung* von Gruppen und kollektiven Leistungen betrifft alle Forschungen zum kollektiven Gedächtnis, die psychologische oder psychoanalytische Kriterien auf die Phänomene des kollektiven Gedächtnis anwenden.[232] Deshalb setzt sich die Untersuchung im nächsten Schritt mit dem Verhältnis von subjektiven und kollektiven Vorgängen bei der Entstehung von Gedächtnis auseinander.

3.1.2 Die intersubjektive Entstehung des Gedächtnisses

3.1.2.1 Objektivierung

Bereits im vorangegangenen Kapitel zu den neuronalen und psychischen Grundlagen hat sich herausgestellt, dass die Entstehung des Gedächtnisses abhängig von der Kommunikation mit anderen Menschen ist. In unserem Modell des Dreiecks vom (individuellen) Gedächtnis befinden wir uns jetzt an der offenen Spitze der Figur. Im Gegensatz zur breiten neuronalen Basis des Dreiecks sind die *kollektiven* genetischen Faktoren hier eindeutig dominant. Und über der Spitze findet sich letztlich nur noch kollektives Gedächtnis, das unabhängig von diesem konkreten Individualgedächtnis existiert.

Wenn Erinnern das Reproduzieren vergangener Erfahrungen unter den Prämissen gegenwärtiger Handlungsnotwendigkeiten ist, dann stellt sich die Frage, wie Erfahrungen ins Gedächtnis gelangen, wie das Gedächtnis strukturiert ist und wie diese Reproduktion abläuft.

Im Kern beziehe ich mich bei diesen Ausführungen auf Bergers und Luckmanns erwähntes Werk »Die gesellschaftliche Konstruktion der Wirklichkeit«. Da die beiden ihre Theorie dabei wiederum zu großen Teilen auf die Lebenswelt-Analyse von Alfred Schütz gründen, werde auch ich mich in meiner Argumentation direkt auf Schütz' »Strukturen der Lebenswelt« stützen. Wenn man sich mit dem Problem des Gedächtnisses beschäftigt, ist bei Schütz vor allem der Teil interessant, der sich mit Entstehung und Struktur des *Wissensvorrats* sowie dem Beziehungsgeflecht zwischen subjektivem und gesellschaftlichem Wissensvorrat beschäftigt. Erinnerungen sind bei Schütz eine *Phase des Wissensvorrats*: der gegenwärtige Rückgriff auf vergangene Erfahrungen.[233] Folgen wir also der oben angeführten Definition von Erinnerung und Gedächtnis, dann verstehen wir unter *Gedächtnis* einen Vorrat an Wissen,[234] der beständig erweitert und verändert wird und auf den in den Prozessen

---

232 Siehe Kapitel 1.2.
233 Schütz/Luckmann, S. 154.
234 Die Frage, ob Wissen nur »konventionell fixierte«, also »schlecht begründete Meinung« sei (Zittel, Claus: Konstruktionsprobleme des Sozialkonstruktivismus. In: Zittel, Claus (Hg.): Wissen und soziale Konstruktion. Berlin: Akademie 2002, S. 87–108, hier 104.), soll an dieser Stelle nicht erörtert werden. Wissen soll ganz in seinem, aber auch in Schützens, Bergers und Luckmanns Sinne eine Sinnstruktur sein, die im Rahmen einer bestimmten Wirklichkeit für »wahr« gehalten wird.

des Erinnerns zurückgegriffen wird. Das gilt sowohl für das individuelle als auch das kollektive Gedächtnis.[235]

Zunächst ist es nötig darzustellen, wie der individuelle und der kollektive Wissensvorrat entstehen, bevor wir uns dem Gedächtnis zuwenden. Dazu ist eine knappe Zusammenfassung der phänomenologischen Beschreibung der Lebenswelt durch Schütz notwendig: Am Anfang steht das *Erlebnis,* das sich aufgrund der in der jeweiligen Situation gegebenen Relevanzstrukturen aus dem *Bewusstseinsstrom* des Subjekts abhebt.[236] Wenn das Subjekt sich diesem Erlebnis nun in Aufmerksamkeit zuwendet, also die Bewusstseinsspannung in Bezug auf das Erlebnis erhöht wird, haben wir es mit *Erfahrung* zu tun: »Erfahrungen sind durch Aufmerksamkeit ausgezeichnete Erlebnisse.«[237] *Sinn* können Erfahrungen wiederum nur bekommen, wenn sie in einen Zusammenhang zu anderen gestellt werden, wenn sie also nicht nur im Moment des Erlebens wahrgenommen, sondern erstens bereits vergangen sind[238] und zweitens aus der reinen Aktualität herausgehoben und reflektiert werden:

> »Erst, wenn ich wohlumschriebene Erlebnisse, also Erfahrungen, über ihre Aktualität hinaus reflexiv erfasse, werden sie erinnerungsfähig, auf ihre Konstitution hin befragbar, sinnvoll. Wenn das Ich auf seine eigenen Erfahrungen hinblickt, genauer: zurückblickt, hebt es sie aus der schlichten Aktualität des ursprünglichen Erfahrungsablaufs heraus und setzt sie in einen über diesen Ablauf hinausgehenden Zusammenhang. [...] Ein solcher Zusammenhang ist ein Sinnzusammenhang; Sinn ist eine im Bewusstsein gestiftete Bezugsgröße, *nicht* eine besondere Erfahrung oder eine der Erfahrung zukommende Eigenschaft.«[239]

Der Sinn vergangener Erfahrungen kann dabei auf zwei verschiedene Arten erfasst werden: in einem Schritt-für-Schritt-Nachvollziehen, etwa, wenn ich den Ab-

---

235 Zu den Unterschieden und den Beziehungen zwischen beiden siehe Kapitel 3.1.2.4.
236 Schütz/Luckmann, Kapitel II, B4c und III, A2c, zur Relevanz: Kapitel II,B, bes. S. 253. Zur Aufstufung von Bewusstseinsstrom, Erlebnis, Erfahrung, Sinn und Handeln vgl. auch Luckmann, Thomas: Aspekte einer Theorie der Sozialkommunikation. In: ders.: Lebenswelt und Gesellschaft, S. 93–121.
237 Schütz/Luckmann, S. 449.
238 »Nur für den rückschauenden Blick also gibt es wohlunterschiedene Erlebnisse. *Nur das Erlebte ist sinnvoll, nicht aber das Erleben.*« und: Sinn wird verstanden als »'aufmerkende Zuwendung', welche nur auf ein abgelaufenes, niemals jedoch auf ein ablaufendes Erleben vollzogen werden kann.«: Schütz, Alfred: Der sinnhafte Aufbau der sozialen Welt, S. 146 [Hervorh. i. Orig.].
239 Schütz/Luckmann, S. 449 [Hervorh. i. Orig.]. In die gleiche Richtung zielte übrigens bereits Wilhelm von Humboldts Beschreibung der Objektivität des Denkens (wenn auch mit anderen Konsequenzen): »Subjective Thätigkeit bildet im Denken ein Object.[...] Die Thätigkeit der Sinne muss sich mit der inneren Haltung des Geistes synthetisch verbinden, und aus dieser Verbindung reißt sich die Vorstellung los, wird, der subjectiven Kraft gegenüber, zum Object, und kehrt, als solche aufs neue wahrgenommen, in jene zurück.« – Humboldt: Über die Verschiedenheit des menschlichen Sprachbaues, S. 182.

lauf eines Spielfilms in Gedanken erneut abspule (polythetisch), oder in einem einzigen Zugriff (monothetisch), wenn ich – um am Beispiel zubleiben – mit dem Sinn nur die Aussage verbinde, dass der Film schlecht war.[240]

Den nächsten notwendigen Schritt hin zur intersubjektiven Entstehung von Gedächtnis stellen die *Objektivationen* dar. Subjektiv gemeinter Sinn kann nur von anderen Subjekten aufgenommen und verstanden werden, wenn er *geäußert* wird. Diesen Vorgang fasst Schütz unter den Begriff der Objektivierung: »Mit diesem Ausdruck wollen wir allgemein die Verkörperung subjektiver Vorgänge in Vorgängen und Gegenständen der Lebenswelt des Alltags bezeichnen«.[241] Von Objektivierungen oder Objektivationen ist also dann die Rede, wenn subjektives Handeln oder Verhalten von außen und von anderen wahrgenommen und gedeutet werden kann und somit auch für das Subjekt selbst zum Objekt wird. Und nur, wenn diese Vorbedingung erfüllt ist, kann subjektives Wissen an andere weitergegeben werden und kann subjektives Wissen zum Bestandteil des kollektiven Wissensvorrats werden.

Diese Objektivierungen können nun auf verschiedenen Stufen stattfinden. Auf der einfachsten fällt die Wissensvermittlung mit dem Wissenserwerb des Subjekts zeitlich zusammen, weil *Verhalten* oder *Handlungen* Äußerungen nach sich ziehen: Der Finger wird mit schmerzverzerrtem Gesicht aus dem Topf mit heißem Wasser zurückgezogen, der Beobachter des Vorgangs wird also vermeiden, dasselbe zu tun.[242] Auf der zweiten Stufe findet bereits eine gewisse Ablösung von der Situation des Wissenserwerbs statt: Dass sich einer am heißen Wasser verbrüht hat, kann der Beobachter aus dem *Anzeichen* schließen, dass der Betroffene vor dem Topf steht und auf seinen Finger pustet. Diese beiden Varianten der vor-zeichenhaften Objektivation dienen vor allem der Vermittlung von Fertigkeiten.[243] Auf der nächsten Stufe manifestiert sich das subjektive Wissen in *Resultaten* von Handlungen, den Erzeugnissen, die Schütz in Merkzeichen, Werkzeuge und Kunstwerke unterteilt. Die Wissensübernahme ist nicht mehr an die Anwesenheit derjenigen gebunden, die das objektivierte Wissen produziert haben.[244] Auf der abstraktesten oder, wenn man so will, der höchsten Stufe der Objektivation wird subjektives Wissen dann in ein *idealisierendes* und *anonymisierendes Zeichensystem* übersetzt, vermittelt werden »explizite Wissenselemente«.[245] Die Objektivation löst sich in diesem Fall am weitesten von der Situation ab, in der das Wissen erworben, weitergeben und übernommen wurde, aber auch vom einzelnen Subjekt, das Wissen erworben, weitergegeben oder

---

240 Zu den Begriffen polythetisch/monothetisch, die Schütz von Husserl bezieht, vgl. Schütz/Luckmann, S. 91f.
241 Ebd., S. 358.
242 Ebd., Kapitel IV, B2a: »Objektivierungen« des subjektiven Wissenserwerbs.
243 Ebd., Kapitel IV, B2b: »Objektivierungen« subjektiven Wissens in Anzeichen. Zu Fertigkeiten siehe ebd., Kapitel III, A1c.
244 Ebd., Kapitel IV, B2c: Erzeugnisse als »Objektivierungen« subjektiven Wissens.
245 Ebd., S. 384. Vgl. dazu auch Luckmann, Thomas: Aspekte einer Theorie der Sozialkommunikation, S. 106–114.

übernommen hat. Das heißt, wer das Wissen übernimmt, muss nicht mehr den selben Relevanzstrukturen und einer weitgehend ähnlichen Situation unterliegen wie diejenigen, die das Wissen ursprünglich erwarben. Man kann sich schließlich auch mit hypothetischen Problemen auseinandersetzen, selbst wenn sie gerade nicht relevant sind.

Objektivationen in einem Zeichensystem bedürfen der Motivation auf beiden Seiten: beim Subjekt, das Wissen weitergeben will, ebenso wie bei jenem, das die Aussage deuten will. Der wichtigste Unterschied zu vor-zeichenhaften Objektivationen besteht jedoch darin, dass beide Seiten zwar nicht vergleichbarer Situationen und Relevanzen bedürfen, sehr wohl jedoch eines gemeinsamen Wissens, nämlich eines *gemeinsamen Zeichensystems*: »Zeichensysteme, wieder vor allem die Sprache, sind ihrerseits zugleich Bestandteil des gesellschaftlichen Wissensvorrats und das 'Medium' der 'Objektivierung' expliziter Wissenselemente.«[246] Daraus resultiert notwendigerweise eine Veränderung des weitergegebenen Wissens: Polythetische Abläufe des Wissenserwerbs werden in monothetischen Ergebnissen festgehalten, die subjektive Spezifität der Situation des Erwerbs und die dabei aktuellen subjektiven Sinnstrukturen werden ausgeklammert.[247] Wenn Wissenselemente den Rahmen der Bedeutungskategorien eines Zeichensystems sprengen würde, können sie nicht in diesem Zeichensystem objektiviert werden. Dazu müssen sie entweder (etwa über Analogiebildung) durch Bezüge auf bereits vorhandene Bedeutungen in das System eingepasst werden – oder im Grenzfall wird durch die Schaffung neuer Zeichen das System an sich geändert.[248]

Die *Zeichen* an sich definiert Schütz in Abgrenzung zu Anzeichen und Merkzeichen durch ihren Bezug auf ein fremdes Bewusstsein anstatt auf andere weltliche Gegenstände oder Ereignisse (statt dass ich einen Fremden beobachte, wie er eine Furt durchquert, oder ich die gesetzte Markierung einer Furt erkenne, erzählt mir der Fremde in der Kneipe von der Furt, bevor ich diese überhaupt erreicht habe) – sie dienen der Verständigung und werden nur dazu genutzt:

> »Wir bleiben also dabei, daß wir nur solche appräsentative Beziehungen für zeichenhaft halten, die wechselseitig und gleichartig gesetzt und gedeutet werden – und zwar so, daß schon die Setzung grundsätzlich auf die Deutung (mit-) angelegt ist. Zeichen verbinden die Wesensmerkmale von Anzeichen (Erfassung typischer Verbindungen) und Merkzeichen (Setzung) im wechselseitigen sozialen Handeln. [...] Der Vorgang ist der einer intersubjektiven Verständigung. Daran ändert auch die Tatsache nichts, daß man Zeichen auch nur subjektiv vergegenwärtigen kann, z.B. als innere Sprache, oder daß Zeichen nur subjektiv verwendet werden können, wie z. B. im Selbstgespräch. Zeichen sind intersubjektiv konstituiert – und ein schon konstituiertes Zei-

---

246 Schütz/Luckmann, S. 386, vgl. Kapitel IV, B2d: »Objektivierungen« subjektiven Wissens in Zeichen.
247 Ebd., S. 382.
248 Ebd., S. 385ff.

chensystem wie die Sprache wird intersubjektiv erworben. Die wesentliche Funktion von Zeichen in der Lebenswelt des Alltags ist die der Verständigung; sie geht über die Verstehensfunktion von Anzeichen und Merkzeichen hinaus.«[249]

In *symbolischen* Beziehungen schließlich gehört das Appräsentierte einem anderen Wirklichkeitsbereich an als der Bedeutungsträger. Das Symbol verweist auf eine andere Wirklichkeit als die Alltagswelt. Dazu gehören die Erinnerungen an außeralltägliche Bewusstseinszustände wie Traum oder Ekstase, Transzendenzen in andere Welten (Natur, andere Kulturen) und die wachen Distanzierungen von der Alltagswelt in den verschiedenen Aufstufungen der theoretischen Einstellung wie Kunst, Religion, Wissenschaft.[250]

In den Schützschen Wissensvorrat können alle genannten Objektivationsformen eingehen – vom Anzeichen bis zum Zeichen oder Symbol. In ihm abgelagert ist alles von der Fertigkeit eines kulturspezifischen Gehstils bis zu den mythischen Erzählungen über die Erschaffung der Welt. Die vor-zeichenhaften Objektivierungen sollen im Folgenden und in Absetzung von den »Strukturen der Lebenswelt« jedoch nur noch eine untergeordnete Rolle spielen – im Fokus stehen die *»expliziten Wissenselemente«*. Denn das Ziel dieser Arbeit ist die Untersuchung von Erinnerungskultur, uns interessiert also vor allem das *kollektive* Gedächtnis: die Auseinandersetzung einer Gruppe oder Gesellschaft mit der Vergangenheit. Die vor-zeichenhaften Objektivierungen spielen in dieser Auseinandersetzung jedoch nur eine untergeordnete Rolle. Sie treten (wenn überhaupt intersubjektiv, dann) vor allem in der direkten Kommunikation zwischen Subjekten auf und verfügen bei weitem nicht über das gleiche Potenzial einer Vermittelbarkeit über die Situation des vis-à-vis hinaus wie die zeichenhaften, zu denen auch die symbolischen gehören. Um Sinn über die Situation des vis-à-vis hinaus an ein Kollektiv zu vermitteln, braucht es mehr als An- oder Merkzeichen, es braucht zeichenhafte Objektivierungen.

Im kollektiven Gedächtnis wird Sinn zeichenhaft objektiviert weitergegeben: Wenn sich in einer Familie alljährlich zu Ostern daran erinnert wird, wie sich die Kleine damals am Topf mit dem heißen Wasser zum Eierfärben verbrüht hat, dann geht es dabei nicht nur um den Vorgang des *Wissenserwerbs*, dass man sich an heißem Wasser verbrühen kann. Es geht um die (Familien-) *Geschichte* eines dem einzelnen Kind zugestoßenen Leids. Das Wissen um die mit heißen Töpfen auf dem Herd verbundenen Gefahren muss nicht jedes Kind auf die gleiche Art und Weise erwerben, nämlich indem es sich am Topf verbrüht oder das Anzeichen von Verbrü-

---

249 Ebd., S. 650.
250 Zu Anzeichen, Merkzeichen, Zeichen und Symbolen als Mittel zur Überschreitung der Grenzen der unmittelbaren Erfahrung siehe ebd., Kapitel VI, B sowie ders.: Symbol, Wirklichkeit und Gesellschaft. In: Knoblauch, Hubert / Kurt, Ronald / Soeffner, Hans-Georg (Hg.): Theorie der Lebenswelt 2. Die kommunikative Ordnung der Lebenswelt (=Alfred Schütz Werkausgabe Band V.2). Konstanz: UVK 2003 [amer. 1964], S. 117–210.

hen am Gesicht einer Person mit dem Finger im Topf wahrnimmt. Vorausgesetzt, es weiß immerhin schon, dass Kontakt mit heißem Material Schmerz verursacht, kann es eben auch über den Umweg der *Geschichte* vom damaligen Missgeschick dieses Wissen über die Töpfe erlernen. Die Elemente des kollektiven Gedächtnisses werden in den allermeisten Fällen nicht vermittelt, indem dieselbe Handlung zwecks Erwerbs desselben vor-zeichenhaften Wissens erneut *nachvollzogen* wird, etwa durch gemeinsames rituelles Verbrühen, sondern über das allen Gruppenmitgliedern gemeinsame Zeichen- und Symbolsystem.[251]

Fassen wir zusammen: Grundbedingung eines gemeinsamen Wissensvorrats ist die Objektivierung. Auf verschiedenen Stufen wird dabei subjektiv gemeinter Sinn geäußert und dabei in verschiedenem Ausmaß von der Situation des Wissenserwerbs und all ihren Eigenschaften abgelöst. Die Ablösung von Situation und Person erreicht ihren höchsten Grad bei den anonymisierten und idealisierten Objektivationen in einem Zeichensystem. Damit ist bereits eine erste Veränderung des Wissensinhalts verbunden.

Bevor wir aber zu den weiteren Bedingungen dafür kommen, wann subjektive Erfahrungen zu Elementen eines kollektiven Wissensvorrats werden, muss darauf eingegangen werden, welche Rolle Typisierung dabei spielt.

3.1.2.2 Typisierung

Die meisten aller Erfahrungen werden als in irgendeiner Weise typische erfahren. Als typisch erfahren heißt, die Erfahrung in bereits bekannte Erfahrungstypen einzuordnen, sie gewissermaßen ohne weitere Untersuchung als bekannt vorauszusetzen und zu wissen, was die adäquate Reaktion ist. In der Alltagswelt sind die meisten Situationen, in die Menschen geraten, hochgradig typisiert und damit unproblematisch: Es gibt für die typische Situation ein typisches Verhalten, für typische Probleme typische Lösungen – weshalb sie dann auch keine wirklichen Probleme mehr darstellen. Andernfalls würden wir auch immer wieder neuen Situationen und Problemen gegenüberstehen, für die immer wieder aufs neue Lösungen gefunden werden müssten. Einen effektiveren Umgang bietet der Rückgriff auf im Wissensvorrat abgelagerte Typisierungen.

Aber nicht nur Situationen werden als typische erfasst und bewertet, auch die dem Subjekt gegenüberstehenden Objekte oder Anderen werden als Typen eingeordnet. Die Passant/-innen, die durch die gleiche Straße gehen wie ich, sind zuerst einmal eben nur typische Passant/-innen. Wenn ich mehr Interesse für sie aufbringe,

---

251 Paul Connertons Einwand (in: How Societies remember), kollektives Gedächtnis könne auch jenseits von Kognition und Texten durch gemeinsames, körperliches Nachspielen (Reenactment) entstehen und erhalten werden, stimmt nur teilweise: Einerseits ist es richtig, dass der Fokus der Untersuchung oft zu sehr auf den Inhalten und Texten anstatt auf der Form ruht (ebd., S. 101), und Reenactments vermitteln durch Nachspielen historischer Ereignisse auch Wissen über die Vergangenheit. Andererseits kann auch das Reenactment von als prototypisch wahrgenommenen Ereignissen nicht ohne Inhalte auskommen. Die wiederum können nur über Objektivierungen in Zeichensystemen wie der Sprache vermittelt werden.

schälen sich vielleicht verschiedene Typen heraus. Zum Beispiel erfasse ich die
beiden Mittzwanziger in Anzug und Schlips als typische Bankangestellte oder die
bewaffnete Frau in Uniform und Schildmütze typischerweise als Polizistin. Erst
wenn ich in der Menge eine Freundin entdecke, verlasse ich das Feld der Typisierungen teilweise. Sie ist mir bekannt aufgrund gemeinsam verbrachter Lebenszeit
und Vertrautheit ihrer individuellen Eigenschaften, nicht, weil ich sie einem bestimmten bekannten Typus von Mitmensch zuordne. Natürlich werde ich aber auch
sie in Teilaspekten typisiert erfassen, etwa als ehemalige Kleinstädterin, als Fotogra-
fin oder als Einzelkind.[252]

Typisierungen erleichtern den Menschen den alltäglichen Umgang mit der sie
umgebenden Welt. Ohne sie müsste jede neue Situation und jeder andere Mensch
immer wieder von Grund auf problematisiert werden. Ich müsste mich jedes Mal
fragen: Wer ist das? Hat er irgendeine Relevanz für mich? Was macht er hier? Ist er
eine Gefahr für mich? Mittels Typisierungen wird eine gewisse Routine im Umgang
mit der Alltagswelt erreicht, die es ermöglicht, sich mit anderen Dingen zu beschäftigen als der permanenten Vergewisserung, wo man ist und was die Welt um einen
herum nun eigentlich von einem will. Typisierungen geben also Halt in der Wirklichkeit, ja, sie befestigen die Wirklichkeit erst. Sie helfen uns, die Welt in verschiedene Zonen der Erreichbarkeit, Relevanz und Bekanntheit einzuteilen – von Menschen in der vis-à-vis-Situation bis hin zu völlig anonymisierten »Vorfahren« oder
bloßen Zeitgenossen. »Die gesellschaftliche Wirklichkeit der Alltagswelt wird also
als ein kohärentes und dynamisches Gebilde von Typisierungen wahrgenommen«.[253]
Letztlich ist die Bildung von Typen eine wichtige Voraussetzung von Vergesellschaftung.[254]

Typisierungen sind dabei immer soziale Produkte. Denn bei fast jeder Typisierung stützt man sich auf bereits vorhandene Typen. Kinder fangen in ihrer Ontogenese nicht jedes Mal wieder komplett von Neuem an, Situationen und Personen zu
typisieren, sondern übernehmen schon existierende Typen. Und diese Typen werden
dabei gesellschaftlich vermittelt, also im Laufe des Lebens von anderen gelernt. Man
kann in den komplexen Gesellschaften der Gegenwart keinesfalls alle notwendigen
Typisierungen selbst vorgenommen haben. Letztendlich wäre das auch nur in einer
idealisierten Situation möglich, in der beispielsweise zwei Menschen allein auf einer
Insel leben und miteinander auskommen müssen. Doch selbst dort müsste man wieder davon ausgehen, dass jeder und jede Beteiligte ja wahrscheinlich schon ir-
gendwo anders sozialisiert wurde, bevor er oder sie auf der Insel strandeten. Alle

---

252 Vgl. zur Typisierung Berger/Luckmann, S. 31–36. Zur Tatsache, dass erst die Übereinstim-
mung mit dem Stereotyp bestimmte Inhalte erinnerungswürdig und »mythogen« macht:
Burke, Peter: Geschichte als soziales Gedächtnis, S. 296.

253 Berger/Luckmann, S. 36.

254 Vgl. Simmel, Georg: Exkurs über das Problem: Wie ist Gesellschaft möglich? In: Soziologie.
Untersuchungen über die Formen der Vergesellschaftung. (=Georg Simmel Gesamtausgabe,
Bd. 11), Frankfurt/M.: Suhrkamp 1992 [1908], S. 42–61, besonders S. 47–50; Popitz,
Heinrich: Die normative Konstruktion von Gesellschaft. Tübingen: Mohr 1980.

über diese Beispielsituation hinaus gehenden Fälle haben dann auf jeden Fall mit einer Dominanz derjenigen Typisierungen zu tun, die im Laufe der Sozialisation gesellschaftlich vermittelt worden sind.

Die Vermittlung dieser vorgegebenen Typisierungen geschieht wiederum vor allem über das Zeichensystem der Sprache. In ihr sind Typen angelegt und vor-aus-gelegt oder ist die Möglichkeit zu bestimmten Typisierungen mangels Ausdrücken gar nicht erst gegeben. Wenn beispielsweise in einer bestimmten Sprache wegen der fehlenden zugehörigen Erfahrung kein Begriff für Schnee existiert, wird ein Mensch, der mit dieser Sprache aufwächst, über keine Typisierung für vom Himmel fallendes kristallines Wasser verfügen. Sollte er diesem Wetterphänomen dann doch einmal begegnen, hat er zunächst ein Problem mit der Deutung dieser Situation.

Bis hierhin wurde die Grundbedingung für das Entstehen eines Wissensvorrats, die Objektivierung, und die Rolle der Typisierung beim Umgang mit Erfahrungen behandelt. Von dieser Basis aus geht es nun um den Vorgang, mit dem Wissen überhaupt in den Wissensvorrat gelangt, die Ablagerung von Wissen.

3.1.2.3 Sedimentierung

Wenn es einen Vorrat an Wissen gibt, muss dieser auch irgendwann entstanden sein. Alles, was Menschen erfahren und das nicht sofort wieder verschwinden soll, sobald es sich nicht mehr im aktuellen Griff des Bewusstseins befindet, muss im Wissensvorrat als Sediment[255] abgelagert werden. »Erfahrung erstarrt zur Erinnerung«.[256]

Die Entscheidung darüber, was sedimentiert wird, hängt von drei Faktoren ab: den Bedingungen der jeweiligen Situation, der Relevanz und der Typik.[257] Die *Situation* ist dabei doppelt bestimmt. Einerseits bestimmen die räumlichen und sozialen Bedingungen der Situation darüber, ob und wie eine Erfahrung sedimentiert wird. Stehe ich in diesem Moment in sozialem Kontakt zu anderen Mitmenschen? Welcher Art ist der Kontakt? Ist es ein routinemäßiges oder ein problematisches Verhältnis? Welche körperlichen Eindrücke sind mit der Situation verbunden? Welche Gegenstände und Mitmenschen befinden sich in den verschiedenen Zonen meiner Reichweite? Wie ist meine momentane kognitive und emotionale Einstellung der Situation und meinem Umfeld gegenüber? Andererseits befindet sich jede Situation in der Dimension der Zeit an einem bestimmten Punkt meiner Biographie. Ich setze sie also ins Verhältnis zu bereits geschehenen Ereignissen und zu Annahmen und Erwartungen bezüglich der Zukunft. All diese Aspekte der Struktur der Situation sind auf mannigfaltige Art gesellschaftlich bestimmt. Jede soziale Situation wird von den beteiligten Personen gegenseitig gestaltet. Die Kategorien, in denen die Situa-

---

255 Die geologische Metapher verwendete bereits Proust. Vgl. Warning, Rainer: Vergessen, Verdrängen und Erinnern in Prousts A la recherche du temps perdu. In: Haverkamp, Anselm / Lachmann, Renate (Hg.): Memoria. Vergessen und Erinnern. Unter Mitwirkung von Reinhart Herzog. München: Fink 1992, S. 160–194, hier 162.

256 Berger/Luckmann, S. 72.

257 Schütz/Luckmann, Kap. III, A 2.

tion bestimmt wird, sind meist sozialen Ursprungs und durch objektivierte Medien wie die Sprache determiniert.[258]

Was sedimentiert wird, ist zweitens abhängig von den subjektiven *Relevanzstrukturen*. Erfahrungen werden dann abgelagert, wenn sie aufgrund der momentanen Einstellung und Motivation für relevant erachtet werden oder wenn sie als bedeutsam für spätere Situationen angesehen werden. Die subjektiven Relevanzen sind nun ebenfalls von Anfang an intersubjektiv entstanden. Jedes »subjektive Relevanzsystem hat generell eine 'soziale' Vorgeschichte, die sowohl 'eigenständige' als auch 'empathische' als auch 'sozialisierte'« Relevanzen enthält.[259] »Eigenständige« sind die aufgrund eigener Erfahrungen selbst erlernten Relevanzen, »empathische« die von anderen abgeschauten und »sozialisierte« die in einem Lehrvorgang weitergegebenen Relevanzen.

Es gibt aber auch irrelevante Erfahrungen und sozial irrelevante Wissensinhalte. Diese haben dann nach den je aktuellen Einstellungen und Bedürfnissen keine Relevanz, weil sie für kein Problem eine Lösung sind und es keinen Bedarf an ihrer Weitergabe gibt. Solche zunächst irrelevanten individuellen Erfahrungen werden zwar auch sedimentiert, jedoch ohne mit bestimmten Relevanzen oder Typen verknüpft zu sein, weshalb sie im Nachhinein auch nicht willkürlich erinnert werden können. Sie bilden den »offenen und tiefen Speicher«[260] des individuell-funktionslosen[261] Gedächtnisses. Gesellschaftlich irrelevantes Wissen kann für Einzelne zwar durchaus Relevanz besitzen, es wird dann jedoch kaum in den gesellschaftlichen Wissensvorrat eingehen. In diesem Sinne irrelevantes Wissen kann in einer Gesellschaft die einzelnen Individuen aber trotzdem überdauern, wenn es Institutionen gibt, die dieses Wissen trotz seiner gegenwärtigen Irrelevanz bewahren, etwa in Erwartung einer späteren Relevanz.

Ein schwieriges Problem werfen Erfahrungen auf, die einen grundsätzlichen Bruch mit allen vorherigen Erfahrungen darstellen und (gerade dadurch) aus allen Relevanzsystemen herausfallen, Extremerfahrungen, wie sie beispielsweise Überlebende des Holocaust machen mussten. Diese können zwar die Relevanz bekommen, von den Taten später zeugen zu können, oft entziehen sich solche Erfahrungen aber auch der Einordnung in bestehende Relevanzsysteme – und werden trotzdem sedimentiert. Solcherart gewissermaßen ungewollt sedimentierte Erfahrungen werden zunächst solange verdrängt und nicht intentional erinnert, bis es einen Relevanz- und Kommunikationsrahmen für sie gibt, also Gründe und Situationen, in denen eine Erinnerung möglich ist.[262]

---

258 Schütz/Luckmann, S. 169. Auf die räumliche und zeitliche Dimension gehe ich weiter unten detaillierter ein. Siehe Kapitel 3.2.1 und 3.2.2.
259 Schütz/Luckmann, S. 353.
260 Assmann, Aleida: Vier Formen des Gedächtnisses – Eine Replik. In: *Erwägen Wissen Ethik* 13 (2002) 2, S. 231–238, hier 236.
261 Siehe Kapitel 3.2.7.
262 Einen weiteren Sonderfall bilden körperlich gespeicherte Erfahrungen (Vgl. Abraham, Anke: Der Körper im biographischen Kontext). Die von Abraham genannten Beispiele körperlich

Drittens schließlich sind erfahrene Ereignisse nicht nur an eine bestimmte Situation gebunden und müssen relevant sein, sie müssen auch *typisiert* werden, um abgelagert werden zu können. Sie müssen bestimmten Typen von Ereignissen zugeordnet werden können. Entsprechen sie keinem bekannten Typus, muss ich trotzdem versuchen, sie in einen solchen einzuordnen. Erst dann, wenn sie in einem System von Typen und meistens auch in einem idealisierenden Medium wie der Sprache objektiviert sind, können sie in Beziehung zu anderen Ereignissen, Zeiten oder Sinnstrukturen gesetzt werden. Völlig unbekannte Situationen stellen uns in der Regel vor ein großes Problem. Sie lassen sich nicht einordnen und typisieren, es fehlt also völlig an typischen Umgangsweisen damit. In diesem Fall beginnt eine Reihe von Versuchen, die Situation doch noch auf irgendeine Art und Weise in vertraute Typisierungen einzuordnen. Wenn ich beispielsweise als normaler Passant unter typischen Passant/-innen die Straße entlanglaufe und plötzlich ein völlig unbekannter Mensch auf mich zutritt und mir den Mittelfinger entgegenstreckt, habe ich ein Problem, diese Situation typisierend zu verarbeiten. Ich könnte vermuten, dass er gar nicht mich meint, sondern jemanden hinter mir, drehe mich also um, um diese These zu bestätigen. Wenn da nun niemand steht, der in Frage kommt, scheidet diese Möglichkeit aus. Dann könnte ich weiter versuchen, den Gestikulierer vielleicht doch noch als entfernten Bekannten zu identifizieren, der mich eventuell nur auf den Arm nehmen will. Schlägt auch das fehl, würde ich trotzdem nicht aufgeben, das Ereignis noch einem gewissen Typus zuzuordnen. Es könnte zum Beispiel sein, dass ich mich gerade in einem Viertel befinde, in dem Menschen meines Kleidungsstils, Alters oder meiner Hautfarbe bekanntermaßen nicht erwünscht sind, oder der Beleidiger könnte mich kennen und Groll gegen mich hegen, weil ich neulich an der Supermarktkasse vor ihm stand und es ihm zu lange dauerte, wie ich mit der Kassiererin über das Wetter plauderte. Aber selbst wenn alle diese Versuche scheitern sollten, werde ich das skurrile Ereignis doch immer noch versuchen, einem bestimmten

---

verankerter Erinnerungen sind jedoch eher Gewohnheiten und Fertigkeiten und keine Rückbezüge auf die Vergangenheit als explizite Wissenselemente: die unterschiedliche Körperhaltung von Kindern von Herrschaftsbauern, die früh selbstbewussten Umgang mit Vieh und Gerät lernen, und die von Knechtskindern, die von Anfang an nur gekrümmt mit der Hacke auf fremdem Feld arbeiten. Das ist in der Tat »implizites Wissen« (177), das schwer sprachlich vermittelt werden kann, aber die Unterlage des expliziten Wissens bildet. Es gehört deswegen aber noch nicht zum Gedächtnis im hier verstandenen Sinn (Vgl. Kapitel 3.1.2.5). Vielmehr muss man Abraham darin recht geben, dass das Gedächtnis, auch das kollektive, nicht nur von deklarativen Sinnelementen der Sprache, sondern auch von Gefühlen, Empfindungen und körperlich verankertem Wissen (sie schreibt »Erinnerungen«) »aufrecht erhalten« wird (167f.). D.h., wir haben es hier mit den *Bedingungen* von Wissenserwerb und Gedächtnis zu tun, nicht mit den Gedächtnisinhalten an sich. Für das Individuum kann zu diesem körpergebundenen impliziten Wissen auch Wissen über die Vergangenheit gehören – innerhalb des Bereichs der funktionslosen, unfreiwilligen Erinnerung (vgl. Kapitel 3.2.7). Zum Teil des kollektiven Gedächtnisses werden kann es jedoch nicht, wenn es auf der rein körperlichen Ebene verbleibt.

Typus zuordnen, etwa: »es gibt halt eine Menge seltsamer Menschen in dieser seltsamen Welt«.

Abhängig von diesen Faktoren – der Situation, der Relevanz und der Typik – werden die Erfahrungen also sedimentiert, indem sie objektiviert und in Sinnstrukturen umgewandelt werden. Sie selbst werden wiederum typisiert und somit in bereits vorhandene Sinnstrukturen eingefügt. Wenn ich angesichts der Mittelfinger-Wahrnehmung vor mich hin murmle, dass es seltsame Menschen in dieser seltsamen Welt gibt, dann habe ich die erfahrene Situation idealisiert, aus ihrer Spezifik in Zeit und Raum herausgenommen und sie in die Sinnstruktur des »seltsame Welt«-Weltbilds eingefügt. Nur durch die Umwandlung in Sinnstrukturen können die Erfahrungen Teil des Wissensvorrats werden, weil sie nur durch diese Objektivierung erst die nötige Kompatibilität und Anschlussfähigkeit zu anderen Erfahrungen erreichen. Dabei wird die ursprüngliche Erfahrung notwendig ihrer ursprünglichen Struktur entkleidet. Zwar kann die ursprüngliche Situation im Rückgriff wieder rekonstruiert werden, aber sedimentiert ist zunächst die typisierte Sinnstruktur, in meinem Beispiel-Fall: Diese seltsame Welt ist voller seltsamer Menschen, neulich hat mich ein Wildfremder grundlos beleidigt.

Diese sedimentierte Sinnstruktur dient ab diesem Zeitpunkt zur Bestimmung und Einordnung weiterer Erfahrungen und Wahrnehmungen. Somit wird jede sedimentierte Erfahrung erst auf der Basis anderer bereits sedimentierter Erfahrungen abgelagert. Es kann also keine a-priori- oder Ur-Erfahrung[263] geben – jede Sedimentierung geschieht aufgrund des vorhandenen Wissensvorrats.

Bei der Betrachtung des Wissenserwerbs muss zwischen der Sedimentierung subjektiven und kollektiven Wissens unterschieden werden. Es gibt Erfahrungen, die individuell sedimentiert werden: rein persönliche Erlebnisse wie das Verbrennen am heißen Topf. Und es gibt individuell erworbenes Wissen, das aber dem kollektiven Wissensvorrat entstammt: die Erzählung vom am Topf verbrannten Finger. Die Quelle des subjektiven Wissenserwerbs liegt zum Großteil in von anderen angehäuftem Wissen, insbesondere, wenn es um höhere und abstraktere Wissensformen geht, die nicht mehr mit grundlegenden Fertigkeiten wie Laufen oder Essen zu tun haben. Das heißt, der subjektive Wissenserwerb beruht zum Großteil auf Sozialisierung, auf dem Erlernen bereits vorhandenen Wissens und nicht auf der allein und selbst gemachten Erfahrung und der Reflexion darüber. Welche Kriterien nun darüber entscheiden, was als Bestandteil des kollektiven Wissensvorrats sedimentiert wird, wird im nächsten Kapitel ausgeführt.

3.1.2.4 Das Verhältnis von individuellem und kollektivem Wissensvorrat
Zunächst muss noch einmal zusammengefasst werden, wie der subjektive Wissensvorrat durch gesellschaftliche Faktoren beeinflusst wird. Dies beginnt bereits mit den frühesten Erfahrungen. Jede Erfahrung und Wahrnehmung setzt voraus, dass es ein »Selbst« gibt, das erfahren und wahrnehmen kann. Und ein »Selbst«, ein eigenstän-

---

263 Schütz/Luckmann, S. 173.

diges Bewusstsein, bildet sich erst in intersubjektiven Vorgängen aus, indem das Subjekt in eine Ich-Du-Beziehung tritt, sich selbst in den Reaktionen des Gegenüber gespiegelt sieht und so erst zu einer subjektiven Identität kommt.[264] Darüber hinaus sind die subjektiven Relevanzstrukturen sozial bestimmt: Die meisten Relevanzen werden bereits dem Kind durch die »Anderen« intersubjektiv vermittelt, es lernt also soziale Wissenselemente und Relevanzstrukturen, die nicht auf eigenen Erfahrungen beruhen, sei es durch Nachahmung oder durch direktes Lernen. Auch die Inhalte, die es im Laufe der Sozialisation vermittelt bekommt, sind durch sozial bestimmte Faktoren wie die Sprache oder die Sozialstruktur gefiltert. So ist der Zugang zu bestimmten Wissensbereichen grundsätzlich abhängig vom gesellschaftlichen Status des Umfelds, in dem das Kind aufwächst; und die Art des Wissens ist auch davon abhängig, wie differenziert die Gesellschaft ist: ob es Institutionen der Wissensvermittlung gibt und wie diese in gesellschaftliche Hierarchien eingebunden sind.[265] Ein Kind in einem dörflichen Umfeld vor 200 Jahren hatte andere potenzielle Zugänge zu Wissen als ein Großstadtkind der kommunikationstechnisch ausdifferenzierten Gegenwart.

Der subjektive Wissensvorrat ist also schon mehrfach intersubjektiv beeinflusst, weil der *Wissenserwerb* als solcher ebenso wie die *Situationen*, in denen er stattfindet, sozial bestimmt sind. Jede einzelne subjektive Erfahrung oder Wahrnehmung baut auf bereits abgelagerten Wissenselementen auf und ist durch gesellschaftliche Objektivierungen wie Sprache und sprachlich vermittelte Typiken sowie Relevanzen sozial vorstrukturiert. Darüber hinaus sind die meisten *Wissenselemente* keine selbst erfahrenen, sondern erlernte, sozialisierte, die in ihrer Faktizität zunächst erst einmal hingenommen werden mussten. Auch wenn Menschen im Laufe ihres Lebens viele *eigene* Erfahrungen machen und in ihrem subjektiven Wissensvorrat ablagern, bleiben diese in der Minderheit gegenüber denen, die den kollektiven Wissensvorräten entstammen. Es ist von der Anlage des Menschen her auch schlichtweg unmöglich oder ein für die Untersuchung menschlicher Eigenschaften völlig irrelevanter heuristischer Grenzfall, sich die Ontogenese eines Menschen ohne Gesellschaft vorzustellen. Der Mensch ist von Grund auf ein kulturelles Wesen, das ohne Gesellschaft gar nicht erst zum Menschen werden kann. Zusammengefasst: *Der subjektive Wissensvorrat speist sich zum größten Teil aus dem gesellschaftlichen.*

Dabei ist jedoch gleichfalls von Bedeutung, dass jedes Element eines kollektiven Wissensvorrats seine Existenz zunächst einmal einer subjektiven Erfahrungssedimentierung verdankt. So ist gleichzeitig *der subjektive Wissenserwerb* auch *die Quelle des kollektiven Wissensvorrats*. Es kann zwar subjektives Wissen geben, das nicht Teil des kollektiven Wissensvorrats ist, zum Beispiel persönliche Erfahrungen, die ich noch niemandem mitgeteilt habe, aber umgekehrt kann es kein kollektives Wissen geben, das nicht aus subjektivem Wissen hervorgegangen wäre.[266] Denn ein

---

264 Ebd., S. 333.
265 Ebd., S. 351ff.
266 Schütz/Luckmann, S. 356. Vgl. dazu das Kapitel IV, B1 dort.

Kollektiv ist keine autonome Entität, kein eigenständig handelndes Subjekt, sondern setzt sich immer aus einzelnen Subjekten zusammen. Die zentrale Aussage Bergers und Luckmanns dazu lautet: »Gesellschaft ist ein menschliches Produkt. Gesellschaft ist eine objektive Wirklichkeit. Der Mensch ist ein gesellschaftliches Produkt.«[267] Dabei gilt zum einen, dass der kollektive Wissensvorrat als Ganzes nicht einfach die Summe aller subjektiven Wissensvorräte ist, und zum anderen, dass jeder einzelne subjektive Wissensvorrat mehr beinhaltet als der kollektive. Der kollektive Wissensvorrat als Ganzes ist nicht die Summe der einzelnen, da er in *intersubjektiven* Vorgängen der Objektivierung angehäuft wird und eine eigene, sich von jenen unterscheidende Struktur aufweist. Er ist an gesellschaftlichen Relevanzen und Bedürfnissen ausgerichtet und wird von gesellschaftlichen Institutionen gestaltet. Er ist in verschiedene Zonen der Erreichbarkeit für die Einzelnen gestaffelt, die wiederum an bestimmte gesellschaftliche Rollen gebunden sind: die arbeitsteilige Distribution des Wissens auf die jeweiligen Rolleninhaber und Expertinnen. Er unterliegt allen in der Gesellschaft wirkenden Auseinandersetzungen und Machtverhältnissen. Nichtsdestoweniger ist der kollektive Wissensvorrat aber auch kleiner als jeder subjektive, da jeder Mensch in seinem Wissensvorrat eine unbestimmte Menge an Elementen beherbergt, die nicht in den kollektiven Wissensvorrat aufgenommen worden sind – sei es, weil sie neu sind, den Kriterien einer Aufnahme nicht genügen, oder weil sie aus bestimmten persönlichen Gründen nie geäußert wurden. Manche subjektiven Erfahrungen können sich sogar ganz dagegen sperren, sprachlich objektiviert zu werden, und sich dadurch dem Austausch mit anderen entziehen.[268]

Zur Wiederholung, unter welchen Grundbedingungen subjektive Wissensinhalte zu Elementen des gesellschaftlichen Wissensvorrats werden können: Das Wissenselement muss von der ursprünglichen Situation abgelöst werden, indem es sich in Objektivationen äußert. Das bedeutet, der Beginn des Übergangs vom individuellen zum kollektiven Wissensvorrat befindet sich genau dort, wo die subjektiven Erfahrungen und Sinnstrukturen *geäußert* werden. Im Regelfall müssen sie dabei in einem idealisierenden und anonymisierenden Zeichensystem wie der Sprache objektiviert werden – Bedingung für eine Kommunikation zwischen Subjekten in einem solchen System ist, dass beide Seiten dazu motiviert sind.

Des weiteren müssen subjektive Wissenselemente ausreichend sozial relevant sein, um im gesellschaftlichen Wissensvorrat abgelagert zu werden. Die soziale Relevanz bestimmt sich daraus, ob sie für gegenwärtige oder zukünftige Probleme oder Wirklichkeitsdeutungen benötigt werden oder werden könnten, oder ob sie für eine gesellschaftliche Institution oder symbolische Sinnwelt wichtig sind, kurz: ob sie gesellschaftliche Funktionen zu erfüllen haben. Das heißt, Wissenselemente, die zwar ausreichend sprachlich objektiviert, aber nur für ein einzelnes Individuum relevant sind, werden kaum in den gesellschaftlichen Wissensvorrat eingehen. Wenn ein Kind sein Plüschtier Lilo nennt, hat das erst einmal keine soziale Relevanz. Ent-

---

267 Berger/Luckmann, S. 65.
268 Vgl. Schütz/Luckmann, Kapitel IV, B1 und C1, besonders S. 357f.

deckt jedoch ein Team von Meteorologen im Atlantik einen neuen Wirbelsturm und tauft ihn auf den Namen Lilo, unter dem er ab diesem Zeitpunkt wegen der durch ihn angerichteten Verwüstungen in den Nachrichtensendungen in aller Welt auftaucht, ist dies von bedeutenderem gesellschaftlichen Interesse. Und für Institutionen und symbolische Sinnwelten sind Wissenselemente dann von Relevanz, wenn sie Teil der eigenen Legitimierung, Herkunftsgeschichte oder wichtig für die Umsetzung eigener Ziele sind. Und die Herkunftsgeschichte von Institutionen und symbolischen Sinnwelten ist für diese insofern wichtig, als die an ihnen teilhabenden respektive in ihnen agierenden Menschen daraus einen Teil ihrer biographischen Identität ableiten.[269]

Subjektive Erfahrungen, die typisch erfasst und objektiviert weitergegeben wurden, um bei ausreichend vorhandener sozialer Relevanz in den gesellschaftlichen Wissensvorrat bzw. in den der betreffenden Gruppe aufgenommen zu werden, müssen im Gegenzug auch wieder an die Mitglieder der Gruppe oder Gesellschaft weitergegeben werden. In der einfachsten und ontogenetisch frühesten Situation lernt das Kind von der Mutter oder den Eltern, dass das Hochziehen der Mundwinkel Anzeichen positiver Gefühle ist, es bekommt die ersten Wörter beigebracht, später Geschichten erzählt und all die vielen Dinge, die wichtig sind, um im Alltag der jeweiligen Gesellschaft zurechtzukommen. In komplexen und sozial differenzierten Gesellschaften wird ab einem gewissen Alter jedoch ein bedeutender Teil der Wissensvermittlung von Institutionen jenseits der Familie übernommen: Institutionen mit fest angestelltem und spezifisch ausgebildetem Lehrpersonal, einem in gesellschaftlicher Auseinandersetzung festgelegten Lehrplan und einem definierten Ziel der Lehre. Zu diesen Institutionen gehören historisch gesehen die Schule, Kirchen, Unternehmen, Armeen, Universitäten oder Sportclubs. In ihnen und in ihrem Zusammenspiel ist geregelt, welches Mitglied welcher gesellschaftlichen Gruppe, Klasse oder Kaste welches Wissen vermittelt bekommen kann und bei vorhandenen Voraussetzungen auch bekommen wird. Die Vermittlung ist wieder gekoppelt an die Relevanz für bestimmte Rollentypen – ein Bäckerlehrling bekommt andere Wissenselemente gelehrt als eine Theologie-Lehramtskandidatin. Und die Prozedur der Wissensvermittlung selbst ist ebenfalls typisiert, das heißt, auch die Art und Weise, wie das Wissen vermittelt wird, folgt den für die jeweilige Rolle typischen Mustern.

Der kollektive Wissensvorrat kann also beschrieben werden als ein nach eigenen Regeln strukturierter Vorrat an Wissen, der sich durch Objektivation, Typisierung und gesellschaftliche Relevanz gesteuert aus den Elementen subjektiven Wissens speist, und der wiederum die Grundlage aller dem betreffenden Kollektiv angehörenden subjektiven Wissensvorräte bildet.

---

269 Eine detailliertere Auseinandersetzung mit den Funktionen kollektiven Gedächtnisses findet in Abschnitt 3.3 dieser Arbeit statt.

3.1.2.5 Wissensvorrat und Gedächtnis

Nun wurden bis hierhin immer nur der individuelle und der kollektive *Wissensvorrat* beschrieben; im Zentrum dieser Arbeit stehen jedoch das Gedächtnis und die Erinnerung. An dieser Stelle ist der Punkt erreicht, den bereits angedeuteten Zusammenhang zwischen Wissensvorrat und Gedächtnis klar zu beschreiben.

Wissensvorrat wurde definiert als die Gesamtheit der einzelnen Sinnelemente, die im Lauf der Biographie (beim Individuum) oder der Geschichte (Kollektiv) sedimentiert worden sind. Dazu zählen beim einzelnen Menschen eigene Erlebnisse, Erfahrungen und Denkergebnisse sowie sozialisierte bzw. gelernte Wissenselemente. Zum kollektiven Wissensvorrat gehören alle Erfahrungen und kognitiven Elaborate der Mitglieder oder die, die aus anderen Kollektiven übernommen wurden, solange sie die genannten Bedingungen für die Sedimentation in diesen erfüllt haben. Der kollektive Wissensvorrat unterliegt dabei einer permanenten Kontrolle durch die im Kollektiv dafür zuständigen Rollenträger/-innen.

Wie gestaltet sich nun das Verhältnis von Wissensvorrat und Gedächtnis? Zunächst: Die Elemente des Gedächtnisses verfügen über dieselben Eigenschaften wie alle Elemente des Wissensvorrats. Sie sind objektivierte Erfahrungen, die auf der Basis von Typisierungen und Relevanzen sedimentiert worden sind. Sie sind damit Teil des Wissensvorrats – was sowohl für das individuelle wie das kollektive Gedächtnis gilt. In der Konsequenz ist das *Gedächtnis als Teil des Wissensvorrats* zu begreifen. Wenn Gedächtnis aber Teil des Wissensvorrats ist, wäre noch zu klären, warum seine Inhalte dann nicht mit Wissen im Allgemeinen gleichgesetzt werden. Der Schlüssel dazu liegt in den Unterschieden zwischen den »besonderen« Gedächtnisinhalten und den »allgemeinen« Wissenselementen. Gedächtnisinhalte beziehen sich auf *vergangene* Ereignisse und Zustände: Sie beinhalten in ihrem Kern die Umstände, in denen sich das erfahrende Subjekt seinerzeit befand, und den Zustand des Subjekts zum Zeitpunkt des Erinnerten. »Allgemeine« Wissensinhalte thematisieren einen bestimmten Sachverhalt, der als solcher abgerufen werden kann, und im Normalfall kommen die *Bedingungen der Situation*, unter denen dieses konkrete Wissen erworben wurde, nicht mit in den Begriff des Bewusstseins. Sollte doch einmal der Fall eintreten, dass das Subjekt versucht, sich auch die Umstände zu vergegenwärtigen, unter denen es jenes Wissen erwarb, haben wir es bereits nicht mehr mit »allgemeinen« Wissenselementen zu tun, sondern mit Gedächtnisinhalten. Denn der Kern des Wissenselements ist dann nicht mehr der Sachverhalt an sich, sondern sind die *Umstände seiner Sedimentierung*. Gedächtnisinhalte können also – wenn diese Verdinglichung einmal erlaubt sein soll – als *selbstreflexive Wissenselemente* verstanden werden.

Das gilt gleichermaßen für das kollektive Gedächtnis. Nur besteht der Kern eines Gedächtnisinhalts hier nicht aus den Umständen und den Zuständen, in denen sich das Kollektiv als solches befand, und zwar schon deshalb nicht, weil man damit einem Kollektiv subjektive Eigenschaften zuschreiben würde. Wenn Mitglieder eines Kollektivs also bestimmte Ereignisse der Vergangenheit erinnern, dann sind es in der Regel nicht ihre eigenen Erfahrungen, sondern die von anderen zu anderen Zeiten, die in einem vielschichtigen Prozess von Auswahl, Sedimentierung und Vermittlung objektiviert und umgeformt wurden. Da eine Gruppe immer aus einzelnen Subjekten und ihren Handlungen besteht, die in gesellschaftlichen Strukturen organisiert sind, bestehen die kollektiven Gedächtnisinhalte in ihrem Kern also aus zeichenhaft objektivierten, meist symbolischen Sinnstrukturen, die von einzelnen Kollektivmitgliedern (als eigene Erfahrung, Erfindung oder eine Verbindung von beiden) hergestellt, aufgrund der erwähnten Kriterien zum Teil des gemeinsamen Wissensvorrat wurden und sich mit Ereignissen oder Zuständen beschäftigen, die in der Vergangenheit liegen.

Also: *Gedächtnis bezeichnet denjenigen Teil des Wissensvorrats, der sich mit der Vergangenheit befasst.* Zum Gedächtnis gehören all jene Wissenselemente, mit denen auf der Basis gegenwärtiger Relevanzen, Einstellungen und Motive Ereignisse oder Erfahrungen der Vergangenheit repräsentiert werden. Gemäß unserer Bestimmung des Begriffes Erinnerung bezeichnet Erinnern dann den Prozess des intendierten oder absichtslosen Reproduzierens derjenigen Wissenselemente, die vergangene Ereignisse und Erfahrungen repräsentieren. Gehört zum individuellen Wissensvorrat beispielsweise auch das Wissen, wie ich natürliche Zahlen addiere, ist das kein Teil des Gedächtnisses. Zum Gedächtnis zählt dafür das Erlebnis, dass mich einmal ein Wildfremder auf der Straße plötzlich mit einer beleidigenden Geste bedachte. Und ist es Teil des kollektiven Wissensvorrats, wie man Flugzeuge baut und dass man bei heraufziehenden Wirbelstürmen Sicherungsmaßnahmen einleiten sollte, so gehört diese Information definitiv nicht zum kollektiven Gedächtnis. Zum Inhalt des kollektiven Gedächtnis würde etwa das Wissen um die verheerende Wirkung des Wirbelsturms »Lilo« vor zehn Jahren zählen. In diesem Sinne ist jedes Wissen über die Vergangenheit Inhalt des Gedächtnisses. Die grundlegende Unterscheidung zwischen dem Wissensvorrat und dem Gedächtnis als dessen Teil besteht im Bezug auf die Vergangenheit. Fiele dieser weg, müsste man nach anderen Differenzierungsmerkmalen suchen und würde dabei vielleicht auf die Funktionen der Identitätslegitimation oder der Handlungsorientierung stoßen.[270] Diese Funktionen sind jedoch keine exklusiven Funktionen des Gedächtnisses, sondern werden unter anderem *auch* vom Gedächtnis wahrgenommen – neben anderen Wissensbereichen.

Eine solche Trennung von Wissen und Gedächtnis wurde zwar bereits eingefordert,[271] aber selten vorgenommen. In den gängigen Modellen individueller und kollektiver Gedächtnissysteme wird meist unterschieden zwischen episodisch-deklarativem Gedächtnis, das sich auf Erfahrungen in der Biographie oder im gesell-

---

270 Zu den Funktionen des Gedächtnisses vgl. Kapitel 3.3 dieser Arbeit.

271 »Von Gedächtnis und Erinnerung sollte – in soziologischer Perspektive – nur bei solchen Wissensformen die Rede sein, wo Handelnde (oder auch Gesellschaften) dem Gewussten im Wissen reflexiv gegenübertreten und der gewußte Gegenstand als Gestalt geschlossen in der Vergangenheit verortet wird.« – Jakisa, Miranda / Zifonun, Darius: Gedächtnis und Erinnerung. Sammelrezension, in: *Soziologische Revue* 27 (2004) 1, S. 58–68, hier 67.

schaftlichen Zeitablauf bezieht, und semantisch-deklarativem Gedächtnis, in dem reines Faktenwissen abgelagert sei. Oder Wissen wird generell mit Gedächtnis gleichgesetzt, wobei dann aber das Wissen dem Gedächtnis untergeordnet wird und nicht umgekehrt.[272] Nach dem hier vorgeschlagenen Modell wären die Inhalte des »semantischen Gedächtnisses« zwar Teil des »allgemeinen« Wissensvorrats, jedoch *nicht* des Gedächtnisses. Denn zu ihnen zählen die Sedimentation, dass 1+1=2, jedoch nicht, dass mich plötzlich einer beleidigt hat, als ich die Straße entlanglief. Die »allgemeinen« Elemente des Wissensvorrats sagen also etwas darüber aus, wie etwas *ist*, das Gedächtnis dagegen, wie etwas *gewesen* ist. Die Vermittlung zwischen individuellem und kollektivem Gedächtnis verläuft dabei, wie beim Wissensvorrat allgemein, über die »objektiven« Wirklichkeiten der symbolischen Sinnwelten.[273]

Bis hierhin ging es um die Entstehung von Gedächtnis als Teil des Wissensvorrats – von seiner Basis im gesellschaftlich bestimmten Individuum aus. Im Folgenden beschäftigen wir uns mit der Struktur und den Eigenschaften des Gedächtnisses.

3.2 Struktur

3.2.1 Die zeitliche Dimension

Ich sprach bereits an, dass es keine reine Primärerfahrung geben kann ohne vorgängige Erfahrungen, die dazu dienen, das Erfahrene einzuordnen und zu bewerten. Das ist jedoch nur eine Seite der Medaille. Menschliche Erfahrung existiert außerdem immer in einer gegenwärtigen Grenzphase zwischen Vergangenheit und Zukunft.[274] Das heißt, jede gegenwärtige Wahrnehmung findet nicht nur im *Rückgriff* auf abgelagerte Erfahrungen der Vergangenheit, sondern auch in *Erwartung* zukünftiger Geschehnisse und Handlungsoptionen statt. In den Begriffen Luckmanns, Schütz'

---

272 Vgl. u.a. Connerton, Paul: How Societies remember; Schacter, Daniel L.: Wir sind Erinnerung; Welzer, Harald: Das kommunikative Gedächtnis; Fried, Johannes: Der Schleier der Erinnerung; Markowitsch, Hans J.: Bewußte und unbewußte Formen des Erinnerns. Oder Astrid Erll, die diese Einteilung auch auf Kollektive anwendet und die Begriffe auf das Gedächtnis an sich überträgt: kulturautobiographisches (=episodisches), kultursemantisches und kulturprozedurales Gedächtnissystem – Erll, Astrid: Kollektives Gedächtnis und Erinnerungskulturen, S. 105f. Ähnlich auch Hirst und Manier, die das Gedächtnis unterteilen in prozedurales (know how) und deklaratives (know that): Hirst, William / Manier, David: The Diverse Forms of Collective Memory. In: Echterhoff, Gerald / Saar, Martin (Hg.): Kontexte und Kulturen des Erinnerns, S. 37–58. Diese Unterteilung bezieht sich jedoch auf den Unterschied zwischen explizitem (deklarativem, wozu episodisches, semantisches und autobiographisches gerechnet werden) und implizitem (prozeduralem, das der Fertigkeiten und Gewohnheiten) Gedächtnis. Auch Ricoeur subsumiert Wissen unter Gedächtnis: Ricoeur, Paul: Gedächtnis, Geschichte, Vergessen.

273 Vgl. dazu auch Barash, Jeffrey Andrew: Analyzing Collective Memory.

274 Vgl. Luckmann, Thomas: Lebensweltliche Zeitkategorien, Zeitstrukturen des Alltags und der Ort des »historischen Bewußtseins«. In: ders.: Wissen und Gesellschaft. Ausgewählte Aufsätze 1981–2002. Konstanz: UVK 2002, S. 55–66.

und Husserls: Jede Impression enthält immer auch Phasen der Retention und der Protention.[275]

Gedächtnis ist demzufolge eine gegenwärtige Erfahrung, die auf die Vergangenheit zurückgreift, dabei aber immer in der Gegenwart bleibt und gleichzeitig deren Zukunftserwartungen mit berührt. Für das Gedächtnis bedeutet das eine doppelte Bestimmung durch die Gegenwart:

Zum einen wird jede *Erfahrung*, die sedimentiert wird, in einer Situation gemacht, die von der jeweiligen Gegenwart aus auf die Vergangenheit zurück- und die Zukunft vorgreift. Der Rückgriff auf die Vergangenheit geschieht dadurch, dass die schon vorhandenen Wissenselemente zur Bewertung der gegenwärtigen Situation herangezogen werden. Und auf die Zukunft wird vorgegriffen, indem die gegenwärtige Erfahrung geprägt ist von den Erwartungen an künftige eigene Handlungen und deren Ergebnisse, ebenso wie an die Handlungen anderer, die Wirkungen auf mich haben werden.

Zum anderen ist auch der Vorgang des *Erinnerns*, also der Repräsentation von vergangenen Ereignissen und Erfahrungen, eingebunden in diesen Zusammenhang von Protention und Retention. Er findet in der Gegenwart statt und somit immer auf der Grenzlinie zwischen dem erlebten Vergangenen und dem erwarteten Zukünftigen. Das heißt, in dem Moment, in dem ich mich erinnere, verbleibe ich selbstverständlich weiterhin in der Gegenwart und ihrer je spezifischen Situation. Ich bin eben nicht versunken in die Vergangenheit und nicht völlig identisch mit jener Person, welche die damalige – erinnerte – Erfahrung gemacht hat, sondern ich befinde mich biographisch an einem anderen Punkt, habe viele Folge-Erfahrungen gesammelt und meine Einstellungen geändert; und auch die Welt um mich herum mit all ihren Akteur/-innen hat sich gewandelt.[276] Und im selben Moment des Erinnerns, in dem ich ein gegenwärtiger Mensch bleibe, habe ich auch Erwartungen an die Zukunft: wie ich mich weiterhin verhalten werde, wie meine Mitmenschen sich verhalten werden, wie die Welt beschaffen sein und die Zeit fortschreiten wird. Die Gedächtnisinhalte, also die vergangenheitsbezogenen abgelagerten Wissenselemente, dienen in der Gegenwart zur Handlungsorientierung. Einmal gesammelte Erfahrungen helfen in dem Moment, in dem man sich an sie erinnert, bei der *Lösung* aktueller Handlungsprobleme, aber sie bestimmen ebenso die *Ausrichtung* von Handlungen auf die Zukunft.[277] Denn aufgrund der vorliegenden Erfahrungen können Entwürfe für die Zukunft gemacht und das eigene Handeln dementsprechend ausgerichtet werden.

Der Sinn vergangener Erfahrungen kann dabei auf zwei verschiedene Weisen erfasst werden: einmal durch das Nachvollziehen des zeitlichen Ablaufs des Geschehens, *polythetisch*, zum anderen durch das Erfassen des Sinns abgeschlossener Er-

---

275   Ebd., S. 58–60; Schütz/Luckmann, S. 325.

276   Vgl. auch Halbwachs: Das Gedächtnis und seine sozialen Bedingungen. Drittes Kapitel: Die Rekonstruktion der Vergangenheit, S. 125–162.

277   Zur Erinnerungsfunktion Handlungsorientierung siehe Kapitel 3.3.3.

fahrungen in einem Zug, *monothetisch*.[278] Bei der polythetischen Erinnerung wird die Zeitstruktur des Vergangenen Schritt für Schritt nachvollzogen, etwa beim Wiedervergegenwärtigen eines Reisetages in seinem Ablauf. Im monothetischen Rückgriff werden abgeschlossene Erfahrungen als Ganze in ihrem Sinn vergegenwärtigt, wenn ich beispielsweise den Reisetag summarisch als zauberhaft rekapituliere.

Für eine Theorie der Erinnerung als Element der Wirklichkeitskonstruktion ist die Unterscheidung dieser beiden Modi des Erinnerns bedeutsam. Denn beide sind auf verschiedene Art und Weise durch die Gegenwart bestimmt. Der *polythetische* Zugriff auf das Vergangene wird vor allem durch die gegenwärtige *Situation* bestimmt, indem sie den Rahmen vorgibt, in welchem das Erinnerte nachvollzogen wird. Dieser Rahmen ist entscheidend dafür, welche vergangenen Wahrnehmungen oder Ereignisse zum gegebenen Zeitpunkt überhaupt erinnert werden können und wie diese Erinnerungen gefärbt sein werden. Die polythetische Reproduktion eines erlebten Ereignisses der Vergangenheit im Rahmen eines Gerichtsprozesses etwa wird eine ganz andere sein als die Reproduktion des Ereignisses, wenn es Freunden gegenüber in entspannter Atmosphäre wiedergegeben wird. Der *monothetische* Zugriff auf die Vergangenheit dagegen wird zwar auch von der gegenwärtigen Situation bestimmt, befasst sich aber eher mit *Ergebnissen* von Handlungen und Denkprozessen und wird damit stärker durch je aktuelle *Einstellungen* und Wertesysteme gesteuert. Abhängig vom Hier und Jetzt ist nicht nur, wie eine Ereignis- oder Wahrnehmungskette im Nachhinein interpretiert und monothetisch repräsentiert wird, sondern auch, welcher Platz dieser Repräsentation im Gefüge gegenwärtiger Werte und Einstellungen zugewiesen wird.

Bis hierhin ging es um die Zeitstruktur des *subjektiven* Gedächtnisses. Allerdings hat es auch an dieser Stelle wenig Sinn, subjektive und kollektive »Ebene« streng zu trennen. Denn die Zeitstruktur des individuellen Gedächtnisses ist auf verschiedene Weise von sozialen Voraussetzungen abhängig, wie sich gezeigt hat. Im Fokus standen dabei bisher das autobiographische Gedächtnis und das individuelle Zeitbewusstsein. Jenseits der subjektiven gibt es jedoch die *kollektiven* Vergangenheitsvorstellungen. Und auch diese sind eingebunden in das Ablaufen der Zeit von der Vergangenheit über die Gegenwart in die Zukunft. Zumindest in der dominanten, linearen Zeitvorstellung gilt: früher war Gruppengeschichte, heute ist gemeinsames Handeln, für morgen gibt es Gruppenziele und -visionen.

Die kollektive Strukturierung der Zeit zu einem sinnhaften Ganzen aus gemeinsamer Vergangenheit, Gegenwart und Zukunft wird den Mitgliedern von Gruppen oder Gesellschaften durch die *symbolischen Sinnwelten* vermittelt. Im Original »symbolic universes« genannt, sind symbolische Sinnwelten der zentrale Begriff in Bergers und Luckmanns Analyse der gesellschaftlichen Konstruktion der Wirklichkeit. *Symbolisch* bedeutet in ihrem Sinne: »symbolische Vorgänge sind Verweisungen auf andere Wirklichkeiten als die der Alltagserfahrung«; *Sinnwelten* bzw. *universes* sind sie deshalb, weil sie einen für die jeweilige Gruppe oder Gesellschaft

---

278 Luckmann, Thomas: Lebensweltliche Zeitkategorien, S. 58f. und Schütz/Luckmann, S. 91.

allumfassenden Geltungsanspruch haben.[279] Sie sind die höchste Ebene der Legitimation gesellschaftlicher Institutionen. Sie integrieren alle einzelnen Teil-»Sinnprovinzen«, wie die des Alltags, des Traums, des Berufs. Alle Elemente der institutionalen Ordnung werden »in ein allumfassendes Bezugssystem integriert, das eine Welt im eigentlichen Sinne begründet, weil *jede* menschliche Erfahrung nun nurmehr als etwas gedacht werden kann, das *innerhalb* ihrer stattfindet. [...] Die ganze Geschichte der Gesellschaft und das ganze Leben des Einzelnen sind Ereignisse *innerhalb* dieser Sinnwelt.«[280] Symbolische Sinnwelten begründen bis auf letzte, unhinterfragbare Ebenen, dass die Welt und die Gesellschaft so sind, wie sie sind. Sie stellen das Leben und die Biographie des einzelnen Menschen in einen größeren Zusammenhang, so dass es ihm einerseits möglich ist, jederzeit in die Wirklichkeit des Alltags zurück zu finden, etwa aus den Traum-Welten oder den fiktiven Welten von Romanen oder Filmen, und andererseits, die natürliche Begrenztheit des eigenen Lebens zu transzendieren. Denn durch die Legitimation des Todes und seine Integration in die symbolische Sinnwelt wird diesem die Gefährlichkeit als »ärgste Bedrohung für die Gewißheit der Wirklichkeiten des Alltagslebens« genommen.[281]

Diese symbolischen Sinnwelten sorgen nun für eine kohärente Zeitstruktur im Wirklichkeitsverständnis der Mitglieder von Kollektiven:

> »Auch in die Geschichte bringt die symbolische Sinnwelt System. Sie weist allen allgemeinen Ereignissen in einer zusammenhängenden Einheit, die Vergangenheit, Gegenwart und Zukunft umschließt, ihren Platz zu. Für die Vergangenheit hält sie 'Erinnerung' bereit, deren alle teilhaftig sein können, die zu der betreffenden Gesellschaft gehören. Für die Zukunft garantiert sie ein gemeinsames Bezugssystem, einen Projektionsrahmen für individuelle Handlungen. So verbindet die symbolische Sinnwelt die Menschen mit ihren Vorfahren und Nachfahren zu einer sinnhaften Totalität, in der die Endlichkeit der individuellen Existenz transzendiert und dem Tode des Individuums Sinn verliehen wird.«[282]

Es sind also die symbolischen Sinnwelten, die von der Gegenwart aus den sinnhaften Bezug zur Vergangenheit herstellen. Sie verbinden das Heute mit dem Gestern und dem Morgen und bringen alle unter ihrem Dach zusammen: als eine je spezifische Auffassung, wie die Wirklichkeit nun einmal sei.

Die zeitliche Struktur von Erinnerung erbringt damit einen weiteren Beleg für deren existenzielle Gegenwartsbezogenheit. Nun widmen wir uns der räumlichen Struktur.

---

279 Berger/Luckmann, S. 102ff.
280 Berger/Luckmann, S. 103.
281 Ebd., S. 108.
282 Ebd., S. 110f.

3.2.2 Die räumliche Dimension

3.2.2.1 Leiblichkeit

Leiblichkeit ist Schütz zufolge als die menschliche Körperlichkeit zu verstehen: In all seinem Wahrnehmen und Tun existiert der Mensch zunächst mit seinem Körper in der ihn umgebenden Welt.[283] Diese Tatsache und die mit ihr verbundenen Eigenschaften der Leiblichkeit sind die Grundlagen für die Betrachtung der räumlichen Dimension von Erinnerung. Darauf bauen die weiteren Elemente der räumlichen Dimension auf: die Beziehung zu anderen Individuen, zu gesellschaftlichen Rahmen und zu materiellen Erinnerungsstützen im Raum.

Zunächst zum In-der-Welt-sein mit unserem Körper. Wir *sind* in der Lebenswelt des Alltags immer mit unserem Leib, all unsere Wahrnehmung geschieht über ihn. Wir hören mit unseren Ohren, sehen mit unseren Augen, riechen und schmecken, tasten und registrieren Berührungen durch Gegenstände oder durch andere Menschen; wir fühlen Kälte oder Wärme oder die momentane Geschwindigkeit unseres Körpers gegenüber der Umwelt. Umgekehrt wirken wir auch über unseren Körper auf die Welt ein. Wir sprechen mit Hilfe unserer Sprechorgane zu anderen Personen; wir signalisieren mit unserer Gestik und Mimik anderen, wie wir uns fühlen, wie wir ihnen gegenüber eingestellt sind, wie wir das gerade von uns Gesagte meinen oder wie wir das finden, was die andere gerade gesagt hat; wir wirken mit unseren Händen auf unsere Umwelt ein; und selbst wenn wir sie mittels Werkzeugen beeinflussen und verändern, findet das seinen Ausgangspunkt immer noch im Körper – auch das über lange Distanz tötende Gewehr benötigt immer noch den Finger am Abzug, um den Schuss auszulösen. Ohne Leib in der Welt zu existieren ist auf dem derzeitigen evolutionären Stand der Menschheit also schlicht unmöglich. Alle Erfahrung und alles Wirken des Individuums ist durch den Körper vermittelt, sei es zur Natur, zu Mitmenschen, oder zur gesamten Gesellschaft.[284]

Wenn der Körper nun als die Instanz angesehen wird, durch die alle Wahrnehmung und alles Wirken vermittelt ist, soll damit jedoch nicht der Eindruck erweckt werden, im Leib säße eine autonome Entität »Geist«, die den Leib quasi wie ein Auto durch die Welt steuere. Die Leiblichkeit geht insofern noch tiefer, als sich Geist und Körper eben nicht als getrennte Entitäten begreifen lassen, die voneinander geschieden betrachtet werden könnten. Vielmehr ist der Leib das *Substrat*, die Bedingung der Möglichkeit zur Ausbildung eines denkenden, mit anderen Menschen kommunizierenden, sich innerhalb von Kultur und ihren Sinnwelten als selbstständig begreifenden Individuums. Alle Wahrnehmungen, seien es visuelle Eindrücke, die mich wissen lassen, dass es Tag ist, sei es die Reißzwecke, in die ich trete, oder seien es abstrakte Thesen, die ich in einem Vortrag höre, können immer nur durch

---

283 Auch wenn es im Deutschen die beiden Begriffe Leib und Körper gibt, denen zuweilen auch unterschiedliche Bedeutungen zugewiesen werden (Körper als Ding und Leib als beseelter Körper), sollen die beiden Termini hier synonym im Sinne von Leib verwendet werden.

284 Schütz/Luckmann: S. 30f.

den Körper und seine Wahrnehmungsorgane hindurch erst zur kognitiven Ebene im Gehirn gelangen. Und umgekehrt muss ich alles, was ich meiner Außenwelt mitteilen will oder in ihr bewirken will, immer mittels meines Körpers nach Außen tragen. Deshalb sind alle Erinnerungen an Vergangenes, sowohl Erlebtes wie Getanes, immer geprägt durch die Eigenheiten des Leibs und an ihn essenziell gebunden. Insofern beeinflusst der Zustand meines Körpers auch die Art, wie ich mit meiner Umwelt kommuniziere und darum auch, wie ich denke bzw. denken kann.

Der Körper ist dabei mein *Ausdrucksfeld*.[285] An ihm können andere meine bewusst oder unbewusst gezeigten subjektiven Zustände wahrnehmen und als Anzeichen meiner Bewusstseinsvorgänge verstehen und deuten.[286] Umgekehrt nehme ich an anderen ebendiese Anzeichen wahr und versuche, sie entsprechend zu deuten. Auch die Reaktionen auf meine eigenen Äußerungen oder Handlungen kann ich an den leiblichen Ausdrücken der anderen zu erkennen suchen und deuten. Dabei kann es auch – gewollt oder ungewollt – zu Missdeutungen und Täuschungen kommen. Letztendlich aber findet der Großteil von Kommunikation, vor allem in der Alltagswelt, vermittels des Körpers statt.

Damit ist aber bereits eine Unterscheidung angesprochen – die zwischen der Alltagswelt und anderen Sinnwelten. Im Bereich hochkomplexer und abstrakter symbolischer Sinnwelten spielt die Leiblichkeit der Wahrnehmungen und des Wirkens kaum ein Rolle für die kognitiven Operationen. Ein Wissenschaftler beispielsweise, der sich mit einem hochspezialisierten fachlichen Problem beschäftigt, kann dies abgesehen von physiologischen Gegebenheiten seines Gehirns weitgehend ohne Einfluss leiblicher Komponenten in seinem Denken tun. Es muss dafür dann keine Rolle mehr spielen, in welcher Form er die Theorie seinerzeit aufgenommen hat, die er in jenem Moment gedanklich weiterentwickelt oder auf ihre Tauglichkeit prüft. Es kann aber.

In der Alltagswelt jedoch – und in dieser bewegen sich die meisten Menschen den größten Teil ihrer Zeit – ist Wissen leiblich und leibvermittelt.[287] Die Leiblichkeit und ihre Grenzen gehören zu den »Grundelementen des Wissensvorrats«,[288] jenen Grundelementen, die immer mitgegeben sind, also *gewusst* werden, ohne dass man sich ihrer jederzeit *bewusst* ist. Zu ihnen gehören beispielsweise das Wissen um die Begrenztheit der Situation: dass ich nicht zugleich an zwei Orten sein kann, dass wir uns in der Zeit permanent von vergangenen Situationen zu zukünftigen fortbewegen oder dass wir nur auf Gegenstände und Menschen in unserer Reichweite wirken können und uns anderenfalls erst in Reichweite bringen müssen. Das Grundwissen über die Leiblichkeit besteht aus den Selbstverständlichkeiten in Bezug auf das Funktionieren des Körpers – ich kann bzw. muss atmen, essen, schlafen, aber auch laufen (wenn ich es kann). Die Grenzen der Leiblichkeit lassen uns wissen,

---

285 Ebd., S. 460.
286 Ebd., S. 641.
287 Ebd., S. 48.
288 Ebd., S. 193 und 149–156.

dass wir uns in einer Welt bewegen, in der wir auf den Widerstand der Natur oder anderer Körper stoßen, dass wir nicht die ganze Welt in unserer Reichweite haben, sondern nur einen kleinen Ausschnitt, aber auch, dass unsere Lebenszeit im Gegensatz zur nicht auf uns angewiesenen Weltzeit begrenzt ist. Für die Analyse von Erinnerung bleibt davon festzuhalten, dass die Eigenschaften des Körpers und des körperlichen Seins in der Welt grundlegende *Voraussetzungen* des Wissens sind – und damit auch des Gedächtnisses vergangener Ereignisse und Erfahrungen.

Letztlich ist der Körper mein Orientierungssystem im Raum und in der Zeit. Der aktuelle *Ort*, an dem ich mich gerade befinde, ist der Ausgangspunkt, von dem aus sich die Welt in bestimmte Zonen aufteilt, und der aktuelle *Zeitpunkt* ist derjenige, von dem aus sich die Zeit in die erlebte und gewusste Vergangenheit und die erwartete Zukunft aufspaltet. Das Hier und Jetzt, in dem ich mich mit meinem Körper befinde, ist »der Nullpunkt meines Koordinatensystems«.[289]

Ausgehend von diesem Nullpunkt gruppiert sich die Alltagswelt in Zonen verschiedener Reichweite – den Sektor der aktuellen Reichweite, in dem sich alle Gegenstände und Personen befinden, auf die ich unvermittelt einwirken kann und diese auf mich, die Sektoren der wiederherstellbaren Reichweite, in denen sich die Dinge befinden, die bereits einmal in meiner Reichweite waren und von denen ich weiß, dass ich sie wieder in meine Reichweite bringen kann, und die Sektoren bloß potenziell erlangbarer Reichweite, die alles beinhalten, von dem ich annehme, es in meine Reichweite bringen zu können.[290] Die Wirkzonen unterteilen sich dabei in primäre, in der ich direkt auf Dinge und Menschen einwirken kann und in sekundäre, die ich unter Zuhilfenahme technologischer Mittel erreichen kann. Zur primären Wirkzone gehören etwa die Menschen im selben Zimmer, mit denen ich unmittelbar reden kann (sofern wir dieselbe Sprache sprechen); in der sekundären Wirkzone dagegen befinden sich all die Menschen, die ich mithilfe technischer Kommunikationsmittel erreichen kann,[291] zum Beispiel per E-Mail oder Telefon.

In der *zeitlichen* Dimension erfahre ich durch meinen Körper, dass *Zeit vergeht*. Das (Grund-)Wissen darum, dass wir uns linear durch die Zeit bewegen, im permanenten und unausweichlichen Fortschreiten von vergangenen Situationen zu zukünftigen, entstammt der originär körperlichen Erfahrung, dass wir altern und unserer subjektiven Biographie mit jeder Situation ein neues Element hinzugefügt wird.[292]

---

289 Ebd., S. 71.
290 Ebd., S. 71–73.
291 Ebd., S. 80.
292 An dieser Stelle wurde oft eingewendet, dass die Vorstellung eines linearen Zeitablaufs vielleicht für die moderne westliche Kultur gelten möge, es aber in anderen Zeiten und in anderen Regionen der Welt durchaus differente Zeitvorstellungen gab und gibt. Die Zeitvorstellung auf Bali zum Beispiel ließe sich eher als zirkulär beschreiben: Es folgt dort nicht ein spezielles Jahr auf ein anderes, sondern es wiederholen sich immer die gleichen Zyklen (vgl. Geertz, Clifford: Person, Zeit und Umgangsformen auf Bali. In: ders.: Dichte Beschreibung. Beiträge zum Verstehen kultureller Systeme. Frankfurt/M.: Suhrkamp, ⁵1997 [1987], S. 133–201). Aber selbst innerhalb der Zyklen finden sich letztlich doch lineare Abläufe: Auch auf

Zusammengefasst: Die Bedeutung der *Situation* für das Gedächtnis wurde weiter oben bereits erklärt. Zentraler Bestandteil der Situation nun ist die Leiblichkeit – sowohl die Situation, in der Erfahrungen sedimentiert werden, als auch die Situation, in der vergangene Erlebnisse erinnert werden, sind vielfältig körperlich bestimmt und können nur unter Einbeziehung der Leiblichkeit interpretiert werden.

3.2.2.2 Interindividueller Bezug

Bei der Diskussion der Leiblichkeit klang es bereits an, dass der Körper unsere Schnittstelle zu anderen Menschen ist. Darauf aufbauend geht es nun darum, wie sich die Beziehungen des Individuums zu anderen Menschen um es und seinen Körper herum aufbauen, und, welche Bedeutung dieser Aufbau für die Erinnerung hat.

Die grundlegende Situation der zwischenmenschlichen Kommunikation ist die face-to-face-Situation. In dieser befinde ich mich der betreffenden Person direkt gegenüber, kann sie sehen, kann mit ihr reden, ihre Ausdrucks-Anzeichen wahrnehmen und im Gegenzug weiß ich, dass mein Gegenüber mich sieht, hört und die Anzeichen meines Ausdrucks interpretiert. Sie ist die einzige Situation der zeitlichen und räumlichen Unmittelbarkeit.[293] Der Normalfall des unmittelbaren Handelns in der face-to-face-Situation ist dabei wechselseitig. Selbst wenn ich scheinbar nicht auf das Verhalten oder die Äußerungen meines Gegenübers reagiere, ist auch das schon wieder eine Reaktion, indem ich mich mit meinem Nicht-Reagieren trotzdem auf die Handlung oder Äußerung der anderen Person beziehe.[294] Wenn ich beispielsweise angesprochen werde und keine Antwort gebe, ist auch das eine Reaktion – eben, mein Gegenüber und seine Aktion (aus welchen Gründen auch immer) zu ignorieren.

Alle anderen Situationen sind innerhalb der räumlichen Dimension von der des vis-à-vis abgeleitet. Von hier aus teilt sich der Raum in die oben schon erwähnten Zonen der Reichweite und Wirkung. Er gruppiert sich in immer weiter ausgreifenden »Kreisen«[295] um diese Situation herum: Es gibt Menschen, mit denen ich in Interaktion stehe, jedoch nur mittelbar, via technischer Kommunikationsmittel. Es gibt Menschen, denen ich bereits direkt gegenüber stand, die momentan jedoch außerhalb meiner direkten Reichweite sind (meine Mitbewohnerin, die auf Arbeit ist).

Bali altern die Menschen in individueller, sich nicht wiederholender Weise. Und auch in den westlichen Kulturen existieren parallel zur linearen auch zirkuläre Zeitvorstellungen (Siehe: Rüsen, Jörn: The Horror of Ethnocentrism: Westernization, Cultural Difference, and Strife in Understanding Non-Western Pasts in Historical Studies [=Review of: Fuglestead, Finn: The Ambiguities of History: The Problem of Ethnocentrism in Historical Writing. Oslo 2005.], in: *History and Theory* 47 (2008) 2, S. 261–269). Man sollte zwar davon absehen, den linearen Zeitablauf als allein Gültigen zu verstehen – unsere eigenen Vorstellungen werden stärker kulturell geprägt, als der eigene Objektivitätsanspruch es gern hätte –, gleichwohl befinden wir uns beim Reden über Vergangenheit-Gegenwart-Zukunft in diesem Bezugsrahmen.

293 Schütz/Luckmann, S. 101.
294 Ebd., S. 525f.
295 Berger/Luckmann, S. 31–36, hier 36.

Und es gibt solche, die sich zeitweise auch außerhalb der mittelbaren Reichweite befinden (die Mitbewohnerin auf Urlaub mit bewusst abgestelltem Mobiltelefon). Es gibt aber auch Menschen, die möglicherweise für immer aus meiner direkten Reichweite verschwunden sind (der Mitfahrer im Zug) oder sich nie wieder in meiner direkten oder mittelbaren Erreichbarkeit befinden werden (die verstorbene Großmutter). Darüber hinaus gibt es Menschen, mit denen ich zwar noch nie in direktem Kontakt stand, vis-à-vis oder per Telefon, es aber potenziell könnte (alle Zeitgenoss/-innen), und nochmals darüber hinaus befinden sich die Personen, mit denen ich beim besten Willen und größtmöglichem Zufall nicht in Kontakt treten kann, wie die verstorbenen Vorfahren, die ich nie kennengelernt habe, oder die Menschen, die in 100 Jahren leben werden. Die beiden Beispiele des unmöglichen Kontakts entstammten nicht mehr der räumlichen Dimension, sondern der der Zeit, da es dem Menschen unmöglich ist, sein eigenes Leben in zeitlicher Hinsicht zu transzendieren, also in der Zeit zu reisen, um an Punkte jenseits des eigenen begrenzten Lebens zu gelangen. Bezüglich des Raumes jedoch fällt es in der heutigen Welt, die über ein derart dichtes Kommunikationsnetz verfügt und in der ein Teil der Menschheit potenziell durchaus jeden Ort erreichen könnte, schwer, noch ein solch absolutes Beispiel der Unmöglichkeit zu finden. Sicher ist es, realistisch betrachtet, für einen Großteil der Erdbevölkerung objektiv unmöglich, nach Jamaika zu reisen, für viele sogar, überhaupt ihre eigene Region zu verlassen. Die nötigen materiellen Ressourcen und angenommenen Zufälle vorausgesetzt, *könnte* es jedoch möglich werden.

Je weiter wir uns nun von der face-to-face-Situation entfernen, desto anonymer und abstrakter wird die Beziehung. Über die Person, die mir unmittelbar gegenüber sitzt, liegt mir eine Fülle von Informationen vor – ihre Haltung, ihre Rede, die damit verbundenen Gesten und Gesichtsausdrücke. Ich kann mit dem, was ich erzähle, aber auch, wie ich mich bewege und gestikuliere, sehr viel an Information vermitteln und an Reaktionen meines Gegenübers provozieren. In einer Situation, die mit dem vis-à-vis nicht mehr allzu viel zu tun hat, ist das anders. Wenn ich mit jemandem per Telefon kommuniziere, bleibt mir zwar noch die ganze Bandbreite an Füllworten und Zwischenlauten, die den eigentlichen Redetext begleiten, aber die Mimik und Gestik steht mir nicht mehr zur Interpretation zur Verfügung. Es entgeht mir beispielsweise, wenn meine Gesprächspartnerin am anderen Ende der Leitung im Gegensatz zu ihrer verbal geäußerten Zustimmung gleichzeitig genervt die Augen verdreht. Noch viel weniger Informationen habe ich bei der Kommunikation in Computer-Chats oder mittels Brief oder E-Mail. Dort wurde versucht, diesen Mangel mit Hilfe der sogenannten emoticons oder smileys auszugleichen – Einzelsymbole, die auf eine recht rudimentäre Art bestimmte Gesichtsausdrücke oder Gefühlszustände ausdrücken sollen.

Natürlich spielt auch die Vertrautheit einer Person eine Rolle für die Anonymität der Beziehung: Die Kommunikation kann wesentlich anonymer und abstrakter sein, wenn ich meinem Berater in der Bank gegenüber sitze, als wenn ich mich mit einem Freund im Chat unterhalte.

Für das Gedächtnis nun ist diese räumliche Positionierung der Personen, zu denen ich in einer Beziehung stehe, von Bedeutung. Wiederum spielt die Situation ein Rolle, und zwar wieder sowohl die Situation, in der Erinnerungen sedimentiert werden, als auch die, in der sie reproduziert werden. Ob eine Wahrnehmung oder ein Ereignis überhaupt abgelagert wird, und darüber hinaus, wie die Sedimentierung erfolgt, also mit welchen Emotionen, Wertungen und Verweisen zu anderen Themenkomplexen sie im Wissensvorrat abgelagert werden, hängt davon ab, in welcher Situation sich der wahrnehmende bzw. erlebende Mensch befindet. Und aus der eben beschriebenen Bestimmung der Situation durch die Distanz und Perspektive zu meiner Bezugsperson folgt, dass auch die Erinnerungen von dieser räumlichen Dimension mitbestimmt werden. Dabei will ich nun nicht behaupten, Ereignisse oder Wahrnehmungen würden automatisch um so sicherer in das Gedächtnis aufgenommen, je näher die jeweilige Situation an der face-to-face-Kommunikation ist. Aber wenn man andere, nicht-räumliche, Faktoren wie die Vertrautheit aus der Betrachtung herauslässt, dann trifft durchaus zu, dass die zunehmende Entfernung die Fülle der begleitenden Anzeichen reduziert und dadurch die Komplexität und Emotionalität der Erfahrung ebenfalls abnimmt.

Ähnliches trifft für den Prozess des Erinnerns zu. Auch hier bestimmt der räumliche Bezug zu anderen Individuen, mit denen ich eine Erinnerung teile oder denen ich von meinen Erinnerungen berichte, die Art des Erinnerns, aber letztlich auch, ob ich überhaupt bestimmte Ereignisse erinnere. Wenn ich einem Freund direkt gegenüber sitze, dann kann mir an seiner Kleidung ein Detail auffallen, das mich an ein bestimmtes gemeinsames Erlebnis in der Vergangenheit erinnert, oder bestimmte Gesten seinerseits lassen mich an Situationen erinnern, in denen er sie bereits schon einmal benutzte.

Zusammengefasst: Die Sedimentation von Wissensinhalten im Gedächtnis und die Erinnerung an sie erfolgt in der Regel nicht nur unter den Bedingungen, die uns unser Körper und seine Situierung im Raum auferlegt; sondern die räumliche Distanz und Perspektive definiert auch die Beziehungen zu anderen Individuen, mit denen zusammen wir gemeinsame zu sedimentierende Erlebnisse haben oder denen gegenüber wir Erinnerungen reproduzieren.

3.2.2.3 Bezug zu Gruppen

Die »Anderen«, mit denen wir es hier immer zu tun haben, treten nun nicht ausschließlich allein auf. Meist werden die Mitmenschen, Zeitgenoss/-innen, Vor- und Nachfahren als zu Gruppen zugehörige Subjekte wahrgenommen und dementsprechend auf sie reagiert.

Zum Verhältnis des individuellen und kollektiven Gedächtnisses zu Gruppen hat Maurice Halbwachs wichtige und viel beachtete Beiträge geleistet: Zunächst betrachtet er das Verhältnis der Erinnerungen der Gruppe und der zu dieser gehörenden Individuen als ein wechselseitiges in der Art, »daß das Individuum sich erinnert, indem es sich auf den Standpunkt der Gruppe stellt, und daß das Gedächtnis der Gruppe sich verwirklicht und offenbart in den individuellen Gedächtnissen.«[296] Individuen können sich demnach also nur erinnern, wenn sie sich dabei im Rahmen einer bestimmten Gruppe bewegen. So »bereichert sich das [individuelle] Gedächtnis mit fremden Beiträgen, die sich [...] nicht mehr von anderen Erinnerungen unterscheiden.«[297]

Der Rahmen und damit das Gedächtnis der Gruppe sind dabei immer begrenzt und abhängig von räumlichen Gegebenheiten. Die Eindrücke, die »einander jagen«, können nur deshalb »in unserem Geist haften« bleiben, weil sie in dem »materiellen Milieu [...], das uns umgibt« aufbewahrt werden.[298] Jede Gruppe steht also gleichzeitig in Beziehung zu einem bestimmten Ort. Durch die Kontinuität des Ortes entsteht zum einen die Illusion der Beständigkeit der uns umgebenden Welt,[299] und zum anderen ermöglicht sie so das Weiterleben der Vergangenheit, auch wenn die einzelnen Mitglieder diese zwischenzeitlich verlassen, wieder betreten oder ihr dauerhaft den Rücken zukehren.

Das Individuum braucht also den gesellschaftlichen Rahmen, um Erinnerungen zu fixieren, aber auch, um sie erst zu finden. Halbwachs geht sogar soweit festzustellen, dass es außerhalb gesellschaftlicher Bezugsrahmen keine Erinnerung gebe.[300] Ein Beleg dafür wäre die Tatsache, dass wir im Traum, der gesellschaftslosen Situation par excellence, auch keine Erinnerungen haben.[301] Das klingt radikal und provoziert mindestens Widersprüche wie den, dass Individuen sich sehr wohl an persönlich erlebte Erfahrungen ganz allein erinnern könnten. Deshalb muss Halbwachs' Aussage präzisiert werden: Wie weiter oben schon angesprochen wurde, ist bereits jede Wahrnehmung sozial beeinflusst. Es gibt insofern keine »reine« innere Erinnerung, da man sich der Objektivation, eines Zeichensystems und symbolischer Verweisungen bedienen muss, um die Erfahrung dauerhaft zu erhalten und erinnern zu können. Andernfalls – ohne bewusste Objektivierung, Überführung in ein Zeichensystem und Symbolisierung – fällt die betreffende Erfahrung gewissermaßen zurück in den Strom des Bewusstseins. Und diese Zeichen- und Symbolsysteme wiederum sind stets mit bestimmten Kollektiven verbunden.

Das Gleiche gilt für die Vorgänge des Erinnerns, die überindividuellen Einflüssen unterliegen und an Gruppen gebunden sind. Die Ereignisse finden ebenso wie das Subjekt ihren Platz im Rahmen eines kollektiven Gedächtnisses – im Ablauf

---

296   Halbwachs: Das Gedächtnis und seine sozialen Bedingungen, S. 23. Was Halbwachs 1925 über das Gedächtnis schreibt, korrespondiert mit dem, was Berger und Luckmann später zum Verhältnis von Individuum und Gesellschaft generell feststellen werden: »Gesellschaft ist ein menschliches Produkt. Gesellschaft ist eine objektive Wirklichkeit. Der Mensch ist ein gesellschaftliches Produkt.« (Berger/Luckmann, S. 65).

297   Halbwachs: Das kollektive Gedächtnis, S. 63.

298   Ebd., S. 142.

299   Ebd., S. 163.

300   Halbwachs: Das Gedächtnis und seine sozialen Bedingungen, S. 121.

301   Ebd., S. 367.

einer mit anderen Mitgliedern desselben Kollektivs gemeinsam erlebten Geschichte. Und dieses Gedächtnis kann erst verschwinden, also dem Vergessen anheim fallen, wenn der Gruppenrahmen verloren geht: wenn die Gruppe sich auflöst oder zerstört wird. Die meisten Menschen nun, vor allem in den modernen Gesellschaften, gehören mehreren Gruppen an. Und so tauschen sie mit dem Wechsel von einer Gruppe zur anderen auch ihre Erinnerungen aus: »man wechselt sein Gedächtnis zugleich mit seinen Gesichtspunkten, seinen Prinzipien, seinen Interessen, seinen Urteilen, wenn man von einer Gruppe in die andere übertritt.«[302]

Folgt man dieser von Halbwachs beschriebenen Beziehung zwischen den Individuen und Gruppen und der Rolle dieser Verhältnisse für das Gedächtnis, kann man bei einer Beschreibung von Gedächtnis kaum noch außer Acht lassen, zu welchen Gruppen das jeweilige Individuum gehört bzw. sich rechnet. Da Menschen nur als soziale und also kommunikative Wesen begriffen werden können, muss man sie auch immer als Teil von verschiedenen Gruppen verstehen und das individuelle als vom Gruppengedächtnis geformtes. Das individuelle Gedächtnis steht also in einer permanenten Beziehung nicht nur zu anderen Individuen, sondern auch zu Gruppen oder Kollektiven. Der Sprung, der an dieser Stelle stattgefunden hat, besteht darin, nicht nur mit der Kommunikation zwischen Individuen als solcher zu tun zu haben, sondern auch mit kollektiven Prozessen und deren über die (inter-)subjektiven Vorgänge hinausgehenden Eigenschaften.

3.2.2.4 Materielle Erinnerungsstützen im Raum

Maurice Halbwachs hat ebenfalls festgestellt, dass das Gedächtnis einer Gruppe immer an bestimmte materielle räumliche Gegebenheiten gebunden ist. Er bezieht sich dabei vor allem auf Gebäude, Landschaften und Denkmäler, besonders anschaulich in seinem Werk über die Topographie des Heiligen Landes.[303] In diesem beschäftigt er sich mit der Konstruktionsarbeit der Kreuzfahrer, welche die meisten christlichen Stätten der Erinnerung in Israel hinterließen. Später beschrieb Jan Assmann die altägyptischen Tempel als »gebaute Erinnerung«, als die Organisationsform des ägyptischen Gedächtnisses schlechthin.[304] Und James E. Young wies darauf hin, dass auch in der diversifizierten Gesellschaft von heute Denkmale dazu dienen, die Illusion einer gemeinsamen Erinnerung zu schaffen.[305]

Auch Texte und Bilder können wir nur über unseren Körper und seine Sinne erfahren, und auch sie befinden sich räumlich außerhalb des Individuums. Ihre Rolle für das individuelle und das Gruppengedächtnis untersuchte beispielsweise Aleida Assmann, die den Zusammenhang von Orten und Gedächtnis zuerst schon bei

---

302 Ebd., S. 239.

303 Halbwachs, Maurice: Stätten der Verkündigung im Heiligen Land: eine Studie zum kollektiven Gedächtnis. Konstanz: UVK 2003 [frz. 1941].

304 Assmann, Jan: Das kulturelle Gedächtnis, S. 177–185, insbes. 181.

305 Young, James E.: Die Textur der Erinnerung. Holocaust-Gedenkstätten. In: Loewy, Hanno (Hg.): Holocaust. Die Grenzen des Verstehens. Eine Debatte über die Besetzung von Geschichte. Reinbek: Rowohlt 1992, S. 213–232, hier 221ff.

Cicero erwähnt sieht.[306] Bilder interpretiert sie als unmittelbaren Niederschlag eines Affekts, des Unbewussten – im Gegensatz zur Schrift als Niederschlag des Geistes, des Bewussten: »Bilder stehen der Einprägungskraft des Gedächtnisses näher und der Interpretationskraft des Verstandes ferner als Texte«.[307]

Zu den Bausteinen der Gedächtniskunst gehören für Assmann nicht nur Bilder und Texte, sondern auch Orte.[308] Die gedächtnisverhafteten Orte unterscheidet sie in *Generationenorte*, an denen Familien dauerhaft am selben Ort »bodenständig« verwurzelt sind, in *Erinnerungsorte*, beispielsweise Ruinen, an denen eine abgebrochene Geschichte in Differenz zur Gegenwart sichtbar wird und Erzählungen wiederhergestellt werden können, und in *traumatische* Orte, zu denen kein affirmativer Bezug möglich ist, deren Geschichte nicht erzählbar ist.[309] Erinnerungsorte seien dabei »Kontaktzonen« zur Vergangenheit.[310] In der Landschaft seiner Erinnerungsorte finde das Gedächtnis einer Nation seinen Niederschlag.[311] James E. Young beschreibt in diesem Zusammenhang die einzigartige Situation im heutigen Deutschland, dass der Staat sich an die Untaten seiner Nation erinnere und dafür Denkmale setze, wenn auch meist mit der Absicht, diese mögen damit die eigentliche Erinnerungsarbeit leisten, damit man anfangen könne zu vergessen. In der Kunst dagegen habe sich eine Tendenz entwickelt, Gegen-Denkmäler zu schaffen, die sich dem Pathos, der Demagogie und der Autorität der klassischen Denkmäler widersetzen.[312] Auch anhand der Denkmalschutzbewegung konnte die enge Verflechtung von kollektivem Gedächtnis, nationaler Identität und Architektur nachgewiesen werden.[313]

Individuelle und kollektive Gedächtnisse brauchen also *Materialisierungen* des Bezuges zur Vergangenheit. Zwar werden Erinnerungen ebenfalls über nicht-materielle Prozesse erzeugt, verfestigt, modifiziert und weitergegeben (in *Geschichtenerzählungen* oder Gedenk-*Ritualen* wie dem Feiertag anlässlich eines bestimmten für

---

306 Assmann, Aleida: Erinnerungsorte und Gedächtnislandschaften, in: Loewy, Hanno / Moltmann, Bernhard (Hg.): Erlebnis – Gedächtnis – Sinn: authentische und konstruierte Erinnerung. Frankfurt/M. / New York: Campus 1996, S. 13–29, hier 13.

307 Assmann, Aleida: Erinnerungsräume, S. 220f.

308 Assmann, Aleida: Erinnerungsräume, S. 313ff.

309 Assmann, Aleida: Erinnerungsorte und Gedächtnislandschaften, S. 19.

310 Ebd., S. 25.

311 Ihre Grenzen fände diese Klassifikation in Erinnerungsorten der Judenvernichtung in Mitteleuropa. Dort würden die ehemaligen jüdischen Generationenorte gleichzeitig zu Erinnerungsorten und zu traumatischen Orten – ebd., S. 27. Dem widerspricht Zifonun: Auch traumatische Orte könnten der positiven Sinnstiftung dienen – Zifonun, Dariuš: Gedenken und Identität, S. 121.

312 Young, James E.: Das Dilemma der ästhetischen Auseinandersetzung mit dem Holocaust. Deutschland und USA im Vergleich. In: Loewy, Hanno / Moltmann, Bernhard (Hg.): Erlebnis – Gedächtnis – Sinn. S. 79–99.

313 Koshar, Rudy J.: Building Pasts; Burkhardt, Benjamin: Der Trifels und die nationalsozialistische Erinnerungskultur: Architektur als Medium des kollektiven Gedächtnisses. In: Erll, Astrid / Nünning, Ansgar (Hg.): Medien des kollektiven Gedächtnisses, S. 237–254.

die jeweilige Gruppe relevanten Jahrestages), aber trotzdem umgeben sich Menschen immer mit *materiellen* Manifestationen des Gedächtnisses. Darunter werden alle kulturellen Artefakte verstanden, die im von Menschen durchmessenen Raum platziert sind oder diesen strukturieren, auf die sie immer wieder stoßen und die je nach Situation Anlass zum Erinnern geben.

Den materiellen Gedächtnisstützen sind alle von Menschen geschaffenen architektonischen Artefakte zurechenbar. Diese werden teils unmittelbar in der Absicht errichtet, Erinnerungsstütze oder Erinnerungsersatz zu sein, teils dienen sie aber auch gänzlich profanen Funktionen und werden erst durch den Akt des Erinnerns zu einem Repräsentant für die Vergangenheit. Wir haben an dieser Stelle also zwischen dem Kriegerdenkmal, das zu speziellen Gedächtniszwecken errichtet wurde, und dem Geburtshaus des später berühmt gewordenen Dichters, das von seinen Erbauern sicher nicht dieser Gedächtnisfunktion zuliebe errichtet wurde, zu unterscheiden. Die Bedeutung von Architektur als Gedächtnisstütze oder -ersatz ist dabei auf das jeweilige Kollektiv begrenzt. Beispielsweise haben die meisten Kriegerdenkmale für Gefallene des Ersten Weltkriegs für die Mehrheit der Bevölkerung des jeweiligen Ortes nicht mehr die Bedeutung wie in den zwanziger Jahren des letzten Jahrhunderts. Wenn sich heute wieder um solche Denkmale gekümmert wird und um sie herum Gedächtnisveranstaltungen inszeniert werden, dann in der Regel nur durch jene Teile der kommunalen Öffentlichkeit, die Wert auf Anknüpfung an nationalistische bzw. militaristische deutsche Traditionen legen. Ein Gebäude kann auch für noch kleinere Gruppen und allein deren kollektives Gedächtnis bedeutsam sein, zum Beispiel für eine Familie, die in ihm wohnte, oder ehemalige Schüler eines Gymnasiums.

Ein architektonisches Artefakt muss jedoch nicht auf einzelne Objekte beschränkt sein. Auch ganze Ensembles und Stadt-Landschaften können in ihrem Gesamtumfang eine solche Aufgabe übernehmen. Und schließlich ist das Feld der räumlichen Materialisierungen nicht auf die Architektur beschränkt. Die Aufgabe einer materiellen Gedächtnisstütze im Raum kann auch durch das im Wohnzimmer aufgehängte Bild oder das Gipfelkreuz auf dem Hausberg wahrgenommen werden.

Für alle gilt jedoch: Um das individuelle Gedächtnis zu transzendieren und zur Stütze des kollektiven Gedächtnisses zu werden, muss die kollektive Bedeutung *kommunizierbar* sein. Die Aussage des Denkmals muss lesbar sein, das Gedächtnispotenzial eines Straßenzuges muss einmal in einer Erzählung austauschbar geworden sein, und die ehemaligen Schüler müssen sich beim Klassentreffen darüber unterhalten haben, wie sie seinerzeit in ihrem Klassenzimmer die Landkarte bemalten.

3.2.2.5 Die Gleichzeitigkeit verschiedener Bezüge

All diese Bezüge innerhalb der räumlichen Dimension des Gedächtnisses stehen nun in den seltensten Fällen allein für sich, sondern sind zur gleichen Zeit wirksam, nicht selten sogar in Interaktion. Wie sich gezeigt hat, steht die Leiblichkeit in einem engen Zusammenhang mit dem sozialen Umfeld, also mit den anderen Individuen um mich herum. Und die interindividuellen Bezüge sind kaum zu trennen von den Beziehungen und Zugehörigkeiten zu Gruppen bzw. der Gruppen untereinander. Darüber hinaus haben sowohl Individuen als auch Gruppen Bezüge zu materiellen Manifestationen des Gedächtnisses im Raum. Wollte man sich dieses Beziehungsgeflecht mit einem zweidimensionalen Schema vergegenständlichen, dann befände sich in der Mitte das konkrete Individuum mit seiner Leiblichkeit, das von der Mitgliedschaft in mehreren verschiedenen Gruppen durchdrungen wird. Gleichzeitig lassen sich an der Schnittstelle seines Körpers Beziehungen zu Individuen innerhalb und außerhalb der eigenen Gruppen markieren, und nicht zuletzt stehen das Individuum allein, die anderen Individuen und die Gruppen selbst in Verbindung mit materiellen Gedächtnisstützen außerhalb ihrer selbst.

Man befindet sich räumlich betrachtet also permanent in einem Beziehungsgeflecht zu anderen, zu Gruppen und zu Gegenständen, die alle über die Leiblichkeit des eigenen Daseins und die damit verbundenen Eigenheiten vermittelt werden und die in ihrem Zusammenwirken das Gedächtnis sowohl der Einzelnen als auch der Kollektive mitbestimmen.

3.2.3 Die Gleichzeitigkeit der Dimensionen

Bis zu dieser Stelle haben wir uns mit der Entstehung und der zeitlichen wie räumlichen Struktur der Erinnerung beschäftigt. Will man Gedächtnis aber aus einer möglichst viele Aspekte umfassenden Perspektive verstehen, dann muss man diese Dimensionen zusammenbringen. In Bezug auf die bisher verwendeten Modelle hieße das,

–   das »genetische« Dreieck der Entstehung von Gedächtnis, in dem von der Basis der neurologischen Grundlagen über die psychischen und intersubjektiven Zusammenhänge bis zur Spitze des gesellschaftlichen Wissensvorrats das Verhältnis von individuellen zu kollektiven Einflüssen sich immer mehr zugunsten der Gruppe verschiebt,

–   die Zeitleiste, auf der sich mit den Menschen auch ihr Gedächtnis immer vorwärts bewegt, die Vergangenheit als Erinnerung und die Zukunft als Erwartung permanent im Griff, und schließlich

–   das komplizierte Geflecht an räumlichen Beziehungen, in denen sich das erinnernde Individuum allein ebenso wie in der Gruppe sich unaufhörlich befindet und von dessen Eigenschaften das jeweilige Gedächtnis und seine Ausformung abhängig sind,

immer in die Überlegung mit einzubeziehen, will man alle Aspekte von Gedächtnis erfassen. Die einzelnen Dimensionen sind jede für sich analysierbar, und sollten auch so analysiert werden, aber es wäre eine verkürzte Darstellung, sich zur Beschreibung von Gedächtnis nur auf eine dieser Dimensionen zu beschränken. Dem komplexen Gesamtphänomen würde man damit nicht gerecht. So ist es zwar sinnvoll und aufschlussreich, zu untersuchen, welche Beziehung eine Dorfgemeinschaft zu ihrem Weltkriegs-Gefallenen-Ehrenmal hat, oder, wie sich physische Schädigungen des Gehirns auf Gedächtnisleistungen auswirken können. Damit kommt man jedoch nicht zu einem Gesamtbild von Gedächtnis, das für eine Unter-suchung von dessen Bedeutung für die Konstruktion von Wirklichkeit notwendig ist. Dafür müssen alle Dimensionen gleichzeitig präsent gehalten werden. Da das allein mit den bis hierhin verwendeten Modellen komplex genug ist, war dieser zusam-menfassende Zwischenhalt nötig. Die Struktur der Erinnerung ist damit jedoch noch nicht vollständig beschrieben. Um dieser Vollständigkeit näher zu kommen, müssen wir uns noch der Medialität von Erinnerung, ihrer Existenz zwischen Alltagswelt und Theorie, ihrem Verhältnis zur »Wahrheit« und ihrer Unterteilung in Funktions- und Speichergedächtnis zuwenden.

3.2.4 Medialität von Erinnerung

3.2.4.1 Medien und Erinnerungskultur

Wenn der Begriff »medial« hier in seiner weitesten Bedeutung gefasst würde, also verstanden als *vermittelt* anstatt direkt und authentisch, insofern also bereits Sprache als solche Medium gelten würde, dann wäre mit Ausnahme der spontanen, unfrei-willigen und unreflektierten Erinnerungen des Individuums jede Erinnerung, egal ob kollektiv oder individuell, schon eine mediale. Denn immerhin ist jede dieser Erin-nerungen ja schon durch Sprache vermittelt. Die Begriffe, in denen ich mir eine Erinnerung vergegenwärtige, sind bereits sozial geprägt und schieben sich zwi-schen die direkte, eigentliche Erinnerung und meine Wahrnehmung dieser.[314] Die enge Verbindung von Medien und Gedächtnis lässt sich aber auch dann nachweisen, wenn wir den Medienbegriff enger fassen und uns auf die Zwischenträger, die für Kommunikation *jenseits* von *vis-à-vis*-Situationen sorgen, beschränken. Medien in diesem Sinne sind Träger von Wissen, das zum Auslöser von Erinnerungsakten werden kann. In der Regel sind darunter heute Massenmedien zu verstehen, also Gegenstände, Organisationen und Einrichtungen, die in modernen, komplexen Ge-sellschaften die Kommunikation zwischen den Mitgliedern massenhaft, also sich mit den gleichen Inhalten an eine Vielzahl von Einzelnen richtend, vermitteln. Es geht mir jedoch weniger um die Massenhaftigkeit als um die *Öffentlichkeit* dieser Zwi-schenträger. Deshalb will ich die Grenzlinie des Untersuchten dort ziehen, wo ein Medium nicht nur Erinnerungsstütze des einzelnen Subjekts ist, sondern es in die intersubjektive und kollektive Kommunikation eingebracht wird. Rein private Träger von Wissen sollen im Zusammenhang mit Erinnerungskultur nicht weiter beachtet werden, da sie dafür keine Rolle spielen können.[315] Im Gegensatz zum privat erstell-ten und – wenn überhaupt – nur privat gelesenen Tagebuch[316] sind so verstandene

---

314 Vgl. die grundlegenden Beiträge in: Assmann, Aleida / Assmann, Jan / Hardmeier, Christof (Hg.): Schrift und Gedächtnis. München: Fink 1983 (Beiträge zur Archäologie der literari-schen Kommunikation, 1); Erll, Astrid / Nünning, Ansgar (Hg.): Medien des kollektiven Ge-dächtnisses; sowie: Erll, Astrid: Medien und Gedächtnis. Aspekte interdisziplinärer For-schung. In: Frank, Michael / Rippl, Gabriele (Hg.): Arbeit am Gedächtnis, S. 87–98.

315 Vgl. Kapitel 3.1.2.4.

316 Und privat bleibt das Tagebuch nur solange, wie es nicht veröffentlicht und von einer größe-

Medien *Sinnträger*, die Inhalte in der Öffentlichkeit vermitteln, sich also an ein Publikum richten. Dazu zählt die Kleinauflage eines Büchleins zur Stadtteilgeschichte ebenso wie die Geschichtsdokumentation, die im öffentlich-rechtlichen Fernsehen ein Millionenpublikum erreicht. Mittlerweile müssen auch neue Medien wie Computerspiele und Webseiten in die Betrachtung mit einbezogen werden.[317]

Dabei stellen sich mehrere Fragen: Welchen Einfluss haben diese Medien auf die individuellen und kollektiven Gedächtnisinhalte? Welcher Art ist die Beziehung zwischen Erinnerungskultur und Massenmedien? Kann der Trend zum Medialen bestätigt werden, wie er oft für die Erinnerung an den Holocaust festgestellt wird, wenn die Zeitzeugen weniger werden? Die zu untersuchende These zur Medialität von Erinnerung ist, dass kollektive Erinnerungen in modernen, komplexen Gesellschaften heute immer und zwangsläufig medial beeinflusst und verändert werden – und auch die individuelle Erinnerung, sobald sie formuliert, also ge-*äußert* wird.

Wenn es um den Zusammenhang von Medien und Erinnerungskultur geht, ist es zunächst sinnvoll, einen Blick auf Ergebnisse zu werfen, welche die Forschung zum Verhältnis von Medien und Vergangenheit erbracht hat. Dabei schälen sich einige Funktionen von Medien heraus, die für das hier in Frage stehende Thema von Bedeutung sind. Zunächst umreißen Medien den »Raum des Sagbaren«, die Grenzen des gesellschaftlichen Diskurses.[318] Sie geben darin die Bilder vor, die mit bestimmten Ereignissen der Vergangenheit automatisch assoziiert werden – durch Cornelia Brink am Beispiel der Fotografien von Konzentrationslagern als »Ikonen der Vernichtung« auf den oft zitierten Punkt gebracht und einige Jahre vorher von Dan Diner am Beispiel der »Ikone Bergen-Belsen« als Begriff eingeführt.[319]

Darüber hinaus prägen sie auch das *Geschichtsbewusstsein*: wie die Menschen sich den Ablauf von Geschichte vorstellen, welche Bilder sie von den Ereignissen der Vergangenheit haben und wo sie sich selbst und ihre Bezugsgruppe respektive ihre Gesellschaft in dieser Geschichte verorten. So gibt es nicht nur die genannten Ikonen, die mit Auschwitz automatisch verbunden werden, sondern wird generell die Vorstellung, die sich vom Nationalsozialismus und der Shoah gemacht wird, zum größten Teil durch Medien, hier vor allem das Fernsehen und Kinofilme, geprägt.[320]

---

ren Anzahl anderer Menschen rezipiert wird.

317 Vgl. Sumner, Angela M.: Kollektives Gedenken individualisiert: Die Hypermedia-Anwendung *The Virtual Wall*. In: Erll, Astrid / Nünning, Ansgar (Hg.): Medien des kollektiven Gedächtnisses, S. 255–276; Hein, Dörte: Mediale Darstellungen des Holocaust; Kansteiner, Wulf: Of Kitsch, Enlightenment, and Gender Anxiety, S. 84.

318 Pollak, Alexander: Zwischen Erinnerung und Tabu – Die diskursive Konstruktion des Mythos vom »sauberen Wehrmacht« in den österreichischen Medien nach 1945.

319 Brink, Cornelia: Ikonen der Vernichtung. Öffentlicher Gebrauch von Fotografien aus nationalsozialistischen Konzentrationslagern nach 1945. Berlin: Akademie 1998 (Schriftenreihe des Fritz-Bauer-Instituts, 14); Diner, Dan: Nationalsozialismus und Stalinismus, S. 50. Vgl. zu Ikonen auch Kapitel 4.1.1.

320 Seibert, Peter: Medienwechsel und Erinnerung in den späten 50er Jahren. Der Beginn der Visualisierung des Holocaust im westdeutschen Fernsehen. In: *Der Deutschunterricht* 53 (2001), 5, S. 74–83; Insdorf, Annette: Indelible Shadows. Film and the Holocaust.

Aus der Arbeit von KZ-Gedenkstätten wird berichtet, dass sie zunehmend mit Besucherinnen und Besuchern zu tun hätten, die aus Filmen erworbene und emotionalisierte Geschichtsbilder mitbrächten.[321] Doch nicht nur die Bilder, auch *Stereotype,* wie das vom ehrlich kämpfenden und moralisch sauberen Wehrmachtssoldaten, und *Identitätstypen,*[322] wie der vom unschuldigen deutschen Volk als Opfer, sind Ergebnis medialer Prozesse.[323] Letztlich werden auch die Legitimationen von Institutionen und Sinnwelten durch Medien weitergegeben – etwa zur Selbstvergewisserung nationaler Kollektive.[324] Und verallgemeinert: Gedächtnis-Medien dienen der Speicherung ebenso wie der Zirkulation von Inhalten, »Medialität stellt [...] die Bedingung der Möglichkeit des kollektiven Bezugs auf zeitliche Prozesse dar.«[325] Es ist nicht zufällig, dass die in den Untersuchungen zu Medien und Gedächtnis immer wieder genannten Funktionen sich im Wesentlichen mit den in Kapitel 3.3 zusammengestellten Funktionen der kollektiven Erinnerung überschneiden. Denn genau diese Funktionen kann eine Erinnerungskultur nur erfüllen, wenn diese durch die Medien in der Gesellschaft transportiert werden: Alle Elemente der Wirklichkeitskonstruktion durch Erinnerung lassen sich nicht in der direkten vis-à-vis-Kommunikation weitergeben, sondern bedürfen eines Zwischenträgers, der verschiedenen Medien.

Das Faktum, dass Erinnerungskultur nur medial stattfinden kann, lässt sich aber auch anders als über die Beschreibung der Funktionen der Medien herleiten: indem

---

Cambridge: Cambridge University Press 1989.

321 So die Leiterin der Mahn- und Gedenkstätte Ravensbrück, Insa Eschebach, auf der Tagung »Zukunft der Erinnerung« in Wolfsburg, November 2006 – Pauthner, Rolf: Bericht zur Tagung »Zukunft der Erinnerung«. In: H-Soz-u-Kult 24.01.2007, http://hsozkult.geschichte.hu-berlin.de/tagungsberichte/id=1456, 9.2.2007.

322 Zum Begriff Identitätstypen siehe Kapitel 3.3.4.2.

323 Zum Fernsehen: Kansteiner, Wulf: Nazis, Viewers and Statistics. Zur Presse: Naumann, Klaus: Auschwitz im Gedächtnisraum der Presse 1995. In: Hoffmann, Detlef (Hg.): Das Gedächtnis der Dinge. Frankfurt/M. / New York: Campus 1998, S. 324–329. Zum Film: Reimer, Robert C. / Reimer, Carol C.: Nazi-Retro Film. How German Narrative Cinema remembers the Past. New York: Twayne 1992. Generell dazu: Pollak: Zwischen Erinnerung und Tabu; Shavit, Zohar: Gesellschaftliches Bewußtsein und literarische Stereotypen, oder: Wie Nationalsozialismus und Holocaust in der deutschen Kinder- und Jugendliteratur behandelt werden. In: Stadtmuseum Oldenburg (Hg.): Antisemitismus und Holocaust. Ihre Darstellung und Verarbeitung in der deutschen Kinder- und Jugendliteratur. Katalog zur Ausstellung im Rahmen der 14. Oldenburger Kinder- und Jugendbuchmesse 1988 im Stadtmuseum Oldenburg. Oldenburg 1988, S. 97–107; Keilbach, Judith: Politik mit der Vergangenheit. Der 50. Jahrestag der Befreiung der Konzentrationslager im US-amerikanischen und im bundesdeutschen Fernsehen. In: *Historical Social Research / Historische Sozialforschung* 30 (2005), 4, S. 86–111.

324 Dahrendorf, Malte: Die Darstellung des Holocaust in der westdeutschen Kinder- und Jugendliteratur. In: Stadtmuseum Oldenburg (Hg.): Antisemitismus und Holocaust, S. 83–96; Wodak, Ruth / Menz, Florian / Mitten, Richard / Stern, Frank: Die Sprachen der Vergangenheiten; Insdorf: Indelible Shadows; Lersch, Edgar: Vom »SS-Staat« zu »Auschwitz«. Zwei Fernsehdokumentationen zur Vernichtung der europäischen Juden vor und nach »Holocaust«. In: *Historical Social Research / Historische Sozialforschung* 30 (2005), 4, S. 74–85.

325 Erll, Astrid: Kollektives Gedächtnis und Erinnerungskulturen, S. 124 und 139.

wir uns dem Zusammenhang erneut von den Grundlagen her annähern, der Entstehung und Struktur von kollektivem Gedächtnis.

Zum Bestandteil von Erinnerungskultur können Erfahrungen und Erlebnisse nur werden, wenn sie entäußert, also objektiviert worden sind, das heißt, wenn sie eine Form gewonnen haben, die sie austauschbar zwischen Individuen macht.[326] Das reicht jedoch noch nicht aus. Vielmehr müssen diese auf die Vergangenheit bezogenen Wissensinhalte auch innerhalb einer bestimmten Sinnwelt kollektiv genügend Bedeutung zugemessen bekommen, um Teil einer Erinnerungskultur zu werden. Der Vorgang der Bedeutungszuweisung jedoch geschieht immer in einem öffentlichen (im Sinne von überindividuellen, nicht privaten) Diskurs, der nicht auf direkter Interaktion beruht, sondern vermittelt ist durch die Zwischenträger, die Medien. Zur Wiederholung: entscheidend für die Definition von Medien ist hier, dass es sich um *öffentliche Zwischenträger* handelt. Man mag dagegen einwenden, in schriftlosen Kulturen bedürfe es keiner Medien zur Vermittlung der Geschichten, und auch in komplexen Gesellschaften seien Gruppen vorstellbar, deren kollektives Gedächtnis allein in direkten Gesprächen und Erzählungen vermittelt werde. Aber auch dann läge bereits ein Medium vor: die Erzählungen. Zwar haben wir es mit einer vis-à-vis-Situation zu tun, und wir wären damit an der eingangs erwähnten Definitionsgrenze von Medien. Aber selbst in dieser Definition, wenn nicht die Sprache als solche das Medium darstellt, können wir es in der spezifischen *Form* der Erzählung finden. Erzählungen, die sich nicht nur auf die Wiedergabe persönlicher Erlebnisse beschränken, sondern eine Bedeutung innerhalb der jeweiligen Erinnerungskultur haben, sind eben bereits kollektiv überformt. Sie entstanden aus einem Prozess der Gewichtung entlang bestimmter Motivationen, was wichtig ist zu erzählen und was nicht.

In diesem medialen Vorgang der Vermittlung der Inhalte des kollektiven Gedächtnisses geschehen mit den ursprünglichen Inhalten *Veränderungen*. Zum einen wird im Rahmen der Prägnanzbildung das Überkomplexe auf das reduziert, was als wert erscheint, vermittelt und mitgeteilt zu werden. Zum anderen finden Dekontextualisierungen und Rekontextualisierungen statt, die es unmöglich machen, die originalen Inhalte authentisch wiederzufinden. Im Detail:

Eine wichtige Eigenschaft alles zwischen Menschen ausgetauschten Sinns ist Prägnanz.[327] Sie stellt erst den Unterschied her zwischen Vorder- und Hintergrund, sie hebt die einzelnen Inhalte aus dem Strom des Bewusstseins hervor, indem sie Gestalten und Formen erkennbar macht und damit austauschbar zwischen Menschen. Sie ist eine Eigenschaft der menschlichen Wahrnehmung ebenso wie des

---

326   Vgl. Kapitel 3.1.2.1.

327   Zum Begriff der »symbolischen Prägnanz«: Cassirer, Ernst: Philosophie der symbolischen Formen. Dritter Teil: Phänomenologie der Erkenntnis. Darmstadt: Wissenschaftliche Buchgesellschaft, [9]1990 [[2]1954], S. 222–237, insbes. 234–237; und Köhnke, Klaus Christian / Kösser, Uta: Prägnanzbildung und Ästhetisierung in Bildangeboten und Bildwahrnehmungen.

Medienangebots. Damit aber ist der Inhalt der Erinnerung zwangsläufig einer Veränderung unterworfen. Die erste Prägnanzbildung findet statt, wenn das zu erinnernde Ereignis mediale Formen annimmt. Bereits an diesem Punkt wird die Fülle
der Details, die das Ereignis besitzt, reduziert auf diejenigen, die ausreichen, um das
Ereignis hinreichend prägnant zu beschreiben. Die zweite Prägnanzbildung erfolgt in
dem Moment, in dem das im Medium beschriebene Ereignis rezipiert wird. Denn
wie die in Medien transportierten Inhalte dann aufgenommen werden, hängt wiederum von der Einstellung der sie Konsumierenden und der Rezeptionssituation ab.
Welche Gestalten und Formen dann aus den angebotenen (und bereits hochpräg-
nanten) Inhalten aus Sicht des Lesers oder der Zuschauerin prägnant erscheinen, ist
dabei nicht vorher bestimmbar.

Dazu kommt, dass die prägnant gewordenen Medieninhalte im Moment der Ablagerung im Medium aus ihrem ursprünglichen Kontext herausgelöst und dafür in
den medialen Kontext eingebettet werden. Veranschaulichen wir uns das an einem
Beispiel: der Videoaufnahme eines Zeitzeugenberichts. Zunächst einmal geht die
Dialogizität der ursprünglichen Situation verloren – vermittelt wird lediglich ein
Monolog. Nicht nur werden die Fragen der Interviewenden oft weggeschnitten, auch
die meisten anderen Eigenschaften der Interview-Situation gehen auf dem Weg zum
medialen Endprodukt verloren. Es geht verloren, dass das letztendlich in der Dokumentation *Gesagte* vorher immer auch ein *Gefragtes* war[328] – die Frage selbst ver-
schwindet, der Kontext der Frage innerhalb eines ganzen Sets von Fragen ebenso,
und auch der Kontext des gesamten Gesprächs inklusive aller Einleitungen ins
Thema, der vorangegangenen Höflichkeitsfloskeln und erst recht der Art und Weise,
in der sich beide Seiten auf das Interview vorbereitet haben. Es gehen aber auch alle
Eigenschaften der Interview*situation* jenseits der semantischen Ebene verloren. Das
heißt, man erfährt im fertigen Bericht der Zeitzeug/-innen nichts mehr von den Er-
wartungshaltungen der Interviewten und der Interviewenden, nichts von der sozialen
Konstellation im Moment des Gesprächs und nichts von der Vorgeschichte der Situation. Es gibt also keine Informationen mehr darüber: was für Antworten die Interviewenden erwarten und dementsprechend ihre Fragen stellen; ob die Interviewten
unterstellen, dass eine bestimmte Sorte von Antworten und Erzählungen von ihnen
erwartet wird; welches Publikum sie sich für ihre Geschichte vorstellen; was sie
gegenseitig über ihren sozialen Status wissen und wie sie demgemäß in einer bestimmten Form miteinander kommunizieren; wie die gegenwärtige Stimmung der
beiden Seiten ist und ob sie bis zu diesem Zeitpunkt einen guten oder einen
schlechten Tag hatten.

Die nächste Veränderung der zu vermittelnden Inhalte geschieht dadurch, dass in
Medien bestimmte Erzählkonventionen gelten, von denen im Normalfall nicht ab-
gewichen werden kann.[329] Zu diesen Konventionen zählen der dramaturgische Auf-

---

328   Dieser Gedanke geht auf Klaus Christian Köhnke zurück.
329   Etwas überspitzt als »history often gets repackaged as kitsch« bei Marita Sturken: Memory,
      consumerism and media: Reflections on the emergence of the field. In: Memory Studies 1

bau einer Erzählung (es gibt nur eine gewisse Anzahl von entsprechenden Mustern), die Vorgabe, etwas Interessantes oder Neues mitzuteilen, die Anknüpfbarkeit an bereits vorhandenes Wissen und die Muster, mit welchen Mitteln bestimmte Erzählungen untermalt werden (begleitende Bilder, Ton, Musik, Hintergrund, typische Metaphern etc.). Was sich diesen Konventionen widersetzt, hat Schwierigkeiten, weiter vermittelt zu werden. So wird zum Beispiel die Erzählung eines Ereignisses, von dem die Konsumierenden bereits eine Unzahl anderer Geschichten gehört haben, denen diese neue Version aber ganz und gar nicht entspricht, weniger Chancen auf Weiterverbreitung haben. Das Gleiche gilt für den Fall, in dem die Erzählung gegen dramaturgische Vorgaben verstößt und beispielsweise den Ablauf des Ereignisses in umgekehrter oder gar nicht mehr linear zeitlicher Abfolge erzählt oder wenn die Geschichte von unpassenden Metaphern gesäumt wird.

Im System der Massenmedien und insbesondere des Fernsehens sind die Einwirkungen des Mediums auf den Inhalt so stark, dass innerhalb des Mediums neue Inhalte geschaffen werden können. So haben sich im Fernsehen aufgrund des Erfordernisses, jede Information mit Bildern begleiten zu müssen, zu bestimmten Inhaltskategorien ganz eigene Bilder-Kanons ausgebildet. Diese kanonisierten Bilder, einmal etabliert, vertreten einen eigenen Inhalt, der vom ursprünglichen mit dem Bild verknüpften Inhalt abweichen kann. Das Illustrationsbedürfnis des Mediums schafft so neue Konstruktionen, und der Antrieb dazu ist nicht mehr, eine bestimmte Version eines Geschehnisses zu verbreiten, sondern entstammt lediglich einem Bedürfnis des Mediums. Nach Wulf Kansteiner haben beispielsweise die populären TV-Geschichtsdokumentationen Guido Knopps eine »new language of history« entwickelt, in der die visuelle Ebene die sprachlichen Inhalte auf eine sekundäre Position verdammt. Im Widerspruch zu den politisch korrekten Aussagen auf der gesprochenen Ebene machen Bildauswahl und verwendete Techniken revisionistische Identifikationsangebote mit dem Nationalsozialismus, die gern angenommen wurden.[330] Vittoria Borsó setzt die Autonomie des Mediums sogar so hoch an, dass sie medial vermitteltem kollektiven Gedächtnis die Fähigkeit zur Identitätsfundierung ganz abspricht, da im Material des Mediums immer auch Alterität als Gegensatz zur Identität eingeschrieben sei.[331]

(2008), 1, S. 73–78, hier 76. Vgl. auch: »In Zeitzeugengesprächen spielen vorgefertigte Scripts, medial formatierte Drehbücher und sozial abgestützte Narrative wichtige Rollen« – Welzer, Harald: Die Medialität des menschlichen Gedächtnisses. In: *BIOS – Zeitschrift für Biographieforschung, Oral History und Lebensverlaufsanalysen* 21 (2008), 1, S.15–27, hier 25.

330   Kansteiner, Wulf: In Pursuit of German Memory, S. 155f. – Die Reaktionen des Publikums fielen entsprechend aus: »...the audience appreciated the liberating, revisionist implications of its aesthetics and perceived (and suggested remedies for) the obvious contradiction between the visual language and the voice-over commentaries. For this purpose, many viewers picked up the phone or wrote letters recommending that Knopp look into the theory that the attack on the Soviet Union was a preventive strike.« (in 30 von 80 Briefen) S. 166.

331   Borsó, Vittoria: Einleitung, S. 12.

Es sind jedoch nicht nur die Gestaltungsprinzipien, die die medialen Gedächtnisinhalte verändern, sondern auch die Gesetzmäßigkeiten des Mediensystems als Ganzes. Dazu gehören produktionstechnische Erfordernisse ebenso wie der Zwang, mit dem Medium Gewinne zu erwirtschaften.[332] So wird der kommerzielle Druck eines kapitalistisch organisierten Mediensystems regelmäßig verhindern, dass die Vergangenheitsversion einer gesellschaftlichen Minderheit Sendezeit zur Primetime bekommt.

Die Medien, in denen die Gedächtnisinhalte transportiert werden, verändern aber nicht nur die einzelnen Inhalte, sondern auch jede Erinnerungskultur als ganze. Technologische Neu- und Weiter-Entwicklungen können neue Wahrnehmungsweisen, neue Arten der Informationsspeicherung, neue Gedächtnistechniken und neue Weisen kollektiven Erinnerns hervorrufen. Der Übergang von der Mündlichkeit zur Schriftlichkeit, der ermöglichte, Geschichte, Verträge und Gesänge nicht mehr allein mittels mnemonischer Techniken im Gedächtnis aufzubewahren, gilt gemeinhin als ein bedeutendes, wenn auch von der Gegenwart in den postindustriellen Gesellschaften weit entferntes Beispiel.[333] Zeitlich näher liegen da etwa die Fotografie mit ihrer Fähigkeit, Ereignisse optisch festhalten zu können, die neuen Speicherungsmöglichkeiten für alle Arten von Informationen mithilfe elektronischer Informationstechnologien (digitale Datenspeicherung, Internet) oder die inzwischen in den reicheren Gesellschaften der Mehrheit zur Verfügung stehende Möglichkeit, jeden Moment mit Videokameras als bewegte Bilder festhalten zu können. Es gibt immer neue Möglichkeiten, Geschehenes *außerhalb* des organischen Gedächtnisses zu speichern, und dem Gedächtnis werden immer neue Erinnerungsanlässe geboten. Der Einwand, dass sich die Menschen damit immer mehr zu Cyborgs mit externen Prothesen ihres Gedächtnisses[334] entwickeln würden, kann entkräftet werden: Vor langer Zeit hatte schon die *Schrift* jene Warner auf den Plan gerufen, die meinten, durch die Auslagerung auf externe Datenspeicher gehe die lebendige Erinnerung verloren.[335] Und auch dem Buchdruck wurde zur Zeit seiner Verbreitung ein

332 In der Kommerzialisierung der deutschen Erinnerungskultur ist der Nationalsozialismus mittlerweile zur »marktgängigen Geschichte« geworden – Schmid, Harald: Kommodes Gedenken. Die Erinnerungskultur des vereinten Deutschlands. In: *Blätter für deutsche und internationale Politik* 53 (2008) 11, S. 91–102, hier: 96).

333 Vgl. Assmann, Aleida / Assmann, Jan / Hardmeier, Christof (Hg.): Schrift und Gedächtnis; und Assmann, Jan: Das kulturelle Gedächtnis.

334 Olick, Jeffrey K.: Collective Memory: The Two Cultures, S. 342.

335 Sokrates in Platons Phaidros-Dialog: »Denn Vergessenheit wird dieses in den Seelen derer, die es kennenlernen, herbeiführen durch Vernachlässigung des Erinnerns, sofern sie nun im Vertrauen auf die Schrift von außen her mittelst fremder Zeichen, nicht von innen her aus sich selbst, das Erinnern schöpfen.« –Platon: Phaidros, S. 113. In: Die digitale Bibliothek der Philosophie. Berlin: Directmedia 2001, S. 13949 (= Platon: Sämtliche Werke. Band 2. Berlin: Lambert-Schneider 1940, S. 475). Vgl. auch Assmann, Aleida: Vier Formen des Gedächtnisses – Eine Replik, S. 235.

schlechter Einfluss auf Recht und Sitte unterstellt.[336] Solche Vorwürfe würden heute meist für Verwunderung sorgen.

Gleichzeitig bedeuten all die formenden Einflüsse des Mediums auf die Inhalte des Gedächtnisses nicht, dass allein durch die Nutzung des gleichen Mediums auch automatisch ein gemeinsames kollektives Gedächtnis entstünde:[337] Die Medien bleiben nur einer von mehreren Faktoren bei der Entstehung und Verbreitung kollektiven Gedächtnisses.

Zusammengefasst: die Inhalte von Erinnerungskultur müssen also nicht nur immer durch die Vermittlung der Medien hindurch, sie werden im Zuge dieser Vermittlung auch stark verändert, weil sie sich den strukturellen und konventionellen Eigenschaften der Medien anpassen müssen. Damit haben die verwendeten Medien einen direkten formenden Einfluss auf das kollektive Gedächtnis, wenn auch nicht den alleinigen. Für die individuellen Erinnerungen trifft das genau dann ebenfalls zu, wenn sie anderen Menschen mitgeteilt werden und damit den rein subjektiven und nicht geäußerten Erfahrungsraum verlassen.

3.2.4.2 Abkopplung

Verschiedentlich wurde in der einschlägigen Literatur der Trend festgestellt, die Erinnerung an ein historisches Ereignis wandle sich mit dem Sterben der Zeitzeuginnen und Zeitzeugen von der »lebendigen« zur medialen Erinnerung. Konkret wird das immer wieder bei der Erinnerung an den Holocaust so diagnostiziert.[338] Damit sind zwei Annahmen verbunden: Erstens seien jene Erinnerungen an die Ereignisse, die aus erster Hand erzählt wurden, *nicht* durch Medien beeinflusst, und zweitens führe erst das Sterben der Dabeigewesenen zu verstärkter medialer Aufarbeitung des Themas. Letzteres lässt sich empirisch ohne weiteres nachweisen, die letzten Jahrzehnte sahen eine unüberschaubare Menge an Dokumentationsprojekten von Aussagen der Überlebenden der Shoah. Die erste Annahme jedoch kann so nicht aufrecht erhalten werden, folgt man den Ausführungen der vorangegangenen Kapitel.

Selbst ein direktes Gespräch mit Überlebenden der Shoah in einer Schulklasse (so man in einer solchen Situation überhaupt von Gespräch anstatt Erzählung sprechen kann) ist nicht frei von medialen Einflüssen. Die Schülerinnen und Schüler bringen ihr Vorwissen zum Thema genauso mit ein wie die Lehrkraft, die einleitende

---

336 »Allerdings wurden genau dieselben Vorwürfe Ende des 18. Jahrhunderts gegen die Verbreitung von Druckerzeugnissen erhoben, als die Kritiker der sogenannten Lesesucht davon überzeugt waren, daß viel zuviele Leser viel zuviel lesen und daher nicht mehr wissen, was wichtig und Rechtens ist und was sich ziemt.« – Winthrop-Young, Geoffrey: Zwischen Nil und Net. In: *Erwägen Wissen Ethik* 13 (2002) 2, S. 271–273, hier 272.

337 Vgl. Kansteiner, Wulf: Finding Meaning in Memory, S. 193.

338 »Was heute noch lebendige Erinnerung ist, wird morgen nur noch über Medien vermittelt sein.« – Assmann, Jan: Das kulturelle Gedächtnis, S. 51. Vgl auch: Assmann, Jan: Die Katastrophe des Vergessens; Reichel, Peter: Politik mit der Erinnerung; und Kapitel 1.1. vorliegender Arbeit.

Worte spricht. Der Erzähler muss seine Geschichte in einer Form vermitteln, die den genannten Konventionen entspricht, und die Erzählerin wird auf die Elemente ihrer Erinnerung zurückgreifen, von denen sie annimmt, dass sie besonders eindrücklich an vorhandene Erzählmuster oder schon bekannte Geschichten über den Holocaust anknüpfen. Oft kann es sogar vorkommen, dass Teile der Geschichten bekannten Vergangenheitsbildern aus Büchern, Filmen oder Fernsehdokumentationen angeglichen werden. Dazu kommt, dass sowohl die Schüler/-innen als auch die Überlebenden bestimmte Erwartungen an ihr Gegenüber haben und auf einer weiteren Ebene auch wieder bestimmte Erwartungen unterstellen. Diese Erwartungen können ebenfalls mediale Quellen haben, etwa wenn eine Überlebende Berichte über andere solche Gespräche in der Zeitung gelesen hat und also bestimmte Reaktionen bei ihrem Publikum voraussetzt. Es findet also zeitgleich mit dem Sterben von Zeitzeug/-innen durchaus eine Wandlung statt – insofern, dass *nur noch* auf mediale Zeugnisse zurückgegriffen werden kann. Aber ähnlich wie bei der Unterscheidung Jan Assmanns von kommunikativem vs. kulturellem Gedächtnis als »lebendigem« vs. medialem Gedächtnis heißt das eben nicht, dass das Gedächtnis der Dabeigewesenen frei von medialer Beeinflussung sei.

Ein Trend lässt sich allerdings nicht von der Hand weisen: die immer tiefere Durchdringung immer weiterer Lebensbereiche mit elektronischen Massenmedien. Alfred Schütz beschrieb es als Eigenschaft der modernen, bürokratisch geführten und hochkomplexen Gesellschaften, »durch Anonymisierung vieler der für den Bestand der Gesellschaft wesentlicher Sozialbeziehungen und durch eine hochentwickelte Vermittlungstechnologie gekennzeichnet«[339] zu sein. Die massenmedial vermittelte Kommunikation und damit das einseitig mittelbare Handeln[340] haben in diesen Gesellschaften eine allgemeine Bedeutung erlangt, und diese Bedeutung nimmt weiter zu. Hat man die tägliche Nutzungsdauer von Fernsehen, Radio und – mit Abstand – Printmedien wie Zeitungen, Zeitschriften und Büchern vor Augen, wird klar, dass die durch ebenjene Massenmedien mit ihren je eigenen Eigenschaften transportierten Vergangenheitsbilder und -informationen eine immer stärkere Rolle spielen. Das heißt eben nicht, dass Medien nicht auch vorher schon beteiligt waren, sondern, dass der Einfluss der Medien auf die Gesamtheit der individuellen und kollektiven Gedächtnisse immer größer wird. Genau das ist der Fall, wenn die Enkel die Kriegserzählungen des Opas (die auch schon von medialen Bildern durchsetzt waren und konventionellen Mustern folgten) nicht mehr von ihm selbst hören, sondern nur noch *die* Version der Geschichte kennen, die sie im Kinofilm gesehen haben. Umso stärker sind dann die der medialen Re-Kontextuierung und den Eigenschaften der Medien zuzuschreibenden Veränderungen der Erinnerungsinhalte.

Problematisch für das Gedächtnis wird es dann, wenn bestimmte Inhalte der Erinnerungskultur *nur noch* medial präsent sind, *ohne* noch an konkrete gegenwärtige Motivationen, Zustände und Bedürfnisse von Gruppen, Institutionen oder Sinnwel-

---

339 Schütz/Luckmann, S. 584, aber auch 551.
340 Ebd., Kapitel V, E2e.

ten gekoppelt zu sein. Eine derartige Abtrennung von medialen Elementen der Erinnerungskultur von ihren existenziellen Quellen, ein, wenn man so will, Leerlauf, kann dazu führen, dass sie in der Substanz ausgehöhlt werden und bei den Menschen, denen sie präsentiert werden, Übersättigung und Ablehnung gegenüber den transportierten normativen Inhalten eintritt. Damit kommt es zu einer notwendigen Selbstregulierung: Jene abgekoppelten Elemente der Erinnerungskultur verlieren an Bedeutung. Entweder sie fristen fürderhin ein rein fiktionales Dasein in Geschichten, die nur noch wegen ihres Unterhaltungswertes rezipiert werden, oder sie verschwinden nach der Phase der Aushöhlung und Übersättigung völlig aus dem gesellschaftlichen Diskurs, weil sie nicht nur keine Funktion mehr zu erfüllen haben, sondern auch niemanden mehr zu interessieren vermögen. Am Ende steht die Nicht-Erinnerung, das Vergessen. Es kann dabei durchaus sein, dass ein solches Element der Erinnerungskultur nur für einen Teil der Gesellschaft noch konkrete Zwecke erfüllt und für einen anderen nicht. Dann kommt es zum Leerlauf und zur Übersättigung auch nur aus Sicht der Gruppen, die keinen Zweck mehr damit verbinden. Welche Rolle dieses Element in welchen Teilen des öffentlichen Diskurses noch spielen darf, ist darüber hinaus eine Frage der gesellschaftlichen – politischen – Auseinandersetzung. Ebenso gut kann es sein, dass das vernachlässigte Erinnerungselement nun von einer anderen Gruppe und mit anderen Zielen aufgenommen und umgedeutet wird.

Die Abkopplung von Erinnerungskultur wurde von James E. Young schon am Beispiel von Denkmälern beschrieben: Er meinte, Denkmäler begrüben die Erinnerung, denn »indem wir die Erinnerung in eine Denkmalsform gießen, entledigen wir uns bis zu einem gewissen Grade der Pflicht, uns zu erinnern.«[341] Nicht die Meißelung der Erinnerung in Stein oder die sture Wiederholung der festgesetzten Liturgie befördere die Erinnerung, sondern das Er-*innern*, die aktive Auseinandersetzung mit der Vergangenheit.[342] Es braucht bei Denkmalen Bezüge zur Gegenwart, damit sie nicht dem Leerlauf und ihre Inhalte damit dem Vergessen anheim fallen.

Dieselben Fragen müssen wir an die Erinnerungselemente richten, die in den (Massen-)Medien täglich präsentiert werden. Sind sie zu Selbstläufern geworden, zu Bildern und Geschichten, die keinen Bezug zu gegenwärtigen Bedürfnissen und Motivationen haben? Oder gibt es nach wie vor Gruppen oder Institutionen, die ihr Selbstbild oder ihre Legitimation an ebenjene Erinnerungen knüpfen? Der Vorwurf, man hätte genug von einer bestimmten Erinnerung, wird zumindest meist aus *den* Gruppen innerhalb einer Gesellschaft kommen, die entweder keinen gegenwärtigen Bezug zu dieser haben oder aktuell daran interessiert sind, eben jene Erinnerung umzudeuten oder zum Verschwinden zu bringen.

---

341 Young, James E.: Die Textur der Erinnerung, S. 221.
342 Young, James E.: Beiträge zur Gegenwart der Erinnerung: Israel. In: Knigge, Volkhard / Frei, Norbert (Hg.): Verbrechen erinnern, S. 272–287, hier 285.

Eines der prominentesten Beispiele dafür ist in Deutschland die Klage über die »Dauerpräsentation« der Shoah.[343] Die Klage über ein Zuviel der Erinnerung und eine behauptete oder so wahrgenommene Übersättigung mit Filmen, Büchern, Veranstaltungen und Mahnmalen zum Thema Vernichtung der europäischen Jüdinnen und Juden kommt genau dann auf, wenn eine solche Abkopplung der Erinnerung von den Funktionen vorliegt. Von diesem Fall gibt es zwei Varianten. Die erste – und wesentlich verbreitetere – beruft sich auf die »Gnade der späten Geburt«,[344] die zweite bezieht sich offen oder verdeckt affirmativ auf den Nationalsozialismus. Trotz wesentlicher Unterschiede wird in beiden Fällen die Relevanz der Erinnerung an die Shoah für die jeweils gegenwärtige deutsche Gesellschaft in Frage gestellt. Diese Relevanz könnte zunächst darin bestehen festzustellen, dass der deutsche Versuch, gezielt, durchorganisiert und aus tiefster Überzeugung Millionen von Menschen umzubringen, um als Feinde auserkorene, teilweise erst konstruierte Gruppen, vor allem die jüdische Bevölkerung Europas, in Gänze zu vernichten, eines der größten Verbrechen der Geschichte war. Darüber hinaus könnte es zur Gegenwartsrelevanz dieser Erinnerung gehören festzuhalten, dass dieses Verbrechen von der überwiegenden Mehrheit der Deutschen mitbegangen und gutgeheißen wurde und dass derartiges künftig verhindert werden müsse. Wer diese oder andere Funktionen der Holocausterinnerung verneint, kann auch keinen Zweck mehr in ihr sehen.

Im Falle des Diktums von der »Gnade der späten Geburt« wurde meist (und nicht im Sinne des sich als eigentlichen Urheber verstehenden Günter Gaus) argumentiert, dass den heutigen Generationen doch nicht mehr die Taten der Deutschen zwischen 1933 und 1945 vorgeworfen werden dürften, dass von den Beteiligten von damals kaum noch jemand lebe und dass deshalb der derzeitigen Bevölkerung, die eine ganz normale wie in jedem anderen Nationalstaat auch sei, das Thema Nationalsozialismus und Shoah endlich erspart werden könnte. Das behindere nur beim Blick in die Zukunft und sabotiere ein »normales« Nationalgefühl.[345] Auch wenn Kohl es mit

---

343 Martin Walsers »Dauerpräsentation unserer Schande« in seiner Rede zur Verleihung des Friedenspreises des Deutschen Buchhandels 1998 – Walser, Martin: Erfahrungen beim Verfassen einer Sonntagsrede – 11.10.1998. In: Schirrmacher, Frank (Hg.): Die Walser-Bubis-Debatte. Eine Dokumentation. Frankfurt/M.: Suhrkamp 1999, S. 7–17, hier 12.

344 Jene Formulierung, mit der Helmut Kohl als Kanzler auf seiner Israelreise im Jahr 1984 bei seiner Rede für Unruhe in der Knesset sorgte und später massive öffentliche Kritik in In- und Ausland erntete: »Ich rede vor Ihnen als einer, der in der Nazizeit nicht in Schuld geraten konnte, weil er die Gnade der späten Geburt und das Glück eines besonderen Elternhauses gehabt hat.« In der folgenden Debatte dazu nahm Günter Gaus die Urheberschaft für die Redewendung an Anspruch – siehe dazu Frei, Norbert: 1945 und wir. Wie aus Tätern Opfer werden. In: *Blätter für deutsche und internationale Politik* (2005), 3, S. 356–364, insbes. S. 359f.; vgl. auch: Ebach, Jürgen: Erinnerung gegen die Verwertung der Geschichte. In: Eschenhagen, Wieland (Hg.): Die neue deutsche Ideologie. Einsprüche gegen die Entsorgung der Vergangenheit. Darmstadt: Luchterhand 1988, S. 100–113; zur Generationenproblematik auch Rüsen, Jörn: Holocaust, Erinnerung, Identität – Drei Formen generationeller Praktiken des Erinnerns. In: Welzer, Harald (Hg.): Das soziale Gedächtnis. S. 243–259.

345 Vor Kohls Israel-Reise, am 26.8.1983, schrieb etwa Alois Mertes, Staatsminister im

seiner Rede im israelischen Parlament vielleicht nicht beabsichtigt hat, so hinterließ sie bei den Zuhörer/-innen doch genau diesen Eindruck, er wolle im Namen seiner Generation einen Schlussstrich unter die NS-Vergangenheit ziehen. Seine Aussage wurde, eingebettet in die Anfang der 1980er Jahre angekündigte »geistig-moralische Wende«, zum »Wappenspruch der Schlußstrich-Strategie, umgekehrt aber auch zum negativen Symbol des Widerstands dagegen«.[346] Zwar sorgte der massive Widerspruch in In- und Ausland dafür, dass das Gnade-Schlussstrich-Konzept nicht erfolgreich war, und die Auseinandersetzung um die Shoah wurde sogar noch intensiviert.[347] Allerdings blieb es eine verbreitete, wenn auch modifizierte, Denkfigur, nicht nur in der konservativen Politik.[348]

In dieser Version der »Gnade der späten Geburt« äußert sich ein äquivalentes Bedürfnis nach der Ziehung eines Schlussstrichs unter die nationalsozialistische Vergangenheit wie bei der Generation der Beteiligten und Mitgelaufenen. Diese wollten sich am liebsten gar nicht mit mehr damit beschäftigen, während die später

---

Auswärtigen Amt in der *Allgemeinen Jüdischen Wochenzeitung*: Kohl gehöre zur Nachkriegsgeneration, auf der der »Verdacht persönlicher Mitverantwortung für schuldhaftes Tun angesichts ihres Lebensalters nicht liegen kann« (zitiert nach: Bodemann, Y. Michal: In den Wogen der Erinnerung. Jüdische Existenz in Deutschland. München: dtv 2002, S. 87). Franz Josef Strauß für einen großen Teil der Unionsparteien: Er wolle die »ewige Vergangenheitsbewältigung als gesellschaftspolitische Dauerbüßeraufgabe« nicht mitmachen, denn »Wir sind eine normale, tüchtige, leistungsfähige Nation.« (*DER SPIEGEL* 46/1988 vom 14.11.1988, S. 28). Die Denkfigur des Schlussstrichs findet sich schon 1968 bei Armin Mohler: Aus dem Schatten Hitlers gelte es endlich herauszutreten und den »Schlußstrich« unter die Vergangenheit zu ziehen, um »die Deutschen wieder zu einer normalen Nation wie jede andere zu machen.« (zitiert nach Haug, Wolfgang Fritz: Vom hilflosen Antifaschismus zur Gnade der späten Geburt. Zweite, erweiterte Auflage. Hamburg, Berlin: Argument 1993 [1987], S. 20).

346 Haug: Vom hilflosen Antifaschismus, S. 202.

347 Bodemann: In den Wogen der Erinnerung, S. 88.

348 Bereits 1981 hatte Bundeskanzler Helmut Schmidt (SPD) gefordert, Deutschland müsse »aus dem Schatten von Auschwitz treten«, z.B. um Panzer auch nach Saudi-Arabien verkaufen zu können – Haug: Vom hilflosen Antifaschimus, S. 202; vgl. dazu auch: Bergmann, Werner: Antisemitismus in öffentlichen Konflikten. Kollektives Lernen in der politischen Kultur der Bundesrepublik 1949–1989. Frankfurt/M., New York: Campus 1997 (Schriftenreihe des Zentrums für Antisemitismusforschung Berlin, 4), S. 385–391. Auch Gerhard Schröder (stellvertretend für die rot-grüne »Berliner Republik« und interessanterweise gegen Kohl): »zog einen Schlußstrich unter die deutsche Vergangenheit. […] Aus seiner Sicht entspringt Helmut Kohls Europapolitik den Schrecken der deutschen Vergangenheit. Forsch setzt Schröder dagegen die Normalität seiner Generation, die 'neue Mitte'. [...] Nur 'Kohl will uns weismachen, der Euro müsse sein zur Bewältigung unserer Vergangenheit'« – Hartung, Klaus: Schröders Schlußstrich, *ZEIT* 18/1998, http://www.zeit.de/1998/18/Schroeders_Schlussstrich, 3.5.2009. Letztlich findet sich bei allen politischen Parteien der Wunsch, »im deutsch-jüdischen beziehungsweise im deutsch-israelischen Buch vom Kapitel der Vergangenheit zum Kapitel der Gegenwart und Zukunft weiterzublättern« (Wolffsohn, Michael: Ewige Schuld? 40 Jahre deutsch-jüdisch-israelische Beziehungen. München, Zürich: Piper 1988, S. 44). Kohl sei 1984 nur stilistisch zu offensiv aufgetreten und habe deshalb so starken Widerspruch geerntet (ebd., S. 45).

Geborenen und gegenwärtig ein »neues« Nationalgefühl Einfordernden[349] finden, sie
hätten sich bereits ausgiebig genug mit ihr auseinandergesetzt. Dieser Schlussstrich
bezieht sich dabei keineswegs auf alle deutsche Vergangenheit an sich, sondern
schließt nur die nationalsozialistische aus: Von Goethe über Otto bis Einstein zieht
man die Geschichte immer wieder gern dazu heran, vermeintliche »Leistungen des
deutschen Volkes« aufzuzählen[350] – eine im Übrigen für jeden Nationalismus essenzielle Maßnahme: das Aufstellen einer positiv konnotierten Nationalgeschichte. Das
aktuelle Bedürfnis, sich positiv und unbefangen auf die Nation als Kollektiv zu beziehen, steht dabei in Widerspruch zu einer Erinnerungskultur, die darauf besteht,
die deutschen Taten aus jenen 12 Jahren immer wieder zu er-*innern*. Aufgrund dieses Dissens' also verbindet ein Teil der Bevölkerung keine Funktion mehr mit der
Erinnerungskultur des Holocausts. Infolgedessen erscheinen ihnen alle Phänomene
dieser Erinnerungskultur, alle Gedenkstätten und -veranstaltungen, alle Filme und
Bücher zum Thema als unzeitgemäß und langweilig.

Ähnliches trifft auf die oben genannte, zweite Gruppe zu: derer, die den Nationalsozialismus an sich erst einmal nicht schlecht finden, eine gute Idee, die aller-
höchstens ungeschickt ausgeführt wurde. Bei ihnen ist es noch viel offensichtlicher,
dass sie die Funktionen der Holocaust-Erinnerung nicht anerkennen, da sie deren
Grundlagen entweder in Frage stellen, indem sie das Geschehene leugnen, oder die
Shoah nicht einmal als etwas negatives einordnen, also den Massenmord bejahen.
Auch in diesem Fall liegt eine Abkopplung von der offiziellen Erinnerungskultur
zum Holocaust vor.

Wenn ein Element einer Erinnerungskultur jedoch nicht nur für bestimmte, sondern *alle* Gruppen einer Gesellschaft von deren gegenwärtigen Interessen und Bedürfnissen abgekoppelt ist, dann wird es binnen kurzem verschwinden. Die medialen
Präsentationen dieses Elementes werden nicht weiter verbreitet werden und dem

---

349 Geradezu paradigmatisch im Zuge der Fußball-WM 2006: Krönig, Jürgen: Angst vor der
     Nation. In: *ZEIT online* 19.6.2006, http://www.zeit.de/online/2006/25/WM-Patriotismus-
     Kommentar, 3.5.2009; Kurbjuweit, Dirk u.a.: Deutschland, ein Sommermärchen. In: *DER
     SPIEGEL* 25/2006 vom 19.06.2006, http://wissen.spiegel.de/wissen/dokument/dokument.
     html?id=47282143, 3.5.2009; Faigle, Konstantin: Jenseits von Größenwahn. Deutschland-
     funk, 06.10.2006, http://www.zeit.de/online/2006/41/dlf-schwarzrotgold-faigle, 3.5.2009;
     Knobloch, Charlotte: Deutschland braucht einen neuen Patriotismus. Deutschlandfunk,
     02.10.2006, http://www.zeit.de/online/2006/40/dlf-schwarzrotgold-knobloch, 3.5.2009;
     Facius, Gernot: Deutschlands neues Wir-Gefühl. Patriotismus als »Voraussetzung des
     Weltbürgertums« und Jesse, Eckhard: Deutschland hat sich gewandelt. Ausbalancierteres
     Verhalten zur eigenen Identität, beide in: *Das Parlament* 42/2006 vom 16.10.2006, Thema
     »Patriotismus«, http://www.das-parlament.de/2006/42/index.html, 3.5.2009 – Zur Frage, wie
     wenig entspannt und integrativ der angeblich harmlose WM-Patriotismus war: Heitmeyer,
     Wilhelm (Hg.): Deutsche Zustände. Folge 5. Frankfurt/M.: Suhrkamp 2007.
350 Ohne Reflexion der Tatsache, dass Einstein wegen seiner jüdischen Herkunft vor der
     Vernichtungsdrohung der Mehrheitsdeutschen zu fliehen gezwungen war, muss er mittler-
     weile für patriotische Imagekampagnen wie »Du bist Deutschland« herhalten:
     http://www.du-bist-deutschland.de, 21.6.2006.

Vergessen anheim fallen. Soweit der theoretische Normalfall. Mediale Erinnerungselemente können jedoch auch ohne direkte Funktionalität für gesellschaftliche Gruppen weiter medial verbreitet werden. Zum Beispiel können Filme, die vorher zu einer bestimmten Erinnerungskultur gehörten, aufgrund ihres bisherigen Erfolges oder wegen ihrer spannenden Story immer noch weiter im Fernsehen laufen. In der Folge würden sie entweder auf den Widerwillen oder das Desinteresse desjenigen Publikums stoßen, das mit ebenjener Erinnerungskultur keine Verbindung mehr hat. Oder aber es käme zu dem, was oft unter dem Stichwort Trivialisierung verhandelt wird. Das, was vorher ein mit bestimmten Funktionen versehener Inhalt einer Erinnerungskultur war, ist nun *nur* noch Medium, *nur* noch Erzählung, die dementsprechend dann auch *nur* konsumiert wird: ohne eine Verbindung zur Gegenwart, zu eigenem Handeln oder zur eigenen Situation herzustellen. Der Bismarckturm dient nur noch als Aussichtsplattform, und die Nazis im Kriegsfilm sind meist nicht viel mehr als ein Symbol des Bösen an sich.

Das wäre auch der Fall, wenn Inhalte einer bestimmten Erinnerungskultur in medialer Form in eine andere Gesellschaft geraten, in der diese Erinnerungen für keine der gesellschaftlichen Gruppen je eine Rolle gespielt haben. Auch dort würde das Medium wohl nur als die mehr oder weniger spannende Erzählung rezipiert werden. Gerade für die Phänomene des globalen Kulturaustauschs ist dies von Bedeutung. Ein Buch beispielsweise über den US-amerikanischen Bürgerkrieg behandelt ein Thema, das in Mitteleuropa kaum eine erinnerungskulturelle Rolle spielt, und wird dort dementsprechend auch nur auf dieser »trivialen« Ebene der reinen Erzählung aufgenommen werden.

Eine andere Version der Abkopplung tritt dann ein, wenn bestimmte Elemente von Erinnerungskultur trotz weiter vorhandener Funktionalität nicht mehr als Erinnerungselement zur Verfügung stehen. Eine interessante Entwicklung könnte beispielsweise die Dresdner »Frauenkirche« nehmen. Über Jahrzehnte war sie als Ruine das zentrale Bild einer kollektiven Dresdner und deutschen Erinnerung. Für die meisten Dresdner/-innen stand sie dafür, dass diese Stadt im Zweiten Weltkrieg besonders gelitten hätte, ganz besonders brutal zerstört worden sei und diese Zerstörung ganz besonders sinnlos gewesen wäre.[351] Für viele Deutsche stand die Ruine ganz allgemein für den Opferstatus der Deutschen im Zweiten Weltkrieg: So sehr hätten sie alle gelitten.[352] Die Funktion der Frauenkirche bzw. des Bildes ihrer Ruine

---

351 Eine Einschätzung, die etwa in keiner Relation zum realen Zerstörungsgrad der Stadt im Vergleich zu anderen flächenbombardierten Großstädten steht – da stand Dresden auf Platz 22 selbst einer von den Nationalsozialisten aufgestellten Liste. – Schubert, Gunnar: Die kollektive Unschuld. Wie der Dresden-Schwindel zum nationalen Opfermythos wurde. Hamburg: KVV Konkret 2006, S. 10.

352 Groehler, Olaf: Kleine Geschichte der Aufrechung. In: *Blätter für deutsche und internationale Politik* 40 (1995) 2, S. 137–141; Margalit, Gilad: Der Luftangriff auf Dresden. Seine Bedeutung für die Erinnerungspolitik der DDR und für die Herauskristallisierung einer historischen Kriegserinnerung im Westen. In: Düwell, Susanne / Schmidt, Matthias (Hg.): Narrative der Shoah. Repräsentationen der Vergangenheit in Historiographie, Kunst und Politik.

war es, den Dresdner und deutschen Anspruch zu untermauern, auch und eigentlich zuerst Opfer von Nationalsozialismus und Krieg gewesen zu sein. Jene anderen Bilder von der Frauenkirche, die sie *nicht* als Ruine zeigten, waren dagegen nostalgische Erinnerungen an den Zustand vor der Bombardierung, als die Postkarten-Ansicht über die Elbe auf die Silhouette der Stadt vermeintlich noch unversehrt war.[353] Mit dem Neuaufbau der Frauenkirche, der 2006 abgeschlossen wurde, gerät das alte Bild der Ruine als Erinnerungsmedium in Gefahr. Der Neubau in seinem (noch) hellen Sandstein steht nun nicht mehr für die Vergangenheit. Er hat kaum noch etwas von der Ruine, und er hat auch nicht allzu viel mit dem dunklen Gemäuer auf den alten Bildern zu tun. Mit dem Neubau ist das Kapitel Ruine und damit auch das Kapitel Mahnmal auf der Bild-Ebene abgeschlossen. Im jetzigen Zustand steht die Frauenkirche für den Aufbau in Sachsen nach dem Umbruch von 1989 und nicht mehr so vordergründig für die Zerstörung. Damit aber verliert der Dresdner ebenso wie der deutsche Opferdiskurs ein wichtiges Medium. Ein neues Bild der Frauenkirche schiebt sich über das bisherige erinnerungskulturelle Bild und koppelt sich somit von den politischen Zwecken, denen das alte diente, ab. Weil das Bild der wiederaufgebauten Frauenkirche andere Inhalte als das Bild der Ruine transportiert und auch nur diese transportieren kann, wird das Bild der Ruine, das bisher gleichbedeutend mit »Frauenkirche« war, für seine ursprüngliche Funktion immer unbrauchbarer. Das ist allerdings nur eine Tendenz, denn noch waren die Bilder der alten und der zerstörten Frauenkirche auch 2006, zum 61. Jahrestag der Zerstörung, omnipräsent in den Massenmedien – bis hin zum aufwändig produzierten Fernseh-Zweiteiler.[354]

Nach der Diskussion des Zusammenhangs von Medien und Erinnerungskultur steht nun der Unterschied zwischen Alltagswirklichkeit und theoretischer Einstellung im Mittelpunkt.

3.2.5 Alltagswelt und Theorie

Sowohl Berger und Luckmann als auch Schütz beziehen sich mit ihrer Wissenssoziologie resp. Theorie der Lebenswelt vor allem auf die Alltagswelt. Auch die vorliegende Arbeit hat sich diesen Fokus zu eigen gemacht. Über diesen Horizont wollen wir nun hinausgehen: Wie verhalten sich Alltagswelt und Theorie innerhalb einer Erinnerungskultur zueinander? Und als Vorgriff auf das Kapitel zu den Funktionen der Erinnerung: welche Rolle hat die Erinnerungskultur nicht nur in der Alltagswelt,

---

Paderborn u.a.: Schöningh 2002, S. 189–207 (Studien zu Judentum und Christentum).

353 Dass diese barocke Silhouette, der sogenannte Canaletto-Blick, bereits vorher, nämlich seit der Zerstörung der von Gottfried Semper entworfenen Synagoge durch die nationalsozialistischen Dresdner/-innen im November 1938, nicht mehr intakt war, kam dabei bezeichnenderweise nicht zur Sprache.

354 Insgesamt rund 24 Mio. Menschen sahen die beiden Teile von »Dresden«. Vgl. Endert, Günther van / Hempel, Heike: »Dresden« als Beispiel fiktionalisierter Zeitgeschichte. In: ZDF-Jahrbuch 2006, http://www.zdf-jahrbuch.de/2006/programmarbeit/endert_hempel.html, 11.10.2007.

sondern auch in der theoretischen Einstellung zu spielen? Lassen sich die Eigenschaften und Funktionen der Erinnerungskultur ohne weiteres auch im theoretischen Denken wiederfinden?

Bevor diese Fragen geklärt werden, müssen wir jedoch zuerst beschreiben, was mit Alltagswelt und theoretischer Einstellung überhaupt gemeint ist. Ich beziehe mich hierbei weiter auf Berger/Luckmann und Alfred Schütz.[355] Die Alltagswelt, die Welt, wie sie in der Alltagswirklichkeit erscheint, ist die »Wirklichkeit par excellence«,[356] die oberste Wirklichkeit, das Hier und Jetzt, in das die Menschen auch nach Ausflügen in andere Wirklichkeiten stets zurückzukehren pflegen. Sie stattet die Menschen im Laufe der Ontogenese mit den grundlegenden Erfahrungen aus, unter anderem dem Wissen, zusammen mit anderen in einer bestimmten Welt zu leben, ebenso wie die anderen älter zu werden, bestimmte Zonen der Welt in Reichweite zu haben und so weiter. Das Bewusstsein in der Alltagswelt befindet sich in der »natürlichen Einstellung«, es ist das Jedermannsbewusstsein.[357] Die Alltagswelt bedarf keiner Verifizierung, weil sie selbstverständlich da ist. Zweifel an ihr zu haben und Distanz zu ihr aufzubauen, bedarf einer konkreten Bewusstseinsanstrengung, der intentionalen Grenzüberschreitung. Die Alltagswelt weist die Wirklichkeit auf, in der wir uns täglich bewegen, die wir ganz selbstverständlich bewohnen, in der wir handeln. Und weil wir auch nach Exkursen in andere Wirklichkeiten, etwa die des Traums, der Ekstase oder der Theorie, wieder in die Alltagswelt zurückkehren, ist sie es auch, die andere Wirklichkeiten in sich integriert, sie als Sinnprovinzen umhüllt und einschließt.

Im Gegensatz zur oder jenseits der natürlichen Einstellung stehen die nichtalltäglichen Wirklichkeiten von Traum und Ekstase, aber auch die *theoretische Einstellung* – eine Einstellung des Bewusstseins, in der sich Menschen abseits der Probleme und Relevanzen, aber auch der Konsequenzen der Alltagswelt mit theoretischen Fragen beschäftigen. *Anlass* zu diesen theoretischen Überlegungen ist nach Schütz das aus dem alltäglichen Leben stammende Wissen um die Grenzen der Alltagswelt. Es wird versucht, die so erfahrenen Grenzen der Lebenswelt zu verstehen, zu erklären, die so entstandenen Transzendenzen zu zähmen, um sie schließlich innerhalb der Alltagswirklichkeit fassbar zu machen.[358] Nichtsdestoweniger ist die theoretische Einstellung aber nur erreichbar durch Ausklammerung der Alltagsrelevanzen:

> »In der theoretischen Einstellung wird dem Alltagsbereich der Wirklichkeitsakzent sozusagen hypothetisch – aber hypothetisch ganz – entzogen und die

---

355   Berger/Luckmann, Kap. I.1., II.1 und II.2b; Schütz/Luckmann, Kap. VI,A vor allem VI,A5c,ii.
356   Berger/Luckmann, S. 24.
357   Berger/Luckmann, S. 26.
358   Schütz/Luckmann, S. 590.

in ihm herrschenden Relevanzen werden rückhaltlos, obwohl nur auf Zeit, in Frage gestellt.«[359]

Dadurch gewinnt man Abstand zur Alltagswirklichkeit und bekommt die Möglichkeit, deren Selbstverständlichkeiten in Frage zu stellen. Dazu gehört aber auch, dass in der theoretischen Einstellung selbst die eigenen Voraussetzungen ausgeklammert werden können. Das heißt, es kann vorübergehend, aber bestimmt, von der eigenen Leiblichkeit und Endlichkeit ebenso wie von eigenen Bedürfnissen und ganz pragmatischen Interessenlagen abgesehen werden, »obwohl sie ursprünglich den Übergang in die theoretische Einstellung [...] veranlaßt haben«[360] mögen. Zur Alltagswirklichkeit wird in der theoretischen Einstellung ein virtueller Abstand geschaffen, der es ermöglicht, Probleme theoretisch zu durchdenken, ohne sich dabei von den Zwängen und Vorgaben des alltäglichen Lebens beeinflussen zu lassen. Das mögliche Wissen in der theoretischen Einstellung kann also »weitgehend von biographischen und gesellschaftlichen Interessen des Wissenden losgelöst sein.«[361] Gerade in der institutionalisierten Erscheinungsform der theoretischen Einstellung, der Wissenschaft, fällt es nicht schwer, dafür Beispiele beizubringen. Das Bild vom selbst- und weltvergessenen Wissenschaftler ist schon zu banal, um hier erneut einen solchen Fall zu bemühen und irgendeine Disziplin damit zu desavouieren. In einer Erweiterung durch Hans-Georg Soeffner ist es jedoch nicht nur die Distanz zum alltäglichen *Wissen*, welche die theoretische Einstellung auszeichnet, sondern man ist durch den Abstand von den Problemen und Relevanzen des Alltags auch »entlastet« vom alltäglichen »*Handlung*sdruck«.[362] Wissenschaft unterscheidet sich nach Soeffner darüber hinaus noch in zwei weiteren Punkten vom Alltag: Systematisieren des Zweifels statt Anwendung typischer Problemlösungsroutinen und Begründbarkeit der Interpretation statt selbstverständlichem Alltagswissen, das nicht erklärt werden muss.

Die Loslösung des theoretischen Denkens von den Problemen und Relevanzen der Alltagswirklichkeit kann jedoch nie eine absolute sein. Da die zunehmende Abkopplung von dieser immer mit zunehmender Anstrengung verbunden ist, ist die absolute Aufhebung des Einflusses der Alltagswelt schwerlich zu erreichen. Diese Aufhebung kann immer nur eine graduelle sein, auch wenn die grundlegenden Unterschiede zwischen natürlicher und theoretischer Einstellung sichtbar bleiben. Selbst bei zum Maximum gesteigerter Anstrengung, die Alltagswirklichkeit hinter sich zu lassen, bleibt deren Einfluss weiterhin teilweise bestehen. Zwar können wir uns in der theoretischen Einstellung durchaus unserer ästhetischen Vorlieben, finanziellen Interessen und des Bedürfnisses nach einem guten Essen entledigen, zumin-

---

359 Ebd., S. 631.
360 Ebd., S. 632.
361 Berger/Luckmann, S. 92.
362 Soeffner, Hans-Georg: Alltagsverstand und Wissenschaft, S. 21–31, hier insbes. 30 [Hervorh.: M.B.].

dest insofern, dass sie keinen Einfluss auf das wissenschaftliche Denken nehmen. Darüber hinaus fällt es aber schwerer oder ist gar unmöglich, alle durch das Aufwachsen in einer bestimmten Gesellschaft und in einem bestimmten Umfeld tief verankerten Denkstrukturen und Weltverständnisse abzulegen. Dazu zählen *zumindest* die Grenzen, die uns die Sprache, in der wir denken, auferlegt, aber auch unser Raum- und Zeitverständnis. Aus dem Ignorieren oder Leugnen dieses Zusammenhangs resultiert denn auch die von Luckmann konstatierte »doppelte Naivität« eines Teils der Sozialwissenschaften: der postulierte Anspruch auf epistemologische Autonomie der wissenschaftlichen Erkenntnis gegenüber der Alltagswelt und die »Blindheit gegenüber der Seinsweise ihres eigenen Gegenstandes.«[363] Alltagswelt und theoretische Einstellung sind nicht so streng zu trennen. Auch wissenschaftlich Forschende sind in ihrem Tun schwerlich entbiographisierbar, sie arbeiten nicht im substanz- und körperlosen Raum ohne biographischen Hintergrund.[364] Es gibt also immer Verbindungen der Alltagswelt, die auch in die theoretische Wirklichkeit hineinreichen. Schütz' Konzeption der theoretischen Einstellung ist dagegen vor allem eine idealisierte, um ihre Besonderheit gegenüber der natürlichen zu unterstreichen: die Distanzierung von den Relevanzen und Problemstellungen der Alltagswelt.

Um es zusammenzufassen: Die theoretische Einstellung ist die nicht-alltagspraktische Beschäftigung mit Problemen, indem sich von der Alltagswirklichkeit intentional distanziert wird – ein Zustand, der in seiner von Schütz beschriebenen absoluten Idealform zwar nicht erreicht werden kann, jedoch trotzdem eine nützliche Unterscheidung beschreibt: In der theoretischen Einstellung verlasse ich absichtlich (im Gegensatz zum Traum) die Alltagswirklichkeit, um mit wachem Bewusstsein (im Gegensatz zu Traum und Ekstase) und mit Hilfe von Denkoperationen (im Gegensatz zur Ekstase) Antworten auf von mir selbst gestellte Fragen zu finden. Durch diese Distanzierung von der Alltagswelt und ihren Problemen unterscheidet sich das Denken in der theoretischen Einstellung von dem in der »natürlichen«. Um ein Beispiel jenseits der institutionalisierten Formen theoretischen Denkens zu bemühen: In der theoretischen Einstellung denke ich nicht darüber nach, wie ich die seltsame Begegnung mit dem Fremden auf der Straße einordnen soll, sondern, wie eine Welt beschaffen sein könnte, in der solche unharmonischen Vorfälle nicht stattfinden würden. An diese Beschreibung nun schließt sich die Frage an, welche Rolle das Gedächtnis für die theoretische Einstellung spielt.

Theoretisches Denken – wie alles Denken – schließt immer an vorangegangene Denkakte an, die im Wissensvorrat des Subjekts abgelagert sind. »Vor allem richtet sich jedoch das theoretische Denken des einzelnen an den im gesellschaftlichen Wissensvorrat verfügbaren [...] Ergebnissen vorgängiger theoretischer Denkakte *anderer* Menschen aus.« Damit ist es immer »geschichtlich«,[365] gleichwohl der

363 Luckmann, Thomas: Philosophie, Sozialwissenschaften und Alltagsleben. In: ders.: Lebenswelt und Gesellschaft, S. 9–55, hier 31.
364 Abraham, Anke: Der Körper im biographischen Kontext. S. 71ff.
365 Schütz/Luckmann, S. 631 [Hervorh.: M.B.].

Bezug auf Inhalte des Wissensvorrats nicht automatisch einen Bezug auf die Vergangenheit im Sinne von Erinnerung meint. Trotzdem ist es möglich, im hypoleptischen[366] Anknüpfen an vorgängige Reflektionen nicht nur den überlieferten Denkinhalt der anderen an sich, sondern auch das betreffende denkende Individuum und die historischen Umstände, in denen jener Denkakt stattfand, mit ins Bewusstsein zu fassen. Ist das der Fall, haben wir es mit einem Vorfall der Erinnerungskultur zu tun, wenn auch in einem gänzlich anderen Modus als dem bisher behandelten der Alltagswelt. Denn in der theoretischen Einstellung gerät die Vergangenheit anders in den Griff des Bewusstseins als in der alltäglichen: distanziert und reflektiert.

1. *Distanziert* heißt, die Vergangenheit wird im Rahmen einer theoretischen Auseinandersetzung mit einem Problem vergegenwärtigt und steht wie die ganze theoretische Einstellung in Distanz zur Alltagswelt und ihren Erfordernissen. Wo die Vergangenheit in der Alltagswelt etwa im Zuge der Legitimierung von Identität mehr oder weniger *gelebt* wird, kann man sich in der theoretischen Welt ganz sachlich und ohne persönlichen Bezug mit ihr beschäftigen. Wenn jemand theoretische Probleme durchdenkt und sich dabei von konkreten Prämissen und Bedürfnissen ablöst, die im alltäglichen Leben permanent im Griff des Bewusstseins sind, dann steht auch sein Umgang mit der Vergangenheit in Distanz zu diesen Vorgaben.

2. Im theoretischen Bewusstsein nimmt man die Vergangenheit *reflektiert* in den Griff, weil man die gewesenen Ereignisse immer nur absichtlich und freiwillig aufruft. Da es eine Grundbedingung der theoretischen Einstellung ist, die Selbstverständlichkeiten des Alltags mit ihren Interessen und Bedürfnissen abzublenden, können auch die Vergangenheitsbezüge nur in mutwilliger Hinwendung auf sie hergestellt werden, immer im Zusammenhang mit dem theoretisch durchdachten Problem. In der Alltagswelt dagegen kann die Vergangenheit durchaus auch verhältnismäßig *unwillkürlich* repräsentiert werden, sie kann sogar unablässig anwesend sein, ohne intendiert vergegenwärtigt worden zu sein. Das ist dann der Fall, wenn sie – funktional verknüpft mit Prozessen der Identitäts- oder Institutionslegitimierung – ganz selbstverständlich und unreflektiert in Erzählungen, Handlungsbegründungen und anderen kommunikativen Akten mitthematisiert wird, ohne die konkrete Absicht dazu gehabt zu haben. Als beispielsweise im Jahr 2000 ein empörter Chemnitzer sich in einem Anruf bei der Satirezeitschrift »Titanic« über diese beschweren wollte und dann gesagt bekam, aus dem Osten würde man sich gar nichts vorwerfen lassen, betonte er, »sie hier« im Osten seien nicht nur die besseren Deutschen, sie seien auch schon seit 1000 Jahren Deutsche.[367] In der theoretischen Einstellung ist ein solcher unreflektierter Einbruch von Elementen der Erinnerungskultur viel weniger möglich. Ein Beispielfall wäre hier der einer Kulturwissenschaftlerin, die sich mit regionenbezogenen Identifikationsprozessen beschäftigt und deshalb ganz gezielt die

---

366 Hypolepse meint – kurz gesagt – das variierende Anknüpfen von Texten an bereits existierende Texte. Vgl. Assmann, Jan: Das kulturelle Gedächtnis, Kapitel 7.III Hypolepse – Schriftkultur und Ideenevolution in Griechenland.

367 *TITANIC* (2000), 8, S. 16.

geschichtliche Entwicklung von Bildern bestimmter Regionen heranzieht. Es spielt dabei dann keine Rolle, ob sie zu der betreffenden Region irgendeinen biographischen Bezug hat.

Erinnerungskultur hat also auch in der theoretischen Einstellung Funktionen zu erfüllen. Da hier aber eine Distanz zur Alltagswirklichkeit vorherrscht, bleiben Legitimationsstrukturen und identitäre Bedürfnisse weitgehend ausgeklammert, diese Funktionen von Erinnerungskultur[368] sind innerhalb der theoretischen Einstellung also insoweit deaktiviert. Das gilt umso weniger, je mehr wir uns mit der Strukturierung von Wahrnehmung, Handlung und Zeitvorstellungen beschäftigen. Denn es ist nicht in jedem Fall eine Eigenschaft der theoretischen Wirklichkeit, dass wir darin auch unsere eigenen Wahrnehmungsstrukturen hinterfragen und versuchen, aus dem abstrakten Denken herauszufiltern. Vielmehr muss sogar in Frage gestellt werden, dass das bis in die letzte Bewusstseinsschicht überhaupt möglich ist. Wenn die Erinnerungskultur also mindestens auf dieser Ebene ihren Einfluss auch in die theoretischen Wirklichkeiten ausweitet, dann bleibt sie dennoch immer in der Alltagswelt gegründet – denn dort haben wir im Laufe der Sozialisation unsere Wahrnehmungsstrukturen und Zeitvorstellungen erworben. Auch in der theoretischen Einstellung sind wir demnach auf die Erinnerungskultur angewiesen. Wir bringen aus der Alltagswelt unsere gedächtnisabhängigen Wahrnehmungsstrukturen, Zeitvorstellungen und Handlungsmuster mit – auf niedrigerem Reflexions- und Distanzierungsniveau sogar die Legitimationsstrukturen und Wirklichkeitskonstruktionen. Und auch innerhalb der theoretischen Welt müssen wir auf vorangegangenes Denken erinnernd zurückgreifen – wenn auch in einem anderen, nämlich reflektierteren und zur Alltagswelt und ihren Bedingungen in Distanz tretenden Modus.

Für das Verhältnis von Gegenwart und Vergangenheit bedeutet das: Auch in der theoretischen Einstellung baut die gegenwärtige Wirklichkeit auf Vergangenem auf. Umgekehrt hat die Gegenwart jedoch nicht den gleichen formenden Einfluss auf die Repräsentation der Vergangenheit wie innerhalb der Alltagswelt. Da das Bewusstsein in der theoretischen Einstellung zu seinen gesellschaftlichen Grundlagen in Distanz steht, können diese auch nicht mehr im selben Ausmaß wie in der alltagsnatürlichen Einstellung die Konstruktion von Vergangenheit bestimmen. Wenn mein Bedürfnis nach Identität und deren Legitimationsstrukturen für meine theoretischen Überlegungen keine Bedeutung haben, dann werden sie auch nicht für die Konstruktion von Vergangenheitsbildern innerhalb der theoretischen Einstellung verantwortlich zeichnen können. In der theoretischen Welt ist die gegenseitige Abhängigkeit von Vergangenheit und Gegenwart also asymmetrischer als in der Alltagswelt: Der Einfluss der Gegenwart auf das, was als Vergangenheit gilt, ist schwächer. Die Loslösung von den eigenen Grundlagen kann zwar nie absolut sein, und deshalb wird auch in der theoretischen Einstellung kein Zustand einer völlig »objektiven« Sicht auf die Vergangenheit erreicht werden, jedoch kommt sie diesem wesentlich

---

368   Siehe Kapitel 3.3.

näher als in der von vielerlei Prämissen unterlegten Einstellung innerhalb der Alltagswirklichkeit.

Trotz allem kann die empirisch konkrete theoretische Einstellung von dem hier
beschriebenen Ideal weit abweichen und der Einfluss der Alltagswelt ein durchaus
weit gehender sein. Am Beispiel der meisten wilhelminischen Historiker:[369] Selbst
zutiefst davon überzeugt, objektive und gut fundierte Wissenschaft zu betreiben, und
jeden Vorwurf von Chauvinismus und verletzter Neutralität weit von sich weisend,
ging die Schülergeneration von Leopold von Ranke im Gegensatz zu diesem voll im
nationalen Taumel des Kaiserreichs auf. Beseelt von der Überzeugung, der nationale
Gedanke sei einer universellen Geschichtswissenschaft eher förderlich als hinder-
lich, sah man sich als Erzieher »der deutschen Jugend für Weltmacht und Va-
terland«,[370] interpretierte selbst in die römische Geschichte rassistisch-nationale
Sichtweisen,[371] und hatte kein Interesse an Kongressen mit Historikern anderer
Länder.[372] Aus der Stellung zur *eigenen* Nation ergibt sich demzufolge ein »ganz
besonderer Prüfstein für die Wissenschaftlichkeit.«[373]

Soviel zur Bedeutung der Erinnerungskultur für die theoretische Einstellung.
Doch auch wenn wir die theoretische Welt wieder in Richtung der Alltagswelt verlassen, haben wir es mit den Phänomenen von Erinnerung zu tun: Bei der Rückkehr
in die Alltagswelt bringen wir die Erinnerungen an die Grenzüberschreitung und
alles, was dazwischen geschah, mit. Ebenso wie bei der Rückkehr aus Traum oder
Ekstase können wir uns daran erinnern, unter welchen Umständen wir die Alltagswirklichkeit hinter uns ließen und was wir in der anderen Einstellung erlebten oder
dachten. In der theoretischen Einstellung ist die Bewusstheit dieser Vorgänge am
höchsten. Wie ich in die Träume hinüberdämmerte und was ich träumte, ist schnell
vergessen, auf welche Weise ich mich in eine theoretische Fragestellung hineinver-
setzte und welche Probleme ich dann virtuell durchspielte, dagegen weniger. Ich
kann auf das in der Vergangenheit liegende Ereignis der Grenzüberschreitung er-

---

369 Krumeich, Gerd: Historische Wissenschaft und europäisches Gedächtnis. In: Borsó, Vittoria /
     ders. / Witte, Bernd (Hg.): Medialität und Gedächtnis. S. 193–214. Das für die deutschen
     Historiker jener Epoche Gesagte gilt dabei auch für andere. Der nationale Historiker der
     19.Jahrhunderts hätte generell den Status eines »priest of culture« gehabt, meint Amos
     Funkenstein in: Collective Memory and Historical Consciousness, S. 21. Außerdem ist das
     Phänomen keineswegs auf die letzten beiden Jahrhunderte beschränkt. Paul Connerton etwa
     erwähnt den Diskurs unter muslimischen Historikern, die bis zur Staatsgründung Israels
     kaum über die Kreuzzüge gearbeitet hatten – diese wurden bis dahin nur als eine unter vielen
     Attacken der Christen wahrgenommen. Erst seit 1948 werden sie zum Vergleich mit aktuel-
     len Kriegen herangezogen und dienen als Erklärungsschema für die generell unheilvollen
     Absichten des Westens – die Kreuzzügler als Proto-Zionisten (Connerton, Paul: How Socie-
     ties remember, S. 15f.).
370 Pars pro toto Heinrich von Treitschke – vgl. Krumeich, Gerd: ebd., S. 207.
371 Theodor Mommsens Römische Geschichte und die darin vorfindliche Konstruktion einer
     keltischen und einer germanischen Rasse – ebd.
372 Ebd., S. 204ff.
373 Ebd., S. 196.

innernd zugreifen, und ich kann auf die Inhalte der in der theoretischen Welt stattge-
habten Denkakte er-innernd zugreifen. Für unser Thema ist vor allem letzteres interessant. Wenn ich aus der Perspektive der Alltagswirklichkeit die Denkakte in der
theoretischen Einstellung erinnere, dann habe ich es mit Inhalten zu tun, die in einer
anderen als meiner momentanen Wirklichkeit liegen. Die Erinnerungen *verweisen*
also auf Inhalte, die außerhalb der momentanen Wirklichkeit liegen. Sie sind gegenwärtige Bedeutungsträger, die auf eine bestimmte, abwesende Bedeutung verweisen,
und zwar in Form von intersubjektiv konstituierten *Symbolen*. Nacherzählungen der
Erfahrungen in anderen Zuständen »überwinden die 'großen' Transzendenzen einer
anderen Wirklichkeit: einerseits als mnemonisches Hilfsmittel für die eigene Erinnerung, um ihr so Bestand als Hinweis auf die Erfahrungen einer anderen Wirklichkeit
zu geben; andererseits als Kunde an die Mitmenschen davon«.[374] Wenn ich mir also
Inhalte der theoretischen Einstellung erinnernd vergegenwärtige, dann tue ich dies
mit Hilfe von Symbolen im Schützschen Sinne. Da nun diese Symbole und Symbolsysteme immer schon in der menschlichen Gesellschaft vorgefundene und im Verlauf der Ontogenese angeeignete sind, die wiederum selber eine Geschichte aufweisen, ist auch die Erinnerung an die Erfahrungen oder Inhalte aus der anderen Wirklichkeit durch diese vorgeprägt. Auch wenn die Vergegenwärtigung nur subjektiv
stattfindet, etwa im Selbstgespräch oder der stillen Erinnerung, bleibt diese Eigenschaft – der Verständigung zu dienen – an den Symbolen haften und wird auf die
Erinnerung übertragen. Das bedeutet nicht, dass ich mir mit der Erinnerung an meine
Überlegungen innerhalb der theoretischen Einstellung automatisch alle Inhalte der
Erinnerungskulturen, in denen ich lebe, einhandle. Es bedeutet aber sehr wohl, dass
im Normalfall jede meiner Erinnerungen sich nur innerhalb der Rahmen bewegen
kann, die mir von der mich umgebenden Kultur im Allgemeinen und der Sprache im
Besonderen gesetzt sind – und damit auch innerhalb der Grenzen der Erinnerungskultur. Zwar kann ich mir innerhalb der theoretischen Einstellung Gedanken machen
und Thesen entwerfen, die weit jenseits meiner Alltagswelt liegen, und kann darin –
das ist nun eben die Besonderheit der »großen« Transzendenzen[375] – nicht nur meine
alltagsweltlichen Bedürfnisse und Einstellungen hinter mir lassen, sondern auch
grundlegende Postulate dieser Alltagswelt. Aber nach der Rückkehr aus der theoretischen Welt kann ich diese Gedanken immer nur mit den Bedeutungsträgern der
Alltagswelt erinnern. Wenn ich mir also meine theoretischen Überlegungen selbst
ins Gedächtnis rufen will oder einem Mitmenschen mitteilen, *ohne jeweils erneut in
die theoretische Einstellung zu wechseln*, dann bin ich gezwungen, mich innerhalb
der Symbolsysteme der Alltagswelt auszudrücken. In Konsequenz dessen können
meine Erinnerungen an die theoretische Welt zunächst den alltäglichen Rahmen
nicht verlassen: Sie ordnen sich ein in die Begriffe und Weltverständnisse des Alltags. Das gilt vor allem, wenn ich meine Erfahrungen innerhalb der theoretischen
Einstellung anderen mitteilen will. Solange wir uns nicht gemeinsam in die theoreti-

---

374 Vgl. Schütz/Luckmann, Kapitel VI, B4 und 5 (»Zeichen« und »Symbole«), hier S. 655.
375 Vgl. Schütz/Luckmann, Kapitel VI, A5.

sche Welt begeben wollen, sondern uns weiter in der Alltagswelt unterhalten, bin ich gezwungen, meinem Gegenüber meine Erfahrungen in der alltäglich verständlichen Sprache und innerhalb der Relevanzen und Sinnwelten des Alltags zu vermitteln.

An dieser Stelle besteht nun die Gefahr, das Thema der Arbeit zu weit zu verlassen. Zum einen hat das Erinnern der *Inhalte* des theoretischen Denkens erst einmal nichts mit Erinnerungskultur im hier definierten Sinne zu tun – zu sehr geht es dabei hauptsächlich um das, was wir unter Erwerb, Struktur und Weitergabe des *Wissensvorrats* verstanden haben. Zum anderen hat das Erinnern des *Aktes* des Verweilens in der theoretischen Einstellung im Normalfall recht wenig Relevanz für die Alltagswelt. Die Grenzüberschreitung hin zur theoretischen Einstellung ist dann doch keine so außergewöhnliche. Deshalb zurück zur für dieses Kapitel bedeutsameren Frage nach dem Zusammenhang von Alltagswelt und Theorie für die Entstehung und Funktion von Erinnerungskultur: Die theoretischen Welten können *dann* eine bedeutsame Rolle für die Erinnerungskultur in der Alltagswelt spielen, wenn in ihnen Elemente der Erinnerungskultur theoretisch entwickelt werden, die im Anschluss in der Alltagswirklichkeit praktische Relevanz erlangen sollen. Genauso wie ganze Sinnwelten oder Stützkonstruktionen zur Legitimation von Sinnwelten in der theoretischen Einstellung erdacht werden können, können auch Deutungen vergangener Ereignisse oder gar die Ereignisse selbst in der theoretischen Welt ausgearbeitet werden. Ob die Vergangenheitsdeutungen dann für die Alltagswelt relevant werden, hängt genau wie bei den anderen theoretischen Stützkonstruktionen von Sinnwelten davon ab, ob es in der Alltagswelt *praktische* Unterstützung für sie gibt oder nicht. Ebenso wie die praktische Unterstützung durch eine reale Trägergruppe darüber entscheidet, ob eine Theorie Gültigkeit erlangt und welche Wirklichkeitsbestimmung sich durchsetzt,[376] gilt auch für Elemente der Erinnerungskultur: sie können nur Bedeutung erlangen, wenn konkrete Gruppen ein Interesse an ihrer Durchsetzung haben. Innerhalb eines Forschungsprojekts etwa kann sich eine bestimmte Vergangenheitsdeutung durchaus aufgrund ihrer theoretischen Schlüssigkeit durchsetzen – ob sie aber in der alltäglichen Wirklichkeit reale Existenz erlangt, hängt davon ab, ob sie mit den politischen Zielen einer bestimmten Gruppe übereinstimmt oder ob es für eine Gruppe sinnvoll erscheint, sich zur Durchsetzung ihrer Ziele dieser Vergangenheitsdeutung zu bedienen.[377]

Ein nachgerade typisches Beispiel für diese Genese von Elementen der Erinnerungskultur aus der Arbeit innerhalb der theoretischen Einstellung sind Kommissionen, die sich mit der Geschichte und ihrer gesellschaftlichen Aufarbeitung beschäftigen sollen. Anschaulich kann man dies an der Kommission machen, die 1983 vom deutschen Bundesinnenministerium einberufen wurde, ein »Haus der Geschichte der

---

376 Berger/Luckmann, S. 128ff.

377 Zumindest für die USA, Kanada und Australien wurde beispielsweise festgestellt, dass die universitäre Geschichtswissenschaft kaum noch Einfluss auf Medien, Schulbücher und Lehrpläne hat: Kansteiner, Wulf: Of Kitsch, Enlightenment, and Gender Anxiety. In diesem Fall würde die Verbindung zwischen Alltagswelt und Theorie zur Einbahnstraße.

Bundesrepublik Deutschland« zu konzipieren. Zurückgehend auf die Absichtserklä-
rung des 1982 zum Bundeskanzler ernannten Helmut Kohl (CDU), wurde sie beauf-
tragt, ein modernes Museumsprojekt zu entwerfen, das sich zusammen mit anderen
Projekten der Ära Kohl in eine nationale Erinnerungskultur einfügen sollte, die den
Vorgaben der »geistig-moralischen Wende« entspricht.[378] Von Anfang an ein Regie-
rungsprojekt, das ohne Befragung des Bundestages und unter Protest aus der Wissenschaft, den Gewerkschaften und der Opposition auf den Weg gebracht wurde,
war die Kommission entsprechend auch mit Historikern besetzt, die als eher konser-
vativ galten. Nach langen Jahren der Auseinandersetzung, in deren Ergebnis dann
doch noch der Bundestag einbezogen wurde, war 1990 eine Institution entstanden,
die dem 1984 vorgestellten Konzept der Kommission weitgehend entsprach. Die
öffentliche Kritik an den Inhalten des fertigen Museums beinhaltete beispielsweise
den kaum vorhandenen Bezug zum Nationalsozialismus, das weitgehend regie-
rungstreue Schreiben einer Erfolgsgeschichte der Bundesrepublik und das Ver-
schweigen von Kontinuitäten durch die Behauptung eines »antitotalitären« Grund-
konsenses. Auch strukturell war und ist die Institution »Haus der Geschichte« so
angelegt, dass die Ausrichtung der darin geleisteten Erinnerungspolitik weiter der
Kontrolle der Exekutive unterliegt.[379] Inwieweit die Kontrolle funktioniert, ist nicht

---

378   Zum Thema »Haus der Geschichte«: Moller, Sabine: Die Entkonkretisierung der NS-Herr-
      schaft in der Ära Kohl. Die Neue Wache – Das Denkmal für die ermordeten Juden Europas –
      Das Haus der Geschichte der Bundesrepublik Deutschland. Hannover: Offizin 1998. Zur
      »geistig-moralischen Wende«: Nach Rupert Seuthe werde der Begriff im Gegensatz zur gän-
      gigen Auffassung nicht in der ersten Regierungserklärung Kohls verwendet (Seuthe, Rupert:
      »Geistig-moralische Wende«? Der politische Umgang mit der NS-Vergangenheit in der Ära
      Kohl am Beispiel von Gedenktagen, Museums- und Denkmalsprojekten. Frankfurt/M.: Lang
      2001, S. 15). Das ist richtig, Kohl spricht dort von »geistig-moralischer Herausforderung«,
      doch gleichwohl hatte er die »geistig-moralische Wende« im Wahlkampf 1980 gefordert, und
      sie ist zum gängigen Schlagwort für seine Regierungszeit geworden. Zur Erinnerungspolitik
      und speziell der erfolgreichen Institutionalisierung staatlicher Erinnerungskultur in 16 Jahren
      christdemokratisch-liberaler Regierung siehe auch: Kansteiner: In Pursuit of German Me-
      mory, S. 248–279. Wie wichtig der Regierung Kohl die Erinnerungspolitik stets war, zeigen
      die kontinuierlichen Versuche, ihre »good Germans«-Version von deutscher Geschichte so-
      gar im United States Holocaust Memorial Museum durchzusetzen – Eder, Jacob: Holocaust-
      Erinnerung als deutsch-amerikanische Konfliktgeschichte. Die bundesdeutschen Reaktionen
      auf das United States Holocaust Memorial Museum in Washington, D.C. In: Eckel, Jan /
      Moisel, Claudia (Hg.): Universalisierung des Holocaust, S. 109–134.

379   Das Stiftungskuratorium, das die Arbeit der Einrichtung lenkt, ist aus Vertreterinnen und
      Vertretern von Bundesregierung, Bundesrat und Bundestag zusammengesetzt, die jeweils
      über ein Drittel der Stimmen verfügen. (§7 des Gesetzes zur Errichtung einer Stiftung »Haus
      der Geschichte der Bundesrepublik Deutschland« vom 7.3.1990). Darüber hinaus gibt es
      noch einen wissenschaftlichen Beirat und einen »Arbeitskreis gesellschaftlicher Gruppen«.
      Im Widerspruch zur Behauptung auf der Website des »Hauses der Geschichte« zum wissen-
      schaftlichen Beirat, dieser habe »eine maßgebliche Rolle für die Inhalte der Ausstellungen«
      und sei »besonders wichtig im Hinblick auf die Unabhängigkeit des Hauses der Geschichte
      von politischer Einflußnahme« (http://www.hdg.de/index.php?id=1649&L=, 7.8.2006), ha-
      ben beide Organe lediglich beratende Funktion ohne weitere Einfluss- und Sanktionsmög-

nur an der Ausgestaltung der Dauerausstellung ablesbar, sondern wird auch an einem konkreten Vorfall deutlich: Der Gründungsdirektor Hermann Schäfer ließ aus der vom Ostberliner Zeughaus übernommenen temporären Ausstellung »TschüSSED« 1990 ein Bild entfernen, das den Händedruck von Bundeskanzler Helmut Kohl und DDR-Staatsratsvorsitzendem Erich Honecker zeigte.[380]

Die Erinnerungskultur der Alltagswelt mit ihren Auseinandersetzungen verschiedener Gruppen um eine Vergangenheit, die den jeweils eigenen Bedürfnissen am besten genügt, bekommt also Unterstützung aus der theoretischen Welt. Es findet ein Transfer von Elementen der Erinnerungskultur aus der Welt der theoretischen Einstellung in die Alltagswelt statt – theoretisch erdachte Inhalte und Formen werden in der Alltagswelt umgesetzt, wenn es die entsprechenden Gruppen gibt, die sie unterstützen, weil sie mit deren Zielen übereinstimmen.

Wie am Beispiel ebenfalls zu sehen war (eine Kommission wird ja von bestimmten Akteur/-innen mit einer bestimmten Zielvorstellung eingesetzt), können auch diese in der theoretischen Welt elaborierten Erinnerungskulturelemente ihre Wurzeln auch wieder in der Alltagswelt haben. Im Zusammenhang bedeutet das: Die Erinnerungskultur einer Gruppe entsteht und ändert sich im Austausch mit den die Alltagswelt transzendierenden theoretischen Wirklichkeiten. Dabei stehen die Alltagswirklichkeit und theoretische Welt in einem Verhältnis gegenseitiger Abhängigkeit.[381]

Mit diesen Überlegungen haben wir der Beschreibung von Erinnerungskultur auch ihre Verortung im Geflecht von Alltag und theoretischer Einstellung hinzugefügt. Als nächstes wenden wir uns der mehrfach angesprochenen Beziehung zwischen Erinnerung und den Kategorien »Wahrheit« und »Authentizität« zu.

3.2.6 »Wahre« und »falsche« Erinnerungen

Es scheint mittlerweile eine weit verbreitete Einsicht zu sein, dass menschliches Wahrnehmen und Denken auch Ergebnis von Konstruktionsarbeit ist. Und doch wird – auch in den Geisteswissenschaften – immer wieder versucht zu ergründen, wo sich die *authentische* Erinnerung und die *wahre* Geschichte unter all den Fälschungen und Verdrängungen verborgen halte. Die Fragen, die dabei gestellt werden: Welche Einflüsse verfälschen Erinnerungen? Welche Gedächtnisbereiche sind besonders anfällig für Veränderungen? Wie und woran lassen sich die »wahren«, die »echten« oder die »originalen« Erinnerungen erkennen? Worin gründet Authentizität? Zugrunde liegt dabei oft die Annahme, es gäbe überhaupt solch eine reine, ori-

---

lichkeiten. In den wissenschaftlichen Beirat wurden teilweise prominente Kritiker des Projektes wie Hans Mommsen und Martin Broszat berufen (Moller, Sabine: Entkonkretisierung der NS-Herrschaft in der Ära Kohl, S. 102ff.).

380   Ebd., S. 108.
381   Historisch gewendet: sozialer Wandel und Ideengeschichte »in dialektischer Beziehung« (Berger/Luckmann, S. 137).

ginale Erinnerung, die wiederum auf einer reinen, originalen Erfahrung basieren würde.

Gibt es also eine *authentische* Erinnerung? Authentizität von kulturellen Darstellungen der Vergangenheit stützt sich nach Matías Martinez auf vier Elemente: auf ihre Funktion im gesellschaftlichen Rahmen (Prestige), die äußere Struktur und Gestaltung (Schwarz-Weiß-Bilder = Original), die Referenz auf ein Ereignis, dessen So-Stattgefunden-Haben als allgemein anerkannt gilt, und nicht zuletzt die Zeitzeugenschaft.[382]

Gerade letztere hat in der massenmedialen Darstellung einen ungeheuren Stellenwert als Garant der Authentizität erhalten – die Zeugenschaft gilt absolut. Heute, da auch die letzten verbliebenen Zeitzeug/-innen von Holocaust und Zweitem Weltkrieg sterben, wird die Klage immer lauter, mit ihrem Verschwinden gehe auch die authentische Erinnerung an die Ereignisse verloren. Das Authentizitätspostulat geht in diesem Fall davon aus, dass es mit dem Sterben der Erlebnisgeneration keine Berichte »aus erster Hand« mehr gäbe, sondern nur noch die Aufzeichnungen und sekundären Erzählungen. Die »originale« Erinnerung ginge verloren. Das hatte zu seiner Zeit hatte schon Johann Gustav Droysen bedauert: Nach der dritten, vierten Generation schwinde die »lebendige und warme Fülle der Überlieferung«.[383] – Diese Vision einer »lebendigen« Erinnerung vor allem kraft der Lebendigkeit der Dabeigewesenen hat bis heute nichts von ihrer Beliebtheit eingebüßt: Es wird beklagt, dass ohne die aktive Beteiligung von Zeitzeug/-innen die Erinnerung eine ganz und gar »künstliche« werde, deshalb eine »hektische Erinnerungstätigkeit« einsetze und den letzten Überlebenden große Aufmerksamkeit und mediale Verbreitung zuteil werde. Die Holocaust-Erinnerung beispielsweise sei nun keine »lebendige« mehr, sondern nur noch eine mediale.[384] Es bleibt allerdings fraglich, ob Authentizität so sehr an die Überlebenden gebunden sein muss. So machte Alexander Prenninger in der KZ-Gedenkstätte Mauthausen die Beobachtung, dass die zurückgehende Präsenz der *Überlebenden* im Gegenzug die Beweiskraft und Authentizität der *Relikte* stärkte. Wenn keine ehemaligen Häftlinge mehr selbst durch die Gedenkstätte führen kön-

---

382   Martínez, Matías: Zur Einführung: Authentizität und Medialität in künstlerischen Darstellungen des Holocaust. In: ders. (Hg.): Der Holocaust und die Künste. Medialität und Authentizität von Holocaust-Darstellungen in Literatur, Film, Video, Malerei, Denkmälern, Comic und Musik. Bielefeld: Aisthesis 2004, S. 7–22.

383   Droysen, Johann Gustav: Historik. Vorlesungen über Enzyklopädie und Methodologie der Geschichte. Hg. v. Rudolf Hübner. München, Wien: Oldenbourg, [8]1977 [1937], §24 – Die Quellen, S. 61–84, hier 63 (Hinweis hierauf bei: Corneißen, Christoph: Was heißt Erinnerungskultur?, S. 554.) – Droysen bezieht sich damit auf den Unterschied von mündlicher zu schriftlicher Überlieferung. Wenn die mündliche Überlieferung mit den Erlebnis-Generationen sterbe, bliebe nur noch die schriftliche und ihre »fable convenue« (ebd.) übrig.

384   Stellvertretend für viele: Ackermann, Zeno: »Der Untergang« und die erinnerungskulturelle Rahmung des Zivilisationsbruchs, S. 150, und Assmann, Jan: Die Katastrophe des Vergessens, S. 343. Unberücksichtigt bleibt dabei, inwiefern in den meisten Fällen nicht schon die Berichte der Zeug/-innen medial vermittelt sind, vgl. dazu Kapitel 3.2.4.

nen, wird im Gegenzug die originale und »authentische« Gaskammertür als Exponat und Zeitzeuge wichtiger.[385] Authentizität ist also beweglich.

Für die Frage nach Wahrheit und Echtheit einer Erinnerung spielen die ersten drei Referenzen für Authentizität nach Martínez (Prestige, Darstellung und Bezug auf ein anerkanntes Ereignis) nur insoweit eine Rolle, als sie selbsterfüllend sind: Sie beziehen ihre Geltung ganz offensichtlich aus der Gegenwart. Das Postulat einer aus *Zeitzeugenschaft* erwachsenden Authentizität dagegen wird dadurch problematisch, dass es auf der Existenz einer unverfälschten, originalen Erinnerung beharrt und dementsprechend davon ausgeht, eine solche wäre jederzeit wiederherstellbar.

Das gilt adäquat für die Untersuchungen zum »false memory«. Auf der einen Seite ist es im vorliegenden Zusammenhang völlig unproblematisch zu untersuchen, wie leicht sich Proband/-innen einer Studie falsche Erinnerungen einreden lassen und selbst dann noch darauf beharren, wenn ihnen im Nachhinein eröffnet wird, dass ihnen falsche Tatsachen untergeschoben wurden.[386] Denn immerhin machen genau diese Analysen klar, dass das Gedächtnis das »Unzuverlässigste« ist, das Menschen besitzen.[387] Wenn sich Leute vermeintliche Vorfälle aus ihrem eigenen Leben erzählen lassen, um sie in einer weiteren Befragung als wirklich geschehene wiederzugeben, steht die Existenz einer ursprünglichen und »richtigen« Erinnerung zu Recht in Frage. Auf der anderen Seite erweist sich dieses Vorgehen aber genau dann als problematisch, wenn man mit solchen Untersuchungen doch wieder nur herausfinden will, *wodurch* Gedächtnisse im Allgemeinen oder welche Gedächtnis*bereiche* besonders anfällig für *Verfälschung* sind. Denn damit verfällt man wieder dem Postulat einer *reinen* Erfahrung, die sich in *originären* Gedächtnisinhalten niederschlagen würde und die man unter all den »Verdrehungen« und »Veränderungen« nur wieder freizulegen hätte.

Dagegen sprechen sowohl die Eigenschaften von Erfahrung als auch die von Erinnerung. Zunächst einmal ist jede menschliche Erfahrung bereits vordeterminiert. Sie findet nicht auf einer tabula rasa, also völlig voraussetzungslos, statt, sondern wird von einem Subjekt vollzogen, das bereits über Vorerfahrungen verfügt. Die Art, wie eine Situation erfahren und wie sie bewertet wird, fußt auf den Erfahrungen, die das Individuum bis zu diesem Zeitpunkt bereits hinter sich hat. Die Bewertungskriterien für eine Situation erwachsen aus den vorhandenen Bewertungen vorangegangener Situationen, also aus den Erinnerungen an diese. Man könnte diese ontogenetische Kette bis zur Geburt zurückverfolgen und würde wahrscheinlich feststellen, dass man nicht einmal zu diesem Zeitpunkt von den *ersten* Erfahrungen sprechen kann, weil der Embryo selbst vor der Entbindung schon Wahrnehmungen in sich aufgenommen und verarbeitet hat. Darüber hinaus sind die Erfahrungen eines

---

385 Referat im Kolloquium »Gedenksouvenirs – Gegenstände der Alltags- und Andenkenkultur und ihre Funktion im Gedenken an die nationalsozialistischen Verbrechen« in Fürstenberg/Havel im März 2004.
386 Vgl. Schacter, Daniel L.: Wir sind Erinnerung, Kapitel 4.
387 Assmann, Aleida: Erinnerungsräume, S. 64.

Menschen nicht nur durch die *eigenen* Vorerfahrungen bestimmt, sondern auch (und vor allem) durch *sozial vermittelte*. Denn zum einen liegt der Wahrnehmung eine Denkweise zu Grunde, die in einem sozialen Umfeld erlernt wurde: Die Kategorien und Typisierungen, in denen die Situation bestimmt wird, sind meist sozialen Ursprungs und durch objektivierte Zeichensysteme wie die Sprache determiniert.[388] Zum anderen ist auch die *Situation*, in der die Erfahrung stattfindet, mannigfaltig von sozialen Faktoren abhängig. Stehe ich in diesem Moment in sozialem Kontakt zu anderen Mitmenschen? Welcher Art ist der Kontakt? Ist es ein routinemäßiges oder ein problematisches Verhältnis? Welche körperlichen Eindrücke sind mit der Situation verbunden? Welche Gegenstände und Mitmenschen befinden sich in den verschiedenen Zonen meiner Reichweite? Wie ist meine momentane kognitive und emotionale Einstellung der Situation und meinem Umfeld gegenüber? Insoweit kann es also keine reine Erfahrung *jenseits* dieser der Situation verbundenen autobiographischen und sozialen Einflüsse geben.

Andererseits ist jedes Erinnern vergangener Erfahrungen kein Abrufen fest eingespeicherter Informationen, sondern eine rekonstruktive Handlung, die von je gegenwärtigen Prämissen geleitet ist. Selbst Erinnerungen, die absichtslos und passiv »einfach auftauchen«,[389] also kein Ergebnis aktiver, motivationsgeleiteter Erinnerungstätigkeit sind, tauchen doch in einem bestimmten gegenwärtigen *setting* auf, in dem sich das Individuum befindet, und wiederfahren einem Subjekt, das sich gerade in einer bestimmten Stimmung und einem bestimmten Zustand (*set*) befindet. Beides, set und setting, unterliegen dabei wiederum sozialen Einflüssen. Auch hier sind die erwähnten Fragen zur Bestimmung der Situation wieder von Bedeutung. Für die Erinnerung folgt daraus, dass kein Erinnern desselben Ereignisses in einer identischen Situation stattfinden kann und also jede Erinnerung an dasselbe Ereignis eine andere sein muss. Zusammengefasst lautet der Widerspruch gegen die Denktradition von *authentischen* Erinnerungen an *ursprüngliche* Wahrnehmungen: *Jede Erinnerung ist schon ihrem Wesen nach »verfälscht«.*

Darüber hinaus wird das Erinnerte durch jeden Vorgang der Erinnerung verändert, erst recht in der Äußerung von Erinnerungen. Bereits auf der neuronalen Ebene hatte sich gezeigt, dass wiederholtes Nutzen derselben Verknüpfung von synaptischen Bahnen diese verstärkt und nicht mehr genutzte Verknüpfungen wieder gelöst werden. Die Richtigkeit des neurowissenschaftlichen Postulats unterstellt, dass alles Denken im menschlichen Gehirn auf der Aktivität von synaptischen Verknüpfungen beruht, würden Gedächtnisinhalte also schon auf dieser Ebene durch den Vorgang des Erinnerns verändert. Und in der Tat ist dieses Phänomen auch in der alltäglichen Lebenswelt zu beobachten. Jedes erneute Ins-Bewusstsein-Rufen eines vergangenen Geschehnisses, und erst recht jede Erzählung über dieses Ereignis verfestigt die Erinnerung daran. Und indem die Erinnerung in Worte und eine sinnvolle narrative Struktur gegossen wird, mit allen ihren gattungsspezifischen Vorgaben, ist schon die

---

388 Siehe Kapitel 3.1.2.1.
389 Siehe Kapitel 3.2.7.

Erzählung eine »Verfälschung« des Geschehenen. Noch darüber hinaus verändert sich das Erzählte auch anhand der Erzählsituation. Einzelheiten, die beim Publikum nicht so gut ankommen, lässt der Erzähler beim nächsten Mal weg, andere, die Interesse oder Begeisterung erzeugt haben, schmückt er beim nächsten Mal aus und hebt sie hervor. Außerdem können gleichartige Erinnerungen miteinander verschwimmen oder einzelne Elemente von später dazukommenden überlagert werden.[390]

Auf dem Weg vom *Ereignis* hin zur *Erzählung der Erinnerung daran* finden also mindestens drei den Inhalt verändernde und sozial bestimmte Sinnbildungsprozesse statt: vom Ereignis zur Erfahrung, von der Erfahrung zur Erinnerung und von der Erinnerung zur Erzählung. Deswegen sind Autobiographien weder authentisches Zeugnis dafür, wie ein Ereignis gewesen ist, noch, wie es die Erzählenden damals wirklich erlebt haben. Objektive Wahrheit und subjektive Authentizität sind im Bereich der Erinnerung unbrauchbare Kategorien.[391] Oder, nach Johannes Fried als historisch-methodischer Anfangsverdacht: »Alles, was sich bloß der Erinnerung verdankt, hat prinzipiell als falsch zu gelten.«[392] Das ändert sich im Grundsatz auch nicht dadurch, dass es Gruppen von Zeitzeug/-innen gibt, deren Erinnerungen in hohem Maße mit anderen Quellen übereinstimmen.[393]

Also: keine authentische Erinnerung? Haben wir es mit der absoluten Konstruktion zu tun? Ist jede Erinnerung völlig beliebig? Ist überhaupt keine »Objektivität« mehr zu haben? Hat Gedächtnis gar nichts mit Realität zu tun? Soll damit am Ende die Erinnerung der Zeitzeug/-innen, beispielsweise der Überlebenden des Holocaust, entwertet werden? Folgt aus dem Fehlen der einzig richtigen Vergangenheitsversion, dass es beliebig viele davon gibt? Das sind Fragen, die nicht allzu fern liegen, wenn es darum geht, das Verhältnis von Gedächtnis und Wahrheit auszuloten.[394]

Zunächst bleibt es dabei: Es gibt in der Tat keine »objektive Realität«, beziehungsweise, wenn es sie gibt, ist es uns nicht möglich, sie in Gänze zu erkennen.

---

390   Vgl. u.a. Fried, Johannes: Der Schleier der Erinnerung, S. 50f.

391   Vgl. dazu Krassnitzer, Patrick: Autobiographische Erinnerung und kollektive Gedächtnisse: Die nationalsozialistische Erinnerung an das »Fronterlebnis« im Ersten Weltkrieg in den Autobiographien von »alten Kämpfern«. In: Borsó, Vittoria / Krumeich, Gerd / Witte, Bernd (Hg.): Medialität und Gedächtnis. S. 215–258, hier 218. Deshalb auch die »Dreifaltigkeit« autobiographischer Lebensgeschichten: die wirkliche, die erinnerte, die erzählte (ebd., S. 229).

392   Fried: Der Schleier der Erinnerung, S. 48. Er betont dies als methodische Grundlage jeder Geschichtswissenschaft, als erinnerungskritischen Anfangsverdacht (S.372).

393   Das trifft nach Plato im Gegensatz zu den Dresdner Bomben-Erinnerungen vor allem auf die Erzählungen ehemaliger Häftlinge in Konzentrationslagern und sowjetischen Speziallagern zu. Überdurchschnittlich korrekt sollen die Berichte von Zwangsarbeiter/-innen sein – Plato, Alexander von: Erinnerungen an ein Symbol: Die Bombardierung Dresdens im Gedächtnis von Dresdnern. In: *BIOS – Zeitschrift für Biographieforschung, Oral History und Lebensverlaufsanalysen* 20 (2007), 1, S. 123–137, hier 134.

394   Zur Frage nach der Wahrheit in der Geschichte vgl. auch: Lorenz, Chris: Konstruktion der Vergangenheit. Eine Einführung in die Geschichtstheorie. Köln u.a.: Böhlau 1997 (Beiträge zur Geschichtskultur, 13), vor allem S. 48–64.

Was es aber gibt, ist die Fähigkeit zu kritischer Reflexion über die Quellen des Wissens über die Vergangenheit und die eigenen, mitgebrachten Voraussetzungen. Genau wie alle anderen Quellen, z.b. Sachzeugnisse oder Dokumente, können auch Erinnerungen an vergangene Ereignisse einer kritischen Analyse unterzogen werden, um ihre Näherung an das »wirklich« Geschehene zu beurteilen; sie lassen sich zumindest graduell in dieser ihrer Annäherung an das, was als belegt gilt, unterscheiden. Eine Möglichkeit ist der Vergleich mit den anderen Quellen. Das geschah beispielsweise im weiter oben erwähnten Fall der Dresdner Zeitzeug/-innen, die erzählten, sie wären im Februar 1945 während und kurz nach den Bombardements in der Innenstadt von Tieffliegern angegriffen worden. Später stellte sich heraus, dass das keinesfalls geschehen sein konnte.[395]

Erinnerungen lassen sich also durchaus daraufhin bewerten, wie nahe sie dem kommen, was als geschichtswissenschaftlich belegte Version der Vergangenheit gilt. Es macht insofern sehr wohl einen Unterschied, ob eine kollektive Erinnerung sich auf anderweitig belegte oder auf fiktive Ereignisse bezieht. Aber: dieser Unterschied ist bedeutsam für die Einschätzung, wie brauchbar eine Erinnerung für Historiker/-innen ist. Er spielt jedoch keine Rolle für die Funktion des kollektiven Erinnerns selbst. *Für die Erinnernden* erfüllt das Reproduzieren der Vergangenheit bestimmte Funktionen[396] – ganz unabhängig davon, ob die Ereignisse damals so stattgefunden haben oder nicht. Erinnern und historische Forschung sind zwei klar voneinander trennbare und zu trennende Formen der Sinnkonstitution.

Abgesehen von der notwendigen Quellenkritik muss man sich bei der historisch-kritischen Bewertung von Erinnerungen darüber hinaus auch der eigenen Voraussetzungshaftigkeit bewusst sein. Was sind die eigenen Sinnwelten, in denen ich mir die Welt erkläre? Was sind überhaupt die Bedingungen der Möglichkeit meiner Erkenntnis? Es gilt, die eigenen Sinn- und Denkstrukturen permanent in die Analyse mit einzubeziehen und daraufhin zu befragen, ob und wie sie das Ergebnis beeinflussen könnten. Unter diesen Bedingungen hat man trotz der Unzuverlässigkeit der Erinnerung eine einigermaßen stabile Grundlage zur Untersuchung von Vergangenheitsrepräsentationen.

Jenseits der Wissenschaft, in der massenmedialen Öffentlichkeit, wird die angenommene Existenz »authentischer« Erinnerung noch viel weniger problematisiert. Dort ist man weiter intensiv damit beschäftigt, mit Hilfe von Zeitzeug/-innen auf die Suche nach der Wahrheit über die Vergangenheit zu gehen. Vor allem, wenn es um das »Dritte Reich« und seine Folgen geht, genießen die Dabeigewesenen in Fern-

---

395   Vgl. S. 54 dieser Arbeit. Den Durchbruch erlebte die Tiefflieger-Geschichte spätestens 1964 mit dem internationalen Bestseller des späteren Holocaustleugners David Irving, »Der Untergang Dresdens«. – Vgl. Taylor, Frederick: Dresden, Dienstag 13. Februar 1945, S. 467ff. Allerdings ist sie auch vorher in anderen, ebenfalls teilweise weit verbreiteten, Publikationen in DDR wie BRD kolportiert worden, z.B. Max Seydewitz' »Zerstörung und Wiederaufbau von Dresden.« von 1955, Hans Rumpfs »Der hochrote Hahn« oder Axel Rodenbergers »Der Tod von Dresden« (beide 1952) – siehe: Bergander, Götz: Dresden im Luftkrieg, S.186–209.

396   Siehe Kapitel 3.3.

sehdokumentationen, aber auch im Radio und auf dem Buchmarkt in Deutschland eine ungeheure Aufmerksamkeit – zuletzt mit den neuerlichen Hypes von »Bombenkrieg« und »Vertreibung«:[397] Informationen über den Nationalsozialismus bekommt man dort meist nur noch als die »Summe der Selbsterklärungen der Zeitgenossen«.[398] Und da die meisten Opfer des Nationalsozialismus tot sind und nichts mehr erzählen können, sind es fast immer die deutschen Mitläufer/-innen und Täter/-innen, die reden – davon, auch Opfer gewesen zu sein.

Zusammengefasst: Es ist keine Eigenschaft des kollektiven Gedächtnisses, die Wahrheit über die Vergangenheit direkt bereitstellen zu können. Und es ist keine Funktion des Erinnerns, diese Wahrheit zu reproduzieren. Das, was als geschichtliche Wahrheit vermittelt wird, ist in permanenter Veränderung begriffen, weil es stets aufs Neue gesellschaftlich verhandelt wird. Es ist also schlechterdings unmöglich, allein anhand einer Erinnerung herauszufinden, ob sie »wahr« oder »falsch« ist.

Für die Forschung zum kollektiven Gedächtnis ist es statt der Wahrheitssuche eher interessant, sich mit den Strukturen des Gedächtnisses selbst zu beschäftigen. Beispielsweise ließe sich medienwissenschaftlich zu analysieren, inwieweit Fragmente aus Erzählungen in Filmen oder Büchern in die Schilderungen der vermeintlichen Dresdner Tiefflieger-Angriffe diffundiert sind. Noch interessanter und eigentliche Aufgabe der Gedächtnisforschung ist jedoch die Suche nach den gegenwärtigen Funktionen, den Zuständen und Motiven *hinter* dem kollektiven Erinnern. Im Beispielfall der Erinnerung an den Zweiten Weltkrieg lässt sich zwar weiterhin untersuchen, inwiefern sich die Erzählungen auf historisch belegte Ereignisse beziehen oder nicht. Jenseits dieser Diskussion um Wahrheit aber sind die Erinnerungen der verschiedenen Gruppen Dabeigewesener vor allem wegen ihrer Motive, Zwecke und der Situation, in der erinnert wird, von Interesse. Zum Gegenstand der Untersuchung kann dann etwa werden, inwiefern die Erzählungen von »Bombenkrieg« und »Vertreibung« mit dem Interesse zusammenhängen, den eigenen Opferstatus zu betonen und von eventueller eigener Mitschuld abzulenken. Das Phänomen der Entschuldung mit Hilfe kollektiver Erinnerung findet sich in den Familiengedächtnissen[399] ebenso wie in der öffentlichen Darstellung prominenter Nazitäter. So gelang es selbst Albert Speer, einem wegen seiner Verantwortung für Rüstungsindustrie und Zwangsarbeit in Nürnberg verurteilten Hauptkriegsverbrecher, sich jahrzehntelang als unschuldig schuldig Gewordener zu präsentieren, der sich von Hitler verführen lassen habe.

---

397 Beide Begriffe stehen im heutigen Gebrauch in Deutschland nicht mehr nur für ihren reinen Wortgehalt. »Vertreibung« dient beispielsweise meist als Sammelbegriff für ganz verschiedene (allerdings ausschließlich deutsche) Opferschicksale: Evakuierung durch die deutschen Behörden, Flucht vor der Roten Armee, »wilde« Vertreibungen vor dem Potsdamer Abkommen und vertraglich sanktionierte Umsiedlung nach diesem. Siehe Ther, Philipp: Die Last der Geschichte und die Falle der Erinnerung. In: *Transit. Europäische Revue* 30 (2005/06), S. 70–87; und: Hahn, Hans Henning und Eva: Mythos »Vertreibung«. In: Hein-Kircher / Hahn (Hg.): Politische Mythen im 19. und 20. Jahrhundert, S. 167–188.

398 Frei, Norbert: 1945 und wir, S. 11.

399 Siehe S. 13 und 139f. dieser Arbeit.

Während Speers eigene Motivation noch im Umgang mit der eigenen Schuld gegründet ist, liegt das Interesse der Journalisten, Verleger und Wissenschaftler, die Speers Version öffentlich unterstützten und verbreiteten, kollektiver orientiert in einer generellen Entlastung der Deutschen und insbesondere der technokratischen Elite.[400]

Edgar Wolfrum meinte in Bezug auf den Wahrheitsgehalt von Geschichtsbildern in der Geschichtspolitik, es gehe nicht um den »wissenschaftlichen Wahrheitsgehalt des vermittelten Geschichtsbildes, sondern die Frage, wie, durch wen, warum, mit welchen Mitteln, welcher Absicht und welcher Wirkung Erfahrungen mit der Vergangenheit thematisiert und politisch relevant werden«.[401] Im Kontext der vorliegenden Arbeit stellt sich die Frage folglich leicht modifiziert: *Wer* erinnert *was*, in welcher sozialen *Situation*, aus welcher bewussten oder unbewussten *Motivation*, mit welchem *gegenwärtigen Zweck*, auf welche *Weise*, mit welchen *Mitteln* und welcher *Wirkung*?

Die Herstellung von Wahrheit gehört also nicht zu den Funktionen kollektiver Erinnerung. Bevor wir uns aber diesen Funktionen zuwenden, müssen wir im letzten Kapitel zur Struktur des Gedächtnisses überhaupt erst dessen funktionale Bereiche abgrenzen.

3.2.7 Funktionsgedächtnis, Speichergedächtnis und funktionslose Erinnerung

Das kollektive Gedächtnis lässt sich nach Aleida und Jan Assmann noch anhand einer weiteren Eigenschaft strukturieren: des aktuellen Funktionsmodus'. Mit dem Begriff *Funktionsgedächtnis* beschreibt Aleida Assmann denjenigen Bereich des »kulturellen Gedächtnisses«, der gegenwärtig repräsentiert, also aktiv erinnert wird, mit *Speichergedächtnis* dagegen denjenigen, der zwar gerade nicht im Griff des Bewusstseins der Gruppenmitglieder ist, aber trotzdem in vielfältigen Speichermedien abgelagert und jederzeit abrufbar ist:

> »Dem Speichergedächtnis entspricht das kulturelle Archiv, in dem die materiellen Überreste vergangener Epochen auch dann noch fortbestehen können, wenn sie ihre lebendigen Bezüge und Kontexte verloren haben. [...] Die im Speichergedächtnis aufgehobenen Überreste unterscheiden sich markant von den im Funktionsgedächtnis aufgehobenen Artefakten, die durch gesellschaftliche Selektionsprozesse der Kanonisierung hindurchgegangen sind, durch Bildungs-Institutionen gestützt sind und deren immanente Ausdruckskraft durch immer neue Aufführungen, Lektüren, Deutungen am Leben erhalten wird. [...] Für den Wandel und die Erneuerungskraft des kulturellen Gedächtnisses ist es von großer Bedeutung, dass die Grenze zwischen Funk-

---

400 So in Bezug auf den Speer- und Hitler-Biographen Joachim Fest, den Verleger Jobst Siedler oder den Journalisten Guido Knopp – Krebs, Stefan / Tschacher, Stefan: Speer und Er. Und Wir? In: *Geschichte in Wissenschaft und Unterricht* 58 (2007), 3, S. 163–173.

401 Wolfrum, Edgar: Geschichtspolitik in der Bundesrepublik Deutschland, S. 26.

tionsgedächtnis und Speichergedächtnis nicht hermetisch ist, sondern in beide Richtungen überschritten werden kann.«[402]

Auch Jan Assmann beschreibt diese zwei Modi des »kulturellen Gedächtnisses«. Im Modus der *Potenzialität* sei es Archiv, also die Totalität aller angesammelten Texte, Bilder und Handlungsmuster, im Modus der *Aktualität* sei es aktualisierter und perspektivierter Sinnbestand.[403]

Die begriffliche Trennung der Assmanns zwischen »kulturellem«, »kommunikativem« und »kollektivem« Gedächtnis will ich, wie erwähnt,[404] nicht übernehmen. Eine Unterteilung des *kollektiven* Gedächtnisses, also desjenigen Teils des kollektiven Wissensvorrats, der die Vergangenheit zum Gegenstand hat, in einen Bereich des *Speichers,* des potenziellen Wissens, und einen der *Funktion,* der aktuellen Anwendung mittels Erinnerung, lässt sich in den Rahmen des hier vorgelegten Verständnisses von Gedächtnis jedoch mit Gewinn einpassen: Sie ermöglicht zu verstehen, wieso lange Zeit ignorierte oder vergessen geglaubte Wissenselemente und Artefakte erneut zum Teil der Erinnerungspraxis eines Kollektivs werden und wie andere dagegen aus der aktiven Nutzung wieder in den passiven Speicher zurücksinken können.

Diese Unterscheidung erlaubt aber auch zu verstehen, wie Elemente in das kollektive Gedächtnis aufgenommen werden, die bis dahin zum Wissensvorrat eines *anderen* Kollektivs gehörten. Für diesen Fall muss das Schema von Funktions- und Speichergedächtnis jedoch erweitert werden. Zum Speichergedächtnis einer bestimmten Gruppe gehören dann nicht nur die Gedächtnis-Inhalte dieser Gruppe, sondern auch Gedächtnis-Elemente anderer Gruppen oder Gesellschaften. Der Normalzustand menschlicher Kollektive besteht darin, in Kontakt und in Austausch mit anderen Kollektiven zu stehen. Deshalb zählen zum *potenziellen Wissen* des Speichergedächtnisses auch die Inhalte, welche über die Schnittstellen zum Wissen anderer Gruppen erreichbar sind.

Kontaktzonen existieren jedoch nicht nur zu anderen *Kollektiv*gedächtnissen, sondern auch zu jedem Einzelgedächtnis. An den Rändern des kollektiven Gedächtnisses erstreckt sich der riesige Bereich der bewussten individuellen Erinnerungen, die sich anbieten, in das Kollektivgedächtnis übernommen zu werden. Und deren Territorium wiederum ist umgeben von der unüberschaubaren Ebene der spontanen, unfreiwilligen, der »unbrauchbaren, unverfügbaren Erinnerungen«.[405] Es sind die Erinnerungen der Subjekte, die ganz plötzlich auftauchen können, an keiner Identitätskonstruktion beteiligt sind und alle möglichen Orte und Zeiten der eigenen Bio-

402 Assmann, Aleida: Vier Formen des Gedächtnisses, S. 189f. Dazu auch: dies.: Funktionsgedächtnis und Speichergedächtnis. Zwei Modi der Erinnerung. In: Dabag, Mihran / Platt, Kristin (Hg.): Generation und Gedächtnis, S. 169–185.
403 Assmann, Jan: Kollektives Gedächtnis und kulturelle Identität, S. 9–19, hier 14.
404 Vgl. Kapitel 2.4. und 5.2.
405 Assmann, Aleida: Vier Formen des Gedächtnisses – Eine Replik, S. 235f.

graphie beinhalten können. Es sind Erinnerung *ohne Motiv*, *ohne Absicht*[406] und *ohne Funktion*. Sie machen einen nicht zu unterschätzenden Anteil des individuellen Gedächtnisses aus und sind zum bevorzugten Ziel der Psychoanalyse und überhaupt der an Freud orientierten wissenschaftlichen Auseinandersetzung mit der individuellen Psyche geworden. Sie machen deutlich, dass es ein weites Areal von Erinnerungen gibt, die nicht das Ergebnis gegenwärtiger Bedürfnisse nach Handlungsorientierung, Identität oder Sinnstiftung, die kein Produkt aktueller Konstruktionsarbeit sind: *funktionslose Erinnerungen*. Sie gehören zum individuellen Gedächtnis – und eben auch nur zu diesem. Sie können nur funktions- und intentionslos bleiben, weil sie die subjektiven Wissensvorräte nicht transzendieren. Sobald sie zum Teil eines kollektiven Gedächtnisses werden, ist mit ihnen ein Zweck (und sei es ein unbewusst gesetzter) verbunden. Zum Element des kollektiven Gedächtnisses können sie nur werden, wenn sie die Bedingungen zur Aufnahme in dieses erfüllen. Und zu diesen gehören Objektivation in einem gemeinsamen Zeichen- und Symbolsystem und ausreichende kollektive Relevanz.[407] Das funktionslose Gedächtnis ist also eine individuelle Veranstaltung, die für kollektives Gedächtnis und Erinnerungskultur nur die Rolle eines *potenziellen* Reservoirs von Vergangenheitswissen spielen kann. Im Gegenzug sei damit erneut jedem Kollektive personalisierenden Ansatz widersprochen, der auch Gruppen »unterbewusste«, »verdrängte« oder »spontane« Erinnerungen zurechnet.[408] Diese sind eine Domäne des Individuums. Kollektives Speichergedächtnis und individuelle funktionslose Erinnerungen sind grundsätzlich verschieden, da sich Gruppe und Subjekt grundsätzlich unterscheiden. Ihre Analogie beschränkt sich auf die Funktionalität, insofern beide diejenigen Gedächtnisinhalte umfassen, die im Moment nicht absichtsvoll und funktional aktualisiert werden.

Um das Schema der Funktionsmodi von Gedächtnis zusammenzufassen: das individuelle Gedächtnis beinhaltet *funktionslose* Erinnerungen (wie die an den Geruch der Wohnung meiner Großeltern) und *funktionale* Erinnerungen (wenn ich daraufhin versuche, mich an die Wohnung meiner Großeltern in allen ihren Details zu erinnern, um sie meinen eigenen Kindern zu erzählen), so wie sich das kollektive in *Speicher-* und *Funktionsgedächtnis* unterscheiden lässt. Und so, wie das kollektive Gedächtnis stets das Agieren der Erinnernden benötigt, die bestimmten Bedürfnissen und Interessen folgend die Vergangenheit gestalten und dazu Teile des Speichergedächtnisses erinnernd ins Funktionsgedächtnis holen, sind die individuellen unfreiwillig-spontanen Erinnerungen nur kurz von der Aufmerksamkeit beleuchtete Teile eines nicht überschaubaren und größtenteils im Dunkeln liegenden Reservoirs subjektiver Erfahrungen, die erst bei der Bindung an bestimmte Funktionen die Chance bekommen, zum Teil des kollektiven Gedächtnisses zu werden.

---

406 Zur Absetzung vom Intentionalismus im Zusammenhang mit dem Gedächtnis vgl. Casey, Edward S.: Remembering.
407 Vgl. Kapitel 3.1.2.
408 Vgl. Kapitel 1.2.

Damit schließt die Erörterung von Entstehung und Struktur des Gedächtnisses. Im Anschluss wollen wir uns nun den *Funktionen* des Erinnerns zuwenden.

3.3 Funktionen der Erinnerung

3.3.1 Strukturierung der Wahrnehmung und Sinnkonstitution

Auch hierbei muss ich zunächst mit dem Individuum beginnen und dabei zuerst die neuronale Dimension betrachten. Wissen steckt bereits in Struktur und Funktion des Nervensystems – und damit auch das Wissen über die Vergangenheit. Das Gehirn bewertet äußere Einflüsse immer anhand der bereits vorhandenen Hirnstruktur, also des bereits zuhandenen Wissens. Dieses ist die Grundlage für die Entscheidung darüber, welche Informationen aufgenommen und abgelagert werden und welche nicht.[409] Das zumindest haben die Neurowissenschaften für einfache Lernvorgänge nachweisen können. Wie komplexe Gedächtnisvorgänge, um die es bei einer Abhandlung über Erinnerungskultur ja gehen muss, neuronal ablaufen, ist jedoch weiterhin unklar – allerdings für das hier untersuchte Problem auch nicht weiter von Belang.

Fest scheint jedoch zu stehen, dass bei Hirn- und Denkstrukturen weder die genetischen noch die Umwelt-Faktoren die Hauptrolle spielen, sondern die »Selbstorganisation«.[410] Das heißt, die eigene, vorangegangene (Hirn-)Aktivität ist die Grundlage für die Bewertung der aktuellen Situation. Damit liegt die Funktion des Gedächtnisses kognitionswissenschaftlich »nicht in der Bewahrung von Vergangenem, sondern in dem jeweils aktuell erbrachten Anteil an der Synthese autopoietisch kohärenten Verhaltens. [...] Das Gedächtnis leistet für ein kognitives System die Synthese eines spezifischen Typs von Wahrnehmung, die wir gewöhnlich als Erinnerung bezeichnen« – eine Wahrnehmung ohne aktuelle Sinneseindrücke.[411] Wahrnehmung und Denken in der Gegenwart sind laut Schmidt, Singer und den Forschungen, auf die sie sich berufen, aufgebaut auf dem Gedächtnis.

Zum selben Ergebnis kommt nun Schütz' Beschreibung der *Sinn*-Konstitution. Das Erlebte muss *vorbei* sein, damit es Sinn erhalten kann: »Nur das Erlebte ist sinnvoll, nicht aber das Erleben.«[412] Damit ist Erinnerbarkeit »die oberste Voraussetzung aller rationalen Konstruktion. Das Nichterinnerbare - stets ein prinzipielles Ineffabile - kann eben nur 'gelebt', aber in keiner Weise 'gedacht' werden: es ist wesentlich unartikuliert.«[413] Für den Wissensvorrat heißt das, die gegenwärtigen Wahr-

---

409   Singer, Wolf: Die Entwicklung kognitiver Strukturen – ein selbstreferentieller Lernprozeß, S. 96ff. Siehe auch Kapitel 3.1.1 der vorliegenden Arbeit.

410   »[Das] Gehirn organisiert sich auf der Basis seiner eigenen Geschichte« – Schmidt, Siegfried J.: Gedächtnisforschung, S. 13ff.

411   Ebd., S. 24.

412   Schütz, Alfred: Der sinnhafte Aufbau der sozialen Welt, S. 146. Siehe S.56ff. dieser Arbeit.

413   Schütz, Alfred: Der sinnhafte Aufbau der sozialen Welt, S. 148.

nehmungen können nur aufgrund vergangener, sedimentierter Erfahrungen mit Sinn versehen, bewertet und ihrerseits sedimentiert werden. Somit besteht im je eigenen Gedächtnis des Individuums die Grundlage seiner aktueller Erfahrungen.

Daran schließt sich auch die psychologische Analyse-Ebene an, nach der die biographisch abgelagerten Erfahrungen die gegenwärtigen Wahrnehmungen bestimmen – vermittelt über die *Identität.* Auf diese muss ich hier zunächst kurz eingehen: Jedes Individuum bildet im Lauf der Zeit, auf der Basis des Erlebten, innerhalb eines sozialen Umfelds und selbstreflexiv eine individuelle Identität aus, die sich trotz aller Veränderlichkeit immer weiter verfestigt, um dem Subjekt ein »Mindestmaß von Kontinuität und Kohärenz« zu sichern.[414] Identität ist die »zentrale, langfristige Steuerung, die ein Organismus über sein Verhalten ausübt.«[415] Dieses »Self« (G.H. Mead) entsteht als Ergebnis der Beziehungen des Individuums zu gesellschaftlichen Prozessen und zu anderen Individuen und aufgrund seiner Fähigkeit, sich selbst zum Objekt machen zu können. Von seiner *gesellschaftlichen* Komponente, nämlich die Perspektive der »anderen« einzunehmen, erhält es seine Form, während seine *subjektive* Komponente, die im Kontrast zu den »anderen« steht, für Initiative und Veränderung der Konventionen sorgt.[416] Das heißt, Identität besteht gleichzeitig aus sozialer Konstruktion und individueller Schöpfung,[417] sie reift im selben Maß von innen, wie sie von außen durch das kollektive Gedächtnis auferlegt wird. »Persönliche Identität ist gewissermaßen das Ergebnis eines sozialen *Lernprozesses*«, und sie »ist die Sedimentierung von Handlungen und Eindrücken in einem 'Gedächtnis', das zu Synthese und Deutung befähigt ist.«[418]

Es ist nun diese Identität, die mitentscheidend dafür ist, mit welcher Einstellung jeder neuen Situation gegenübergetreten und wie sie anschließend wahrgenommen wird. Über den »Umweg« der Identität beeinflusst die Vergangenheit die gegenwärtigen Wahrnehmungen. Das geschieht meist *indirekt,* da sich das Subjekt nicht in jedem Moment erinnernd bewusst ist, welche früheren Ereignisse für die Ausbildung der gerade aktiven Identitätsmuster verantwortlich waren. Darüber hinaus gibt es Situationen, in denen sich das Individuum frühere Erfahrungen *direkt* ins Bewusstsein ruft, um gegenwärtige Situationen zu interpretieren.

An dieser Stelle ist die Gefahr groß, durch die Betrachtung der individuellen Vorgänge die gesellschaftlichen Faktoren zu übergehen. Sie sind jedoch bereits an

---

414 Wohlrab-Sahr, Monika: Die Realität des Subjekts. Überlegungen zu einer Theorie biographischer Identität. In: Keupp, Heiner / Hohl, Joachim (Hg.): Subjektdiskurse im gesellschaftlichen Wandel. Bielefeld: transcript 2006, S. 75–97. Und: Noack, Juliane: Erik H. Eriksons Identitätstheorie. Oberhausen: Athena 2005.

415 Luckmann, Thomas: Persönliche Identität als evolutionäres und historisches Problem. In: ders.: Lebenswelt und Gesellschaft, S. 123–141, hier: 124. [1977]

416 Mead, George Herbert: Geist, Identität und Gesellschaft aus Sicht des Sozialbehaviorismus. Frankfurt: Suhrkamp 1968 [amer. 1934], besonders Teil III.

417 Berger, Peter L. / Luckmann, Thomas: Soziale Mobilität und persönliche Identität. In: Luckmann, Thomas: Lebenswelt und Gesellschaft, S. 142–160.

418 Luckmann: Persönliche Identität als evolutionäres und historisches Problem, S. 131f.

diesem Punkt präsent, insofern nämlich im Sinne Ernst Cassirers »alle Wahrnehmung, als *bewußte* Wahrnehmung, immer und notwendig *geformte* Wahrnehmung sein muss.«[419] So kann auch (nach Maurice Halbwachs) jede individuelle Erinnerung keine *rein* individuelle sein, da sie bereits kollektiv vorgeprägt ist.[420] Wenn also die in der Biographie abgelagerten Erfahrungen die individuellen Wahrnehmungen bestimmen, während die Erinnerungen an diese Erfahrungen über viele Kanäle mit dem kollektiven Wissensvorrat in Verbindung stehen, dann heißt das auch, dieses individuelle Gedächtnis ist vom kollektiven Wissen über die Vergangenheit beeinflusst. Die Inhalte des kollektiven Gedächtnisses finden sich in diesen Erinnerungen der Subjekte auf vielfältige Weise wieder, etwa als Redensarten oder typische Geschichten. Aber auch jenseits der biographischen Erinnerungen des Individuums übt das kollcktive Gedächtnis seinen Einfluss aus. Denn auch die Erfahrungen der Anderen, seien es die Anderen des persönlichen Bekanntenkreises oder anonyme Unbekannte, können als Erinnerungen das Wahrnehmen der jeweiligen Wirklichkeit bestimmen. Das können dann nicht mehr nur Redensarten sein, mit deren Hilfe *eigene* Erlebnisse typisiert werden, sondern beispielsweise Heimaterzählungen, die geographische Räume für die individuelle Wahrnehmung strukturieren, oder Geschichten, die die Einstellung und den Umgang mit bestimmten Gruppen von Menschen vorschreiben. Das eigene wie das kollektive Gedächtnis sind mit dafür verantwortlich, wie wir die Gegenwart wahrnehmen und bewerten.

Um das Ganze an einem Beispiel zu verdeutlichen: Ein Enkelin in einer deutschen Familie in der DDR vor 1989 bekommt von den Vertreter/-innen der Erlebnisgeneration immer wieder die Geschichten über die Endphase des Zweiten Weltkriegs erzählt. In denen ist oft von der Angst die Rede, die viele vor der anrückenden Roten Armee – im deutschen Jargon: vor »den Russen« – gehabt hätten. Es spielt dabei keine Rolle, ob beispielsweise die für die »Russen«-Phobie essenziellen Erzählungen über Vergewaltigungen durch Soldaten der Roten Armee wirklich ein Familienmitglied betreffen oder eine Bekannte der Familie oder ob sie in diesem Ausmaß überhaupt nur der nationalsozialistischen Propaganda entstammen. Ihre erinnerungskulturelle Funktion erfüllen sie in jedem der Fälle. Diese phobischen Inhalte des Familiengedächtnisses nun werden auch zu Elementen des Gedächtnisses unserer Beispiel-Enkelin und veranlassen sie zu einer bestimmten Bewertung der Begegnung mit einem leibhaftigen Soldaten der sowjetischen Armee. Die Wahrnehmung wird in diesem Fall zuallererst von Angst und Misstrauen bestimmt sein, auch wenn unsere Enkelin noch nie vorher einen sowjetischen Soldaten zu Gesicht bekommen hat, um eigene Erfahrungen zu sammeln.

---

419 Cassirer, Ernst: Philosophie der symbolischen Formen. Dritter Teil: Phänomenologie der Erkenntnis, S. 225 [Hervorh. i. Orig.].

420 Vgl. Kapitel 3.1.2 und Halbwachs, Maurice: Das Gedächtnis und seine sozialen Bedingungen, S. 363 ff.

3.3.2 Zeitvorstellungen

Darüber hinaus bestimmt das Gedächtnis einen weiteren wichtigen Bereich grundlegender Orientierung in der Wirklichkeit – unsere Verortung in der Zeit. Die Wortgruppe »Verortung in der Zeit« mag auf den ersten Blick wie ein Oxymoron erscheinen, sie ist es aber nicht. Sie meint das menschliche Bedürfnis, immer zu wissen, an welchem »Punkt« der eigenen Biographie und der Geschichte man sich gerade befindet: Das Vergangene sollte immer hinter einem liegen, so dass man gewiss sein kann, sich in der Gegenwart aufzuhalten und sein Handeln daraufhin so gestalten, dass es den eigenen Erwartungen an die Zukunft entspricht. Nun könnte an dieser Stelle bereits eingewendet werden, dass es auch Kulturen gab und gibt, für die nicht die moderne, westlich geprägte lineare Selbstverständlichkeit gilt, dass die Zeit immer weiter fortschreite. Zunächst einmal ist es aber eine unhintergehbare Prämisse menschlichen Bewusstseins, dass wir uns zwar in drei Dimensionen durch den Raum bewegen können, jedoch nur in genau einer Richtung durch die Zeit – ein Zurückgehen in die Vergangenheit ist schlicht unmöglich. Darüber hinaus jedoch lassen sich die Zeitvorstellungen ausdifferenzieren – eine in der Gegenwart dominierende ist das *historische* Bewusstsein, welches das Individuum und die Gruppen in den Ablauf einer bestimmten Entwicklung stellt, in deren Folge von Kausalverknüpfungen die jeweilige Gegenwart das vorübergehend letzte Glied ist.

Erst mit Hilfe eines historischen Bewusstseins ergibt sich der »Zusammenhang von Vergangenheitsdeutung, Gegenwartsverständnis und Zukunftsperspektive«.[421] Aus psychologischer Sicht versteht Jürgen Straub historisches Bewusstsein als eine Fähigkeit zu reflexiver und Distanz nehmender Organisation von Erfahrungen und Erwartungen, die mit Veränderung rechnet.[422] Und Jörn Rüsen beschrieb »Geschichtsbewusstsein« als mentale Operationen, mit deren Hilfe sich erinnernd in der Lebenspraxis orientiert wird – eine Erinnerungsleistung mit »Gegenwarts- und Zukunftsaspekt«.[423] Sich der Geschichte bewusst zu sein, heißt also nicht nur, die in

421   »Mehr als bloßes Wissen oder reines Interesse an Geschichte, umgreift Geschichtsbewußtsein den Zusammenhang von Vergangenheitsdeutung, Gegenwartsverständnis und Zukunftsperspektive.« – Jeismann, Karl-Ernst: Geschichtsbewußtsein. In: Handbuch der Geschichtsdidaktik. Hg. v. Klaus Bergmann, Annette Kuhn, Jörn Rüsen und Gerhard Schneider. In Verbindung mit Werner Boldt u. a. Seelze-Velber: Kallmeyer, [4]1992 [[3]1985], S. 40–43, hier 40.

422   Straub, Jürgen: Geschichten erzählen, Geschichte bilden. Grundzüge einer narrativen Psychologie historischer Sinnbildung. In: ders.(Hg.): Erzählung, Identität und historisches Bewußtsein. Die psychologische Konstruktion von Zeit und Geschichte. Frankfurt/M.: Suhrkamp 1998, S. 81–169, hier: S. 96. Er definiert das historische Bewusstsein als »orientierungsbildende, narrative Konstruktion einer als sinnstrukturierte Verlaufsgestalt konzipierten Einheit zeitlicher Differenzen, wobei grundsätzlich kollektiv bedeutsame Erfahrungen und Erwartungen artikuliert werden« (ebd., S. 103).

423   Geschichtsbewusstsein als die »mentalen (emotionalen und kognitiven, unbewußten und bewußten) Operationen, durch die die Erfahrung von Zeit im Medium der Erinnerung zu Orientierungen der Lebenspraxis verarbeitet wird.« – Rüsen, Jörn: Was ist Geschichtsbewußtsein? Theoretische Überlegungen und heuristische Hinweise. In: ders.: Historische Orientierung, S. 3–24, hier 6f.

der Gesellschaft gültigen Vorstellungen vom Ablauf der Zeit und den damit verbundenen Erzählweisen zu übernehmen. Sondern es heißt in Folge dessen auch, im gegenwärtigen Denken und Handeln als ein Wesen zu denken und zu handeln, das erstens eine *eigene Biographie* hat, innerhalb derer es zu dem wurde, was es in diesem Moment ist, und zweitens, ein Wesen innerhalb eines historisch entstandenen Kollektivs zu sein und somit einen bestimmten Platz in der *Geschichte dieser Gruppe* einzunehmen. Ob das Individuum die Absicht hegt, diese Geschichte zu beeinflussen und darin für nachfolgende Generationen einen sichtbaren Platz einzunehmen, sei dahingestellt. Wichtig ist hier, dass das Individuum sich innerhalb der *Geschichte* seiner Gruppe, der Gesellschaft oder auch der gesamten Menschheit aufgehoben fühlen muss, will es sich als Teil dieser Gesamtheit verstehen. Die Vorstellung eines linearen Ablaufs der Geschichte ist dabei nur eine von verschiedenen Möglichkeiten, immerhin gibt es auch die erwähnten zirkulären Zeitkonzepte. Historisches Bewusstsein ist also keine anthropologische Selbstverständlichkeit, allerdings das mittlerweile weit verbreitete, dominierende Konzept von Zeit.

Dieses historische Bewusstsein nun wird durch die Erinnerung erschaffen und modifiziert. Erst indem ich mich an konkrete Ereignisse meiner eigenen Vergangenheit erinnere, kann ich sie in das Bild meiner Vergangenheit (als Teil meiner Biographie) einfügen. Und erst, indem Mitglieder einer Gruppe bestimmte Ereignisse erinnern, werden diese zu Teilen der so verstandenen Geschichte der Gruppe, der Gesellschaft oder der ganzen Menschheit.

Mithilfe des Gedächtnisses werden die Menschen jedoch nicht nur in ihre persönliche Biographie und in die Geschichte ihrer Kollektive eingebunden, also mit *diachronen* Zeitvorstellungen versorgt. Erinnern bringt auch und in diesem Fall ausschließlich in der kollektiven Sphäre *Synchronizität* in das Leben mit der Umwelt.[424] Der Bezug auf eine gemeinsam erlebte Geschichte, deren Einzelheiten den jeweiligen Mitmenschen gleichermaßen bekannt sind, erlaubt den Mitgliedern dieses Kollektivs sich zu vergewissern, in derselben Zeit und mit denselben damit verknüpften Bedingungen zu leben. Die Erinnerung an das Ereignis des Mauerfalls etwa wird die Mehrheit derjenigen, die ihn (unmittelbar oder massenmedial) erlebt haben, dessen versichern, nicht mehr in einer Zeit zu leben, in der es die DDR und ihre Reisebeschränkungen noch gibt.

3.3.3 Handlungsorientierung

»Erinnern ist aktuelle Sinnproduktion im Zusammenhang jetzt wahrgenommener oder empfundener *Handlungsnotwendigkeiten*«, schrieb Siegfried J. Schmidt aus

---

424 Zu diachronen und synchronen Zeitvorstellungen vgl. Assmann, Aleida / Assmann, Jan: Das Gestern im Heute. Medien und soziales Gedächtnis. In: Merten, Klaus / Schmidt, Siegfried J. / Weischenberg, Siegfried (Hg.): Die Wirklichkeit der Medien. Opladen: Westdeutscher Verlag 1994, S. 114–140, hier 115. Die Assmanns wiederum beziehen sich mit diesen Begriffen auf Niklas Luhmann.

kognitionswissenschaftlicher Perspektive.[425] Aufbauend auf den eben erläuterten Funktionen, die Erinnerung für die Wahrnehmung und für das Bewusstsein von Zeit und Geschichte erfüllt, zeichnet sich also auch ein Zusammenhang zwischen Erinnern und Handeln ab.

An dieser Stelle will ich erneut an Schütz anschließen. Zur Erinnerung: Erfahrungen sind nach Schütz durch besondere Aufmerksamkeitszuwendung aus dem Strom des Bewusstseins herausgehobene Erlebnisse, und Sinn erhalten Erfahrungen dadurch, dass sie vergangen sind und im Nachhinein zu etwas anderem in Bezug gesetzt, also reflektiert werden.[426] Wenn nun Erfahrungen ihren Sinn aus ihrem Bezug auf den *Entwurf* erhalten, also »nicht nur schlicht ablaufen, nicht nur sozusagen nachträglich sinnvoll gemacht werden, sondern einem Entwurf folgen,« spricht Schütz von *Handlungen*. »Handlungen sind Erfahrungsabläufe, die nicht von sich aus, sondern von mir aus ablaufen. Sie sind motiviert.«[427] Es geht hierbei um das Handeln in der Alltagswelt, jener übergeordneten Wirklichkeit, in welche die Menschen in der Regel aus jedem Ausflug in andere wieder zurückkehren müssen.

> »Im Mythos, Epos, in der Fabel und der Wissenschaft gelten andere Regeln als in der Wirklichkeit, in der gehandelt wird, weil gehandelt werden muß, in der vornehmlichen und ganz gewöhnlichen Wirklichkeit des alltäglichen Lebens.«[428]

Zu klären ist nun, welche Rolle Erinnern für menschliches Handeln zu erfüllen hat. Grundsätzlich wurde bereits erwähnt, dass Handlungen als solche den Rückbezug auf die Vergangenheit schon konstitutiv beinhalten: den Handlungsentwurf. Würde ich mich im gegebenen Moment nicht an den Entwurf einer gerade vollzogenen Handlung erinnern, sie also nicht dazu in Bezug setzen, dass ich sie einmal geplant, erwogen und beschlossen habe, dann könnte man auch nicht mehr ohne Wei-

---

425 Schmidt, Siegfried J.: Gedächtnisforschung, S. 37, [Hervorh. i. Orig.]. Vgl. dazu auch ders.: Gedächtnis – Erzählen – Identität, S. 386 (siehe Anm. 224).

426 Siehe Kapitel 3.1.2.1.

427 Schütz/Luckmann, S. 450. Grob zusammengefasst zählt Schütz zum Handeln das *Denken* (sich über etwas Gedanken zu machen, ist ein einem Entwurf folgender Erfahrungsablauf), *Wirken* (als Handeln, das in die Umwelt des Handelnden eingreift) und *Arbeiten* (als Handeln, das bewusst und zielgerichtet in die Umwelt eingreift). Auch Erinnerungen, sofern sie sich nicht »bruchstückhaft und wie von selbst aufdrängen«, weisen als Denkakte eine handlungsähnliche Struktur auf (ebd., S. 555). Für eine weitere Differenzierung mit einer Unterscheidung von Handeln, sozialem Handeln (auf andere bezogen), sozialem Handeln in konkreter Intersubjektivität (auf andere in gemeinsamer Umwelt) und anonymen sozialen Handeln (in Bezug auf andere als Typen, als soziale »Struktur«) vgl. Luckmann, Thomas: Aspekte einer Theorie der Sozialkommunikation, S. 103–106; und, vorgängig, zur Unterscheidung von subjektivem und sozialem Sinn des Handelns: Max Weber: Soziologische Grundbegriffe. In: Gesammelte Aufsätze zur Wissenschaftslehre. Dritte, erw. und verb. Auflage, hgg. v. Johannes Winckelmann. Tübingen: Mohr Siebeck 1968 [1921], S. 541–581, insbesondere S. 542.

428 Schütz/Luckmann, S. 541.

teres davon reden, dass ich handelte, es läge also keine Handlung im hier beschriebenen Sinne vor.

Entwürfe zum Handeln wiederum können nicht nur aus der Struktur des Handelns selbst entstehen (als Folge vor-, neben- oder übergeordneter Handlungsentwürfe oder als Antwort auf spezifische, eine Handlung erfordernde Situationen), sondern sie können auch auf dem beruhen, was Schütz als *Einstellung* beschreibt: die im Lauf der jeweiligen Lebensgeschichte abgelagerten Erlebnisse und Erfahrungen, die dann zum Auslöser von Handlungsentwürfen werden. Im Gegensatz zu den Entwürfen können Einstellungen vom Subjekt jedoch kaum in ihrer Erlebniskomplexität und ihrem ganzen Zusammenhang rekonstruiert werden.[429] Nicht nur die Einstellungen aber, die bestimmte Handlungsentwürfe auslösen, auch die Entwürfe selbst, das Phantasieren über Handlungsziele und mögliche Handlungen, die mich zu dem gewünschten Ziel bringen sollen, bauen auf der Vergangenheit in Form abgelagerter Erlebnisse und Erfahrungen auf.

> »Ein Handlungsentwurf ist im Gegensatz zu einem Tagtraum dadurch gekennzeichnet, daß ich zum Zeitpunkt des Entwerfens annehme, daß sich der Entwurf wird verwirklichen lassen.«[430]

Was jedoch als verwirklichbar angenommen wird, das beruht auf dem subjektiven Wissensvorrat – und hier nicht nur auf reinem Faktenwissen, sondern auch auf Erinnerung an in der Vergangenheit gemachte Erfahrungen. Wenn Entwerfen ein »Phantasieren im Raum offener Möglichkeiten«[431] ist, dann erwächst die Einschätzung dieser Möglichkeiten der subjektiven Ablagerung vergangener Erfahrungen.

Wird nun auf einen Entwurf zu einer Handlung erinnernd zurückgegriffen, um verschiedene Handlungsentwürfe in ihrem »Gewicht« miteinander vergleichen zu können – wenn zwischen verschiedenen Entwürfen eine Wahl getroffen werden muss –, dann geschieht dies nicht im polythetischen Nachvollzug der einzelnen Schritte des Entwurfs, sondern im monothetischen Rückgriff des Bewusstseins auf den fertigen Entwurf als Ganzes und dessen festgestelltes Gewicht.[432] In der Folge bedeutet das, dass nicht die Denkprozesse, die den ursprünglichen Handlungsentwurf ausmachten, wiederholt werden (das wäre schon aufgrund der zwangsweise anderen Situation und Position im Ablauf der subjektiven Zeit nicht möglich), sondern eine *Objektivierung* des Entwurfs und eine *Ablagerung* dieser Objektivierung stattgefunden haben müssen. In der Regel wird der polythetische Nachvollzug also gar nicht möglich sein, ganz abgesehen davon, dass überhaupt kein Vergleich von Handlungsentwürfen möglich wäre, müsste man diese jedes Mal aufs Neue vollziehen. Verglichen werden können nur die monothetischen Objektivierungen. Gleiches gilt für die Erinnerung an Handlungen: Nicht das *Handeln* in seinem *Verlauf*, seiner

---

429 Ebd., S. 472–475.
430 Ebd., S. 476.
431 Ebd., S. 479.
432 Ebd., S. 497.

»verwickelten Zeit- und Sinnstruktur«[433] wird im (alltäglichen) Normalfall erinnert, sondern die *Handlung* als *Ganze*.

Um den Kreis zu schließen: Handlungen werden auch anders erinnert als bloße Erfahrungen. Im Gegensatz zum Erinnern eines bloßen Geschehens, wird hier Geschehen erinnert, das einem bestimmten Entwurf folgte, auf eine bestimmte Art ablief und (vor allem) mit Erfolg oder Misserfolg beendet wurde. Das geschieht immer aktiv und aus Sichtweise der Gegenwart mit all ihren Einstellungen, Situationseigenschaften und Relevanzen; und in der Alltagswelt geschieht dieses Erinnern an Handlungen in der Regel im Hinblick auf gerade im Entwurf befindliche zukünftige Handlungen.[434] Also: Bedingung für subjektives Handeln ist immer auch das Erinnern bereits abgeschlossener Handlungen. Welche Handlung dabei die allererste gewesen ist und ob es eine solche erste Handlung gibt, ist unerheblich. Auch spielt an dieser Stelle nicht unbedingt eine Rolle, ob es um eigene Handlungen oder die anderer geht. Schließlich kann ich auch die Erfolge und Misserfolge von anderen zu Beurteilungsmaßstäben meiner noch zu vollführenden Handlungen machen. Erheblich bleibt, dass im Entwerfen von Handlungen immer bereits in der Vergangenheit vollzogene Handlungen erinnert werden.

Fassen wir die von Schütz beschriebene Struktur des Handelns zusammen, so ergibt sich ein enger Zusammenhang von Handeln und Erinnern: Handeln an sich konstituiert sich durch einen erinnernden Rückgriff auf den Entwurf; Entwürfe werden gegeneinander gewichtet, indem sie als monothetische Einheiten erinnernd ins Bewusstsein gerufen werden; und beim Entwerfen von Handlungen und der Beurteilung ihrer Durchführbarkeit orientieren wir uns an den durch uns oder andere vollzogenen, erinnerten Handlungen.

Im Alltag müssen Menschen sich in jeder Situation neu orientieren und ihr Handeln danach richten. Dabei folgen sie sowohl den Zwängen der Situation als auch den Einstellungen und den übergeordneten Handlungsentwürfen, die für die jeweilige Situation typisierte Handlungsoptionen bereithalten. Wie sich gezeigt hat, ist das individuelle Gedächtnis hierfür unabdingbar: Jedes Handeln beruht auf Erinnerungsleistungen – sowohl beim typisierten Reagieren auf typische, unproblematische Situationen als auch beim Bewältigen problematischer Situationen, bei dem erst verschiedene Lösungsmöglichkeiten gesucht und erwogen werden müssen.

Bis hierhin ging es nur um individuelles Handeln und dementsprechend auch um individuelle Erinnerungsleistungen. Bevor wir uns kollektivem Erinnern im Handlungszusammenhang zuwenden, darf jedoch der Hinweis auf die soziale Bedingtheit des individuellen Handelns nicht fehlen. Noch einmal Schütz: Handeln findet immer in Gesellschaft statt, da Menschen sich immer in Gesellschaft befinden bzw. in ihr zum Menschen sozialisiert wurden. Das Wissen darum, dass es in der Welt noch »andere« gibt, gehört zu den fraglosen Gegebenheiten menschlicher Existenz.

---

433   Ebd., S. 536.
434   Ebd., S. 536ff.

»Das Handeln selbst aber beruht auf der Gesellschaftlichkeit des Handelnden. Entwurf, die Wahl zwischen Entwürfen und der Vollzug der Handlung – und nicht nur spätere Erzählungen über das Handeln – setzen verschiedene, vor allem sprachliche oder sprachartige gesellschaftliche Objektivationen subjektiver Vorgänge voraus, Objektivationen, in denen die subjektiven Vorgänge Form und Beharrlichkeit gewinnen. [...] Es ist daher nicht überraschend, daß nicht nur einzelne Handlungen, sondern in einem gewissen Sinne auch Handeln im Allgemeinen erlernt werden muß und der gesellschaftlichen Vermittlung bedarf.«[435]

Wenn einzelne Menschen also unter Rückgriff auf Handlungsentwürfe und vollzogene Handlungen (und eben nicht nur auf fertige, zum reinen Gewohnheitswissen gehörende, typische Reaktionsmuster) sich in der Gegenwart orientieren und handeln, tun sie dies nur unter der Voraussetzung, dass sie über gesellschaftlich vermittelte Medien der Objektivation verfügen und dass sie im Laufe ihres Lebens nicht nur selbst gelernt, sondern auch beigebracht bekommen haben, wie man in Gesellschaft handelt und welche Handlungsmuster zur Verfügung stehen.

Vergesellschafteten Individuen wird ihr Handlungswissen durch das jeweilige Kollektiv vermittelt. Zum Handlungswissen zählen Handlungsablauf, -regeln, -muster und -vorbilder. Über den *Handlungsablauf* weiß man, dass man zunächst aufgrund bestimmter Motive bestimmte Ziele erreichen will, dazu einen Entwurf braucht, der mit verschiedenen Mitteln umgesetzt werden muss, was dann je nach eingesetztem Engagement und äußeren Umständen von Erfolg gekrönt werden kann oder misslingt. Zu den *Handlungsregeln* zählt unter anderem, dass man bestimmte Handlungsschritte vor anderen tun muss, dass sich wieder andere Handlungen gegenseitig ausschließen können, dass es sinnvoll sein kann, als Urheber bestimmter Handlungen klar erkennbar zu sein und bei anderen wiederum nicht usw. Das Wissen um Handlungsablauf und -regeln gehört zum Wissensvorrat und ist zunächst nicht *Erinnerung* im Sinne dieser Arbeit.

Anders verhält es sich mit Handlungsmustern und Vorbildhandlungen. Der Bezug auf diese kann und wird in der Regel auch ein erinnernder sein: Es wird auf konkrete Ereignisse in der Vergangenheit zurückgegriffen. *Handlungsmuster* sind hierbei typisierte Handlungen, die als Lösung für ganz konkrete, typische Situationen und Probleme vorgesehen sind. Sie sind durch ihre Formalisierung und Wiederholbarkeit noch eher dem Bereich des Rezeptwissens als dem des Gedächtnisses zuzuordnen. Taucht etwa das Problem auf, dass ich mich bei meiner Arbeit nicht

---

435 Ebd., S. 543f. Insofern ist auch Webers Unterscheidung von Handeln und sozialem Handeln zumindest für die vorliegende Diskussion nicht relevant (Weber, Max: Soziologische Grundbegriffe), vor allem wenn man die von Schütz beschriebene soziale Struktur schon des subjektiv gemeinten Sinns berücksichtigt (Schütz, Alfred: Der sinnhafte Aufbau der sozialen Welt; Vgl. auch Endreß, Martin: Varianten verstehender Soziologie. In: Lichtblau, Klaus (Hg.): Max Webers 'Grundbegriffe'. Kategorien der kultur- und sozialwissenschaftlichen Forschung. Wiesbaden: Verlag für Sozialwissenschaften 2006, S. 21–46).

mehr konzentrieren kann und abgespannt fühle, könnte ich *wissen*, dass etwas Bewegung und frische Luft durchaus von Vorteil wäre, könnte mich aber auch an letzte Woche *erinnern*, als ich in ebenjener Lage mich entschlossen hatte, eine Stunde Fahrrad zu fahren und anschließend folglich noch einen ganzen Artikel schreiben konnte. Eine noch größere Rolle spielt das Gedächtnis, und hier auch explizit das kollektive, bei den *Vorbildhandlungen*. Unter diesen werden in der Vergangenheit vollzogene eigene Handlungen oder die von anderen verstanden, an denen sich in Entwurf und Vollzug eigenen Handelns orientiert wird, die vor allem aber im Vergleich verschiedener Handlungsoptionen zu Rate gezogen werden, um die Erfolgschancen einzuschätzen. Hierbei ist es weniger die Typik einer Handlung, die sie für ein Problem sinnvoll macht. Vielmehr erfordert gerade eine untypische, weil nicht mit typisierten Antworten behebbare Problemlage, sich verschiedene, in Entwurf, Vollzug, Situation, Akteur/-in und Ergebnis ganz individuelle Handlungen als Vorbild ins Bewusstsein rufen zu können, um daran das eigene Handeln zu orientieren. Diese als Vorbild oder Beispiel herangezogenen Handlungen treten nun nicht als Wissen des »So macht man das« ins Bewusstsein, sondern werden als »So hab' ich das damals / so hat X das damals gemacht« erinnert.

Das in diesen Kategorien auftretende Handlungswissen gelangt entweder durch eigenes Erfahren oder durch gesellschaftliche Vermittlung in den Wissensvorrat der einzelnen Subjekte.[436] *Eigenes* Erfahren bedeutet, dass ich mich der eigenen Handlungen erinnere – oder der von anderen, welche ich aber selbst beobachtet habe. In *gesellschaftlicher* Vermittlung wird dagegen Handlungswissen transportiert, das an Handlungen außerhalb meines persönlichen Erfahrungsbereichs geknüpft ist. Dazu gehören etwa alle Handlungen, von denen mir erzählt wurde, über die ich gelesen oder die ich in Filmen beobachtet habe. Das grundlegende Wissen um Handlungsablauf und -regeln soll an dieser Stelle nicht weiter interessieren, da es quasi automatisch und unterbewusst zur Hand ist. Zur Diskussion stehen vielmehr die Handlungsmuster und Vorbildhandlungen, die an konkrete in der Vergangenheit geschehene oder geschehen sein sollende Taten gebunden sind. Denn an dieser Stelle kommt die Erinnerungskultur mit ihrem kollektiven Bezug auf geschichtliche Ereignisse zum Tragen. Derartiges, gesellschaftlich vermitteltes Handlungswissen wird entweder über »signifikante Andere«[437] im Laufe der Primär- und Sekundärsozialisation erworben; zum Beispiel, wenn der Großvater der sechsjährigen Enkelin erzählt, wie er damals sein erstes Geld durch kleine Verkäufe verdiente. Oder aber es entstammt den Institutionen und Artefakten der Erinnerungskultur; etwa wenn ein Tellerwäscher eine Rockefeller-Biographie liest und seine weiteren Handlungsentwürfe am Ziel ausrichtet, Millionär zu werden. Darüber hinaus kann dieses Handlungswissen aber auch in kollektiven Erinnerungsakten erworben wer-

---

436   Inwiefern das eigene Erfahren bereits gesellschaftlich geprägt ist, wurde in Kapitel 3.1 begründet. Immerhin erinnere ich mich dann ja an meine Handlungen in Gesellschaft oder eben an das von anderen Menschen.

437   Berger/Luckmann, S. 141–143.

den. So könnte ein nationalistisches Kollektiv gemeinsam den Jahrestag der nationalen Erhebung und des Siegs über die Feinde feiern, damit sich die Mitglieder
weiterhin darüber sicher sind, dass der Nation zu dienen das edelste Handlungsmotiv
sei.

Erinnern und Handeln stehen also nicht nur egologisch betrachtet in einem engen
Wirkzusammenhang. An der allgemeinen Notwendigkeit von Erinnerung für das
Handeln von Subjekten (allein oder im Kollektiv) wird darüber hinaus auch dessen
Abhängigkeit von den Funktionen und Inhalten des *kollektiven* Gedächtnisses sicht-
bar.

3.3.4 Legitimation

3.3.4.1 Legitimation von Institutionen und Sinnwelten

Beim Beschreiben der Funktionen des Gedächtnisses von der Strukturierung der
Wahrnehmung über die Zeitvorstellungen bis zur Handlungsorientierung haben wir
uns (wieder) weiter weg von den individuellen Funktionen des Gedächtnisses hin zu
den kollektiven bewegt. Angelangt bei der Legitimation, befinden wir uns wieder
mitten in den Gefilden des *kollektiven* Erinnerns: Kollektives Erinnern dient der
Legitimation der institutionalen Ordnung menschlicher Gesellschaften.[438]

Als Institutionen gelten dabei Einrichtungen wie die Ehe oder das Inzesttabu,
aber auch Aggregate wie Kirche oder Nationalstaat.[439] Alle diese Institutionen müssen legitimiert werden. Ihre Notwendigkeit muss den nachfolgenden Generationen
ebenso wie neuen Gruppenmitgliedern, aber auch den sich bereits als Teil der Institution verstehenden Individuen immer wieder vermittelt werden. Die meisten Institutionen, die uns im Lauf unseres Lebens begegnen, waren bereits vor uns da, wir
waren an ihrer Entstehung also nicht beteiligt und können somit nicht wissen, warum sie in dieser Form geschaffen wurden. Es braucht in diesem Fall eine »sekundäre Objektivation«,[440] welche die eigentliche Bedeutung einer Institution mit Sinn
versieht. Genau diese Aufgabe übernimmt die Legitimierung: sie stellt den Einzelnen die Institutionen als sinnhaft dar und sichert dadurch die Integration der institutionalen Ordnung als Ganzer ab. Berger und Luckmann bringen an dieser Stelle das
Beispiel der Vettern: In bestimmten Verwandtschaftsordnungen hat die Institution

---

438 Vgl. dazu Berger/Luckmann, Kapitel II, und: »Legitimatorische Praktiken sind also, schlicht
    gesagt, rhetorische Unternehmungen, in denen das, was *ist*, als etwas, das auch so sein *soll*,
    herausgestellt wird.« – Luckmann, Thomas: Einige Bemerkungen zum Problem der Legiti-
    mation. In: Bohn, Cornelia / Willems, Herbert (Hg.): Sinngeneratoren. Fremd- und Selbst-
    thematisierung in soziologisch-historischer Perspektive. Unter Mitarbeit von Marc Breuer
    und Marén Schorch. Konstanz: UVK 2001, S. 339–345, hier 342.

439 Nach Dariuš Zifonun hätten Berger und Luckmann bei ihrer Beschreibung des Prozesses der
    Institutionalisierung die *Organisationen* vernachlässigt (Zifonun, Dariuš: Gedenken und
    Identität, S. 112). Deren Wichtigkeit für die Durchsetzung von Wirklichkeit ist jedoch unbe-
    streitbar, weshalb der Institutionenbegriff der vorliegenden Arbeit auch Organisationen und
    sogar Staaten umfasst.

440 Berger/Luckmann, S. 98.

des Vetters eine große Bedeutung. Im Laufe der Zeit bildete sich diese Institution durch Habitualisierung aus bestimmten Notwendigkeiten heraus. Wenn nun ein weiteres Mitglied zu dieser Gruppe dazustößt, etwa ein Kind, dann muss diesem die Sinnhaftigkeit dieser Institutionalisierung erklärt werden. Es war ja seinerzeit nicht dabei, als sie sich herausbildete. Also muss dem Kind auf verschiedenen Ebenen erklärt werden, warum der Vetter einer seiner wichtigsten Verwandten sei, warum es schön sei, etwas mit dem Vetter zu unternehmen und warum Vettern wichtiger als Freunde seien.[441] Auf einer völlig anderen Ebene und ungleich komplexer gilt das Gleiche für Institutionen wie den Nationalstaat. Jedem neuen Mitglied muss ausführlich begründet werden, warum es gut sei, dass es diesen Staat, so, wie er ist, gebe, und dass es sehr gefährlich sei, ihn in Frage zu stellen – für den Infragesteller ebenso wie das ganze Gemeinwesen selbst.

Die höchste Ebene der Legitimation von Institutionen sind die symbolischen Sinnwelten.[442] Sie integrieren die gesamte institutionale Ordnung zur »Welt«, zur *Wirklichkeit*. Dabei müssen aber auch die symbolischen Sinnwelten selbst wieder durch Legitimationen gestützt werden. Diese Stützkonzeptionen bestehen meist nur aus »Weiterverarbeitungen der Legitimationen der einzelnen Institutionen auf der höheren Ebene theoretischer Integration«.[443] Beispiele für Stützkonzeptionen symbolischer Sinnwelten sind die Mythologie oder die Theologie. Auf einer argumentativ hohen Ebene wird dort theoretisch begründet, warum etwa die Welt von verschiedenen Göttern bewohnt ist, die sie lenken, und warum das *nur so sein kann*.

Bei diesen Legitimierungen von Institutionen und Sinnwelten nun spielt Erinnerungskultur eine zentrale Rolle. Wir hatten das kollektive Gedächtnis als denjenigen Teil des gemeinsamen Wissensvorrats bezeichnet, der sich auf die Vergangenheit bezieht. Und genau das ist in den meisten Fällen der Bezugspunkt von Legitimierungen. Institutionen werden entweder dadurch legitimiert, dass man sich auf vergangene Erfahrungen beruft, die es nötig gemacht hätten, diese Institution einzurichten – das wäre die aufgeklärte Variante. Oder sie werden damit begründet, dass dem schon immer so gewesen sei, wahlweise dass es von Gott oder den Urahnen in grauer Vorzeit so aufgetragen oder gestiftet worden sei – das wäre die gläubige Variante. In beiden Versionen aber muss sich auf Ereignisse in der Vergangenheit bezogen werden, die im kollektiven Wissensvorrat vorhanden sind. Sei es die Begründung, dass der regelmäßige Paintball-Ausflug der Firma in den Wald sich in den letzten Jahren als positiv für das Betriebsklima erwiesen habe, sei es die Erzählung, die Götter hätten in ferner Urzeit bestimmt, dass die Beziehung zwischen Vettern das höchste Gut der Gemeinschaft sei. Die kollektiv sedimentierten Wissenselemente über die Vergangenheit tragen also dazu bei, gegenwärtige Institutionen zu begründen. Diese Elemente des Wissensvorrats wurden als *Traditionen* beispiels-

---

441   Ebd., S. 100–102, 106 und 114, insbes. 101.
442   Zu symbolischen Sinnwelten siehe S. 22 und 74f. dieser Arbeit, bei Berger/Luckmann S. 102ff.
443   Ebda, S. 117.

weise von Eric J. Hobsbawm, Terence Ranger und anderen erkenntnisreich unter-sucht: Die erfundenen Traditionen schufen und legitimierten Institutionen und wahrten deren Status von Autorität, sie schärften Glaubens-, Werte- und Verhaltens-systeme ein.[444]

Unterschieden werden muss an dieser Stelle jedoch erneut zwischen Wissensvor-rat und Gedächtnis. Wenn die Legitimationen für Institutionen sich nicht auf ver-gangene Ereignisse berufen, liegt es zwar in der Sache begründet, dass auch sie trotzdem nicht erst in der Gegenwart entstehen, sondern in der Vergangenheit ge-funden wurden, um nun weitergegeben zu werden. Beispielsweise könnte die Insti-tution des Inzesttabus sich nicht auf eine lange Tradition berufen, sondern einfach mit der Tatsache begründet werden, dass Genom-Fehler bei eventuellen Kindern verdoppelt werden und deshalb mit größerer Wahrscheinlichkeit zu Schädigungen führen. Diese Legitimierung ist aber nicht erst in der Gegenwart entstanden, sondern fußt auf Wissen, das die Gesellschaft in der Vergangenheit erwarb. Aber des *Ge-dächtnisses* würde sie sich eben erst dann bedienen, wenn sie sich konkret auf die *Vergangenheit* beriefe.

Auch Institutionen wie der Nationalstaat bedürfen des kollektiven Gedächtnisses für ihre Legitimation. Dessen symbolische Sinnwelten können nur unter Bezug auf die Vergangenheit interpretiert und verstanden werden. In den meisten Fällen wird die Vergangenheit dabei erst erschaffen, indem eine Nationalgeschichte aus vorhan-denen oder erfundenen Ereignissen konstruiert wird.[445] Egal, woher das Wissen über vergangene Ereignisse stammt: es ist doch unersetzlich, wenn man die Notwendig-keit des Nationalstaats begründen will. In der Regel funktioniert diese Herleitung so: »Wir« (die Nation) leben hier schon seit sehr, sehr langer Zeit (das wissen wir aus unserem nationalen Gedächtnis). »Wir« haben in dieser Zeit »unsere« Eigenarten, ja Qualitäten entwickelt (die sind in »unserem« nationalen Gedächtnis verankert). Und »wir« sind jetzt angetreten, diese »unsere« Eigenschaften und gegebenenfalls dieses »unser« Territorium, wo ja »unsere Wurzeln« liegen, gegen den Rest der Welt zu verteidigen.[446] Aber auch abseits dieses Idealtypus' lässt sich belegen, wie abhängig

444 Hobsbawm, Eric: Introduction. In: ders./ Ranger, Terence (Hg.): The Invention of Tradition. S. 1–14, hier 9.

445 Vgl. Hobsbawm, Eric / Ranger, Terence (Hg.): The Invention of Tradition, und die darin enthaltenen Aufsätze über die legitimierenden Funktionen der Traditionen im britischen Kö-nigreich und im kolonialen Indien. Am Beispiel des deutschen Historikerstreits: »Es geht um das politische Konzept der legitimatorischen Verwertung der Vergangenheit zur Stabilisie-rung und Absicherung der gegenwärtigen politischen, ökonomischen und technologischen Machtstrukturen« – Ebach, Jürgen: Erinnerung gegen die Verwertung der Geschichte, S. 103.

446 Vgl. Gellner, Ernest: Nationalismus. Kultur und Macht. Berlin: Siedler 1999 [engl. 1997]; Hobsbawm, Eric: Nationen und Nationalismus. Mythos und Realität seit 1780. Bonn: Bun-deszentrale für politische Bildung 2005 [eng. 1990], bes. S. 20–24; Anderson: Die Erfindung der Nation; Blaicher, Günther: Die Deutschen als 'das Volk der Dichter und Denker'. Entste-hung, Kontexte und Funktionen eines nationalen Stereotyps. In: Historische Zeitschrift 287 (2008) 2, S. 319–340; Emden, Christian J.: Nation, Identität, Gedächtnis. Überlegungen zur Geschichtlichkeit des Politischen. In: Frank, Michael / Rippl, Gabriele (Hg.): Arbeit am Ge-

die Legitimationen der Nationalstaaten von der Erinnerungskultur sind. So unter-
mauerte die spezifische Erinnerungskultur zum Nationalsozialismus in der DDR der
1950er Jahre, in der vom Holocaust wenig und vor allem vom kommunistischen
Widerstand die Rede war, deren Legitimation als antifaschistischer und sozialisti-
scher Nationalstaat.[447]

Wie oben erwähnt, bedürfen auch die symbolischen Sinnwelten selbst – als die
höchste Form der Legitimierung – verschiedener Stützkonstruktionen. Diese agieren
auf theoretischen Ebenen jenseits der Alltagswelt und sind damit in weiten Teilen
abgekoppelt von den Eigenschaften und Funktionen des *Alltags*wissens. Aber auch
sie arbeiten mit Wissenselementen, die sich auf Vergangenheit beziehen, das heißt,
auch sie arbeiten mit Elementen des kollektiven Gedächtnisses. Um bei unserem
letzten Beispiel zu bleiben: Die symbolische Sinnwelt der Nation bedient sich oft sie
stützender Gesellschafts*theorien*. Und auch diese fußen auf Elementen des kollektiven Gedächtnisses. Im Falle der DDR etwa begründete die sie tragende Elite die
Existenz des Staates unter anderem mit der deterministisch-teleologischen Theorie
eines notwendigen Ablaufs der Menschheits-*Geschichte* von den primitiven Gesell-
schaftsformen über den Feudalismus und den Kapitalismus bis endlich hin zum
Kommunismus. Sie zog einen Großteil ihrer Legitimation als Staat daraus, die Stufe
des Sozialismus' als letzten Schritt vor dem Kommunismus zu repräsentieren und
gegen die Feindseligkeit der (noch) kapitalistischen Staaten verteidigen zu müssen.

3.3.4.2 Legitimation von Identitäten und Rollen

Beim Begriff der Identität ist zunächst eine wichtige Klarstellung angebracht. Es gilt
zu unterscheiden, ob von individueller oder von kollektiver Identität die Rede ist.
Bei individueller Identität geht es zunächst um das Selbstverständnis, das einzelne
Menschen von sich als *Person* haben: die individuell erlebte innere Einheit ihres
Bewusstseins, die sich biographisch im Wechselspiel von Reflexion und Selbstrefle-
xion herausbildet, die trotz möglicher Veränderungen Stabilität entwickelt und zur
Realität für das Subjekt wird.[448] Schwieriger wird es mit einer wie auch immer
gearteten *kollektiven Identität*. Ob es eine solche überhaupt gibt oder geben kann,
soll auch Thema dieses Abschnittes sein. Zuerst jedoch zur Identität der Einzelnen.

Wie entsteht Identität? Hier will ich mich der Beschreibung von
Berger/Luckmann anschließen: In der Sozialisation bilden sich Gesellschaft, Wirklichkeit und Identität zeitgleich heraus, die Aneignung der Identität ist gleichzeitig
die Aneignung der sozialen Welt. Das heißt, dass im selben Moment, in dem ein
Mensch der Gesellschaft und der von dieser geschaffenen Wirklichkeit um ihn
herum gewahr wird, er auch sich selbst in einen Bezug zu dieser Umgebung setzt.
Und so entwickelt diese Person parallel zum Bild der Umwelt auch ein Bild von sich

dächtnis, S. 63–85.

447 Herf, Jeffrey: Zweierlei Erinnerung. Die NS-Vergangenheit im geteilten Deutschland. Berlin:
     Propyläen 1998. Zu den Details siehe S. 152ff. dieser Arbeit.

448 Siehe Kapitel 3.3.1, insbesondere S. 122 dieser Arbeit.

selbst, wie sie in dieser Umwelt ist und mit ihr interagiert.[449] Die Einzelnen werden in der Gesellschaft durch die sie umgebenden »signifikanten Anderen«[450] permanent in ihrer Identität bestätigt, und nicht nur von diesen, sondern in Abstufungen auch von allen weiteren Menschen, mit denen sie zu tun haben.[451] Es ist hierbei schwer festzuhalten, wann der Startschuss für diese Ausbildung der Identität gegeben wird. Letztlich spielt das aber auch kaum eine Rolle, da das Zusammenwirken von Organismus, individuellem Bewusstsein und Gesellschaft, als das man Identität auch bezeichnen könnte, ein ununterbrochener Vorgang ist. Dieser hat zwar irgendwann einmal angefangen, aber es ist für unser Thema überhaupt nicht von Belang, wann genau – ob mit der Geburt, bereits im Mutterleib oder erst im Kleinkindalter. Die Summe der im Laufe des Lebens sich ansammelnden Eigenschaften ergibt die im jeweiligen Moment zuhandene Identität, vermittelndes Agens ist dabei die Autobiographie.[452] »Diese von nun an kohärente Identität vereinigt in sich all die verschiedenen internalisierten Rollen und Einstellungen – unter anderem auch die Selbstidentifizierung«.[453] Die Ausbildung der Identität ist dabei kein unproblematischer Vorgang. Gerade in modernen westlichen Gesellschaften wird die Identitätsbildung aufgrund von Mobilitätserwartung, Funktionalisierung der Subjekte, Desinteresse der wichtigen gesellschaftlichen Institutionen an der Person und aufgrund der Dominanz der Massenmedien als Sozialisationsinstanz immer schwieriger. In der Folge sind persönliche Identitäten unter- und fremdbestimmt, stereotyp und überkonform, vergänglich und wegen zunehmender Rollendistanz auch immer unverbindlicher, nur mehr durchgespielt.[454]

Die hier angesprochenen Rollen sind von außerordentlicher Wichtigkeit für den Zusammenhang von Gedächtnis und Identität, insbesondere für die Beziehung zwischen kollektivem Gedächtnis und individueller Identität. Darunter sollen hier analog zu Berger und Luckmann die Rollen verstanden werden, die den einzelnen Menschen in den jeweiligen Gesellschaftsbereichen und Sinnwelten zukommen. Beispielsweise kann ein Mann in seiner Arbeitswelt die Rolle des Leiters einer Verwaltungsabteilung haben, zu Hause die des fürsorglichen Vaters und machistischen Ehemanns und im Fußballclub die des mittelmäßigen Verteidigers, der jedoch bei allen wegen seines Engagements für den Verein beliebt ist. Alle Menschen erfüllen also in weiten Teilen des Alltagslebens und auch in den anderen Wirklichkeitsenklaven ihre Rollen. Und in der Regel haben sie mehr als nur *eine* Rolle inne. In modernen Gesellschaften haben wir es auch immer mehr mit entpersönlichten Rollen zu tun, bei denen es ausschließlich auf das Funktionieren des Subjekts ankommt, nicht

---

449 Berger/Luckmann, S. 142–144.
450 Ebd., S. 142.
451 Ebd., S. 161.
452 Zur Rolle der Autobiographie vgl. u. a. Krassnitzer, Patrick: Autobiographische Erinnerung und kollektive Gedächtnisse.
453 Berger/Luckmann, S. 144.
454 Berger/Luckmann: Soziale Mobilität und persönliche Identität, besonders S. 150–158.

mehr auf die Sinnhaftigkeit des rollenadäquaten Handelns für Lebensentwurf und -geschichte.[455]

In Frage steht hier nun, wie individuelle Identität durch Gedächtnis legitimiert wird.

> »Identität erhält ihre definitive Legitimation, sobald sie in den Zusammenhang einer symbolischen Sinnwelt gestellt wird. [...] der Einzelne kann in der Gesellschaft mit einiger Gewißheit darüber leben, daß er *wirklich* der ist, als den er sich ansieht, sofern er seine gesellschaftlichen Routinerollen bei hellem Tageslicht und unter den Augen signifikanter Anderer abspult.«[456]

Das heißt, es sind die symbolischen Sinnwelten und die Rollen, die die Menschen in diesen ausfüllen, die ihnen vermitteln, welche Identität sie besitzen. Wenn sich Menschen zwischen verschiedenen Sinnwelten bewegen, wechseln sie dabei ihre Rollen. Durch alle Rollen aber hindurch verfestigt sich dann gerade die jeweilige Identität. Und auch wenn es immer mehrere Gruppen gibt, die für den einzelnen Menschen von Belang sind und zwischen denen er je nach Situation in verschiedenen Rollen wechselt, geht die *Individualität* der Person[457] dadurch nicht verloren. Sie liegt vielmehr darin, Schnittpunkt zwischen den verschiedenen Gruppen, deren Identitätstypen und Gedächtnissen zu sein – das Individuum zwar als »Schnittpunkt sozialer Kreise«, das aber trotzdem in seinem gesamten Leben und Handeln ganz einzigartig bleibt.[458] Die einzelnen Bereiche der Wirklichkeit sind dabei nicht hermetisch voneinander getrennt, sondern üben Einfluss aufeinander aus. Die Wirklichkeit der *Alltagswelt* als oberste der Wirklichkeiten hat dabei eine integrierende Funktion.

Die Identität unseres Abteilungsleiters fußt also auf seiner Rolle in der Firma, als Ehemann und Vater und als Vereinsmitglied. Aus allen diesen Bereichen fließen ihm die Legitimationen für diese Elemente seiner Identität zu. Wenn er seinen Job verliert, hat er zunächst auch ein Identitätsproblem. Er kann es dadurch lösen, dass er sich mehr auf die anderen Bereiche seiner Identität, also die anderen Rollen, fokussiert (zum Beispiel als Vollzeit-Vater), oder er kann versuchen, seine Identität in einem anderen Job mit gleicher Aufgabe zu festigen (wieder als Verwaltungsabtei-

---

455 Luckmann, Thomas: Persönliche Identität als evolutionäres und historisches Problem, S.136.

456 Berger/Luckmann: S. 107f. [Hervorh. i. Orig.].

457 Im klassischen Sinne der lateinischen Herkunft von »Person«: »persona« als Bildung von per und sonare (hindurchklingen) ist »die den ganzen kopf des schauspielers bedeckende maske mit trichterförmiger mundöffnung zum verstärken der stimme, sodann die darstellende rolle des schauspielers, das von ihm darzustellende oder dargestellte individuum, der schauspieler in seiner rolle« – Grimm, Jacob und Wilhelm: Deutsches Wörterbuch. Siebenter Band, N.O.P.Q. 1889, Sp. 1561–1565, hier 1561.

458 Köhnke, Klaus Christian: Der junge Simmel – in Theoriebeziehungen und sozialen Bewegungen. Frankfurt/M.: Suhrkamp 1996, S. 321–331 und 489–514; Simmel, Georg: Soziologie, Kapitel VI: Die Kreuzung sozialer Kreise; Lazarus, Moritz: Ueber das Verhältniß des Einzelnen zur Gesammtheit, S. 50.

lungschef) oder neu zu finden (als Geschäftsführer seines Vereins). In allen Fällen aber bleibt es dabei, dass seine Rollen ihm zur Legitimierung seiner Identität dienen. Dazu gehören die Qualitäten und Fähigkeiten, die bestimmten Rollen zugewiesen werden: Ein guter Abteilungsleiter muss fähig sein, Menschen in einer Organisation zu lenken, Abläufe zu überschauen und im Falle der Verwaltung muss er sich mit den rechtlichen und formellen Gegebenheiten auskennen.

Diese den Rollen zugewiesenen Eigenschaften und Funktionen werden nicht jedes Mal neu verhandelt, sondern sind im kollektiven Wissensvorrat abgelagert.[459] Dort sind sie nicht einfach nur *Wissen*, sondern durchaus auch in dem Bereich zu finden, den wir als kollektives *Gedächtnis* umrissen haben, nämlich jener Bereich des gemeinsamen Wissensvorrats, der Erfahrungen und Ereignisse der Vergangenheit zum Inhalt hat. Bei den Rollen sind das all jene Erzählungen und Rituale, die sich auf die Rolle als solche, aber auch auf individuelle Träger jener Rolle in der Vergangenheit beziehen können. Die Rolle des Vereinsenthusiasten im Sportclub zum Beispiel kann durch Geschichten über ehemalige Mitglieder gestützt werden, die seinerzeit die Errichtung des Vereinsheims durch unermüdliche Lobbyarbeit bei lokalen Sponsoren ermöglichten, oder aber durch das überlieferte Ritual, bei dem alljährlich und von allerlei Folklore begleitet das verdienteste Mitglied des Vereins gekürt wird. Das kollektive Gedächtnis und die gemeinsame Erinnerung sind also an der Formung der Rollen beteiligt, die wiederum eine Grundlage der individuellen Identität darstellen.

Die Rollen sind es jedoch nicht allein. Identität wird auch durch andere Einflüsse ausgebildet und geformt. Wenn es um den Einfluss des Gedächtnisses auf die Legitimierung von persönlicher Identität geht, kommt neben den Rollen noch die individuelle Biographie ins Spiel: Unser Selbst ist direkt mit unserer Biographie, also allen unseren bis zur Gegenwart angesammelten Erfahrungen, verknüpft. »Wir bewahren aus jeder unserer Lebensepochen einige Erinnerungen, die wir immer wieder reproduzieren, und durch diese hindurch hält sich wie in einer kontinuierlichen Verkettung das Gefühl unserer Identität.«[460] In unserem Beispiel wäre es die Erinnerung an vergangene Erfolge beim Leiten der Verwaltung, welche die Identität unseres Verwaltungschefs tagtäglich erneuern würde, vor allem, falls Situationen auftreten sollten, in denen diese Identität herausgefordert wird. Die angesammelten Erfahrungen – das individuelle autobiographische Gedächtnis – sind also eine weitere Quelle, aus der die Identität der Einzelnen ihre Legitimation bezieht. Bei beiden Quellen, den Rollen innerhalb bestimmter Sinnwelten und der eigenen Biographie, darf jedoch nicht vergessen werden, dass diese Legitimationen immer mit einer sozialen Welt in Zusammenhang stehen. Bei den Rollen versteht sich das von selbst, aber auch die Lebenserinnerungen einer einzelnen Person sind auf mannigfaltige Weise gesellschaftlich bestimmt. Wie weiter oben ausführlich dargestellt, werden Erfahrungen in

---

459 Oder, wie bei Halbwachs, in den Traditionen. Siehe Halbwachs, Maurice: Das Gedächtnis und seine sozialen Bedingungen, S. 331.

460 Ebd. 132.

den meisten Fällen sprachlich objektiviert und dann erst sedimentiert, sind die Situationen, in denen sie gemacht werden, gesellschaftlich bestimmt und sind auch die Situationen, in denen die Erinnerung stattfindet, vielfältigen sozialen Einflüssen ausgesetzt. Damit wären wir wieder bei der Eingangs-Feststellung angelangt, dass individuelle Identität nicht ohne die soziale Welt zu haben ist.

Dem Kollektivgedächtnis wird oft zugeschrieben, identitätskonkret[461] zu sein, also essenziell für die *kollektive* Identität. An diesem Punkt stellt sich jedoch zunächst die Frage: Was ist eigentlich *kollektive Identität*? Kann ein Kollektiv eine Identität haben? Wo hat diese Identität dann ihren Ort? Welchen Einflüssen unterliegt sie? Diese Fragen führen zu der erwähnten Problematik, soziale Gruppen zu subjektivieren, ihnen also personale Eigenschaften zuzuschreiben, sie letztendlich zu selbst handelnden und denkenden Entitäten zu machen.[462] In der Konsequenz führt diese Vorstellung zum Konzept von Volk oder *Gemeinschaft* als eigenständigem *Wesen*. Es gibt jedoch keine Belege für diese Wesenhaftigkeit sozialer Gruppen. Soziale Gruppen existieren und handeln nicht als eigenständige Subjekte. Vielmehr sind es immer Zusammenschlüsse von *Menschen*, die aufgrund gewisser Regeln und in bestimmten Strukturen miteinander kommunizieren und handeln.

Deshalb ist es für die Untersuchung der Identität auch besser, nicht von »kollektiver Identität« zu sprechen, sondern im Anschluss an Berger und Luckmann eher von »*Identitätstypen*«, die charakteristisch für bestimmte Gruppen innerhalb von Gesellschaft sind: »Die historischen Gesellschaftsstrukturen erzeugen Identitätstypen, die im individuellen Fall erkennbar sind. In diesem Sinne ist ein Amerikaner anders als ein Franzose, ein New Yorker anders als ein Mann aus Middle West, ein leitender Beamter oder Angestellter anders als ein Landstreicher.«[463] Es gibt also identitätskonkrete, gemeinsame Eigenschaften der Mitglieder eines Kollektivs. Eine *Identität* kann ein Kollektiv jedoch genauso wenig haben wie einen subjektiven Willen. Umgekehrt kann auch kein Individuum je eine vollständig kollektive Identität aufweisen. Denn es ist nie von nur *einem* einzigen Kollektiv bestimmt, sondern normalerweise in mehrere Kollektive eingebunden. Und es ist nie *ganz* kollektiv bestimmt, sondern bewahrt sich subjektive Identitätselemente.

In diesem Sinne will ich auf die Verwendung des Begriffes kollektive Identität verzichten. Selbst wenn man ihn handhabt wie Jan Assmann, nämlich zwar ausführlich darauf einzugehen, dass es kollektive Identität »an sich« nicht gebe, sondern immer nur an Individuen gebundene, den Begriff dann aber trotzdem weiter für »das Bild, das eine Gruppe von sich aufbaut und mit dem sich ihre Mitglieder identifizieren,« zu verwenden,[464] steckt in dem Terminus immer noch das gleiche verdinglichende Potenzial. Der Begriff der Identität transportiert immer individualpsychologische Interpretationen, durch die das Kollektiv wieder subjektiviert würde. Auch

461   Assmann, Jan: Das kulturelle Gedächtnis, S. 39.
462   Vgl. Kapitel 1.2.
463   Berger/Luckmann, S. 185.
464   Assmann, Jan: Das kulturelle Gedächtnis, S. 132.

der Einwand, eine wissenschaftliche Theorie sei in der Lage, kollektive Identität als symbolische Sinnwelt und verdinglichte Vorstellung zu untersuchen und offenzulegen, ohne ihr dabei selbst aufzusitzen,[465] überzeugt mich an dieser Stelle nicht.

Identitätstypen als Eigenschaften, die den Individuen innerhalb einer Gruppe als charakteristische zugeschrieben werden, dienen zu deren Selbstdefinition als Gruppenmitglieder. Sie sollen für die Kohärenz der Gruppe sorgen, dafür, dass die Einzelnen sich weiter als Teil dieser fühlen. Und gehen wir davon aus, dass alle Gemeinschaften jenseits des Dorfes bloß *vorgestellte* sind,[466] dann ist auch diese *Vorstellung* das Ergebnis der *Annahme*, über gemeinsame Identitätstypen zu verfügen. Die angenommenen Gemeinsamkeiten können dabei auf reellen Gegebenheiten wie einer gemeinsamen Sprache, aber auch auf Konstruktionen wie »Rasse« beruhen. Clifford Geertz bezeichnet diese *subjektive* Zugehörigkeit zu einer bestimmten Gemeinschaft als »angestammte Loyalität«,[467] ein tief verankertes Zwangsmittel, das die Menschen nicht immer aufgrund von rationalen Entscheidungen handeln lässt.

Diese Selbstdefinitionen von Subjekten in Kollektiven beruhen auf dem gemeinsamen Gedächtnis. Die Identitätstypen, also die typischen Eigenschaften der Kollektivmitglieder, werden auf eine Herkunft zurückgeführt; es gibt einen Grund, warum sie so sind, wie sie sind. Für die Familie bedeutet das zum Beispiel, dass das Familiengedächtnis nicht nur die Lebensgeschichten synchronisiert, sondern auch den Selbstentwurf des familiären Kollektivs stützt. In der erwähnten Untersuchung zum deutschen Familiengedächtnis[468] stellte sich heraus, dass in der Familie das Bedürfnis, keine Verbrecher, sondern eher Helden oder zumindest gute Menschen als Vorfahren zu haben, die Grundlage von deren kollektivem Selbstbild darstellt. Das Familiengedächtnis bildet den Rahmen, in dem das zum Beispiel in der Schule gelernte offizielle Geschichtswissen interpretiert wird. Die familiären Erinnerungen als Quelle des Vergangenheitsbilds standen seit jeher neben dem offiziellen Gedächtnis und können diesem nicht nur grundsätzlich widersprechen, sondern für viele Menschen auch Priorität haben. Und in diesem Privat-Gedächtnis vieler deutscher Familien hat der Holocaust offenbar nach wie vor keinen Platz. So kommt es, dass sich die Geschichten auf dem Weg durch die Generationen derart verändern, »dass aus Antisemiten Widerstandskämpfer und aus Gestapobeamten Judenschützer werden.«[469] Selbst wenn die Großeltern von Erschießungen und anderen Morden erzählen, kommt dies in der Wahrnehmung der Enkel nicht an, ja suchen diese vielmehr unverdrossen weiter nach Anekdoten, die beweisen, dass Opa doch da und dort widerständig und menschlich anständig gehandelt hat. So kommt es auch zum so ge-

---

465 Zifonun, Dariuš: Gedenken und Identität, S. 92.
466 Anderson, Benedict: Die Erfindung der Nation. Frankfurt/M. / New York: Campus 1988, S. 16.
467 Geertz, Clifford: Angestammte Loyalitäten, bestehende Einheiten. Anthropologische Reflexionen zur Identitätspolitik. In: *Merkur. Deutsche Zeitschrift für europäisches Denken* 48 (1994), 542, S. 392–403.
468 Welzer, Harald / Moller, Sabine / Tschugnall, Karoline: Opa war kein Nazi.
469 Ebd., S. 11.

nannten »leeren Sprechen«, in dem immer nur die Rede von »denen« oder »die« ist, wenn es um die Nazis ging, oder von »der Sache« oder »das mit den Juden«, wenn die Entrechtung, Vertreibung und Vernichtung der jüdischen Nachbarn gemeint war. So bleiben die Zusammenhänge, aber auch die Täterinnen und Täter unbenannt, und die leeren Stellen können seitens der Zuhörer mit jeweils passenden Inhalten aufgefüllt werden.[470] Das gegenwärtige Bedürfnis nach einem kohärenten Bild der eigenen Familie, in der keine Verbrechen begangen worden sein können, steuert demnach die Art und Weise, wie von Ereignissen in der Vergangenheit *erzählt* wird, aber auch, wie diese Erzählungen *aufgenommen* werden. Das Familiengedächtnis ist dafür nur ein Beispiel von vielen[471] – für jede Gruppe gilt, dass das mit Identitätstypen verknüpfte Bild der Vergangenheit stets von gegenwärtigen Bedürfnissen bestimmt wird und nicht von den Ereignissen der Vergangenheit.

Mittels des kollektiven Gedächtnisses konnten sich bestimmte Gruppen in der Geschichte von ihrer Umwelt distanzieren, um so ihre typischen Gemeinsamkeiten in einer fremden Umwelt zu erhalten (wie die Juden in der babylonischen Sezession, die sich durch den Bezug auf die Thora als Gruppe festigten), oder aber konnten sich weit verstreute Gruppen durch den Bezug auf eine gemeinsame Geschichte zu vereinen (die auf verschiedene Stadtstaaten verteilten Griechen, die sich durch den Bezug auf die Ilias einer gemeinsamen panhellenischen Identität unter Abgrenzung von den Feinden im Osten versicherten).[472] Ich will an dieser Stelle zwar nicht so weit wie Assmann gehen, die Selbstdefinition der Gruppenmitglieder über die Identitätstypen als Ethnogenese und *Identitätsbildung* der *Gruppe* zu bezeichnen, es ist aber offensichtlich, dass das kollektive Gedächtnis einer Gruppe über deren Identitätstypen mitentscheidet und damit über Kohärenz und Bestehen der Gruppe. Beim Verlust des Gedächtnisses an die Geschichte der Gruppe kann auch das Wissen um die Eigenschaften verlorengehen, die den Mitgliedern der Gruppe als solche zugeschrieben werden.

Peter Burke schrieb diesen Zusammenhang von kollektivem Erinnern und Identitäten vor allem Gruppen zu, die geteilt oder entwurzelt sind, also Probleme mit ihrem Selbstverständnis haben. Das hieße, kollektive Erinnerung wäre ein Akt der Behauptung einer Gruppe gegenüber einem Umfeld, das deren Existenz negiert. Burkes Beispiel sind die irischen oder polnischen Kollektive, die im Gegensatz zum englischen gezwungen gewesen seien, eine gemeinsame Geschichte hoch zu halten, um als Gruppe mit bestimmtem Identitätstypus weiterzubestehen, obwohl damit über lange Zeit keine institutionale Existenz in Form eines Staates verbunden war.[473] Ein Gegenbeispiel ist das wilhelminische Deutschland, wo keine reale Gefahr für die

---

470   Ebd., S. 159ff.

471   Zum Zusammenhang Luftkriegserinnerung, Drittes Reich und städtische Heldengeschichte siehe: Thießen, Malte: Mythos und städtisches Selbstbild. Gedenken an Bombenkrieg und Kriegsende in Hamburg nach 1945. In: Hein-Kircher / Hahn (Hg.): Politische Mythen im 19. und 20. Jahrhundert, S. 107–122.

472   Assmann, Jan: Kulturelles Gedächtnis, u. a. S. 273.

473   Burke, Peter: Geschichte als soziales Gedächtnis.

1871 neugeschaffene reichsdeutsche Nation, sondern ein dringendes Bedürfnis nach nationaler Integration und Legitimation des Reiches dazu führte, die Gefährdung zu konstruieren und eine zunehmend vereinheitlichte nationale Geschichte zu etablieren, die bis in die germanisch-römische Zeit zurück reichte.[474] Die österreichische Geschichte und die katholische Vergangenheitssicht wurden dabei zurückgedrängt, während das preußisch-protestantische Gedächtnis hegemonial wurde.[475] Neu war nach 1871 insbesondere, dass diese germanisch-deutsche Nationalgeschichte auch abseits einer kleinen nationalistischen Elite von immer breiteren Bevölkerungsschichten aufgenommen wurde, vor allem dem Klein- und Bildungsbürgertum. Der Germanenmythos bot sich als integrative Geschichtserzählung vor allem wegen seiner Offenheit für ganz unterschiedliche und sich teilweise widersprechende Interpretationen an – ihr einziges gemeinsames Merkmal war das völkische Verständnis von Nation als Abstammungsgemeinschaft.[476]

Ein letzter Aspekt der Legitimierung kollektiver Identitätstypen durch Erinnerungskultur besteht in der Untermauerung oder Unterminierung politischer Herrschaft. Das Gedächtnis kann hierbei sowohl affirmativ als auch subversiv funktionalisiert werden.[477] *Affirmativ* wäre etwa die Umdeutung der Vergangenheit durch die britische Kolonialmacht in Indien im 19. Jahrhundert. Nach der Niederschlagung des Aufstandes 1857/58 wurde die bis dahin pragmatische koloniale Herrschaft weg von der East India Company hin zur britischen Krone verlagert und zunehmend kulturell legitimiert. Königin Victoria wurde nun auch Kaiserin von Indien, der Generalgouverneur von Indien gleichzeitig zum Vizekönig. Die Briten übernahmen die indischen Rituale der Durbars (Loyalitätsbekundungen und Rangzuweisungen der indischen Prinzen und Fürsten) und nutzten sie dazu, die regionalen Herrscher ihre Loyalität der Krone gegenüber bekunden zu lassen. Sie bestimmten in der Archäologie, was »indische« Altertümer seien, und sorgten in Kunst- und Architekturschulen

---

474 Hobsbawm, Eric: Mass-Producing Traditions: Europe 1870–1914. In: ders. / Ranger, Terence (Hg.): The Invention of Tradition, S. 263–307; Beck, Heinrich u.a. (Hg.): Zur Geschichte der Gleichung »germanisch-deutsch«. Sprache und Namen, Geschichte und Institutionen. Berlin, New York: de Gruyter 2004 (Ergänzungsbände zum Reallexikon der Germanischen Altertumskunde, 34); Wiwjorra, Ingo: Der völkische Germanenmythos als Konsequenz deutscher Altertumsforschung des 19. Jahrhunderts. In: Hein-Kircher, Heidi / Hahn, Hans Henning (Hg.): Politische Mythen im 19. und 20. Jahrhundert in Mittel- und Osteuropa. Marburg: Herder-Institut 2006 (Tagungen zur Ostmitteleuropa-Forschung, 24), S. 157–165.

475 Confino, Alon: Germany as a Culture of Remembrance. Promises and Limits of Writing History. Chapel Hill: The University of North Carolina Press 2006, Kap. 1.

476 Kipper, Rainer: Der Germanenmythos im Deutschen Kaiserreich. Formen und Funktionen historischer Selbstthematisierung. Göttingen: Vandenhoeck & Ruprecht 2002 (Formen der Erinnerung, 11). Kipper betont, dass die damaligen Auseinandersetzungen um die Geschichte sich vor allem um die Frage drehten, ob die neue Nation sich exklusiv-autochthon oder inklusiv-universalistisch verstehen solle. Die Antworten fielen lange Zeit noch ganz verschieden aus, der Kampf um das Selbstverständnis der Nation war noch nicht entschieden (und selbst der Antisemitismus schien so manchem nach dem Abflauen des Berliner Streits als glimpflich vorübergegangene Modeerscheinung).

477 Vgl Kapitel 3.3.5.3.

für eine Europäisierung. Mit all diesen Maßnahmen wurde nicht nur versucht, die kolonialen Institutionen zu legitimieren, sondern auch, Einfluss auf die Identitätstypen zumindest der indischen Oberschichten zu nehmen und diese mit der Kolonialherrschaft in Einklang zu bringen. Der Widerstand von Gandhis Bewegung war auch deshalb so erfolgreich, weil er dieses System angriff, indem er forderte, alle von der britischen Krone verliehenen Ehren zurückzugeben und weder westliche noch die künstliche, von den Briten erfundene, »traditionelle« Tracht zu tragen, sondern einfache Bauernkleidung.[478] *Subversiv* war dagegen die erwähnte Pflege des Bezugs auf die Thora und die darin enthaltene Erzählung der Errettung aus Ägypten und des Bundesschlusses mit Gott bei den Juden im babylonischen Exil. Wenn man den Quellen-Interpretationen derart lang zurückliegender Ereignisse glauben kann, diente dieser subversive Bezug auf die Vergangenheit dazu, sich innerhalb der babylonischen Gefangenschaft als Gruppe identitär selbst zu behaupten.[479]

Zusammengefasst: Erinnerungskultur legitimiert zum einen die mit gesellschaftlichen *Rollen* verbundenen Wissenselemente, indem es die einzelnen Rollen, ihre Qualitäten und Fertigkeiten durch Bezüge auf die Vergangenheit begründet. Die Rollen wiederum bilden in ihrer Gesamtheit und ihrem Zusammenspiel eine bedeutende Grundlage der individuellen Identität. Zum anderen werden auch die kollektiven Entwürfe von *Identitätstypen* einer Gruppe durch die gemeinsame Erinnerung legitimiert. Und die sich selbst zugeschriebenen Identitätstypen sind eine Voraussetzung dafür, sich als Gruppe definieren zu können und das Handeln der agierenden Subjekte zu legitimieren. Und schließlich wird über diese gedächtnisgestützte Selbstbeschreibung von Gruppen auch immer politische Herrschaft legitimiert – ebenso wie der Anspruch von deren Herausforderern.

3.3.5 Wirklichkeitskonstruktion in der Gegenwart

3.3.5.1 Wirklichkeitskonstruktion

Es klang in den bisherigen Kapiteln immer wieder an, dass die Funktionen des Gedächtnisses allesamt gleichzeitig der Schaffung von Wirklichkeit dienen. Sowohl durch die Strukturierung der Wahrnehmung, die Handlungsorientierung, über die Bestimmung der Zeitvorstellungen, als auch mit der Legitimierung von Institutionen, Rollen und Identitäten sind die Vorgänge des Erinnerns unersetzbar an der Konstruktion von Wirklichkeit beteiligt.

Bereits die individuellen Wahrnehmungen erwiesen sich als abhängig von den bis dahin erworbenen Erfahrungen und der Art, wie sie erinnert werden: Sie sind abhängig vom bereits erworbenen Wissen und eben auch vom Wissen über die Vergangenheit, dem Gedächtnis. Da nun jede subjektive Wirklichkeit Wahrnehmungen

---

478   Cohn, Bernhard S.: Representing authority in Victorian India. In: Hobsbawm, Eric / Ranger, Terence (Hg.): The Invention of Tradition, S. 165–209.

479   Assmann, Jan: Die Katastrophe des Vergessens.

zur Grundlage hat und haben muss, ist das Gedächtnis schon an der *Grundlegung* von Wirklichkeit beteiligt.

Auch die Selbstverortung des Individuums in der eigenen Biographie und in der Geschichte der jeweiligen Bezugsgruppe wird vom individuellen und kollektiven Gedächtnis bestimmt. Diese Selbstverortung wiederum ist Teil der Konstruktion von subjektiver Wirklichkeit. Wenn ich jeden Morgen aufwache und mich wieder in meine Alltagswirklichkeit zurückfinden muss, hilft mir das Gedächtnis an den letzten Tag, die vergangene Woche, aber auch an alle Ereignisse, die ich erinnern kann, zu bestimmen, an welchem Punkt meines Lebens ich mich befinde. Gleiches, nur wesentlich komplexer, gilt für die subjektive Verortung in einer kollektiven Geschichte.

Auch die weiter oben beschriebene Legitimation von gesellschaftlichen Institutionen und Sinnwelten, von Rollen, Identitäten und Identitätstypen und damit der Selbstbeschreibung von Gruppen mittels des Gedächtnisses ist an der Erschaffung von subjektiver Wirklichkeit beteiligt. Zur Wiederholung: Gesellschaft, Wirklichkeit und Identität bilden sich während der Entstehung von Persönlichkeit gemeinsam und gleichzeitig im Bewusstsein der Einzelnen heraus. Die in den Institutionen angelegten und durch Gedächtnisrituale befestigten Regeln und Typisierungen prägen die Wirklichkeit der an diesen beteiligten Individuen nachdrücklich. Nationalstaaten etwa verfügen über ein breites Sortiment an wirklichkeitsstiftenden Maßnahmen, die den Staatsbürgern vermitteln, in einer Wirklichkeit zu leben, in der es von nicht unerheblicher Bedeutung ist, zu einer ganz bestimmten Nation zu gehören. Wenn den National-Staatsbürgern zur Legitimation der Nation beigebracht wird, diese habe eine Geschichte, die bis zur legendären Schlacht im Teutoburger Wald zurückreiche, und das zeige, dass sich die Germanen schon immer gegen ausländische Gefahren hätten wehren müssen, und das sei obendrein auch noch erfolgreich gewesen, dann wird damit eine bestimmte, nationale Wirklichkeit erschaffen. Diese Wirklichkeit vergewissert die Einzelnen, die sich darauf eingelassen haben, einer subjektiven Wirklichkeit, in der sie Teil eines nationalen Kollektivs mit lang zurückreichenden Wurzeln sind, das sich immer wieder gegen äußere Bedrohungen wehren müsse.

Auch die Legitimation von Rollen schafft Wirklichkeit. Wenn wir zum Beispiel des Fußball spielenden Abteilungsleiters zurückkommen, dann legitimiert dieser seine berufliche Rolle vor sich selbst und anderen durch eigene positive Erfahrungen in der Ausübung dieser Tätigkeit ebenso wie durch mit der Stellung verbundene Gedächtnisinhalte. Er baut sich damit gleichzeitig seine eigene Wirklichkeit auf, in der es wichtig und richtig ist, dass Gruppen von Angestellten der Führung durch Leiter wie ihn bedürfen, um effektiv zu arbeiten.

Die Rolle, die die *Sinnwelten* bei der Konstruktion von Wirklichkeit spielen, wurde bereits erwähnt.[480] Und auch die Legitimation der Sinnwelten ist abhängig von den Prozessen individuellen und kollektiven Erinnerns. *Innerhalb* der Institutio-

---

480   Vgl. Kapitel 3.2.1.

nen und Sinnwelten wird die subjektive Wirklichkeit von den Rollen, die das einzelne Subjekt ausfüllt, und von seiner Identität mitgestaltet. Identität, Wirklichkeit und Gesellschaft stehen in einem wechselseitigen Beziehungsgeflecht: Zur gleichen Zeit, in der Identität entwickelt wird, bildet sich auch Wirklichkeit heraus. Denn nur in Kontakt mit Anderen können Menschen Identität entwickeln, und gleichzeitig bilden diese Anderen einen gewichtigen Teil der Wirklichkeit der Einzelnen.

In der Zusammenfassung dieser bis hierhin beschriebenen Funktionen des kollektiven Gedächtnisses, der Prägung der Wahrnehmung, des Handelns, der Zeitvorstellungen und der Legitimation von Institutionen, Sinnwelten, Rollen und Identitäten, wird deutlich, dass das Gedächtnis eines Kollektivs maßgeblich an der Konstruktion der möglichen Wirklichkeiten beteiligt ist. Im nächsten Abschnitt wenden wir uns den komplexen Wirkungsstrukturen in diesen erinnerungskulturellen Prozessen zu.

3.3.5.2 Produktion, Konsumption und Eigendynamik

Auf der Akteursebene ist es möglich, zwei Perspektiven einzunehmen: Von der einen Seite aus scheint es, als werde kollektives Gedächtnis zum Zwecke der Wirklichkeitskonstruktion permanent produziert, um Institutionen und Zustände zu rechtfertigen und zu stabilisieren. Aus der anderen Richtung erkennt man weitgehend passive Konsument/-innen der gesellschaftlich vorgegebenen Gedächtnisinhalte, die sich aus diesen Angeboten ihre Identität und ihre Sinnwelten aufbauen (lassen). Mir geht es an dieser Stelle darum, auch diese Dichotomie durch eine differenziertere und dialektische Prozessbeschreibung von Wirklichkeitskonstruktion via Erinnerungskultur zu ersetzen.

Sicherlich gibt es in vielen geschichtlichen Situationen gesellschaftliche Akteurinnen und Akteure, die aus aktuell-politischen Interessen heraus die Präsenz und Verbreitung einer bestimmten Wirklichkeit forcieren wollen, indem sie eine bestimmte kollektive Erinnerung zu stärken suchen. Und die Stärkung einer Erinnerungskultur bedeutet, die Erinnerung der Mitglieder des Kollektivs zu verändern. Die Gedächtnispolitik der Ära Kohl mit dem Reagan-Besuch in Bitburg, der Einrichtung der Gedenkstätte in der Berliner Neuen Wache und der Gründung des »Hauses der Geschichte« ist dafür ein anschauliches Beispiel. Weniger sicher kann jedoch die Existenz rein passiver Konsument/-innen erinnerungskultureller Angebote angenommen werden. Auch kollektives Erinnern ist kein Vorgang von Kollektiv-Entitäten, sondern ein Prozess, an dem einzelne Menschen mit ihrer je eigenen Vorgeschichte und ihren je eigenen Einstellungen und Erwartungen teilnehmen. Das heißt, Erinnern, auch kollektives, ist immer ein aktiver Vorgang, der nicht auf nur passivem Geschehenlassen beruht. So kann gerade eine gezielte Erinnerungspolitik erst Proteste und Gegenbewegungen hervorrufen, durch die ihre ursprünglichen Ziele wieder in die Ferne rücken.[481]

---

481 In diesem Sinne interpretiert etwa Rupert Seuthe die *Wirkung* der erinnerungspolitischen Anstrengungen Helmut Kohls in den achtziger Jahren, die durch die anschließenden Diskurse

Selbst wenn Schulklassen im Rahmen des Geschichtsunterrichts durch das »Haus der Geschichte der Bundesrepublik Deutschland« in Bonn geführt werden, ist nicht gewährleistet, dass alle Schülerinnen und Schüler das dort Gezeigte auf die gleiche Art und Weise wahrnehmen oder gar in ihr individuelles Gedächtnis übernehmen. Wenn die Lehrkraft eine Vorbereitungsstunde durchgeführt hat, liefert sie damit ein nach Einstellungen und Methoden, Klassenzusammensetzung und Lehrplan differierendes Muster, nach dem die Klasse später die Ausstellung interpretieren kann. Aber auch jeder Schüler bringt in den Besuch bereits Vorwissen ein, das er in Gesprächen in der Familie oder unter Freunden erworben haben kann, und jede Schülerin kann aus individuellem Interesse erwachsenes und aus unterschiedlichen Quellen stammendes Wissen an den pädagogischen Ausflug anlegen. Dabei darf nicht vernachlässigt werden, dass derartige Besuche durchaus auch mit Unwillen ob ihres verpflichtenden Charakters verbunden sein oder aber als soziales Event unter Jugendlichen ganz ungewollte Dynamiken entwickeln können: Wo es hauptsächlich um soziale Prozesse innerhalb der Gruppe geht, bleibt kaum noch Raum für Interesse an in der Ausstellung wartende geschichtliche Inhalte. Daraus resultieren die vielfältigsten Erwartungen und Interpretationsrahmen, in denen das »Haus der Geschichte« mit seinen Ausstellungen letztendlich dann wahrgenommen, bewertet und verstanden wird. Mit Sicherheit lassen sich dabei Trends erkennen, mit ebensolcher Sicherheit kann man jedoch davon ausgehen, dass es eine große Streuung dabei gibt, was die Jugendlichen am Ende aus der Ausstellung »mit nach Hause nehmen«. Bei der Vielzahl an Untersuchungen zur Erinnerungskultur spielt die Erforschung dessen, was eigentlich davon bei den Menschen ankommt und wie es rezipiert wird, bisher eher eine untergeordnete Rolle.[482]

Darüber hinaus entwickeln auch die erinnerungskulturellen Prozesse selbst Eigendynamiken – in der Form der Beharrlichkeit von Ritualen und als ungewollte Entwicklung von erinnerungspolitischen Akten. Mit der Betonung der Beharrlichkeit von körperlichen Praxen und Erinnerungsritualen wollte Paul Connerton die Aufmerksamkeit statt nur auf den *Inhalt* auch auf die *Form* des kollektiven Gedächtnisses lenken.[483] In dem Gewohnheitswissen gemeinsamer Erinnerung durch körperliche Teilnahme an Ritualen läge ein Grund für die inhärente Konstanz und Trägheit

---

und Kompromisse andere Richtungen nahm, als beabsichtigt war (Seuthe, Rupert: »Geistigmoralische Wende«?). Zum gleichen Ergebnis kommt auch Wolfgang Fritz Haug: Die »Dialektik der Schlußstrich-Strategie« bestehe darin, dass vor allem die »Siege der neokonservativen Offensive« durch die so ausgelösten Proteste wieder zur Rücknahme führten – Haug: Vom hilflosen Antifaschismus, S. 217.

482 Es bräuchte einen »Paradigmenwechsel vom Text hin zum Publikum«, wie Maarten van Ginderachter auf der Tagung »Nationale Erinnerungsorte hinterfragt: Neue methodische, interdisziplinäre und transnationale Ansätze« im November 2006 in Luxemburg forderte – Immler, Nicole L.: Bericht zur Tagung »Nationale Erinnerungsorte hinterfragt«. In: H-Soz-u-Kult 11.12.2006, http://hsozkult.geschichte.hu-berlin.de/tagungsberichte/id=1405 12.3.2007. Vgl. auch: Kansteiner, Wulf: Postmoderner Historismus.

483 Connerton, Paul: How Societies remember. Vgl. auch Kapitel 4.1 vorliegender Arbeit.

von Sozialordnungen gegenüber Veränderungen: Körperliche Rituale als Vertreter der Invarianz im kollektiven Gedächtnis könnten Änderungsversuchen Schwierigkeiten bereiten und würden zur Bewahrung der gefährdetsten Gedächtnisinhalte genutzt.[484]

Elemente der Erinnerungskultur, die an Gewohnheiten und Rituale gebunden sind, können also auch eine gewisse Resistenz gegenüber den gegenwärtigen Absichten von Veränderung aufweisen. Diese Resistenz ist jedoch immer nur eine graduelle. Ein Ritual, das gar keiner gegenwärtigen Motivation mehr entspricht und mit keinerlei bestimmtem Interesse verbunden ist, wird entweder aufhören, ausgeführt zu werden, oder einer Deutungsänderung unterworfen.

Als Kritik an einer bestimmten Erinnerungskulturforschung formuliert, warnte Alon Confino davor, Gedächtnis auf Politik zu beschränken, indem das Kulturelle auf das Politische reduziert würde. Man dürfe die Kategorie des Sozialen nicht ignorieren.[485] Auch wenn er dabei verhältnismäßig unklare Kategorien wie »kollektive Mentalitäten«[486] im Auge hat: Es bleibt festzuhalten, dass die Vielzahl möglicher sozialer Einflüsse auf erinnerungskulturelle Prozesse deren Ausgang erheblich von der Intention abweichen lassen kann. Akte der Erinnerungspolitik entsprechen in ihrem Ergebnis – wie im Übrigen jedes Handeln – keineswegs immer den Intentionen der Agierenden. Die vielfältigen (Stör-)Einflüsse bei der Rezeption wurden erwähnt, jedoch können auch schon vorher äußere oder nicht vorhergesehene Einflüsse dafür sorgen, dass sich die Maßnahme in eine ganz andere Richtung entwickelt als geplant oder gar nicht geplante Maßnahmen zwangsläufig auf die Agenda bestimmter Akteure geraten. So sieht Lars Rensmann etwa den Bau des Holocaust-Mahnmals keineswegs als Ergebnis staatlicher Gedenkpolitik, sondern als Ergebnis einer ungewollten Reaktionskette, an deren Ende eine »Ablehnung des Mahnmals – auch international – inopportun« erschienen wäre. Und angesichts der massiven Mobilisierung gegen das Mahnmal in der deutschen Öffentlichkeit hätten sich auch ursprüngliche Kritikerinnen und Kritiker des Projekts gezwungen gesehen, es zu befürworten.[487]

Wirklichkeitskonstruktion durch erinnerungskulturelle Prozesse entfaltet sich also in einem Wechselspiel dreier Agenten: diejenigen, welche die Elemente kollek-

---

484 »Every group, then, will entrust to bodily automatisms the values and categories they are most anxious to preserve.« (Connerton, Paul: How Societies remember, S. 102). Edward S. Casey (in: ders.: Remembering) beschreibt sogar die »thick autonomy of memory« (312), die Gedächtnis nicht nur in den Menschen und zwischen ihnen und den Dingen verortet, sondern auch inmitten der Dinge selbst – eine Verselbständigung der Dinge, die ich hier nicht mitmachen will.

485 Confino, Alon: Collective Memory and Cultural History.

486 Ebd., S. 1395.

487 Rensmann, Lars: Baustein der Erinnerungspolitik. Die politische Textur der Bundestagsdebatte über ein zentrales 'Holocaust-Mahnmal'. In: Brumlik, Micha / Funke, Hajo / ders. (Hg.): Umkämpftes Vergessen. Walser-Debatte, Holocaust-Mahnmal und neuere deutsche Geschichtspolitik. Berlin: Hans Schiler ^{2}2004 [2000], S. 137–169.

tiven Gedächtnisses *produzieren*, die, welche sie *rezipieren*, und die Erinnerungsprozesse in ihrer *Eigendynamik* selbst.

3.3.5.3 Affirmation, Subversion und Pluralität der Erinnerungskulturen

Damit ist der direkte Übergang zu den Motivationen hinter der Konstruktion von
Wirklichkeit über Erinnerungskultur gegeben. Dient Erinnerungskultur immer nur
dazu, herrschende Institutionen und Sinnwelten zu stützen und zu rechtfertigen?
Oder kann es ebenso auch subversiven oder revolutionären Gruppen nützen?

Auf der einen Seite wird die Erinnerungskultur eingesetzt, um bestehende gesellschaftliche Institutionen und Strukturen, Machtverhältnisse und Sinnwelten zu legitimieren und damit zu stützen.[488] Die jeweils herrschenden Individuen, Gruppen
oder Strukturen[489] haben ersichtlich die besten Werkzeuge zur Hand, um *ihre*
Interpretation der Wirklichkeit mittels Traditionen, Ritualen und institutionalisierter
Weitergabe an die nachwachsenden Generationen fest in den Menschen zu verankern. Welche Feiertage begangen werden und wie, welcher Teil der Geschichte wie
zu interpretieren ist, welche Inhalte in den Schulen gelehrt werden – alles das kann
so festgelegt werden. Gruppen und Individuen mit abweichenden Einstellungen
haben dann wenig Chancen, ihre Feste durchzusetzen, ihre Sicht auf die Geschichte
in den öffentlichen Diskurs einzubringen oder zu beeinflussen, welche »Fakten«
über die Vergangenheit die Kinder lernen. Hintergrund dessen ist das nachvollzieh-
bare Bedürfnis von Gesellschaften und gesellschaftlichen Institutionen nach Stabilität. Sie stehen unter dem Zwang, »ein Chaos in Schach zu halten«, denn: »Jede gesellschaftliche Wirklichkeit ist gefährdet und jede Gesellschaft eine Konstruktion am
Rande des Chaos«.[490] Gesellschaftliche Wirklichkeit wird in diesem Falle mit Hilfe
des kollektiven Gedächtnisses konstruiert, um Macht zu erhalten. Das heißt an dieser
Stelle nichts anderes, als dass im Zweifelsfall nicht die bessere historische Argumentation oder die größere Nähe zum tatsächlichen Geschehen darüber entscheiden,
welche Erinnerung sich in der Gesellschaft durchsetzt, sondern die Unterstützung
durch die entsprechenden Machtinstrumente. Wer den »derberen Stock«[491] hat,
dessen Wirklichkeitsbestimmung setzt sich durch – und dessen Erinnerungen erscheinen als die sinnvolleren, berechtigteren. So ist das kollektive Gedächtnis immer
auch entlang von Geschlechtergrenzen konstruiert: Als Subjekte der Geschichte und
des Fortschritts erscheinen in ihm fast immer nur Männer, und Frauen wurden (und
werden es bis heute) meist nur innerhalb des Rollenbilds als Frau erinnert, selbst
wenn sie bedeutsame Politikerinnen wie Queen Victoria waren. Und neben Frauen
erhielten auch Arbeiter/-innen, Jugendliche und ethnische Minderheiten einen Zu-

---

488   Vgl. Kapitel 3.3.4.1.
489   Im Sinne von scheinbar anonymen Machtstrukturen, die zwar von Menschen exekutiert wer-
      den, in denen jedoch auch die Exekutoren in der Logik der Struktur »gefangen« sind und ihr
      handelnd den Gesetzmäßigkeiten der Struktur folgen. In seiner Verbreitung und Anschau-
      lichkeit bestes Beispiel dafür ist die kapitalistische Vergesellschaftung.
490   Berger/Luckmann, S. 111.
491   Ebd., S. 117.

gang zum nationalen Gedächtnis noch später als zu den gesellschaftlichen Institutionen.[492]

Erinnerungskultur in diesem Modus affirmiert also bestehende Herrschaftsstrukturen und dient der Gruppe oder der Struktur, die an den berühmten längeren Hebeln sitzt. Der andere Modus wäre der des *subversiven* Gedächtnisses.[493] Denn es ist auch *der* Fall ein heuristischer, in dem von einer Gesellschaft ausgegangen wird, in der es nur *ein* Gedächtnis gäbe. Es wird immer konkurrierende Gedächtnisse geben, die mit dem dominierenden nicht im Einklang stehen. Gegenläufige Erinnerungen lassen sich auch in relativ monolithischen Gesellschaften finden, und sei es nur auf der Ebene der Familie.

Es ist also auch ein verbreiteter, »normaler« Modus der Erinnerungskultur, der »herrschenden« zuwiderzulaufen. Die Frage ist dann lediglich, welcher Anspruch mit dem abweichenden Gedächtnis verbunden ist. Handelt es sich um ein Familiengedächtnis, das lediglich in diesem überschaubaren Kreis Geltung beansprucht und nur in einigen Punkten vom offiziellen Gedächtnis abweicht? Oder fordern die Trägerinnen und Träger dieser konkurrierenden Auffassung von Vergangenheit die Gültigkeit ihres Gedächtnisses auch für andere Gruppen oder gar die ganze Gesellschaft ein?[494]

Abgesehen davon können minoritäre Erinnerungen allerdings auch dadurch Eingang in das dominierende Kollektivgedächtnis finden, dass die Akteur/-innen der herrschenden Erinnerungskultur versuchen, sich vom minoritären Gedächtnis abzugrenzen und dieses gerade dadurch reproduzieren, oder dadurch, dass die Minderheit und damit auch ihr Gedächtnis doch noch erfolgreich integriert wurde. Das »Erbe« aller großen Kollektive jedenfalls besteht immer auch aus minoritären Elementen.[495]

Bei der Suche nach Beispielen für herrschaftsaffirmative beziehungsweise -subversive kollektive Gedächtnisse fiel auf, dass es verbreiteter zu sein scheint, Gesellschaften oder Gruppen affirmativ durch Gleichschaltung der Erinnerung zu vereinheitlichen, als sie subversiv zu unterwandern. Denn auch bei subversiven Identitätskonstruktionen geht es weniger um die Zerstörung der übergeordneten Gesellschaft als um den Aufbau oder Erhalt der je eigenen, partikularen Gruppe und deren Identitätstypen. Das Bestreben, die Einheit der Kultur einer Gruppe zu erreichen, wird sehr oft mittels der Vereinheitlichung des Gedächtnisses verfolgt – sowohl durch Erfindung oder Betonung bestimmter Ereignisse als auch durch die Auslöschung des Gedächtnisses an unerwünschte Ereignisse und Erfahrungen.

Die bis hierhin erfolgte Unterteilung in dominierende und subversive Erinnerung geht von heuristischen Idealfällen von Gesellschaften aus, in denen immer nur eine

---

492 Gillis, John R.: Memory and Identity, S. 10.
493 Bekannter ist der Begriff *Gegengedächtnis*. Vgl. Olick, Jeffrey K. / Robbins, Joyce: Social Memory Studies: From »Collective Memory« to the Historical Sociology of Mnemonic Practices. In: *Annual Review of Sociology* 24 (1998), S. 105–140.
494 Eine detailliertere Diskussion dieses Themas erfolgt in Kapitel 4.3.
495 Vgl. Lowenthal, David: Identity, Heritage, and History. In: Gillis, John R. (Hg.): Commemorations. S. 41–57.

Erinnerungskultur herrscht und von einzelnen Gegengedächtnissen herausgefordert wird. Sieht man sich die meisten modernen Gesellschaften der Gegenwart in der westlichen Welt an, kommt man jedoch kaum umhin, einen *Pluralismus* der Erinnerungskulturen zu konstatieren. Pluralismus ist hier in dem Sinne zu verstehen, dass mehrere kollektive Gedächtnisse um die Geltung in der Gesellschaft miteinander konkurrieren. Dabei kann es durchaus einige geben, die gleichzeitig von großen Teilen der Bevölkerung vertreten werden, während andere marginal bleiben. Ebenso ist die Dominanz eines Gedächtnisses bei synchron vorhandenen und akzeptierten Parallel-Gedächtnissen möglich. Gemeinsam ist all diesen Varianten, dass mit der Existenz verschiedener kollektiver Gedächtnisse nicht zwangsläufig die Motivation in diesen Kollektiven verbunden sein muss, das Gedächtnis der gesamten Gesellschaft bestimmen zu wollen. Und selbst in den Fällen, in denen diese Motivation vorhanden sein sollte, würden politische Mechanismen wie die Ausbalancierung von Kräftegleichgewichten innerhalb geregelter und aushandelnder Auseinandersetzung eine solche Dominanz nicht erlauben. Man hat in diesen Gesellschaften also davon auszugehen, dass prinzipiell mehrere kollektive Gedächtnisse nebeneinander bestehen können, ohne dass eine Erinnerungskultur der Gesamtgesellschaft damit in Frage stünde. So können die erinnerungspolitischen Kämpfe der achtziger Jahre in der Bonner Bundesrepublik (von Bitburg bis zum Haus der Geschichte) als Auseinandersetzung zwischen zwei dominanten Versionen einer deutschen Erinnerungskultur interpretiert werden. Die konservative wollte von Holocaust und deutschen Tätern nichts mehr wissen und hatte stattdessen ein wieder erstarktes, auf lange Kontinuitäten, freilich unter Ausklammerung des Nationalsozialismus, aufbauendes Nationalbewusstsein im Blick. Die sozialdemokratisch-liberale dagegen wollte sich der deutschen Taten zwischen 1933 und '45 bewusst bleiben und beabsichtigte, daraus eine aufgeklärte, selbstreflexive, aber trotzdem nationale Identität gewinnen. Und auch die gegenwärtige Bedeutungszunahme der Erinnerung an deutsche Bombenopfer und »Vertriebene« kann als eine Gegenbewegung gegen das spätestens seit den achtziger Jahren auch in Deutschland stark gewordene, vor allem offizielle, Gedenken an die Shoah interpretiert werden.

Wenn eben die Rede von konkurrierenden Erinnerungskulturen einzelner Kollektive neben einer gesamtgesellschaftlichen Erinnerungskultur war, ist das Absicht. Denn obwohl es offensichtlich die verschiedenen Gedächtnisse einzelner Gruppen gibt, und diese Gruppen selbst solche Größen wie die politischen Lager der Konservativen und der Sozialdemokraten annehmen können, bleibt offensichtlich immer noch eine Gemeinsamkeit. Alle reihen sich ein in die nationale Erinnerungskultur und verkörpern Teile eines nationalen deutschen Gedächtnisses. Das Konzept Nation wird auch im 21. Jahrhundert nur von winzigen Minderheiten ernsthaft in Frage gestellt und erweist sich neben der Religion als das in Bezug auf die Größe der konstruierten Kollektive nach wie vor wirkungsmächtigste Integrationsmittel von Gesellschaften. Das bedeutet: Wenn auch von einer Pluralität der verschiedenen Erinnerungskulturen einzelner sozialer und politischer Gruppen ausgegangen werden muss, werden diese von der übergreifenden Erinnerungskultur der jeweiligen Gesellschaft überspannt, die in der Regel auch heute noch national verfasst ist. Allerdings müssen solche umfassenden Erinnerungskulturen umso unbestimmter und deutungsoffener sein, je weiter sie ausgreifen.

3.3.6 Erinnerungspolitik. Erinnerung als permanente Neuverhandlung

3.3.6.1 Was ist Erinnerungspolitik?

Wie wir bis hierhin bei Entstehung, Struktur und Funktionen von Vergangenheitsbezügen gesehen haben, bestimmt die Gegenwart der Erinnernden, was und wie kollektiv erinnert wird. Und eben jene gegenwärtigen Einstellungen und Bedürfnisse sind – bezogen auf das *kollektive* Gedächtnis – immer Teil von politischen Aushandlungen, Streits und Kämpfen um die in der Gesellschaft allgemeinverbindlich geltenden Regeln. Gesellschaftliche Konstruktion von Vergangenheit und politische Auseinandersetzungen stehen dabei in einem Verhältnis gegenseitiger Abhängigkeit, auf das ich hier näher eingehen will.[496]

Zur Bezeichnung dieser politischen Prozesse und Zustände kämen mehrere Begriffe in Frage. Vergangenheitspolitik[497] und Geschichtspolitik[498] etwa sind Termini, die im Rahmen (deutschsprachiger) politik- und geschichtswissenschaftlicher Forschung auf ganz unterschiedliche Phasen politischer Auseinandersetzung mit der Vergangenheit angewandt wurden. »Vergangenheitspolitik« bezieht sich bei Norbert Frei vor allem auf politische Debatten, juristische Verfahren und Gesetzgebung der westdeutschen Nachkriegsperiode in Bezug auf die nationalsozialistische Vergangenheit. Petra Bock und Edgar Wolfrum erweiterten den Begriff auf diktatorische oder autoritäre Vergangenheiten im Allgemeinen, nicht nur die deutsche.[499] Günther Sandner nimmt noch eine weitere Expansion vor und schlägt vor, unter Vergangenheitspolitik sei »politischer, justizieller und kultureller Umgang einer *demokratischen* Gesellschaft mit ihrer *diktatorischen* Vergangenheit« zu verstehen und ordnet sie anschließend der »Geschichtspolitik« unter. Diese wiederum meine die politische Instrumentalisierung von Geschichte generell.[500] Das mittlerweile gängige Verständnis von Geschichtspolitik meint in Abgrenzung zur Vergangenheitspolitik die Ge-

---

496   Helmut König behandelt das Thema aus politikwissenschaftlich-philosophischer Sicht und kommt zum gleichen Ergebnis: »Zur Analyse politischer Systeme und politischen Handelns gehört […] die Gedächtnisdimension unabdingbar hinzu.« (Politik und Gedächtnis, S.11), und: »In allen Formen der Gedächtnispolitik geht es um die Herstellung und Stabilisierung der Legitimität politischer Ordnungen und Handlungen.« (ebd., S.12).

497   Frei, Norbert: Vergangenheitspolitik. Die Anfänge der Bundesrepublik und die NS-Vergangenheit. München: Beck 1996.

498   Wolfrum, Edgar: Geschichtspolitik in der Bundesrepublik Deutschland.

499   Bock, Petra / Wolfrum, Edgar: Einleitung, in: dies. / ders. (Hg.): Umkämpfte Vergangenheit, S. 7–14, hier 8f.

500   Alles, was die Erinnerung politisiere: inklusive aller Motive und Modalitäten ihrer Konstruktion – Sandner, Günther: Hegemonie und Erinnerung. Zur Konzeption von Geschichts- und Vergangenheitspolitik. In: *Österreichische Zeitschrift für Politikwissenschaft* 30 (2001) 1, S. 5–17, hier 7 [Hervorh.: M.B.].

samtheit aller Vergangenheitsrepräsentationen, die ihren Schwerpunkt in öffentlich-symbolischem Handeln anstatt in praktisch-politischen Maßnahmen hat.[501]

Unter der Perspektive dieser Arbeit spielt jedoch keine Rolle, ob sich die Auseinandersetzung mit der Vergangenheit um die dunkle Zeit einer überwundenen Diktatur dreht oder um die glorreichen Taten der Gründerväter einer seitdem in Kontinuität bestehenden Gesellschaft. Auch eignen sich beide Begriffe, Vergangenheits- und Geschichtspolitik, nicht für eine Beschreibung der politischen Dimension von Erinnerungskulturen, da sie vor allem auf das Vergangene als Erinnertes Bezug nehmen, weniger jedoch auf den *Vorgang* der kollektiven Erinnerung. Der Terminus »Gedächtnispolitik« würde dem zwar näher kommen, hat jedoch mit dem Gedächtnis vor allem den *Bestand* an Vergangenheitsrepräsentationen im Griff. Da es hier aber vor allem um die politischen *Prozesse* der Auseinandersetzung mit der Vergangenheit geht, verwende ich den Begriff der *Erinnerungspolitik*. Ich schließe mich damit Michael Kohlstruck an, der davon ausgeht, dass zu »jeder öffentlichen Deutung von Vergangenheit [...] benennbare Interessen von aktiv Handelnden« gehören, und Erinnerungspolitik demzufolge definiert als das »strategische Operieren mit Geschichtsdeutungen zur Legitimierung politischer Projekte.«[502] Sie sei dabei keine spezifische Form politischen Handelns unter anderen (wie die Verständnisse von Vergangenheits- und Geschichtspolitik nahe legen), sondern bezeichne generell die Strategie, Politik durch Geschichte zu legitimieren.[503] Davon und vom bis hier entwickelten Verständnis von Erinnerungskultur ausgehend, besteht *Erinnerungspolitik im Verfolgen gegenwärtiger politischer Interessen* wie der Legitimierung von Institutionen, Sinnwelten und Identitäten *unter Zuhilfenahme von Repräsentationen und Interpretationen der Vergangenheit*. Gleichzeitig wird im Rahmen der Erinnerungspolitik ausgehandelt, *welche* Aspekte der Vergangenheit als bedeutsam für die Gegenwart gelten und *wie* sie erinnert werden. Erinnerungspolitik ist also die konkrete gesellschaftliche Auseinandersetzung um und zwischen Erinnerungskulturen: was soll zum Teil des kollektiven Gedächtnisses werden und welchen Zwecken soll es dienen?

Die *Funktionen der Erinnerungspolitik* fallen damit in eins mit den Funktionen, welche die Erinnerungskulturen in der politischen Auseinandersetzung übernehmen. Erinnerungspolitik dient 1. der *Legitimation* von Institutionen, individuellen und kollektiven Handlungen sowie Sinnwelten, 2. dazu, einen *Zeitbezug* für die einzelnen Gruppenmitglieder herzustellen, vermittelt 3. *Identität* und kollektive *Identitätstypen* und hat somit 4. die Herstellung der *Kohärenz* der Kollektive zum Ziel.

---

501 Wolfrum, Edgar: Geschichtspolitik in der Bundesrepublik Deutschland 1949–1989; ders.: Geschichtspolitik in der Bundesrepublik Deutschland, S. 20.

502 Kohlstruck, Michael: Erinnerungspolitik: Kollektive Identität, Neue Ordnung, Diskurshegemonie. In: Schwelling, Birgit (Hg.): Politikwissenschaft als Kulturwissenschaft. Theorien, Methoden, Problemstellungen. Wiesbaden: Verlag für Sozialwissenschaften 2004, S. 173–193, hier 176.

503 Ebd., S. 178.

3.3.6.2 Legitimation durch Erinnerungspolitik

Die Erinnerungspolitik legitimiert gesellschaftliche Institutionen, Handlungen und symbolische Sinnwelten, indem sie Begründungen für diese aus der Vergangenheit liefert.[504] Dabei kann sich durchaus zu verschiedenen Zeiten oder von verschiedenen Akteuren auf dasselbe Ereignis mit jeweils unterschiedlichen Schlussfolgerungen bezogen werden.[505]

Ein anschauliches Beispiel liefert der Umgang mit der Erinnerung an Nationalsozialismus und Holocaust in den Nachkriegsgesellschaften von DDR und BRD. In beiden Fällen war es hauptsächlich der schnelle Übergang der Alliierten von der Entnazifizierung zur Blockkonfrontation des Kalten Krieges, der den Umgang mit Nazizeit und Zweitem Weltkrieg und dadurch auch mit dem Holocaust zunächst bestimmte. Wo nicht mehr über den Krieg und das gemeinsame Agieren der ehemaligen Alliierten geredet werden sollte, war auch kein Platz für ein Ansprechen der Judenvernichtung. Wo auf der einen Seite der Antikommunismus die Thematisierung der deutschen Verbrechen an der Ostfront verunmöglichte, verbot auf der anderen Seite der Antiimperialismus die Erwähnung der eben noch vorhandenen Zusammenarbeit gegen einen gemeinsamen Feind und seine Verbrechen.[506]

Um das Beispiel der Erinnerung an den Holocaust in SBZ und DDR erneut aufzugreifen: Hatte es in der Sowjetischen Besatzungszone nach dem Krieg – ebenso wie in der westlichen Emigration antifaschistischer Deutscher – durchaus noch eine jüdisch-kommunistische Zusammenarbeit gegeben, in der es auch um die Opfer des Holocaust ging, ergab sich aus den politischen Konstellationen ab 1949 ein anderer Umgang mit der Vergangenheit. Aufgrund der antisemitischen Verknüpfung von Kapitalismus, Judentum, Imperialismus und Israel im Kosmopoliten-Feindbild[507] wurden Jüdinnen und Juden in der DDR (und auch diejenigen, die mit ihnen in der Emigration zusammen gearbeitet hatten) nicht nur weitgehend aus allen höheren politischen Positionen entlassen, sondern auch als solche wieder Ziel staatlicher Verfolgung. Das führte unter anderem zur erneuten Emigration: 3500 der 5000 noch oder wieder in der DDR lebenden Jüdinnen und Juden sahen sich gezwungen, die

---

504   Siehe Kapitel 3.3.4.1.

505   Vgl. Diner, Dan. Ereignis und Erinnerung. Über Variationen historischen Gedächtnisses. In: Faulenbach, Bernd / Schütte, Helmuth (Hg.): Deutschland, Israel und der Holocaust. Zur Gegenwartsbedeutung der Vergangenheit. Essen: Klartext 1998, S. 55–70.

506   Herf, Jeffrey: Zweierlei Erinnerung, S. 17ff. Die einsetzende Blockkonfrontation führte so auch zu einem radikalen Wandel des Bildes von Kriegsereignissen und den ehemaligen Alliierten. So übernahm die Erinnerungspolitik der DDR ab Ende der vierziger Jahre Inhalte und Vokabular der nationalsozialistischen Propaganda, indem der Luftangriff auf Dresden als militärisch sinnlose Vernichtungstat der »amerikanischen Luftgangster« dargestellt wurde und in Gedenkveranstaltungen explizit die westlichen Alliierten mit der SS gleichgesetzt wurden. Vgl. Margalit, Gilad: Dresden und die Erinnerungspolitik in der DDR. In: historicum.net, http://www.bombenkrieg.historicum-archiv.net/themen/ddr.html, 25.1.2004.

507   Vgl. hierzu auch Klaus Holz' Untersuchung des antizionistischen Antisemitismus des Ostblocks. U.a. in: ders.: Nationaler Antisemitismus. Wissenssoziologie einer Weltanschauung. Hamburg: HIS 2001.

DDR zu verlassen.[508] Ebenso wie die Anti-Hitler-Koalition gehörte der Holocaust zu den Themen, die nicht anzusprechen waren, und wer das doch tat, sah sich wie der Mexiko-Remigrant Paul Merker dem Vorwurf ausgesetzt, den Imperialisten zuzuarbeiten. Jüdischen Opfern des Nationalsozialismus' wurde erst zögerlich eine Anerkennung als Verfolgte der Nazis zuteil.[509] Selbst die jüdisch-kommunistische Solidarität während des »Dritten Reiches« galt nun als jüdische Verschwörung zur Unterwanderung des kommunistischen Exils oder als westliche Spionage. Diesen Vorgaben folgte die Erinnerungspolitik in der DDR bis in die achtziger Jahre hinein.[510]

In der Bundesrepublik bestimmten bis Ende der fünfziger Jahre andere Vorgaben die Erinnerungspolitik. Vor dem Hintergrund der Westintegration wurde die Entnazifizierung schnell beendet bzw. abgebrochen, um Wirtschaft und Verwaltung so bald wie möglich wieder aufzubauen, aber auch aus der Befürchtung heraus, Nationalsozialisten und die Sympathie für sie durch Verfolgung wieder zu stärken. Als beste Voraussetzung zum Aufbau einer Parteiendemokratie und zur Überwindung des Nationalsozialismus' erschien das Beschweigen jener zwölf Jahre. Der Blick in die Vergangenheit störte und folglich gerieten auch in der Bundesrepublik der Holocaust und die Anti-Hitler-Koalition in den Hintergrund des Erinnerns.[511] Zugleich erforderte das Ziel einer vollen diplomatischen Anerkennung aber auch Akte wie die vermeintliche »Wiedergutmachung«, die – gegen den Willen der Bevölkerungsmehrheit – durch Zahlungen an Israel guten Willen demonstrieren sollte und hoffte, das Thema damit erledigt zu haben.[512]

Wichtig war in beiden deutschen Staaten die »Normalisierung der Gegenwart«.[513] Täter/-innen und Mitläufer/-innen wurden vor allem in der Bundesrepublik, teilweise aber auch in der DDR, stillschweigend integriert. Eine Ausnahme vom Beschweigen stellte in beiden Ländern die kollektive Erinnerung an deutsches Lei-

---

508 Goschler, Constantin: Paternalismus und Verweigerung. Die DDR und die Wiedergutmachung für jüdische Verfolgte des Nationalsozialismus. In: *Jahrbuch für Antisemitismusforschung* 2 (1993), S. 93–117.

509 Groehler, Olaf: Erblasten: Der Umgang mit dem Holocaust in der DDR. In: Loewy, Hanno (Hg.): Holocaust: die Grenzen des Verstehens, S. 110–127. Siehe auch: Koonz, Claudia: Between Memory and Oblivion, S. 258–280.

510 Herf, Jeffrey: Zweierlei Erinnerung, S. 130–193.

511 Manche Aspekte – wie die Verbrechen der Wehrmacht oder die Bereicherung von Wirtschaft und Bevölkerung an Arisierung und Zwangsarbeiter/-innen – konnten noch bis in die 1980er und 1990er Jahre erfolgreich aus dem öffentlichen Diskurs herausgehalten werden. Vgl. Frei, Norbert: Farewell to the Era of Contemporaries. National Socialism and Its Historical Examination en route into History. In: *History & Memory* 9 (1997) 1, S. 59–79.

512 Herf, Jeffrey: Zweierlei Erinnerung, S. 239–394. Außerdem: Wolfrum, Edgar: Die beiden Deutschland. In: Knigge, Volkhart / Frei, Norbert (Hg.): Verbrechen erinnern. Die Auseinandersetzung mit Holocaust und Völkermord. München: Beck 2002, S. 133–149.

513 Bar-On, Dan: Die Erinnerung an den Holocaust in Israel und Deutschland. In: *Aus Politik und Zeitgeschichte* (2005) 15, S. 37–45, hier 37.

den dar: über Flucht, Vertreibung und Umsiedlung der Deutschen,[514] über deutsche Kriegstote und Bombenopfer wurde stets geredet und geschrieben.[515] Jenseits der Aktivitäten auf staatlicher Ebene[516] äußerte sich die Erinnerungspolitik der fünfziger Jahre im Westen Deutschlands unter anderem im konsequenten Abriss von Mahnmälern für ermordete sowjetische Kriegsgefangene, um am selben Ort Denkmäler für deutsche »Vertriebene« zu errichten.[517] Keinesfalls aber ist *deutsches* Leiden in den beiden Nachfolgestaaten des »Dritten Reichs« je marginalisiert oder gar tabuisiert worden – wie im Rahmen des aktuellen Booms deutscher Opfererinnerung immer wieder faktenwidrig beteuert wird.[518]

All diese erinnerungspolitischen Maßnahmen legitimierten also unter Bezug und Nicht-Bezug auf dieselben historischen Ereignisse die vielfältigsten Institutionen, Sinnwelten und Handlungen, zuvörderst den jeweiligen Nationalstaat. Die in den westlichen Staatenverbund eingebundene Parteiendemokratie der BRD legitimierte sich in ihren ersten Jahren nach innen, indem die Erinnerung an die Nazizeit zum größten Teil verhindert und sich vor allem auf die Gegenwart des »Aufbaus« fokussiert wurde, und nach außen dadurch, dass sie als das geläuterte, »andere Deutschland« durch »Wiedergutmachung« für die Untaten der Vergangenheit in gewissem Rahmen Verantwortung übernahm. Auch die Sinnwelt des Antikommunismus wurde mit Hilfe der Erinnerungspolitik legitimiert: Im Weltbild des »antitotalitären« Mythos hatte der Kommunismus in Zusammenarbeit mit dem Nationalsozialismus die Weimarer Demokratie von den »Rändern« her zerstört.[519]

---

514   Ther, Philipp: Die Last der Geschichte und die Falle der Erinnerung; Hahn, Hans Henning und Eva: Mythos »Vertreibung«.

515   Erst gegen Ende der fünfziger Jahre zum Beispiel erschienen die ersten Jugendbücher, die sich mit dem Thema NS und Krieg auseinandersetzten. Bis dahin gab es vor allem Literatur, die deutsche Fluchtgeschichten zum Thema hatten. Vgl. Dahrendorf, Malte: Die Darstellung des Holocaust in der westdeutschen Kinder- und Jugendliteratur.

516   Siehe etwa die vom Bundesministerium für Vertriebene, Flüchtlinge und Kriegsgeschädigte ab 1954 herausgegebene und mehrere Bände umfassende »Dokumentation der Vertreibung der Deutschen aus Ost-Mitteleuropa« (Band 1 als: »Die Vertreibung der deutschen Bevölkerung aus den Gebieten östlich der Oder-Neisse«, Bonn 1954). Vgl. dazu: Welzer, Harald: Von der Täter- zur Opfergesellschaft: Zum Umbau der deutschen Erinnerungskultur. In: Erler, Hans (Hg.): Erinnern und Verstehen. Der Völkermord an den Juden im politischen Gedächtnis der Deutschen. Frankfurt/M. / New York: Campus 2003, S. 100–106.

517   Zimmermann, Michael: Negativer Fixpunkt und Suche nach positiver Identität. Der Nationalsozialismus im kollektiven Gedächtnis der alten Bundesrepublik. In: Loewy, Hanno (Hg.): Holocaust, S. 128–143, hier 132.

518   Frevert, Ute: Geschichtsvergessenheit und Geschichtsversessenheit revisited. Der jüngste Erinnerungsboom in der Kritik. In: *Aus Politik und Zeitgeschichte* B (2003), 40–41, S. 6–13.

519   In den fünfziger Jahren erlebte die Totalitarismustheorie ihre Blütezeit. Vgl. Wippermann, Wolfgang: Totalitarismustheorien. Die Entwicklung der Diskussion von den Anfängen bis heute. Darmstadt: Primus 1997; Kapferer, Norbert: Der Totalitarismusbegriff auf dem Prüfstand. Ideengeschichtliche, komparatistische und politische Aspekte eines umstrittenen Terminus. Dresden 1995; Greiffenhagen, Martin / Kühnl, Reinhard / Müller, Johann Baptist (Hg.): Totalitarismus. Zur Problematik eines politischen Begriffs. München: List 1972.

Die DDR dagegen legitimierte sich als Staat, indem sie sich auf die antifaschistische Herkunft ihrer Eliten aus dem Widerstand gegen den Nationalsozialismus be-
zog und ihre gesamte sozialistische Existenz gemäß der von Dimitroff popularisier-
ten Faschismus-Definition der Komintern[520] als per se antifaschistisch, weil nicht
mehr kapitalistisch präsentieren konnte. Deshalb wurde sich in der offiziellen Erinnerung an das »Dritte Reich« auch vor allem auf den kommunistischen Widerstand
und eben nicht auf die Vernichtung der Jüdinnen und Juden bezogen. Außerdem
legitimierte sich die vom Antisemitismus schwer zu trennende Sinnwelt des Antizi-
onismus im Ostblock jener Jahre unter anderem dadurch, die jüdisch-kommunistische antifaschistische Zusammenarbeit als Verschwörung und Spionage umzudeuten
und die Erinnerung an die nationalsozialistischen Menschheitsverbrechen an Jüdinnen und Juden in den Hintergrund zu drängen. Teilweise geschah das auch in Spielarten des *sekundären* Antisemitismus: Jüdischen Organisationen wurde vorgeworfen, die Shoah nur für ihre vermeintlich habgierigen Zwecke missbrauchen zu
wollen.

3.3.6.3 Zeitbezug durch Erinnerungspolitik

Eine weitere Funktion der Erinnerungskultur ist das Herstellen des Zeitbezugs für
die Mitglieder eines Kollektivs.[521] Dasselbe gilt nun für die Erinnerung in der politischen Auseinandersetzung, also die Erinnerungspolitik. Dazu gehört sowohl die
synchrone als auch die diachrone Dimension: synchron als Herstellung von Gleichzeitigkeit der Zeitvorstellungen aller Gruppen-/ Gesellschaftsmitglieder, diachron als
Vermittlung von Kontinuität und Herkunft.[522] Erinnerungspolitik in der *synchronen*
Dimension bindet die individuelle Biographie in die Geschichte des Kollektivs ein.
Sie sucht den Menschen eine einheitliche Vorstellung davon zu vermitteln, in welcher Zeit sie leben und dass dies für alle die gleiche sei. Darunter fallen beispielsweise die Anstrengungen, nach dem Zusammenbruch des realsozialistischen Sys-
tems dessen Ära für beendet und überwunden anzusehen. Für den Zusammenhalt
dieser postsozialistischen Gesellschaften ist es wichtig, dass sich ihre Mitglieder
möglichst mehrheitlich im postsozialistischen Zeitalter wähnen und nicht größere
Teile sich ihrer Vorstellung nach in Zeiten befinden, die andere Teile der Gesellschaft für die Vergangenheit halten.

---

520 »Der Faschismus an der Macht, Genossen, ist, wie ihn das XIII. Plenum des EKKI richtig
     charakterisiert hat, die offene terroristische Diktatur der reaktionärsten, am meisten chauvi-
     nistischen, am meisten imperialistischen Elemente des Finanzkapitals.« – Dimitroff, Georgi:
     Die Offensive des Faschismus und die Aufgaben der Kommunistischen Internationale im
     Kampf für die Einheit der Arbeiterklasse gegen den Faschismus. In: Institut für Marxismus-
     Leninismus beim ZK der SED (Hg.): Wilhelm Pieck – Georgi Dimitroff – Palmiro Togliatti:
     Die Offensive des Faschismus und die Aufgaben der Kommunisten im Kampf für die Volks-
     front gegen Krieg und Faschismus. Referate auf dem VII. Kongreß der Kommunistischen
     Internationale (1935). Berlin: Dietz 21960 [1957], S. 85–178, hier S. 87.
521 Vgl. Kapitel 3.3.2.
522 Vgl. Kapitel 3.3.2, insbes. Anm. 424.

Erinnerungspolitik in der *diachronen* Dimension vermittelt die Geschichte und die Herkunft des Kollektivs. Dies kann durch die ganze Palette erinnerungspolitischer Einrichtungen geschehen – Feiertage, Jubiläumsfestlichkeiten, Museen, Ausstellungen, Filme, Romane, Radiofeatures, aber auch Denkmäler und Gedenkstätten. Einrichtungen wie das »Haus der Geschichte der Bundesrepublik Deutschland« mit seinen zwei Objekten in Bonn und Leipzig vermitteln, teilweise mit Anklängen an Heilsgeschichte, dass die Besucher/-innen in einer Zeit leben, in der die dunklen Phasen Deutschlands zum Glück überwunden seien: die gegenwärtige, nationale Gesellschaft und ihre Mitglieder könnten auf eine gemeinsame Geschichte zurückblicken, in der sei zwar auch viel Schlechtes »über sie gekommen«, am Ende hätte man jedoch die gegenwärtigen, positiven Zustände erreicht und die schlechten des Nationalsozialismus und der DDR endgültig überwunden.

Eine gemeinsame Geschichte können Staaten auch auf der nächsten Ebene, durch die gemeinsame Erinnerung an gemeinsames Erinnern, zu konstruieren versuchen.[523]

3.3.6.4 Erinnerungspolitik, Identität und Identitätstypen

Mit den eben genannten Funktionen verbunden, aber trotzdem von ihnen zu scheiden ist die Vermittlung von Identität und kollektiven Identitätstypen durch Erinnerungspolitik. Wenn Mitgliedern einer Gruppe ein Bezug zur kollektiven Geschichte beigebracht und der aktuelle Staat legitimiert wird, ist damit immer auch verbunden, dem Individuum eine Identität zu vermitteln, die es sich als Teil des Kollektivs fühlen lässt. Der Einbau von kollektiven Identitätstypen in die subjektive Selbstbeschreibung gehört zu den Aufgaben, welche die Erinnerungspolitik mit zu übernehmen hat. Dadurch werden neue Generationen in das Kollektiv eingefügt, und von außen dazukommenden Individuen wird es ermöglicht, sich als Teil der Gruppe zu verstehen.

Wenn im Falle Nachkriegs-Deutschlands die Erinnerungspolitik meist daran orientiert war, ein Selbstbild zu restaurieren resp. zu konstruieren, »mit dem es sich wieder leben lässt«,[524] lässt sich der Zusammenhang von Erinnerungspolitik und kollektiven Identitätstypen auch am Beispiel des israelischen Umgangs mit dem Holocaust nachvollziehen. Die Überlebenden der Shoah, die nach der Zerschlagung des Nationalsozialismus in das neu gegründete Land kamen, entsprachen nicht dem Selbst, das die Israelis von sich und dem Land hatten und haben wollten. Gerade den auf Vernichtung zielenden Angriff der umliegenden arabischen Staaten zurückge-

---

523 Vgl. dazu Young, James E.: Die Textur der Erinnerung, S. 222f.
524 Soeffner, Hans-Georg: Selbsterlösung. Einige Grundzüge deutscher Erinnerungspolitiken. In: Poggi, Stefano / Rudolph, Enno (Hg.): Diktatur und Diskurs. Zur Rezeption des Totalitarismus in den Geisteswissenschaften. Luzern: Orell Füssli 2005, S. 337–364, hier 345. Dort auch der Nachweis, dass mittlerweile eher die *Anerkennung* der Schuld und das vorbildliche Gedenken im religiösen Kontext von Schuld, Reue, Sühne und Gnade dazu dient, die deutsche Gesellschaft aus anderen herauszuheben.

schlagen, verband sich die israelische Identität eher mit Stärke, Heldentum und der Vergewisserung, sich gegen alle Bedrohungen zur Wehr setzen zu können.[525]

Dem stand das Bild der aus den KZs Entkommenen diametral gegenüber. Sie wurden vom Yischuw[526] mehrheitlich als die passiven Opfer, die Schafe, die sich ohne Murren zur Schlachtbank hatten führen lassen, angesehen.[527] Aus seiner zionistischen Sicht hatte der Yischuw gegenüber den assimilierten Jüdinnen und Juden in Europa scheinbar Recht damit behalten, sich in Israel anzusiedeln: immerhin hatte man dort ja überlebt.[528] Auch die Machtlosigkeit des Yischuw, den Holocaust zu verhindern, passte nicht in dieses Selbstbild, näher lag das frühe Eingestehen der Schuld, untätig geblieben zu sein – der erste Vorschlag zur Errichtung eines Holocaustmahnmals wurde in Israel bereits 1942 unterbreitet.[529]

Deshalb war es nicht die Sache der israelischen Erinnerungspolitik in David Ben-Gurions[530] erster Regierungszeit, sich die Identitätstypen des Diaspora-Judentums zu eigen zu machen. Dominant war die yischuwistische Sicht, die vor allem durch vor 1948 aus Osteuropa Eingewanderte bestimmt war. Die traumatisierten Shoah-Überlebenden übernahmen diese Perspektive zum größten Teil, als »unschuldiges Identifikationsbegehren«.[531] Zur Grundlage der gemeinsamen Gedenkkultur wurde, dass Holocaust und Heldentum zusammengehören – nicht ohne Grund ist der offizielle Name der Shoah-Gedenkstätte *Yad Vashem* in Jerusalem: »Behörde des Gedenkens

---

525 Die Selbsteinschätzung, immer im Kampf allein gegen viele zu stehen, ist in Israel immer noch weit verbreitet, vgl. Zimmermann, Moshe: Mythen der Verfolgung im israelischen Alltag. In: Welzer, Harald (Hg.): Das soziale Gedächtnis. S. 296–320. Ob man diese Wahrnehmung angesichts realer Bedrohungsszenarien tatsächlich allein als Mythos begreifen kann, darf in Frage gestellt werden, vgl. Friedländer, Saul: Die Shoah als Element in der Konstruktion israelischer Erinnerung. In: *Babylon. Beiträge zur jüdischen Gegenwart* 2 (1987) 2, S. 10–22.

526 Die schon vor der Staatsgründung in Israel ansässige jüdische Gesellschaft.

527 Zimmermann, Moshe: Vom Jischuw zum Staat – Die Bedeutung des Holocaust für das kollektive Bewußtsein und die Politik in Israel. In: Faulenbach, Bernd / Schütte, Helmuth (Hg.): Deutschland, Israel und der Holocaust, S. 45–53 (Geschichte und Erwachsenenbildung, 7); Segev, Tom: Die siebte Million. Reinbek: Rowohlt 1995. Die Unterteilung in Helden und Opfer hatte sogar einen geschlechtlichen Aspekt: der zionistische Widerstand maskulinisiert, die Shoah feminisiert – Lentin, Ronit: Memory, Forgetting, and Mourning Work: Deviant Narratives of Silence in the Gendered Relations between Israeli Zionism and the Shoah. In: dies. (Hg.): Re-Presenting the Shoah for the 21st Century, New York, Oxford: Berghahn 2004, S. 59–76.

528 Wenn auch knapp, da die deutschen Truppen bereits in Ägypten standen und die SS sich schon auf Vernichtungsmaßnahmen vorbereitete. Ohne den alliierten Sieg über das deutsche Afrika-Korps bei El Alamein wäre auch die jüdische Bevölkerung Palästinas zum Gegenstand des deutschen Vernichtungswahns geworden. Vgl. Diner, Dan: Kumulative Kontingenz. Jüdische Erfahrung und israelische Legitimität. In: ders.: Gedächtniszeiten. Über jüdische und andere Geschichten. München: Beck 2003, S. 201–227.

529 Segev, Tom: Die siebte Million, S. 145.

530 Ben-Gurion war der erste Premierminister Israels nach der Staatsgründung und hatte dieses Amt mit Unterbrechung bis 1963 inne.

531 Diner, Dan: Kumulative Kontingenz, S. 211.

an Shoah und Heldenmut«. Das blieb die dominierende Richtung der Erinnerungspolitik, auch wenn es immer davon abweichende Trends gab und gibt.

Vor demselben Hintergrund wurde 1959 auch der Gedenktag an die Shoah, *Yom Hashoah*, so eingerichtet, dass er eine symbolische Linie vom jüdischen Leiden über den jüdischen Widerstand bis hin zur Gründung des Staates Israels zieht: Er liegt in der Mitte der sechswöchigen Zeit des Aufstands im Warschauer Ghetto und eben-falls in der Mitte der siebenwöchigen religiösen Trauerzeit, die *Pessach* (das Fest der Freiheit nach dem Auszug aus Ägypten) mit *Schawuot* (die Erntedank-Feier zur Erinnerung an den Empfang der Zehn Gebote) verbindet. Eine Woche nach *Yom Hashoah* wird dann der Gedenktag für die Gefallenen der Kriege[532] begangen, einen Tag nach diesem Trauertag wiederum wird der Unabhängigkeitstag gefeiert, der Jahrestag der Staatsgründung.[533] *Yom Hashoah* verbindet damit nicht nur religiöse Tradition mit staatlichem Zeremoniell, sondern folgt der erinnerungspolitischen und legitimatorischen Leitlinie: Heldenmut und Notwendigkeit des Staates Israel ange-sichts und wegen der Katastrophe. Deshalb heißt der Tag mit offiziellem Namen auch parallel zu *Yad Vashem* »Tag des Gedenkens an Shoah und Heldenmut«.

Wenn sich die zu legitimierenden Identitätstypen und die an sie gestellten Anfor-derungen ändern, dann ändert sich mit ihnen auch die Sichtweise auf die Vergan-genheit, welche versucht wird, erinnerungspolitisch umzusetzen. Ein in der israeli-schen Erinnerung wichtiges Ereignis, der Kampf von Tel Chai, und sein Haupheld, der einarmige Joseph Trumpeldor, hat eine solche Änderung auf anschauliche Weise hinter sich gebracht.[534]

In Tel Chai, einem Dorf im Norden von Israel, hatten sich 1920 einige jüdische Siedler gegen arabische Angreifer zur Wehr gesetzt. Etliche, unter ihnen Trumpeldor, waren dabei ums Leben gekommen. Trumpeldor wurde recht schnell zur Legende, vor allem, weil er das Idealbild des Neuen Hebräers darstellte: anti-traditionell und anti-Diaspora. Er war Kind assimilierter Eltern, untraditionell, erster jüdischer Offizier in der zaristischen Armee, bereit, anstatt sich auf fremde Hilfe zu verlassen (wie die Juden in der Diaspora), sich selbst zu verteidigen und vor allem das Land. Seine kolportierten letzten Worte sollen gewesen sein: »[E]s ist gut, für unser Land zu sterben.«[535] Das Tel-Chai-Grabmal wurde regelmäßig von Schüler/-innen besucht, der Tag als Gedenktag eingerichtet und Gedicht und Lieder über Trumpeldor geschrieben.

Als dann aber spätere Generationen bereits als »Neue Hebräer« mit eben diesen Idealen aufgewachsen waren, Trumpeldors Beispiel angesichts der Kriegserlebnisse nach 1948 verblasste, das Schweigen über die Shoah zunehmender Präsenz des

---

532 Ursprünglich des Krieges von 1948, danach auch der späteren.
533 Young, James E.: Jom Hashoah: Die Gestaltung eines Gedenktages. In: Berg, Nicolas / Jochimsen, Jess / Stiegler, Bernd (Hg.): Shoah, S. 53–76; und: Friedländer, Saul: Die Shoah als Element in der Konstruktion israelischer Erinnerung, S. 11–13.
534 Zerubavel, Yael: The Historic, the Legendary, and the Incredible, S. 105–123.
535 Ebd., S. 108.

Themas wich, die religiöse Tradition eine immer größere Rolle zu spielen begann, und es nicht mehr zur identitären Selbstverständlichkeit gehörte, sein Leben dem Land zu opfern, veränderte sich das Bild von Trumpeldor. Kritik am Heldenkult wurde stärker, er wurde als normaler Soldat wahrgenommen, und sogar die Überlieferung seiner letzten Worte wurde immer mehr in Frage gestellt: Niemand könne es gut finden, zu sterben, auch nicht für das Land, außerdem hätte er als Einwanderer noch gar nicht so gut Hebräisch gesprochen. Obwohl es aus Sicht der Historiker durchaus als gesichert gilt, dass er diese Worte so gesagt hatte, kursiere sogar eine andere Deutung, die unterstellt, er hätte im Moment des Todes statt »tov lamut be'ad artzenu« den russischen Fluch »Job twoju matj« ausgestoßen.[536] Die alte Version der Vergangenheit konnte also nur solange dominant bleiben, wie sie mit dem Identitätstyp als Israeli übereinstimmte.

3.3.6.5 Kohärenz durch Erinnerungspolitik

Alle bis hierhin genannten Funktionen der Erinnerungspolitik ordnen sich der Funktion unter, für die Kohärenz der betreffenden Gruppe oder Gesellschaft zu sorgen. Die in ihr lebenden Menschen – zumindest eine ausreichende Mehrheit – müssen sich gewiss sein, dass dies ihre Gruppe ist und sie keine Außenstehenden sind sowie dass diese Gruppe oder Gesellschaft sinnvoll und aus guten Gründen so eingerichtet ist. Es geht darum, Legitimationskrisen gesellschaftlicher Institutionen und der Gesellschaft als ganzer entgegenzuwirken, die allerorten und jederzeit auftauchen können. »Gesellschaften brauchen Vergangenheit in erster Linie zum Zwecke ihrer Selbstdefinition.«[537] Daraus folgt keinesfalls, eine funktionierende Erinnerungspolitik führe automatisch zu einer homogenen und stabilen Gesellschaft, die frei jedweden Zentrifugalkräften wäre – Stabilität muss immer wieder neu hergestellt werden und alle modernen, diversifizierten Gesellschaften verfügen außerdem immer über konkurrierende Interpretationen, welche symbolische Sinnwelt die richtige sei. Ebenso wenig folgt daraus, die Erinnerungspolitik sei das einzige Instrument, das an der Herstellung von Kohärenz beteiligt sei.

Ansätze, Erinnerungskultur politisch zu interpretieren und deshalb den Einfluss der Herrschaft auf die kollektive Erinnerung zu betonen, blieben nicht unwidersprochen: Es gebe auch Elemente der Erinnerungskultur, die nicht von mächtigen Institutionen geschaffen worden seien.[538] Gerade die Ohnmächtigen bedienten sich noch eher des Gedächtnisses als die Mächtigen.[539] Das entkräftet jedoch nicht die Feststel-

---

536 Ebd., S. 115. Übersetzung: »Ёб твою мать [Job twoju mat']: Ich habe deine Mutter gevögelt! – sehr verbreitet, wahrscheinlich die häufigste unanständige Redewendung auf russisch, deren Bedeutung, je nach Zusammenhang, von ‚wie geht's‘ bis zu ‚verzieh dich‘ reichen kann.« – Boutler, C. In: (Бес)Толковый Словарь Русского Мата, http://www.russki-mat.net/d/E.htm#eb, 4.1.2007.

537 Assmann, Jan: Kulturelles Gedächtnis, S. 132f.

538 Hirst, William / Manier, David: The Diverse Forms of Collective Memory.

539 Vgl. Aleida Assmann: »Es ist jedoch keineswegs der Fall, dass die Legitimierung von Macht die erste oder gar ausschließliche Aufgabe des Gedächtnisses ist. [...] Während die *Macht* auf

lung, dass Erinnerungskultur immer auch Ergebnis politischer Auseinandersetzungen in der Gesellschaft ist. Denn natürlich kann Erinnerungspolitik auch das Mittel marginalisierter oder unterdrückter Gruppen sein, sich mehr Einfluss zu verschaffen oder sich in der dominierenden Gesellschaft überhaupt einen Identitätstyp als Gruppe zu bewahren.[540] Nichtsdestoweniger bleibt dies aber auch dann Erinnerungs*politik*, wenn es nicht von Seiten der Herrschenden ausgeht, sondern von Seiten der Beherrschten. Auch die unterdrückte Gruppe, die sich auf gemeinsames Gedächtnis beruft, um ihre Gruppenidentitätstypen zu erhalten, betreibt in diesem Falle Erinnerungspolitik. Für diese Feststellung spielt es zunächst keine Rolle, von wem diese betrieben wird, auch wenn diese Unterscheidung bei der Untersuchung eines konkreten Falles selbstverständlich vorgenommen werden muss.

Gleiches gilt für Erinnerungskultur, die versucht, Geschichte durch *Sakralisierung* stillzustellen, indem die politische Dimension des Gedenkens und des Erinnerten »entnannt« wird.[541] Auch wenn alle politischen Zusammenhänge scheinbar aus dem Erinnern herausgehalten werden, wie bei den alle geschichtlichen Handlungsstrukturen und -verantwortlichkeiten verwischenden Universalisierungen im Sinne von »Den Opfern von Krieg und Gewaltherrschaft«,[542] handelt es sich weiterhin um erinnerungspolitisches Handeln.

Zur Erinnerungspolitik kann genauso der Versuch gehören, sogar die Erinnerung zu verhindern. Das kann sowohl geschehen, indem Zeugnisse und Spuren von Ereignissen vernichtet werden, um keine Möglichkeit zu bieten, sie später wieder erinnern zu können. Ebenso kann aber auch versucht werden, eine Erinnerung vergangener Ereignisse zu verhindern, indem die Anreize entfernt werden, sie zu erinnern oder die Erinnerung sogar mit Abschreckung verbunden wird.

Die Akteure des nationalsozialistischen Massenmords etwa waren sich der Tragweite und Ungeheuerlichkeit ihrer Taten durchaus bewusst und bestrebt, die Spuren dazu weitmöglich zu beseitigen, als der Krieg sich der Niederlage zuneigte. So betonte der »Reichsführer SS«, Heinrich Himmler, am 4.10.1943 vor SS-Gruppenführern in seiner bekannten Posener Rede:

> »Ich will hier vor Ihnen auch ein ganz schweres Kapitel erwähnen. Unter uns soll es einmal ganz offen ausgesprochen sein, und trotzdem werden wir in der Öffentlichkeit nie darüber reden. [...] Ich meine jetzt die Judenevakuierung, die Ausrottung des jüdischen Volkes. [...] Von Euch werden die meisten wis-

---

andere Manifestationen ihrer selbst zurückgreifen kann, bleibt der *Ohnmacht* oft kein anderes Ausdrucksmittel als das des Gedächtnisses (das dann freilich [...] von politischen Akteuren für ihre Macht instrumentalisiert werden kann).« – Assmann, Aleida: Vier Formen des Gedächtnisses – Eine Replik, S. 236 [Hervorh. i. Orig.].

540 Siehe Kapitel 3.3.5.3 und 4.3.

541 »Entnennen« meint das Gegenteil von »Benennen«: Eschebach, Insa: Öffentliches Gedenken. Deutsche Erinnerungskulturen seit der Weimarer Republik. Frankfurt/M. / New York: Campus 2005, S. 59.

542 So die Inschrift im Mahnmal Neue Wache in Berlin. Vgl. ebd., S. 33 und 124, und Moller, Sabine: Die Entkonkretisierung der NS-Herrschaft in der Ära Kohl.

sen, was es heißt, wenn 100 Leichen beisammen liegen, wenn 500 daliegen, oder wenn 1.000 daliegen. Dies durchgehalten zu haben, und dabei – abgesehen von den Ausnahmen menschlicher Schwächen – anständig geblieben zu sein, das hat uns hart gemacht. Dies ist ein niemals geschriebenes und niemals zu schreibendes Ruhmesblatt unserer Geschichte.«[543]

Die Vernichtung wird hier zwar durchaus als »Ruhmesblatt« gesehen, jedoch eines, das nur im abgeschlossenen Kreis der Beteiligten als solches gelten könne – es dürfe niemals geschrieben werden und dürfe somit nie zu einem Gegenstand der Erinnerung außerhalb dieses Kreises werden. Dass Dokumente wie dieses, ebenso wie viele Orte der deutschen Taten, dennoch erhalten geblieben sind und – vor allem – dass es Überlebende gibt, die von der Massenvernichtung erzählen konnten, hat vor allem damit zu tun, dass die Deutschen den Zweiten Weltkrieg verloren und ihre ursprünglichen Pläne nicht zu Ende führen konnten. Die historischen Belege sprechen dafür, dass die Spuren der Vernichtung verwischt worden wären, wenn die Alliierten Deutschland nicht gestoppt hätten. Als 1943 das erste deutsche Vernichtungslager, Belzec, nach der Ermordung von hunderttausenden Jüdinnen und Juden geschlossen wurde, ließen seine Betreiber nicht nur alle vorher verscharrten Leichen exhumieren und verbrennen, sondern auch alle Gebäude abreißen und auf dem Gelände Bäume anpflanzen. Dem gleichen Ziel, der Beseitigung der Spuren, folgte das Wiederausheben von Massengräbern im Osten: Die Leichen der Opfer der systematischen Massenerschießungen im Zuge des Überfalls auf die Sowjetunion wurden wieder ausgegraben, um sie anschließend zu verbrennen.[544] –

Damit schließt der Abschnitt zu den Funktionen kollektiver Erinnerung für politische Auseinandersetzung. Erinnerungspolitik ist letztlich nichts anderes als die notwendige politische Indienstnahme kollektiver Erinnerung – Vergangenheit bleibt ein umkämpftes Gebiet[545] und Politik auf Erinnerung als Mittel angewiesen.[546]

---

543 Internationales Militär Tribunal: Der Prozeß gegen die Hauptkriegsverbrecher, Band 29, Nürnberg 1948, S. 110–173, Dokument 1919-PS (Beweisstücke US-170), S. 145, zitiert nach: Hoffmann, Detlef (Hg.): Das Gedächtnis der Dinge. In: ders. (Hg.): dass. Frankfurt/M. / New York: Campus 1998. (Wissenschaftliche Reihe des Fritz Bauer Instituts, 4), S. 6–35, hier 7.

544 Hoffmann, Jens: »Das kann man nicht erzählen«. »Aktion 1005« – wie die Nazis die Spuren ihrer Massenmorde in Osteuropa beseitigten. Hamburg: Konkret Literatur 2008.

545 It is the »...transformative character of collective memory and its susceptibility to conflicting views that turn the past into a contested arena.«: Zerubavel, Yael: The Historic, the Legendary, and the Incredible. S. 118.

546 Vgl. auch Kölsch, Julia: »Erinnerung ist ein Hund, der sich (nicht) hinlegt, wo er will« – Gegenwärtige Vergangenheit, Politik und Gedächtnis. In: Erler (Hg.): Erinnern und Verstehen, S. 110–115. Kölsch beschreibt hier auf systemtheoretischer Basis die gegenseitige Abhängigkeit sozialer Systeme und des Gedächtnisses – eine Verbindung von Systemtheorie und Gedächtnisforschung.

3.3.7 Die Rolle der Erinnerungskultur für die Gegenwart und ihre Wirklichkeitskonstruktionen

Fassen wir zusammen: Die in der dominierenden Erinnerungskultur einer Gesellschaft versammelten kollektiven Erinnerungen werden immer von der Gegenwart aus und durch die vielfältigen Motivationslagen der kollektiv handelnden Subjekte bestimmt. Das heißt, die jeweils aktuell für richtig gehaltene Vergangenheit ist stets eine konstruierte, die weniger mit den tatsächlichen Ereignissen von gestern als mit den Erfordernissen von heute zu tun hat. Gleichzeitig sind diese Erinnerungskulturen daran beteiligt, Wirklichkeit zu konstruieren und damit unerlässlich für das Bestehen jeder Gesellschaft. Sie strukturieren die individuelle Wahrnehmung, sie schaffen für die Individuen Zeitbezüge und Geschichtsbewusstsein, sie geben Orientierung für Handeln, sie legitimieren gesellschaftliche Institutionen ebenso wie symbolische Sinnwelten, individuelle Rollen und Identitäten. Weite Bereiche der jeweils gültigen Wirklichkeit werden also durch Erinnerungskultur mitkonstruiert. Ohne Erinnerung wäre letztlich keine gesellschaftliche Konstruktion von Wirklichkeit möglich, sie ist deren unverzichtbarer Bestandteil. Menschen brauchen die Vergangenheit für ihre als wirklich wahrgenommene Gegenwart, auch wenn diese Vergangenheit wiederum ihre Wurzeln in der Gegenwart hat. Der Prozess der Entstehung von Wirklichkeit ist eine Beziehung gegenseitiger Abhängigkeit zwischen den aktuellen Zuständen und den Vorstellungen davon, wie es früher war.

3.4 Erinnern und Vergessen

Ebenso lange, wie sich mit Erinnerung beschäftigt wird, dauert die Beschäftigung mit dem Vergessen. In der vorliegenden Arbeit kann ebenso wenig an diesem Thema vorbei gegangen werden. Das Kapitel ordnet sich jedoch aus gutem Grund unter »Erinnerung – Aufbau und Funktion« ein, denn letztlich kann Vergessen immer nur im Zusammenhang mit Erinnern betrachtet werden. Für Siegfried J. Schmidt ist das Vergessen ein »Modus«,[547] für Aleida Assmann ein »Komplize«[548] des Erinnerns, und im Namen vieler Erinnerungskulturen beschreibt Jan Assmann die »Katastrophe des Vergessens«[549] als negativen Ansporn, sich zu erinnern. Insofern ist Vergessen die notwendige Gegenkraft zum Erinnern: »Was zur Erinnerung ausgewählt wird, ist stets von den Rändern des Vergessens profiliert.«[550] In der Konsequenz einer Theorie, die kollektives Gedächtnis als essenziell für die Existenz des Kollektivs erachtet

---

547   Schmidt, Siegfried J.: Gedächtnisforschung, S. 51 – Dieser Modus hat hier zwei Dimensionen: in der Selbstbeobachtung kann ein bestimmter Kognitionsvorgang nicht mehr nachvollzogen werden, in der Beobachtung durch andere bleibt ein durch diese erwartetes Erinnern aus.

548   Assmann, Aleida: Erinnerungsräume, S. 30.

549   Assmann, Jan: Die Katastrophe des Vergessens.

550   Assmann, Aleida: Erinnerungsräume, S. 408.

(»Gedächtnis, das Gemeinschaft stiftet«[551]), ist nach Jan Assmann der Untergang von Ethnien weniger mit der physischen Auslöschung als mit dem kollektiven Vergessen verknüpft.[552]

Versteht man Vergessen in diesem Sinne, dann verfügt es nicht über eine eigene Existenzweise, sondern muss sich immer auf das Erinnern beziehen. Erinnerungskultur ist dann folglich nichts anderes als die soziale Verpflichtung: »Was dürfen wir nicht vergessen?«[553] Umberto Eco hat daran anknüpfend die Frage, ob es zu den *artes memoriae* noch eine *ars oblivionalis* geben könne, klar verneint. Denn es sei zwar ein X einsetzbar und abrufbar, um an Y zu erinnern, nicht jedoch, um Y zu vergessen. Man könne nicht künstlich vergessen machen, sondern maximal Erinnerungen durch Überlagerung durcheinanderbringen.[554] Aber auch jenseits semiotischer Erwägungen bleibt Vergessen eine unhandliche Kategorie. Wir können es als Prozess oder als Zustand verstehen, problematisch bleibt jedoch immer, dass es sich auf das Nichts, das Negieren von Erinnerung bezieht. Deshalb fällt es schwer, dem Vergessen eine eigene Existenz zuzugestehen, die nicht nur eine bestimmte Option innerhalb von Erinnerung bleibt.

Ecos Standpunkt wurde widersprochen, indem in der Geschichte immer wieder und ausdrücklich »Vergessenstechniken« mit bestimmten Funktionen ausgemacht worden sind. Allerdings sorgt die dem Negativ-Bezug auf Erinnerung geschuldete Unhandlichkeit der Kategorie Vergessen stets dafür, dass alle Versuche, eine ars oblivionalis zu beschreiben, problematisch bleiben. Nicht umsonst jedenfalls schreibt Nicolas Pethes trotz seiner Positionierung gegen Eco von der »schwierigen Fassbarkeit kultureller Vergessenstechniken«.[555]

Ebenfalls ausdrücklich gegen Eco begründet *Harald Weinrich* seine Auffassung, Vergessen sei mehr als das Gegenteil der Erinnerung. Er stellt dem Vergessen zwei Begriffe gegenüber: Erinnern und Gedächtnis. In seiner Definition, die er aber nicht weiter begründet, hat Gedächtnis eine »eher umfassende und öffentlich-schulmäßige« und Erinnern »eine eher subjektiv-private Bedeutung«. Da es nun kein von-

---

551 Assmann, Jan: Das kulturelle Gedächtnis, S. 30.
552 Ebd., S. 160.
553 Ebd., S. 30.
554 »One forgets not by cancellation but by superimposition, not by producing absence but by multiplying presences.« – Eco, Umberto: An Ars Oblivionalis? Forget it! In: PMLA – Proceedings of the Modern Language Association 103 (1988), S. 254–261, hier 260. Vgl. auch: Fehr, Michael: Das Museum als Ort des Vergessens. Vier Thesen. In Zacharias, Wolfgang (Hg.): Zeitphänomen Musealisierung. Essen: Klartext 1990, S. 220–223. Fehr begründet die gleiche Ansicht damit, dass Vergessen im Gegensatz zur Erinnerung kein semiotischer Vorgang sei (nämlich, das Abwesende oder Nichtexistente zu vergegenwärtigen), sondern ein nur materieller.
555 Pethes, Nicolas: Rezension zu: Butzer, Günter / Günter, Manuela (Hg.): Kulturelles Vergessen. Medien – Rituale – Orte. In: H-Soz-u-Kult 19.1.2006, http://hsozkult.geschichte.hu-berlin.de/rezensionen/2006-1-043 21.4.2006.

einander getrenntes Gedächtnis-Vergessen und Erinnerungs-Vergessen gebe, sei Vergessen auch nicht das Gegenteil von Erinnern.[556]

Auch *Günter Butzer* und *Manuela Günter* betonen, dass menschliche Kollektive nicht nur auf Gedächtnis- sondern auch auf Vergessenstechniken angewiesen seien. Sie beziehen sich dabei aber nicht auf die Struktur des Vergessens, sondern auf seine Funktionen.[557]

Ein wichtiger Bezugspunkt der beiden ist ausdrücklich *Friedrich Nietzsche*. Für ihn war das Vergessen von zentraler Bedeutung für das »Leben« und jedes Handeln. Bei einem Übermaß an Historie, meinte er, »zerbröckelt und entartet das Leben«.[558] Das alleinige Gegenmittel sei die »Kunst und Kraft *vergessen* zu können und sich in einem begrenztem Horizont einzuschließen«[559] – explizit eine ars oblivionalis. Seine Thesen finden auch in aktueller Literatur immer wieder Zustimmung, teilweise wird ihm sogar kanonischer Status zugewiesen.[560] Meines Erachtens wird allerdings der *Kontext* von Nietzsches Position zum Vergessen oft und beharrlich ignoriert. Ihm ging es weniger um eine Theorie des Vergessens. Vielmehr positionierte er sich mit neoromatischer, *deutscher Gesinnung* gegen den vermeintlich verweichlichten und von zuviel Wissen und Historismus angekränkelten, modernen deutschen Menschen des wilhelminischen Kaiserreichs.[561] Ob diese am Ende des 19. Jahrhunderts geschriebenen Postulate außerhalb dieses Zusammenhangs Gültigkeit beanspruchen dürfen, hat nicht nur Kittsteiner zu Recht in Frage gestellt.[562]

---

556   Weinrich nimmt diese Unterscheidung von Gedächtnis und Erinnerung vor, obwohl er selbst feststellt, dass es zumindest im Deutschen kein Verb zum Nomen Gedächtnis gibt – Weinrich, Harald: Lethe. Kunst und Kritik des Vergessens. München: Beck 2005 [1997], S. 12.

557   Butzer, Günter / Günter, Manuela: Über die Notwendigkeit und die Unmöglichkeit des Vergessens. Ein Resümee. In: ders. / dies. (Hg.): Kulturelles Vergessen. Medien – Rituale – Orte. Göttingen: Vandenhoeck & Ruprecht 2004, S. 233–240 (Formen der Erinnerung, 21).

558   Nietzsche, Friedrich: Vom Nutzen und Nachtheil der Historie für das Leben (=Unzeitgemäße Betrachtungen. Zweites Stück.). München: Goldmann 1964 [1874], S. 82.

559   Ebd., S. 140.

560   »Von ihnen [Nietzsche und Freud] hat die Erforschung des kulturellen Vergessens ihren Ausgang zu nehmen und in vielen Fällen auch genommen.« – Butzer / Günter: Einleitung. In: ders. / dies. (Hg.): Kulturelles Vergessen, S. 9–14, hier 10. Und: Nietzsches Zweite Unzeitgemäße Betrachtungen seien einer »der kanonischen Texte des gegenwärtigen Vergessensdiskurses« – Butzer / Günter: Über die Notwendigkeit und die Unmöglichkeit des Vergessens, S. 234.

561   »[G]ewiß ist ein derartig [von Wissenschaft] beherrschtes Leben nicht viel wert, weil es viel weniger *Leben* ist und viel weniger Leben für die Zukunft verbürgt als das ehemals nicht durch das Wissen, sondern durch Instinkte und kräftige Wahnbilder beherrschte Leben.« (Ebd., S. 115), Nietzsche wünscht sich vor dem Hintergrund des Bedeutungsverlusts der Religion wieder einen *begrenzten* Horizont, eine »umhüllende Atmosphäre«, die das »unhistorische« Denken und Handeln ermögliche (Ebd., S. 135–140) und »*die Einheit des deutschen Geistes und Lebens nach der Vernichtung des Gegensatzes von Form und Inhalt, von Innerlichkeit und Konvention*« erreiche (Ebd., S. 99, Kursivierung i. Orig. gesperrt).

562   Kittsteiner, Heinz D.: Vom Nutzen und Nachteil des Vergessens für die Geschichte. In: ders.: Out of Control. Über die Unverfügbarkeit des historischen Prozesses. Berlin, Wien: Philo 2004, S. 217–251.

In der Interpretation von *James E. Young* schließlich erwächst Vergessen aus einer ganz bestimmten Form der Erinnerung: aus dem »Denkmal, das Erinnerung begräbt«.[563] Er schreibt diese vergessensfördernde Eigenschaft allen materiellen Denkmälern zu. In diesem Verständnis würde man die Vielfalt von Umgangsweisen mit Denkmälern jedoch allzu sehr beschneiden – nicht alle funktionieren auf diese Weise. Es ist zwar *ein* mögliches gesellschaftliches Handeln, Denkmäler zu errichten, um die damit verbundenen Vergangenheiten nicht mehr zu erinnern, aber nicht das *einzige*. Dennoch: Denkmale *können* dazu dienen, bestimmte Auseinandersetzungen mit der Vergangenheit still zu stellen. Sie *können* dazu dienen, unter bestimmte kollektive Gedächtnisse einen Schlussstrich zu ziehen. So können aus Institutionen der Erinnerung solche des Vergessens werden – und die Erinnerung kippt in ihr Gegenteil um.[564]

Diese Version des Vergessens ist aber immer noch keine, die eine *ars oblivionalis* begründen könnte. Denn eine Grundbedingung für Vergessen durch Erinnern ist die fehlende Motivation einer bestimmten Gruppe oder Gesellschaft, bestimmte Vergangenheitsaspekte weiter zu erinnern. Nur unter dieser Voraussetzung kann ein Denkmal oder ein anderes Gedächtniselement dem Vergessen dienen. Und auch dabei haben wir es immer noch mit *Erinnerungs*kultur zu tun: Es hat wenig Sinn, das betreffende Denkmal als Institution des Vergessens zu bezeichnen und für das Nicht-Erinnern verantwortlich zu machen. Denn erstens liegt die Verantwortlichkeit weiter bei denjenigen, die erinnern oder vergessen. Und zweitens kann ein Denkmal die hier beschriebene Funktion auch *nur dann* erfüllen, wenn mit ihm gleichzeitig eine andere Erinnerung verbunden ist. Die von Young beschriebenen Denkmale haben ihre Einbindung in erinnerungskulturelle Praxis verloren, wenn niemand mehr ein Interesse an dieser Vergangenheit hat (das Standbild eines vergessenen Fürsten). Wenn aber die Leute, die das Denkmal errichteten, von Anfang an die *Absicht* hatten, damit eine gesellschaftliche Auseinandersetzung mit einem Vergangenheits-Thema zu beenden, dann müssen sie eine andere Version der Vergangenheit dagegensetzen. Zum Beispiel die, dass das Denkmal ja zeige, wie vorbildhaft man in der Vergangenheit die vorgängige Vergangenheit bewältigt habe. Dieser Vorwurf wurde zum Beispiel dem Berliner Mahnmal für die ermordeten Jüdinnen und Juden Europas gemacht (ob gerechtfertigterweise, sei dahingestellt). Der Vorwurf von Young an die Denkmale allgemein aber trifft insofern die Falschen, als nicht Denkmale an sich das Vergessen fördern. Es sind immer die gesellschaftlichen Akteurinnen und Akteure, die sich mit einer bestimmten Vergangenheit beschäftigen wollen oder nicht.

---

563   Young, James E.: Die Textur der Erinnerung, S. 221. Vgl. auch Kapitel 3.2.4.2.

564   Einen ähnlichen Gedanken vertritt auch Jean-Francois Lyotard, wenn auch in einer überspitzten Form: So »kann nur dasjenige vergessen werden, das aufgezeichnet wurde, denn nur was aufgezeichnet wurde, kann auch wieder gelöscht werden.« – Ders.: Heidegger und »die Juden«. Wien: Passagen, ²2005 [1988], S. 38.

Unter anderem Blickwinkel erfüllen die vergessensfördernden Monumente eine wichtige Funktion: Nach Butzer und Günter hätten früher übliche kollektive Rituale des Vergessens (Amnestieverträge und Reinigungsrituale) keine Akzeptanz mehr und in der Folge das Vergessen seinen sozialen Wert verloren. Infolgedessen sei einzig die Monumentalisierung noch geeignet, bestimmte Erinnerungen durch andere zu verdrängen und somit vergessen zu machen.[565] Auch hier schafft das Monument an sich nicht das Vergessen, sondern es *verdrängt* eine bestimmte Erinnerung durch eine andere. Am Ende aber ist damit der Bogen zu Umberto Eco geschlagen, der meinte, man könne Vergessen nicht bewusst auslösen, sondern nur durch Konfusion der Erinnerungen erreichen.

Neben der Frage nach Vergessenstechnik und -kunst wirft die Debatte noch eine weitere Problematik auf: Gibt es ein »Verwahrensvergessen«? Wo verläuft die Grenze zwischen dem Vergessen und dem nur temporären Nicht-Erinnern?

Aleida Assmann beschreibt dieses »Verwahrensvergessen« unter Bezug auf Friedrich Georg Jünger. Sie rechnet es dem »Speichergedächtnis« zu, also jenem, dem »bewohnten« »Funktionsgedächtnis« gegenüber stehenden, »unbewohnten« Gedächtnisbereich. Dessen Inhalte stehen zwar potenziell zur Verfügung, sind jedoch nicht in aktivem Gebrauch.[566] Die betreffenden Erinnerungen seien nicht mehr in aktueller Nutzung, etwa in Riten, Traditionen oder Kanons, würden jedoch unter der Verwaltung von Gedächtnisspezialisten bearbeitet und verwahrt, um jederzeit wieder aktiviert zu werden. Vergessen ist hier also keineswegs reines Nicht-Erinnern, sondern nur vorläufiges Herausfallen aus dem Funktionsgedächtnis. Es geht um Spuren, Reste und Relikte, die bedeutungslos geworden sind, aber wieder ausgegraben werden können. An anderer Stelle desselben Buches[567] jedoch stellt Assmann das »Verwahrensvergessen« sowohl dem Speicher- als auch dem Funktionsgedächtnis *gegenüber*. Letztlich ist dieser Widerspruch bei ihr vor allem auf die Problematik von F. G. Jüngers Definition des »Verwahrensvergessens« zurückzuführen, die wegen ihrer Verwischung der Grenzen zwischen Erinnern und Vergessen eine Beschreibung der Phänomene erschwert.

F. G. Jünger selbst beschreibt das »Verwahrensvergessen« als ein Element des Gedächtnisses, nämlich das, welches Gedanken aufnimmt, um sie für den erinnern-

---

565 Butzer, Günter / Günter, Manuela: Über die Notwendigkeit und die Unmöglichkeit des Vergessens, S. 237. Den Zusammenhang zwischen Vergessen/Erinnern und Verzeihen/Feindschaft behandelt auch Volkhardt Knigge: Nach dem Nationalsozialismus sei vor dem Hintergrund des weit verbreiteten Schweigens und des Drangs der Täterinnen und Täter, vergessen zu lassen, das bis dahin geltende Paradigma, Vergessen sei die Grundlage der Überwindung von Feindschaft durch das gegensätzliche ersetzt worden, nach dem vielmehr gemeinsame Erinnerung die Grundlage für Überwindung von Feindschaft, Vorurteil, Krieg, Verbrechen, Gewalt sei. (Ders.: Statt eines Nachworts, S. 427).

566 Begriff in Anlehnung an F.G. Jünger (siehe Anm. 568), in: Assmann, Aleida: Erinnerungsräume, u. a. S. 409 – die Zuschreibung zum Speichergedächtnis: S. 161. Zu Funktions- und Speichergedächtnis siehe Kapitel 3.2.7.

567 Ebd., S. 409f.

den Wiederabruf bereit zu halten: »Das Vergessen, das die Verwahrung des Gedachten und seine Rückkehr ins Denken ermöglicht, ist das unwahrnehmbare *Verwahrensvergessen.*«[568] Vergessen heißt bei ihm also zunächst, eins zu sein mit Rückstellung und Verwahrung.[569] Damit entspricht sein (»Verwahrens-«)Vergessensbegriff eher der hier verwendeten *Sedimentierung* von Wahrnehmungen und Wissenselementen in den Wissensvorrat und deren Repräsentation. Das ist eine Erweiterung des Begriffs des Vergessens, die zwar nahe legt, weshalb auch Aleida Assmann das »Verwahrensvergessen« einmal ins Gedächtnis einordnet und dann wieder nicht, der ich aber nicht folgen will. Denn damit sind Inhalte nicht vergessen, sondern weiter, wenn auch latent, aufbewahrt.

Einem ähnlichen Konzept folgt *Paul Ricoeur.* Auch er beschreibt ein »verwahrendes Vergessen« als Wissen über die Vergangenheit in unbewusster Existenz, als Erinnerungen und Spuren in Latenz. Diesem Verwahrensvergessen gegenüber steht das Auslöschen der kortikalen und psychischen Spuren.[570] Das Vergessen allgemein verfolge in aller Stille sein Werk der *Erosion* und sein Werk der *Erhaltung*. Ricoeur wiederholt also das Postulat des Verwahrensvergessens, das eigentlich immer noch ein *Gedächtnis* ist. Und er entwirft gleich drei Formen des Vergessens: in Anlehnung an Freud das *verhinderte Gedächtnis* im psychopathologischen Wiederholungszwang der Wiederkehr des Verdrängten anstatt der Erinnerung an das Erlebte,[571] auf gesellschaftlicher Ebene das *manipulierte Gedächtnis* als besonders »hinterhältige« Form des Vergessens, in dem höhere Mächte die Fabelkomposition und Kanonisierung durchsetzen (damit würden die einzelnen Akteure »des Vermögens beraubt [...], sich selbst zu erzählen«), und das amnestische »*befohlene Vergessen*«, bei dem mit dem Ziel der Befriedung vorher im Streit befindlicher gesellschaftlicher Gruppen verordnet wird, in Bezug auf bestimmte Ereignisse so zu tun, als »wäre die Sache nicht vorgekommen«.[572] Da Ricoeur aber auch weiß, wie schwer es ist, alle Spuren des Gedächtnisses auszulöschen, erkennt er an, dass wir letztlich weniger vergessen, als wir glauben oder befürchten. Dieser Einsicht folgen auch Butzer und Günter: Vergessen heute sei notwendig, aber unmöglich.[573]

Das Hauptproblem bei Assmann, Jünger wie Ricoeur ist das Konstrukt des »Verwahrensvergessens«. Der Begriff ist ein Widerspruch in sich: ein Gedächtnisinhalt kann immer nur entweder verwahrt oder vergessen sein (wenn er nicht gerade

---

568 Jünger, Friedrich Georg: Gedächtnis und Erinnerung. Frankfurt/M.: Klostermann 1957, S. 17, Hervorh. i. Orig.

569 Jünger versteht aber unter Gedächtnis bereits etwas anderes als die hier vorliegende Arbeit – für ihn ist Gedächtnis die Wiederkehr des zuvor Gedachten, also entspricht eher dem, was hier als Wissensvorrat bezeichnet wird. Gedächtnis ist bei ihm »1. Rückstellung des Gedachten in die Verwahrung der Vergessenheit. 2.Rückruf des Verwahrten in die Wiederkehr des Denkens.« ebd., S. 12.

570 Ricoeur, Paul: Gedächtnis, Geschichte, Vergessen, S. 636ff.

571 Ebd., S. 682.

572 Alle Zitate: ebd., S. 684ff.

573 Butzer/Günter: Einleitung.

erinnert wird). Selbst wenn wir über etwas reden, das vergessen sei, ist es in diesem darüber Sprechen ja schon wieder nicht mehr vergessen. All die Konfusion zwischen Vergessen, Erinnern und Gedächtnis, die der Begriff verursacht, wurde mit der Theorie vom Speicher- und Funktionsgedächtnis bereits behoben.

Von dieser ausgehend und an die bis hier beschriebene Genese, Struktur und Funktion von Gedächtnis anknüpfend, ergeben sich zwei Arten von Vergessen: *Primäres* Vergessen ist dann zu verzeichnen, wenn Ereignisse mangels gegebener Relevanz gar nicht erst in den Wissensvorrat aufgenommen, also gar nicht erst *sedimentiert* werden. In diesem Fall wird das Ereignis an sich wieder vergessen, weil es nicht ausreichend Bedeutung hat. Ich vergesse ein eben geführtes Telefongespräch wieder, weil ich gerade an einem Text schreibe, der meine ganze Aufmerksamkeit in Beschlag nimmt.

Beim *sekundären* Vergessen können die bereits im Wissensvorrat sedimentierten Ereignisse nicht wieder auftauchen bzw. in Erinnerung gerufen werden, weil sie in der aktuellen Situation keine Bedeutung haben *und* keine *Spuren* mehr von ihnen vorhanden sind. Das Ereignis ist also zum einen vergessen, weil es im Heute irrelevant ist. Ich vergesse das Telefongespräch, an das ich mich gestern noch erinnert habe, weil es heute keine Rolle mehr spielt, was ich in diesem Gespräch vereinbart habe, oder weil ich den Text inzwischen abgeschickt habe, um den ich per Telefon gebeten worden war. Ich vergesse es dann, wenn auch die Spuren ausgelöscht sind: Das Telefongespräch darf also den Übergang vom Kurzzeit- ins Langzeit-Gedächtnis nicht geschafft haben.

Für das kollektive Gedächtnis gilt analog: Ein Ereignis ist nicht schon vergessen, nur weil es nicht mehr relevant ist erinnert zu werden. Es fällt erst dann unter das sekundäre Vergessen, wenn auch keine *Gedächtnisträger* mehr von ihm *zeugen* können. Zu Gedächtnisträgern können Aufzeichnungen ebenso gehören wie alle Arten von Artefakten. Solange sie existieren, fallen die entsprechenden Ereignisse nur ins Speichergedächtnis zurück. Denn zu anderen Zeiten mit anderen Relevanzen könnten diese Materialien durchaus wieder ausgegraben werden, um erneut Erinnerungsprozesse zu füllen. Ob aber diese Gedächtnisträger verschwinden, hängt auf einer zweiten Wirkungsebene ebenfalls von den gegenwärtigen Relevanzen ab. Denn diese Träger verfallen entweder, wenn niemand ein Interesse hat, sie zu erhalten (auch wenn viele Materialien sich recht lange gegen die Erosionskräfte der Zeit wehren). Oder sie verschwinden, weil jemand ein sehr konkretes Interesse hat, sie zu zerstören. So kann Vergessen durch Kollektive mit dem Ziel der Auslöschung bestimmter Gedächtnisinhalte aktiv gefördert werden, indem die Trägermedien von Wissen, also auch des Wissens über die Vergangenheit, vernichtet werden. Ein in der Geschichte wiederkehrendes Beispiel dafür sind Bücherverbrennungen, mit denen nicht nur bestimmte (kritische, pluralistische und individualistische) Umgangsweisen mit Text oder bestimmte Ideen vernichtet werden sollten, sondern auch unerwünschte Zeugnisse oder Interpretationen der Vergangenheit.[574] Ebenfalls zum

---

574 Vgl. Löwenthal, Leo: Calibans Erbe. Bücherverbrennungen und kulturelle Verdrängungs-

Bereich des sekundären Vergessens zählt die erwähnte Abkopplung vom Trägermedium, wenn ein Gedächtnismedium (beispielsweise ein Film) vollständig von seiner erinnerungskulturellen Funktion entkoppelt und nur noch als Unterhaltungsmedium rezipiert wird.[575] Auch dieser Fall wird sich jedoch eher selten »vollständig« ausgebildet vorfinden, da sich oft genug eine minoritäre Gruppe das entsprechende Gedächtnis bewahren wird und dies gegebenenfalls auch wieder öffentlich aktualisieren kann.

Beim primären wie beim sekundären Vergessen entscheiden analog zur Erinnerung die je *aktuell* wirkenden Relevanzen darüber, was vergessen wird. Die Relevanzen wiederum erwachsen aus gegenwärtigen Einstellungen und Motiven.

An dieser Stelle kann jetzt auch das sekundäre Vergessen vom Speichergedächtnis (oder dem »Verwahrensvergessen«) deutlich abgegrenzt werden: Beim sekundären Vergessen sind auch die *Spuren* der diesem anheim fallenden Ereignisse ausgelöscht. Die Inhalte des Speichergedächtnisses jedoch entsprechen dem im Augenblick nicht reproduzierten Gedächtnis – sie sind eben nicht vergessen, sondern zur gegebenen Zeit nur nicht aktiviert. Sie bleiben im Speicher des Verfügbaren.[576] Damit ist das »Verwahrensvergessen« kein Vergessen im eigentlichen Sinn, sondern Teil des Gedächtnisses.

Abgesehen von der historischen Tendenz, dass es immer schwerer wird, die Spuren, die Trägermedien, vollständig zu beseitigen, bleibt trotzdem die Frage offen, ob die absichtsvollen *Versuche* einer solchen Spurenbeseitigung nun eine eigene *ars oblivionalis* darstellen. Ich plädiere dagegen, denn erstens kann man gezieltes Vergessen nur durch Überlagerung mit einer anderen Erinnerung erreichen, zweitens unterliegt Vergessen denselben Bedingungen wie das Erinnern und drittens sind diese Vergessensakte immer auf die *Zerstörung* von Gedächtnis gerichtet, begründen also keine eigene Kunst. Damit ist eine *ars oblivionalis* faktisch wieder eine *ars memoriae*.

Daraus folgt keineswegs die Aufforderung, sich nicht mehr mit dem Vergessen zu beschäftigen. Es bleibt ein faszinierendes Phänomen. Wie ich versucht habe darzustellen, lässt es sich analytisch jedoch nicht vom Erinnern trennen. Vergessen heißt (primär) Nicht-Erinnern beziehungsweise (sekundär) Nicht-Erinnernkönnen und hat keine eigene Existenzweise. Gemäß Halbwachs' Feststellung, dass wir uns nur innerhalb kollektiver Rahmen erinnern können, wäre Vergessen dann schlicht das Verschwinden dieser kollektiven Rahmen, »entweder weil unsere Aufmerksamkeit nicht in der Lage war, sich auf sie zu fixieren, oder weil sie anderswohin gerichtet war [...]«.[577] Da Erinnern immer schon ein sozialer Vorgang ist, tritt Verges-

---

mechanismen. In: Assmann, Aleida und Jan / Hardmeier, Christof (Hg.): Schrift und Gedächtnis, S. 227–236.

575   Siehe Kapitel 3.2.4.2.

576   Nicht von dieser Definition von Vergessen erfasst sind hierbei individuelle spontane Erinnerungen, die scheinbar »einfach so«, sozusagen aus dem Nichts, auftauchen. Denn da sie wieder auftauchen, sind sie ja nicht vergessen worden.

577   Halbwachs, Maurice: Das Gedächtnis und seine sozialen Bedingungen, S. 368.

sen dann ein, wenn die Kommunikation abbricht.[578] Andererseits muss Vergessen auch klar vom Gedächtnis getrennt werden. Das Vergessene ist *nicht mehr vorhanden*, Vergessen heißt Herausfallen aus der Erinnerungsmöglichkeit. Es mag somit der Widerpart des *Prozesses Erinnern* sein. Es gibt jedoch kein Vergessens-Äquivalent für das *Gedächtnis* als *Zustand*, *Potenzialität* oder *Struktur* der Erinnerungen. Gedächtnis enthält konkrete Inhalte, es kann sogar materiell sein, Vergessen nicht.

Wichtig für jede Erinnerungskultur sind die essenziellen Funktionen des Vergessens.[579] Es sorgt dafür, aus der Fülle von anliegenden Erfahrungen nur diejenigen für das Ablagern im Gedächtnis auszuwählen, die je nach der aktuellen Situation und je nach den dabei bestimmenden Interessen, Interpretationen und Motivationen *relevant* sind. Gleichermaßen hilft das Vergessen – eben als Widerpart des Erinnerns – bei der von Relevanzkriterien gesteuerten Auswahl der *erhaltenswerten* Ereignisse aus dem Gedächtnisvorrat. Das meint nicht, im Sinne von »Verwahrensvergessen« bestimmte Inhalte aus dem Fundus des Speichergedächtnisses zur aktiven Erinnerung auszuwählen und andere nicht, sondern, die Spuren bestimmter Gedächtnisinhalte (absichtlich) auszulöschen oder (unabsichtlich) verfallen zu lassen. Insofern Individuen aus Platzgründen nicht alle Mails und Briefe aufheben, gilt Ähnliches für Kollektive: Alle denkbaren Gedächtnismedien zusammengenommen sind letztlich begrenzter Kapazität und nicht alle jemals getätigten Aufzeichnungen können erhalten werden (sehr zum Leidwesen der Historiker/-innen).

Für das Individuum kann Vergessen bestimmter Erlebnisse darüber hinaus dazu dienen, Konflikte oder Traumata zu überwinden. In Aleida Assmanns Beispiel von Hoffmannsthals »Ägyptischer Helena« stranden Menelaos und Helena auf dem Weg vom zerstörten Troja in die Heimat auf einer Insel und bekommen einen Vergessenstrank – zur Verdrängung der Grauen des Krieges. Da sie sich dadurch aber nicht mehr wirklich kennen, kann erst ein erneuter Erinnerungstrank das Gedächtnis zurückbringen und helfen, die Vergangenheit anzuerkennen.[580] Selbst in dieser Version ist Vergessen ohne Erinnerung fruchtlos. Das Vergessen behält jedoch seine therapeutische Funktion.

---

578   Im Sinne von Halbwachs: Assmann, Jan: Das kulturelle Gedächtnis. S. 37.
579   Vgl. auch Connerton, Paul: Seven types of forgetting. Memory Studies 1 (2008), S. 59–71.
580   Assmann, Aleida: Erinnerungsräume, S. 279–284.

4 Von Opas Erzählung bis zum Nationalfeiertag: Typen der Erinnerung

4.1 Komplexität

Nach der Diskussion von Entstehung, Struktur und Funktionen der Erinnerungskultur soll es nun darum gehen, Struktur in die vielfältigen Phänomene zu bringen, die unter dem weiten Dach kollektiver Erinnerung zu finden sind. Dabei gilt es, die Skalen zu beschreiben, an denen entlang sich diese Elemente aufreihen, um Übersicht über die Vielfalt an Phänomenen zu bekommen, die von Opas Kriegserzählungen bis zum Nationalfeiertag reichen. Bei der ersten dieser Skalen handelt es sich um die Aufstufung der Phänomene anhand ihrer Komplexität. Sie reicht von den einfachen Strukturen, aus denen sich Elemente von Erinnerungskultur zusammensetzen, bis zu komplexen Konglomeraten, die eine Anzahl ganz verschiedener Einzelelemente in sich vereinen können.

4.1.1 Sinnträger: Bilder und Geschichten

Von Opas Geschichte bis zum Zeremoniell anlässlich des Jahrestags der Staatsgründung haben die Phänomene von Erinnerungskultur eins gemeinsam: sie wollen bestimmte Inhalte, einen bestimmten *Sinn* vermitteln. Sei es das Selbstbild des Großvaters, der darauf besteht, stets ehrenhaft seine Pflicht getan zu haben, sei es der kollektive Identitätstyp einer bestimmten Nation, auf die man als Mitglied dieser stolz zu sein habe, oder seien es die Werte und Verhaltenskodizes einer bestimmten Religion. Der Zweck der kollektiven Erinnerung an vergangene Ereignisse besteht in der Erfüllung ganz aktueller Sinnstiftung für die Gegenwart. Und dieser Sinn braucht Träger; der Inhalt braucht eine Form, in der er vermittelt werden kann.

Die eigentlichen Sinnträger in der Erinnerungskultur sind zum einen *Geschichten*, zum anderen *Bilder*. Wenn Vergangenheit vergegenwärtigt wird, geschieht dies entweder mittels Erzählungen oder mittels Verbildlichungen dessen, *wie es gewesen ist*. Das sind die grundlegenden Sinnträger der kollektiven Erinnerung, aus denen sich alle komplexeren Formen zusammensetzen. Geschichten können dabei auch sekundäre Erinnerungen beinhalten: Erzählungen über eine gemeinsam erlebte Erinnerung, die nun wiederum selbst erinnert wird.

Beide, Geschichten und Bilder, können sowohl in einfacher Form auftreten als auch zugespitzt, in Verdichtung. Verdichtete Bilder werden zu *Ikonen*,[581] verdichtete

---

581 Vgl. Brink, Cornelia: Ikonen der Vernichtung. Nach Brink werden die Bilder dabei in Schichten von den Diskursivierungen überlagert, die sie im Lauf der Zeit mitgemacht haben.

Geschichten zu *Namen*.[582] Ikonen verweisen als extrem reduzierte Bilder auf mit ihnen verbundene komplexere Bedeutungen, die über die eigentliche Bedeutung des zur Ikone gewordenen Bildes weit hinausgehen – ein Beispiel dafür ist die Eisenbahnrampe, die für den Gesamtzusammenhang Verfolgung-Ausgrenzung-Deportation-Selektion-Vernichtung zu stehen vermag. Wie ikonisiert diese ist, zeigte sich an den während des Jugoslawienkrieges erschienenen Schlagzeilen über die vermeintliche »Rampe von Srebrenica« mit den entsprechenden Bildern.[583] Und wenn im Bunkermuseum Emden ein Berg mit Flucht-Koffern ausgestellt wird,[584] dann wurde damit eine Ikone der Shoah – die bekannten Kofferhaufen neben den Brillen- und Haar-Bergen in Auschwitz – aus dem Zusammenhang von systematischer Vernichtung und Verwertung gerissen und zur Betonung deutschen Opfer-Seins benutzt. Die Verbindung zur eigentlichen Quelle der Ikone, Auschwitz, ist noch präsent, da den Besucher/-innen durchaus bewusst ist, wofür sie bisher stand. Nur wird sie über den Umweg der dekontextualisierten Universalisierung des Holocaust als allgemeines Symbol menschlichen Verbrechens und menschlichen Leids für gänzlich davon verschiedene Ereignisse umgenutzt und so ihr Potenzial, auf etwas Grauenvolles und Schreckliches hinzuweisen, in den Dienst des deutschen Leidensmythos' genommen.

Auch *Namen* können in sich verdichtet weit mehr Erzählung transportieren, als eigentlich und etymologisch für den Begriff »Name« steht. So ist mit dem Namen »Frauenkirche« nicht nur die Bezeichnung einer Kirche in Dresden verbunden. Er steht darüber hinaus oft symbolisch für die auch auf Dresden gefallenen Bomben im Zweiten Weltkrieg und die dabei erfolgte Zerstörung von großen Teilen der Innenstadt; und auf einer weiteren Ebene ist mit diesem Namen wiederum der gesamte Geschichtenapparat vom *deutschen Volk als Opfer* verknüpft[585] – ein zentrales Element deutscher Erinnerungspolitik von vor 1945 bis in die Gegenwart und ein konstituierendes Moment deutscher kollektiver Identitätstypen.[586]

---

582   Jörn Rüsen schlug für die durch nur noch ein Wort vertretenen Geschichten den Begriff »narrative Abbreviaturen« vor. Beispiele wären »Auschwitz« für die nationalsozialistische Vernichtung der europäischen Jüdinnen und Juden oder »Bismarck« für die Reichsgründung 1871 – ders.: Was ist Geschichtsbewußtsein?, S. 10f.

583   Auch das Bild von ausgemergelten Gefangenen hinter Stacheldraht als Ikone für KZ-Häftlinge wurde im Jugoslawienkrieg zur Legitimierung von Kriegshandlungen eingesetzt.

584   Mehring, Nicole: Das Bunkermuseum Emden. Koffer, Zigarettendose, Besteck – Andenken der Alltagskultur und Repräsentationen des Nationalsozialismus. In: Dittrich, Ulrike / Jacobeit, Sigrid (Hg.): KZ-Souvenirs. Erinnerungsobjekte der Alltagskultur im Gedenken an die nationalsozialistischen Verbrechen. Potsdam: Brandenburgische Landeszentrale für politische Bildung 2005, S. 100–111.

585   Das Bombenkriegsgedenken habe in Ost wie West dasselbe Ergebnis gehabt: »Deutsche in die Opferperspektive zu rücken« (Olaf Groehler: Kleine Geschichte der Aufrechung, S. 139). Gerade für den Dresdner Fall gelte: »Es ging eben allemal ohne politische Nutznießung – selbst bei bestem Willen – nicht ab.« – ebd., S. 141.

586   Am Beispiel der inhaltlichen Kontinuitäten des »Volkstrauertages« und des »Volksbundes deutsche Kriegsgräberfürsorge«: Kaiser, Alexandra: »Sie wollen gar nicht, dass wir mit lauten Worten sie 'Helden' nennen«. Der Volkstrauertag und der Mythos vom Sinn des Sterbens im Krieg. In: Hein-Kircher / Hahn (Hg.): Politische Mythen im 19. und 20. Jahrhundert, S.

Mit den einzelnen Elementen von Erinnerungskultur sollen entweder Geschichten über die Vergangenheit erzählt werden oder Bilder davon gezeichnet, wie sie gewesen sei. Wenn wir nun Geschichten als Beschreibung von *Abläufen* verstehen und Bilder als Beschreibung von *Zuständen*, dann ergeben sich daraus die beiden Grundformen von Erinnerungskultur: Der zu transportierende Sinn wird sowohl durch die Vergegenwärtigung vergangener Prozesse als auch gewesener Zustände vermittelt. Um genau diese Vermittlung geht es im Weiteren.

4.1.2 Präsentationsgattungen

Die Bilder und Geschichten über die Vergangenheit können in den vielfältigsten Formen weitergegeben werden, einfach oder hochkomplex, materiell oder immateriell, im polythetischen oder monothetischen Zugriff.[587] Einfach sind Formen wie Fahnen, Inschriften oder Kleidungsaccessoires, komplexer ganze Fernseh- oder Kinofilme. Zu materiellen Präsentationsformen zählen beispielsweise Fotos, zu immateriellen die Erzählung der Zeitzeugin. Eine polythetische Vergegenwärtigung der Vergangenheit findet im Lied oder dem Folgen der Handlung in einem Tagebuch statt, monothetisch kann der Zugriff etwa beim Betrachten eines Fotos sein.

Bevor wir uns jedoch den einzelnen Präsentationsformen der Erinnerungskultur zuwenden, gilt das Interesse zunächst den Präsentationsgattungen. Gattung verstehe ich hier in Anlehnung an Thomas Luckmanns »Kommunikative Gattungen« als historisch institutionalisierte, konventionalisierte und mit Gebrauchsanweisungen versehene *Formen der Kommunikation* über Vorgänge und Zustände der Vergangenheit. Die Gattungen gehören zu jenem Vor-Wissen über die gesellschaftlichen Verständigungssysteme, das *vor* allem eigentlichen, expliziten Wissen in den Wissensvorräten abgelagert ist.[588] Auf der Komplexitäts-Skala der Erinnerungskultur lassen sie sich *zwischen* den *Sinnträgern* Bild und Geschichte und den *Präsentationsformen* (den eigentlichen *Elementen einer Erinnerungskultur*) einordnen. Durch die verschiedenen Gattungen werden diese Formen erst als Elemente der Erinnerungskultur kenntlich gemacht. Jede Präsentationsform bedient sich einer oder mehrerer Präsentationsgattungen, um ihre je spezifischen Inhalte zu transportieren.

Da Erinnerungskultur per se über-individuell bzw. intersubjektiv existiert, gilt das auch für ihre einzelnen Elemente. Deshalb auch brauchen an dieser Stelle nicht die im Bereich individuellen Erinnerns auftretenden Fälle der nichtkonventionalisierten, keinen bestimmten Gattungen zurechenbaren Erinnerungen in Betracht gezogen werden. Im kollektiven Gedächtnis haben wir es stets mit jenen Erinnerungselementen zu tun, die sozial und historisch entstandenen Gattungen zugeordnet werden können.

63–80.

587   Vgl. Kapitel 3.2.1, insbes. S. 73f.

588   Luckmann, Thomas: Der kommunikative Aufbau der sozialen Welt und die Sozialwissenschaften. In: ders.: Wissen und Gesellschaft, S. 157–181, hier 165.

Auf der untersten Komplexitätsstufe finden wir zunächst einfache Erinnerungszeichen und Einzelsymbole.[589] *Zeichen* wird hier weiterhin verstanden als ein intersubjektiv versteh- und dadurch austauschbares Kommunikationselement. Die typische Deutung durch einen Anderen wird bereits in der Zeichen*setzung* angenommen und diese darauf ausgerichtet. Zeichen im Rahmen von Erinnerungskultur ist zum Beispiel der einfache sprachliche Hinweis auf einen vergangenen Sachverhalt. Die Gedenktafel am Geburtshaus eines späterhin berühmt gewordenen Menschen könnte derart etwa darauf hinweisen, dass besagte Person in diesem Haus im Jahre soundso geboren worden sei. Dieser Satz als solcher, der sich auf der *Präsentationsform* Gedenktafel befindet, wäre dann der *Präsentationsgattung* des Erinnerungszeichens zuzuweisen.

Symbole generell, als Zeichen, die auf eine andere Wirklichkeit verweisen, nehmen eine wichtige Aufgabe in der Erinnerungskultur wahr. Eben dadurch, dass sie die Transzendenzen zu anderen Wirklichkeiten überwinden helfen, machen sie vergangene Wirklichkeiten erst zugänglich. Abgesehen aber von dieser grundsätzlichen Funktion, der symbolischen Bedeutungsvermittlung, die sich in allen Präsentationsgattungen von Erinnerung findet, kann ein Symbol als *Einzelsymbol* auch für sich allein stehen. Ein Beispiel für eine solche Verwendung eines Einzelsymbols in Elementen der Erinnerungskultur ist das rote, auf der Spitze stehende Dreieck der politischen KZ-Häftlinge. Es verweist auf Verfolgung, Leiden und Tod unzähliger politischer Insassen nationalsozialistischer Konzentrationslager, aber auch auf Gegenwehr, Häftlingsorganisation und generell auf die Opposition zum Nationalsozialismus. Überlebende tragen das in der Lagerstruktur als Markierungszeichen genutzte Dreieck deshalb anlässlich von Gedenkveranstaltungen von Überlebenden heute oft nicht ohne Stolz. Es ist als Symbol der Verfolgung politischen Widerstands auch zum Bestandteil vieler KZ-Denk- und Mahnmale geworden, und nicht zuletzt haben viele Zusammenschlüsse ehemaliger Häftlinge (vor allem politischer) es in ihre Ehrenfahnen und Signets aufgenommen. Andere Beispiele dafür, wie bestimmte grafische Anordnungen für bestimmte Gruppenzugehörigkeiten und für deren Geschichte stehen können, sind die Muster der schottischen Kilts, die bestimmten historischen Clans zugeordnet werden, aber auch Nationalfarben in allen Verabreichungsformen.

Komplexere Gattungen der Vergangenheitspräsentation umfassen die verschiedenen Gattungen der Literatur, der bildenden Kunst und der elektronischen Medien. Sie können unter anderem anhand ihres *dokumentarischen Anspruchs* unterschieden werden: entweder behaupten sie, konkret stattgefundene Ereignisse darzustellen oder vermitteln eine bestimmte Vergangenheitsdeutung an Hand erfundener Gestalten und Geschichten.

Noch abseits der bisher aufgezählten Präsentationsgattungen, die immer auf Interaktion zwischen den Zeichensetzenden und den Zeicheninterpretierenden beruhen, gibt es noch den speziellen Fall der *ko-aktiven Kommunikation*. Dabei partizi-

---

589   Zu Zeichen und Symbolen siehe Kapitel 3.1.2.1. und Schütz/Luckmann, Kapitel VI, B.

pieren die Teilnehmenden gleichzeitig an derselben Handlung, um Ereignisse der Vergangenheit zu memorieren. Ko-aktive Präsentationsgattungen sind die Grundlage der Präsentationsform des *Rituals*. Ein prominentes Beispiel solcher Ko-Aktion ist das Ausführen derselben Handlung (bzw. Nicht-Handlung) im Rahmen einer Schweigeminute.

Eine Aufzählung kann kaum vollständig sein, denn jede gesellschaftliche Wirklichkeitsversion verfügt über eigene Gattungen zur Präsentation von Vergangenheit.[590] Festzuhalten bleibt nur, dass wir unter Gattungen hier die konkreten, historisch und gesellschaftlich verfestigten *Kommunikationsformen* verstehen, mit denen der Vergangenheitsbezug vermittelt wird. Diese Formen können allein, aber auch in ganz unterschiedlichen Kombinationen in Elementen der Erinnerungskultur benutzt werden. Nicht alle Kommunikationsformen sind dabei zwangsläufig bestimmten dieser Elemente zugeordnet, obgleich es Elemente gibt, die sich nur einer oder einer bestimmten Auswahl an Präsentationsgattungen bedienen.

4.1.3 Elemente der Erinnerungskultur: Präsentationsformen

Innerhalb einer jeden Erinnerungskultur wird die Vergangenheit in einer Vielzahl von Formen präsentiert. Die Präsentationsform ist die Form, in der uns die kollektive Erinnerung in der jeweiligen Gegenwart konkret, das heißt in ihren einzelnen Elementen, entgegentritt. Das kann zum einen *unmittelbar* geschehen, wenn ein konkreter Mensch konkreten Zuhörenden Dinge aus der selbst erlebten Vergangenheit erzählt, oder *mittelbar*, wenn das Gewesene uns durch Gegenstände, Rituale, Relikte oder Orte nahegebracht wird.

Unmittelbar ist nur eine Präsentationsform der Vergangenheit: die Erzählung von Zeitzeug/-innen als selbständig agierenden Subjekten der Erinnerungskultur. Auch sie sind dabei Erzählkonventionen und gesellschaftlich festgelegten Regeln der Erzählsituation unterworfen, der Unterschied zu den anderen Elementen des kollektiven Gedächtnisses bleibt jedoch: Es handelt sich um eine direkte, interaktive Kommunikation zwischen einem Individuum, das »dabei gewesen« ist und einem oder mehreren anderen. In dieser Kommunikation wird interagiert, beide Seiten reagieren also aufeinander. Das ist auch dann der Fall, wenn es aus dem Publikum keine Nachfragen oder Zwischenrufe geben sollte.

Eine wesentlich größere Vielfalt von Präsentationsformen muss den *mittelbaren* zugerechnet werden. Bei diesen wiederum kann zwischen den *autochthonen* mittelbaren Formen unterschieden werden, die von vornherein als Elemente der Erinnerungskultur *geschaffen* wurden, und den *allochthonen*, die erst später zu solchen *umgenutzt* wurden.

---

590 So organisieren Triosonate und Symphonie als Gattungen das Gedächtnis einer musikkulturellen Wirklichkeit: Finscher, Ludwig: Werk und Gattung in der Musik als Träger des kulturellen Gedächtnisses. In: Assmann, Jan / Hölscher, Tonio: Kultur und Gedächtnis, S. 293–310.

Die *autochthonen* Präsentationsformen der Erinnerungskultur gliedern sich in zwei Gruppen auf: materielle Gedächtnismedien und Rituale. Zu den materiellen Medien zählen Phänomene wie die bereits erwähnten Fahnen oder Kleidungsstücke, die bestimmte, auf die Vergangenheit weisende Muster oder Einzelsymbole tragen, aber auch komplexere wie Bücher, Kino- und Fernsehfilme, Plakate, Zeitschriften, Ausstellungen, Fernsehdokumentationen, Memoiren und Tagebücher (sofern sie veröffentlicht sind). Aber auch erinnernde Hinweistafeln, etwa mit Erklärungen zu einem Straßennamen oder der Markierung eines Hauses oder Platzes als Ort eines für eine bestimmte Erinnerungskultur bedeutenden Ereignisses, fallen darunter. Die prominenteren Vertreter von kollektivem Gedächtnis, die ebenfalls in diese Gruppe gehören, sind Mahn- und Denkmale aller Art – vom schlichten Obelisken über Einzelskulpturen und Figurengruppen bis hin zu modernen Nicht-Denkmälern.[591]

Innerhalb dieser Präsentationsformen können vielfältigste Gattungen gleichzeitig zur Anwendung kommen oder auch nur je eine. Ein Buch als Element der Erinnerungskultur kann sich ausschließlich der Erzählung bedienen, aber auch auf Fotos, Grafiken oder Gedichte zurückgreifen. Gemeinsam ist dieser Gruppe von Erinnerungskulturelementen, dass sie zunächst einmal geschaffen werden müssen, dann aber als solche existieren und von ganz unterschiedlichen Menschen in ganz unterschiedlichen Situationen, mit ganz unterschiedlichen Motivationen und Einstellungen und unter ganz unterschiedlichen Sinnsetzungen in Anspruch genommen werden können. Ein wilhelminisches Nationaldenkmal wie das Völkerschlachtdenkmal in Leipzig kann heute aus einer Vielzahl von Perspektiven besucht und begangen werden: als Symbol von Nationalstolz, als pseudoreligiös aufgeladene Spielstätte folkloristischer Musik oder als historische Sehenswürdigkeit, die pflichtweise auf jedem touristischem Besuchsplan der Stadt steht. Es wird als Objekt danach erstens ganz unbeeindruckt immer noch da sein und zweitens Teil von Erinnerungskultur, das heißt Teil verschiedener Erinnerungskulturen, bleiben.

Rituale dagegen sind Formen der Präsentation von Vergangenheit, welche die gleichzeitige, ko-aktive Teilnahme von Menschen mit weitgehend kongruenter Motivation und Einstellung erfordern sowie einer klaren, tradierten Vorgabe bezüglich des Ablaufs und des Verhaltens der Teilnehmenden folgen. Ihre Besonderheit besteht darin, nur *in der Aktion* zu existieren und hochgradig formalisiert zu sein.[592] Ob Zeremonie zum 800. Jahrestag der Stadtgründung, Parade zum Nationalfeiertag oder Schweigeminute – Rituale sind immer Präsentationsformen, die in der Zeit verlaufen und von Menschen vollzogen werden müssen, sie sind nicht einfach da. Und werden sie anders ausgeführt oder beschäftigen sich nicht mehr mit der Vergangenheit, sind

---

591 Denkmale, die ihren klassischen Auftrag, Gedenken vorzuschreiben, unterlaufen wollen. Vgl. zu Beispielen Young, James E.: Formen des Erinnerns; und Hoheisel, Horst: Aschrottbrunnen – Denk-Stein-Sammlung – Brandenburger Tor – Buchenwald. Vier Erinnerungsversuche. In: Berg, Nicolas / Jochimsen, Jess / Stiegler, Bernd (Hg.): Shoah, S. 253–266.

592 Zu Ritualen vgl. Connerton, Paul: How Societies remember. Zu Gedenktagen in Deutschland: Kirsch, Jan-Holger: »Wir haben aus der Geschichte gelernt«.

sie auch nicht mehr automatisch der gleiche Teil von Erinnerungskultur. Auch Rituale können auf die ganze Bandbreite der Präsentationsgattungen zurückgreifen, die sowohl allein als auch in Kombination verwendet werden können.

Am Gedenktag Yom Hashoah in Israel beispielsweise werden von ganz verschiedenen Organisationen und Gruppierungen je eigene Veranstaltungen abgehalten, immer fokussiert auf die je eigene Rolle, die der Holocaust für die jeweilige Gruppe oder Institution spielt. Ein Ritual jedoch eint das gesamte Land: Wenn um 8 Uhr überall im Land die Sirenen heulen, halten die Menschen in ihren jeweiligen Tätigkeiten für diese 2 Minuten inne, um der »Opfer und Helden« zu gedenken. Dieses Ritual bedient sich der Kommunikationsform der Schweigeminute, die in den modernen Gesellschaften zu den weit verbreiteten Präsentationsgattungen zählt und vor allem in offiziellen Ritualen zur Anwendung kommt. Das Gedenken an die Vergangenheit soll dabei durch das Einstellen aller Handlungen jenseits des Gedenkens sichergestellt werden. Für andere Präsentationsgattungen ist an dieser Stelle also kein Platz. Die anderen Veranstaltungen im Rahmen des Yom Hashoah dagegen können dagegen durchaus eine Fülle an Kommunikationsformen aufweisen – von der Rezitation von Gedichten über die Erzählungen von Überlebenden und den Vortrag von Liedern bis hin zum rituellen Verlesen von Namen der Ermordeten.

Rituale gehören dabei, zusammen mit unmittelbarer und mittelbarer Vergangenheitspräsentation, auf die Ebene der Präsentationsformen der Erinnerungskultur – und nicht zusammen mit Foto und Erzählung auf die Ebene der Gattungen oder mit Bild und Geschichte auf die der Sinnträger. Rituale sind keine Träger von Sinn, sondern können ihren Sinn nur aus den Bildern und Geschichten beziehen, die rituell erinnert werden. Und sie sind keine tradierten Kommunikationsformen als solche, weil in ein und demselben Ritual verschiedene Präsentationsgattungen zur Ausführung kommen können. Zur Präsentationsform wird das Ritual dadurch, dass in ihm eine oder mehrere Präsentationsgattungen mit einem bestimmten *Sinn* ausgefüllt werden. Das Ritual des Innehaltens an *Yom Hashoah* kann also nicht etwa mit einer Schweigeminute als solcher gleichgesetzt werden, sondern ist ein gemeinsames Handeln von Menschen, die im *Ausführen* der Gattung Schweigeminute der Opfer und Helden der Shoah gedenken. Beim rituellen Verlesen der Namen der Ermordeten dagegen wird eine andere ko-aktive Gattung, jedoch mit dem gleichen Zweck, vollführt.

Neben diesen autochthonen Formen, die als solche geschaffen wurden, gehören auch die *allochthonen* Elemente zur Erinnerungskultur, die zwar zu Präsentationsformen der Erinnerung geworden sind, aber vorher zu etwas ganz anderem dienten. Zu diesem Funktionswechsel kommt es dann, wenn die gesellschaftlichen Rahmen, die die vormalige Existenz stützten, wegfallen oder sich ändern.

Das prägnanteste Beispiel für einen solchen Wechsel ist die Geschichte von Konzentrationslagern und ihre Wandlung zu Elementen der Erinnerungskultur. Im Rahmen des Nationalsozialismus dienten Konzentrationslager vor allem der Inhaftierung und systematischen, massenhaften Ermordung; nach dem Sieg der Alliierten über Deutschland wurden viele Lager zunächst ohne Bezug auf ihre Geschichte umfunktioniert – zu Gefangenenlagern für NS-Täter oder zu Flüchtlingsunterkünften. Manche wurden auch schnellstmöglich abgerissen und das Gelände anderen Zwecken zugeführt. Einige aber, wie Bergen-Belsen 1946, wurden auf Betreiben der Alliierten oder von Überlebendenorganisationen bereits früh zu Orten des Gedächtnisses umfunktioniert. Mittlerweile hat diese Entwicklung unzählige ehemalige KZs und deren Außenlager erfasst, selbst Neuengamme, das bis vor kurzem noch als Justizvollzugsanstalt diente und wo das erste Mahnmal erst 1953 errichtet worden war. Gemeinsam ist ihnen allen der Funktionswandel: In einer Gesellschaft, in der Wert auf die Erinnerung an den Nationalsozialismus gelegt wird, dienen die ehemaligen Orte der Verbrechen nun dem kollektiven Gedächtnis als Fokussierungspunkt und als konkreter, fassbarer, erlebbarer Beleg für die Ereignisse der Vergangenheit.

Die allochthonen Elemente der Erinnerungskultur lassen sich in Relikte und »authentische« Orte unterscheiden.

Relikte sind hier verstanden als mobile Gegenstände, die einmal eine andere Funktion besaßen und nun dem kollektiven Gedächtnis dienen, wie die Stahltür der Gaskammer, die als einziger Teil der Anlage übriggeblieben ist, aber auch die zu Bergen gehäuften Brillen oder Koffer. Letztlich können also alle möglichen Gegenstände abseits ihrer ursprünglichen Funktion diese Aufgabe übernehmen, sobald sie aus ihrem vorigen Verwendungszusammenhang gerissen werden.

Orte meint hier – enger gefasst als bei Pierre Nora[593] – immobile, das heißt lokal festgelegte Gegebenheiten wie Landschaft oder Architektur. Prägnante Beispiele für die »authentischen« Orte als Präsentationsformen der Vergangenheit sind erneut die ehemaligen nationalsozialistischen Konzentrationslager. In ihnen dient oft sowohl die erhaltene Architektur als auch der bloße Ort, die leere Fläche, auf der einst die Baracken gestanden haben, als Präsentationsform für das dort Geschehene. Aber auch abseits der kollektiven Erinnerung an das »Dritte Reich« lassen sich Beispiele für solche »authentischen« Orte finden: das ehemalige Schlachtfeld bei Verdun (Erster Weltkrieg), der Alcázar in Toledo (Spanischer Bürgerkrieg)[594] oder der Checkpoint Charlie an der ehemaligen Berliner Mauer.

Die Relikte und Orte bedürfen dabei immer einer Erläuterung, die sie als Elemente von Erinnerungskultur ausweist. An dieser Stelle kommen wieder die im vorigen Kapitel behandelten Präsentationsgattungen als tradierte Kommunikationsformen ins Spiel. Sie übernehmen diese Erläuterung, sei es als Hinweistafel, Erzählung oder Bericht.

Die Bandbreite von Elementen der Erinnerungskultur und der Präsentationsgattungen, die sie als solche erkennbar machen, wäre damit umrissen. Noch nicht er-

---

593   Nora, Pierre: Les Lieux de Mémoire. Für Nora zählen zu den »Orten« des Gedächtnisses auch Ideen, Namen, Symbole usw.

594   Vgl. Bernecker, Walter L. / Brinkmann, Sören: Kampf der Erinnerungen. Der Spanische Bürgerkrieg in Politik und Gesellschaft 1936–2006. Nettersheim: Graswurzelrevolution 2006.

klärt wurden jedoch diejenigen Einrichtungen der Erinnerungskultur, die ganze Komplexe von Einzelelementen bilden.

4.1.4 Komplexe der Erinnerungskultur

Es gibt in Erinnerungskulturen Phänomene, die aus vielfältigen Einzelelementen zusammengesetzt sind. Folgt man der hier vorgenommenen Aufschichtung von den Bedeutungsträgern bis hin zu den Präsentationsformen, stehen sie als Konglomerat verschiedener Einzelelemente noch eine Stufe über jenen – sie sind die komplexeste Aggregatform der Erinnerungskultur.

Diese Komplexe zeichnen sich jedoch nicht nur dadurch aus, aus verschiedenen Elementen zusammengesetzt zu sein. Ihnen ist nicht nur die Gleichzeitigkeit verschiedener Präsentationsformen des kollektiven Gedächtnisses gemeinsam, sondern auch ihre dauerhafte Einrichtung, ihre Zielgerichtetheit, ihre Einbindung in eine institutionelle Ordnung und damit die Tatsache, dass sie immer bestimmter Trägergruppen oder -organisationen bedürfen. Sie sind dann nicht nur Komplexe, sondern *Einrichtungen* der Erinnerungskultur. In ihnen wird Erinnerungskultur eingerichtet, institutionalisiert, formalisiert und arbeitsteilig organisiert. Zu ihnen zählen etwa Museen, Gedenkstätten oder Gedenktage.

Diese Einrichtungen entstehen nicht einfach, sondern sie werden gezielt von gesellschaftlichen Gruppen oder Organisationen aufgebaut, mit Mitteln und entsprechend spezialisiertem Personal ausgestattet, um ganz bestimmte Ziele zu erreichen: Sie sollen ein konkretes Bild der Vergangenheit aufbauen, es festhalten und in der jeweiligen Zielgruppe verankern. In vielen Fällen sind diese Organisationen als Institutionen staatlich oder auf anderen Ebenen administrativ verankert, jedoch nicht notwendigerweise – auch selbstverwaltete Initiativen wie Bürgerbewegungen oder Geschichtswerkstätten können sich dem Aufbau solcher Erinnerungseinrichtungen widmen. Dahinter stehen selten allein das Bedürfnis nach Festhalten von Fakten der Vergangenheit, sondern mehr oder weniger klar bewusste und geäußerte gegenwärtige Interessen und Bedürfnisse dieser Gruppe oder Organisation. Damit stehen die Gedächtniseinrichtungen also mitten in der politischen Auseinandersetzung, die wir unter Erinnerungspolitik verstehen.

Die Mischung der Präsentationsformen kann dabei ganz unterschiedlich ausfallen. So findet sich in vielen Gedenkstätten von Konzentrationslagern eine Kombination von authentischem Ort in Form der originalen oder rekonstruierten Architektur, von Mahn- und Denkmalen, von Relikten aus der Lagerzeit und medialen Präsentationen aller Art (Fotos, Videos usw.), die in Ausstellungen präsentiert werden. Dazu kommen noch regelmäßig dort stattfindende Rituale, etwa anlässlich der Jahrestage der Befreiung des jeweiligen Lagers. Auch Gedenktage wie der oben bereits erwähnte Yom Hashoah fallen mit ihrer Fülle verschiedener Präsentationsformen der Vergangenheit unter die Einrichtungen von Erinnerungskultur – auch unter dem Gesichtspunkt der Institutionalisierung durch staatliche Organisationen.

Mit diesen Einrichtungen der Erinnerungskultur ist das Ende der Skala zur Komplexität erreicht. Quer zu dieser Analyse der Komplexitätszunahme im Aufbau liegen nun zwei weitere Skalen, an denen sich die Phänomene der Erinnerungskultur aufreihen lassen: die der Trägergruppen und die der Kopplung an politische oder ökonomische Machtausübung.

4.2 Trägergruppen

Von der Kleinfamilie bis zur Nation: Das kollektive Gedächtnis findet immer seinen spezifischen Rahmen in der jeweiligen Gruppe, es ist immer an die in Frage stehenden Kollektive gebunden: Familie, Religion, Klasse, Generation, Täter oder Opfer. Die Vielfalt der Trägergruppen erstreckt sich dabei auf zwei Achsen – der *Größe* und der *Intensität des Zusammenhalts*.

Die Größe eines Erinnerungskollektivs kann dabei theoretisch von der Zwei-Personen-Gruppe bis zur in ihrer Komplexität, Virtualität und Konstruktivität kaum noch als einheitliches Kollektiv zu fassenden Nation reichen. Beide beschreiben dabei die Extrempole dieser Skala, die auf ihre je eigene Art das Konzept einer Erinnerungskultur *nicht* erfüllen, zumindest insofern, als sie in dieser Reinform so schwer zu beobachten sind.

Die Zwei-Personen-Gruppe, in der sich zwei Menschen an nur ihnen gemeinsame Erlebnisse erinnern, wird kaum etwas entwickeln, was unter das hier umrissene Verständnis von Erinnerungskultur fällt. Denn in den meisten Fällen sind die beiden gemeinsam Erinnernden kein Kollektiv im eigentlichen Sinn, sondern kommen temporär zusammen, ohne kollektive Bedürfnisse, Identitätstypen und Interessen zu entwickeln. Zwar finden sich in der Ehe oder der Zweierbeziehung, wo zwei Menschen nicht nur temporär ein »Kollektiv« bilden, durchaus gemeinsame Interessen und Bedürfnisse, und auch eine gemeinsame Vergangenheit wird zusammen erinnert. Erinnerungskulturelle Eigenschaften bekommt dieser Vergangenheitsbezug aber erst dann, wenn die Gruppe erweitert wird, indem zum Beispiel Kinder einbezogen werden, denn nur dann müssen die gemeinsamen Erfahrungen objektiviert und weitergegeben werden.[595] Das Gedächtnis der beiden befände sich also in einem Zwischenreich, das auf der einen Seite an das individuelle Gedächtnis, auf der anderen an das »echter« Kollektive grenzt. Die Erinnerung an die Vergangenheit ist bereits über das Individuum hinaus bedeutsam, aber noch nicht für ein auf Dauer angelegtes Kollektiv, das damit eigene legitimatorische oder identitäre Bedürfnisse befriedigen will.

Am anderen Ende der Skala dagegen fällt es aufgrund ihrer Größe, Komplexität und Konstruktivität schwer, die *Nation* noch als Kollektiv zu fassen. Zu viele Kollektive unterhalb der nationalen Ebene bilden eigene Erinnerungskulturen aus, die nebeneinander existieren, aber auch zueinander und zur Nation in Konkurrenz treten können darüber, wie sie die Vergangenheit konstruieren wollen. Die gemeinsame

---

595   Vgl. Kapitel 3.1.2.1.

nationale Erinnerungskultur ebenso wie die einheitliche nationale Identität ist oft genug nicht mehr als ein Wunschgebilde von Gruppen oder Organisationen, das gerade deshalb nicht selten mit allen zur Verfügung stehenden Mitteln versucht wird durchzusetzen. Auch in Beispielfällen wie dem Nationalsozialismus, wo sich die übergroße Mehrheit der Bevölkerung von sich aus mit dem völkischen Modell identifizierte, wurden ungeheure Anstrengungen unternommen, nicht nur den noch verbliebenen Rest von Unwilligen, sondern auch die Ausgestoßenen (die Jüdinnen und Juden) zu vernichten.

Nationale Kollektive sind also nie so homogen, wie sie vorgeben zu sein. Wer Erinnerungskulturen untersuchte und von einem homogenen nationalen Gedächtnis ausginge, würde damit in die Falle der nationalen Selbstbeschreibung tappen. Denn in diesem Fall müsste man, wie Lutz Niethammer meinte, von der Differenz zwischen Mythos und Erfahrung absehen.[596]

Die Trägergruppen von kollektivem Gedächtnis lassen sich neben ihrer Größe aber auch anhand der Intensität ihres Gruppenzusammenhalts unterscheiden. Dabei spielt es eine Rolle, ob die Mitgliedschaft in der Gruppe *freiwillig* ist oder *zwangsweise* und ob die Mitglieder außer dieser Gruppe noch anderen angehören dürfen oder nicht. Je höher diese Intensität, je stärker also der Zwang zur Mitgliedschaft und deren Exklusivität, desto restriktiver ist auch der Umgang mit der Vergangenheit. Im extremsten Fall werden andere Sichtweisen auf das Geschehene nicht nur nicht akzeptiert, sondern sind ganz konkreter Verfolgung ausgesetzt. Die Identitäten werden in diesem Fall an die eine gültige Version der Geschichte gekoppelt. Im anderen Extrem, bei kaum noch vorhandenem Gruppenzusammenhalt, ist es durchaus möglich, dass sich Mitglieder der Gruppe auch auf andere Gedächtnisse beziehen können, ohne ausgestoßen zu werden, und dass weder die Identität der Gruppenmitglieder noch die Gruppe als solche einer exklusiven Auslegung der Vergangenheit bedarf, um ihre Kohärenz zu wahren. An diesem Pol der Skala fänden sich also Gruppen, auf die Funktionen der Erinnerungskultur kaum noch zuträfen. Wie bei vielen analytischen Skalen spielen die Pole aber hauptsächlich eine heuristische Rolle und der Großteil der Realität läuft in den Bereichen dazwischen ab. Vergleichende Untersuchungen zur Unterscheidung von kollektiven Gedächtnissen anhand der Intensität des Gruppenzusammenhalts könnten in diesen Bereich mehr Klarheit bringen.

---

596 Auch Niethammer plädiert hierbei für »Typen«: »Jeder Versuch, die Erinnerungen der einzelnen zu mehr als divergenten Erfahrungstypen zu synthetisieren und zu einem sinnhaften Identitätsmuster der nationalen Geschichtserfahrung vorzustoßen, ist zum Scheitern verurteilt oder muss von der Differenz der Erfahrungen absehen: Zwischen dem Mythos und der Erfahrung klafft ein Spalt.« – Niethammer, Lutz: Kollektive Identität, S. 365.

4.3 Zugang zu Macht

Ebenfalls quer zur Komplexitäts-Typologie der Phänomene der Erinnerungskultur liegt die Unterscheidung entlang des Bezugs zu Herrschaft innerhalb der Gesellschaft. Kollektives Gedächtnis kann sowohl Mittel zum Machterhalt für herrschende Gruppen, Schichten oder Organisationen sein, aber auch dazu dienen, einer unterdrückten Gruppe den Zusammenhalt in schlechten Zeiten zu sichern, oder dazu, noch nicht durchgesetzte Ansprüche auf konkrete Macht zu unterfüttern. Unter dem Aspekt des Zugangs zu Macht lassen sich vier ideale Typen von Erinnerungskultur unterscheiden: die minoritäre, die subversive, die revolutionäre und die affirmative.[597]

Als *minoritäre* Erinnerungskultur lässt sich diejenige von Gruppen beschreiben, welche von der Macht in der Gesellschaft weitgehend ausgeschlossen sind oder sogar als Mitglieder dieser Gruppe unterdrückt werden. Deren Erinnerungskultur dient dazu, den Zusammenhalt der Gruppe trotz des Drucks von außen aufrecht zu erhalten. Dazu erinnern sich deren Mitglieder an die gemeinsame Vergangenheit. Mit der minoritären Erinnerungskultur wird versucht, aus der Minderheitenposition heraus und zunächst ohne weitergehende Ambitionen auf Machtzuwachs die Vergangenheitssicht (und damit die Wirklichkeit) der Gruppe zu homogenisieren, um damit ihre Kohärenz zu sichern, diese gegen Assimilierungsansprüche abzuschotten und gegebenenfalls auch politische Freiräume durchzusetzen. Als zunehmend dominierende Geschichtsversion beispielsweise des wilhelminischen Kaiserreichs gilt im Allgemeinen die nationale Linie, die von Arminius über Barbarossa und die Völkerschlacht bis zu den Siegen von 1870/71 gezogen wurde.[598] In diesem Beispiel kommen als minoritäre Erinnerungskulturen dann etwa die der nationalen Minderheiten wie der Dänen oder Polen in Betracht.

Ambitioniertere Ziele dagegen haben Gruppen, die eine *subversive* Erinnerungskultur verfolgen. Ihnen geht es nicht nur um den Gruppenzusammenhalt, sondern auch um die Verbreitung *ihrer* Version der Vergangenheit und um die Unterwanderung des Gedächtnisses anderer Gruppen. Die subversive Erinnerungskultur wird von ihren Mitgliedern verstanden als eine Sicht auf Geschichte, die nur zeitweilig unterdrückt ist, eigentlich aber Relevanz für wesentlich breitere Kreise der Bevölkerung hat. Deshalb legt es diese Sichtweise auch darauf an, andere Versionen der Geschichte zu ersetzen, sie zu delegitimieren und deren Wahrheitsanspruch zugunsten des eigenen in Frage zu stellen. Im Gegensatz zur minoritären werden in der subversiven Erinnerungskultur Institutionen eingerichtet, die nicht nur die eigene Trägergruppe ansprechen wollen, sondern sich ihre Zielgruppe auch jenseits dieser suchen. Das geschieht in bewusster Entgegensetzung zu den Inhalten und Institutionen der dominierenden bzw. generell anderer, konkurrierender Erinnerungskulturen.

---

597   Vgl. dazu auch Kapitel 3.3.5.3.
598   Siehe S. 140f.

Im Fall des erwähnten deutschen Kaiserreich käme als zu untersuchende subversive Erinnerungskultur beispielsweise die der Sozialdemokratie in Frage.

Noch einen Schritt weiter geht die *revolutionäre* Erinnerungskultur, deren Trägergruppe zum Ziel hat, nicht nur ein konkurrierendes Bild der Vergangenheit über die eigene Gruppe hinaus zu verbreiten, sondern ihre Version zum dominierenden kollektiven Gedächtnis größerer gesellschaftlicher Konglomerate, wenn nicht sogar der ganzen Gesellschaft zu machen. Sie strebt an, selbst die großen, gruppenübergreifenden erinnerungskulturellen Institutionen zu übernehmen, und in der Auseinandersetzung zwischen den verschiedenen Versionen der Vergangenheit irgendwann selbst den Ton anzugeben. Im Gegensatz zur subversiven Erinnerungskultur führt der Weg der revolutionären zu ihrem Ziel weniger über die Einrichtung von konkurrierenden Erinnerungsinstitutionen als direkt über die Übernahme der politischen Macht.

Die Grenzen zwischen diesen drei Typen von Erinnerungskultur, die (noch) keinen Zugang zu den in der Gesellschaft dominierenden Interpretationen der Vergangenheit haben, können im konkreten Fall auch eher fließende Übergänge sein. Es ist kein großer Schritt vom Anspruch, auch Menschen, die nicht zum eigenen Kollektiv gehören, von den Inhalten der eigenen Erinnerungskultur zu überzeugen, zum Ziel, dieses kollektive Gedächtnis dann zum gesellschaftlich verbindlichen zu machen. Eine qualitative Veränderung ist dann geschehen, wenn die revolutionäre Erinnerungskultur ihr Ziel erreicht hat: zur dominierenden, affirmativen geworden zu sein.

Affirmative Erinnerungskultur ist diejenige, welche in einer Gesellschaft die dominierende Rolle spielt. Sie ist gekoppelt an die Ausübung konkreter Herrschaft, was bedeutet, dass die Gruppen und Organisationen, welche die politische und ökonomische Macht innehaben, auch bestimmen können, was die »offizielle« Deutung der Vergangenheit ist. Diese Bestimmung einer Sichtweise kann durch eine Vielfalt erinnerungskultureller Einrichtungen geschehen, vom Lehrplan in Schulen und Universitäten über die Forschungsförderung, den Betrieb von Museen und Ausstellungen, die Beeinflussung der Massenmedien bis hin zur Errichtung von Denkmalen. All diese Einrichtungen können zwar auch im Rahmen der nicht-affirmativen Erinnerungskulturen genutzt werden, definitionsgemäß jedoch immer nur in marginalem Ausmaß – im Gegensatz zur affirmativen, die über die Mehrheit dieser Institutionen verfügt.

Die Intensität und Reichweite dieser Determination via erinnerungskultureller Einrichtungen ist selbstredend abhängig von der Pluralität und Offenheit der jeweiligen Gesellschaft – in der nationalsozialistischen Diktatur standen wesentlich umfangreichere Eingriffsmöglichkeiten zur Verfügung als in den Gesellschaften, wie sie sich etwa im heutigen West- und Mitteleuropa meist finden. Aber auch dort gibt es affirmative Erinnerungskulturen, die konform zur Mehrheit der öffentlichen Meinung und zur durch den Staat ausgeübten Politik sind. Zur affirmativen Erinnerungskultur gehören nicht nur die Handlungen staatlicher Akteure selbst, sondern auch diejenigen, die mit ihnen übereinstimmen und an derselben Sicht auf die Geschichte partizipieren.

Eins wird durch die Unterscheidung der Erinnerungskultur-Phänomene anhand ihres Bezuges zu Macht klar: Erinnerungskultur als solche ist nicht an Macht*ausübung* gebunden. Sie kann entweder *mit* der jeweiligen Macht oder *gegen* sie agieren. Erinnerungskulturen sind nicht als solche an staatliche Strukturen gebunden, und andererseits ist kollektives Erinnern kein Merkmal, das insbesondere unterdrückten Gruppen anhaften würde. Erinnerungskulturen sind ein essenzielles Merkmal *jeder* menschlichen Vergesellschaftung.

5 Erinnerungskultur

5.1 Theorie der Erinnerungskultur

Das Ziel dieser Arbeit besteht darin zu klären, welchen Stellenwert Erinnerungskultur für die gesellschaftliche Konstruktion von Wirklichkeit hat. Um dem näher zu kommen, war es nötig, in mehreren Schritten vorzugehen. Zunächst mussten die zentralen hier in Frage stehenden Begriffe geklärt werden: *Erinnerung*, *Gedächtnis*, *Erinnerungskultur* und *Erinnerungspolitik* sind Begriffe, die in Alltag und Politik weitläufig genutzt werden und in der Folge sehr stark unterdeterminiert sind. Besonders wichtig war an dieser Stelle die (weite) Definition von 'Kultur' als Begriff für all jene Gegenstände, Prozesse und Zustände, die auf das Wirken und Schaffen von Menschen zurückgehen und gleichzeitig an der Schaffung der menschlichen Lebenswelt beteiligt sind – die Objektivitätsstrukturen, die den einzelnen Menschen im Laufe der Sozialisation erst zum Menschen machen, indem sie ihn mit Identität, Wirklichkeit und einer sozialen Umwelt ausstatten. Erinnerung wurde als das gegenwärtige Reproduzieren vergangener Erfahrungen und Wahrnehmungen definiert, während Gedächtnis wiederum als jener Teilbereich des Wissensvorrats galt, der die in der Gegenwart verfügbaren Repräsentationen der Vergangenheit beinhaltet.

Der theoretische Ausgangspunkt der Arbeit entstammt Bergers und Luckmanns »Gesellschaftlicher Konstruktion der Wirklichkeit« und Alfred Schütz' von Luckmann beendetes Werk »Strukturen der Lebenswelt«: Der Mensch ist ein gesellschaftlich bestimmtes Wesen. Das Individuum ist abhängig von seiner sozialen Umwelt und deren objektiven Strukturen, also den Elementen von Kultur. Im Gegenzug existiert kein Kollektiv mit subjektiven Eigenschaften (wie etwa einem kollektivem Willen). Vielmehr besteht jedes Kollektiv immer aus einzelnen Individuen und kann nur aufgrund der kognitiven Leistungen dieser überhaupt als Kollektiv bestehen.

Interessant für die Untersuchung der Entstehung, Struktur und Funktion von Erinnerungskultur waren die in diesen Werken beschriebenen Vorgänge der Objektivation, der Typisierung, und der Sedimentierung, darüber hinaus die Eigenschaften der Situation und die Rolle und Entstehung von Sinnwelten. All diese Prozesse sind an der Konstruktion von Wirklichkeit beteiligt. *Objektivation* ist die Voraussetzung aller Elemente von Kultur überhaupt: Der vom Subjekt gemeinte Sinn muss nicht nur anderen gegenüber geäußert werden, sondern auch in einem kommunikablem Medium objektiviert, also von der einzelnen Situation und ihren Einstellungen abgelöst sein. Nur so kann der subjektiv gemeinte Sinn anderen Menschen mitgeteilt werden. *Typisierung* erlaubt erst den Aufbau eines handhabbaren Wissensvorrats, ohne in jeder Situation eine komplette Neubewertung aller Elemente der umgeben-

den Welt vornehmen zu müssen. Sie liefert zu bekannten Situationen bekannte Erklärungen und gegebenenfalls Verhaltensmuster. *Sedimentierung* ist die Ablagerung
individuell und neu erworbenen Wissens im individuellen und kollektiven Wissensvorrat. Das geschieht im Zuge von Prägnanzbildung, die überhaupt erst erlaubt,
Bedeutsames aus dem Strom der Wahrnehmung und des Bewusstseins herauszufiltern. Für den kollektiven Wissensvorrat bedeutet das eine Abwägung nach Relevanzen: Nur was aus Sicht der jeweiligen Gegenwart wert erscheint, aufbewahrt oder
erinnert zu werden, wird im Wissensvorrat sedimentiert. Die konkrete *Situation* und
ihre Eigenschaften entscheiden sowohl darüber, ob und wie eine bestimmte Wahrnehmung oder Erfahrung in den Wissensvorrat aufgenommen wird, als auch, ob und
wie dieser Wissensinhalt dann später repräsentiert wird. Da die Situation stets mehrfach sozial bestimmt ist, sind die Inhalte von Erinnerungskultur immer schon im
Moment des Geschehens, aber auch im Moment des Erinnerns den Eigenschaften
und Ansprüchen der sozialen Umwelt ausgesetzt. Die *symbolischen Sinnwelten*
schließlich sind die Grundlage aller menschlichen Wirklichkeit – sie integrieren die
den Menschen so erscheinende Welt als sinnvolle, und sie erklären Herkunft und
Zweck der eigenen Existenz und der des Kollektivs. Dabei sind sie selbst menschliche Konstruktionen – objektivierter Sinn, der von Institutionen und Legitimierungen
gefestigt wird.

Daran anschließend war zu klären, wie sich auf diesem Fundament eine Beschreibung und Analyse von Erinnerungskultur errichten ließe: Inwiefern ist individuelles und kollektives Gedächtnis bestimmt durch diese Strukturen und Prozesse
von Wissen und Wirklichkeit der Gesellschaft? Und: Wie ist die Erinnerungskultur
eingebunden in die Produktion und Verwahrung von Wissen, in die Herstellung von
Wirklichkeit?

Zunächst musste dazu untersucht werden, wie Gedächtnis überhaupt entsteht.
Was sind die Grundlagen von Gedächtnis? Welche Faktoren spielen bei seiner Entstehung eine Rolle?

Grundlage des kollektiven Gedächtnisses sind die Gedächtnisse der Individuen.
Und das individuelle Gedächtnis wiederum bedarf des Substrats des Gehirns: in
diesem spielen sich alle gedächtnisbezogenen Vorgänge ab. Deshalb auch sind die
neuronalen Prozesse, die dem Gedächtnis und dem Erinnern des Subjekts zu Grunde
liegen, ebenso wichtig für ein Verständnis des gesamten Komplexes Erinnerungskultur wie die psychischen Vorgänge, die mit dem Erinnern an Vergangenes verbunden sind. Die wichtigsten Eigenschaften menschlichen Gedächtnisses innerhalb
der neuronalen und der psychischen Struktur sind die gleichzeitige Aktivierung
unterschiedlicher Bereiche, die Plastizität des Gehirns und die Beeinflussung aktueller Wahrnehmung durch vorhandene kognitive Strukturen. Darüber hinaus
bestimmen Emotionen und andere Einflüsse der Erinnerungssituation darüber mit,
was und wie erinnert wird. Weiterhin werden die neuronalen Strukturen durch die
Erinnerungstätigkeit permanent umgeformt und jeder Gedächtnisinhalt verändert
sich durch jeden neuen Erinnerungsakt. Die in vorhandenen Hirnstrukturen abgebil-
deten Gedächtnisinhalte sind dann die Grundlage für die Bewertung neuer Wahr-

nehmungen und Erfahrungen. Das menschliche Gedächtnis ist also bereits in seiner physisch-funktionellen Struktur auf immerfort stattfindenden Input angelegt. Und dieser Input kommt von Beginn der Ontogenese an von anderen Individuen – ein Neugeborenes bringt weder selbstständiges Denken noch Sprache oder ein artikulierbares Gedächtnis mit in die Welt. Wie anfällig das Gedächtnis für äußere Einflüsse ist und wie wenig es mit wahrheitsgetreuer Speicherung von Informationen über die Vergangenheit zu tun hat, zeigte sich in Beispielen aus der psychologischen Gedächtnisforschung. Die neuronale und psychische Struktur des individuellen Gedächtnisses ließe sich also zusammenfassen: Es entsteht immer kommunikativ, in Interaktion mit anderen Individuen, und die einzelnen Inhalte erfahren dabei eine permanente Veränderung.

Aber auch jenseits der neurologischen und psychologischen Befunde erwies sich im Anschluss an Schütz und Berger/Luckmann die *Intersubjektivität* als zentraler Faktor bei der Entstehung des individuellen Gedächtnisses. Die meisten Erinnerungen bedürfen, um nicht dem Vergessen anheim zu fallen, der *Entäußerung* in einem Zeichensystem zum Zweck der Mitteilung an andere Menschen: sie bedürfen der *Objektivation.*[599] Sie werden damit vom Individuum und seinem konkreten Bewusstsein abgelöst. Nicht geäußerte, nicht in Sprache festgehaltene Wahrnehmungen und Erfahrungen haben nicht nur weniger Chancen darauf, einmal erinnert zu werden, sondern fallen völlig aus dem Kreis jener Erinnerungsinhalte heraus, die in Frage dafür kommen, Teil des kollektiven Gedächtnisses zu werden. Wenn sie aber entäußert werden, unterliegen sie durch die Mitteilung in einer bestimmten Sprache bereits der Prägung durch das jeweilige Kollektiv.

Die Objektivation allein ist eine notwendige, jedoch noch keine hinreichende Bedingung dafür, dass bestimmte Ereignisse im Erleben des Individuums zum Teil seines Gedächtnisses werden. Sie ist die notwendige Voraussetzung für all jene Erinnerungen, die zum Teil des kollektiven Gedächtnisses werden. Sollen bestimmte Inhalte Eingang in jenen Teil des Wissensvorrats, den wir Gedächtnis genannt haben, finden, so müssen sie durch den Prozess der Sedimentation hindurch.

Und an dieser Stelle kommen drei weitere kollektive Faktoren ins Spiel. Es ist nicht nur die mit der Objektivation verbundene Sprache samt ihrer Möglichkeiten, Konventionen und Grenzen der Beschreibung, die das einmal Geäußerte prägen. Auch die dem Individuum geltenden Relevanzkriterien und Typisierungen sowie die Eigenschaften der Situation bestimmen darüber, was das einzelne Subjekt aus dem individuellen Bewusstseinsstrom für mitteilenswert erachtet. Nur was als ausreichend relevant im Rahmen sozial erlernter Relevanzsysteme gilt, wird erzählt, und nur wenn es sich in typische Sinnstrukturen umwandeln lässt, kann es zum Teil des

---

599   Es spielt dabei eine untergeordnete Rolle, ob die Mitteilung direkt an andere Menschen oder zunächst nur an einen Zwischenträger wie ein Tagebuch erfolgt. Und selbst dieser kann in bestimmten Fällen entbehrlich sein. Bereits das Vergegenwärtigen eines Ereignisses geschieht in Worten, also in einer prinzipiell objektivierten, anderen potenziell mitteilbaren Form.

Gedächtnisses werden – Grenz- und Ausnahme-Erfahrungen, die nicht bekannten Typen zuzurechnen sind, bleiben solange Problemfälle, die sich der Erinnerung sperren, bis sich eine typische Sinnstruktur gefunden hat, der sie zuordenbar sind. Und auch die Situationen, in denen sich das Individuum im Moment des Erlebens sowie im Moment des Mitteilens befindet, sind auf vielfältige Art sozial geprägt, wie gezeigt wurde – von der räumlichen Konstellation bis zur Positionierung im Zeitablauf. Kurz zusammengefasst: Nur, was objektiviert wird, kann sich dauerhaft aus dem Strom des Bewusstseins erheben. Auch dann kann es jedoch wieder in diesem untergehen, wenn es nicht sedimentiert wird. Was und wie jedoch im Wissensvorrat sedimentiert wird, hängt von den mehrheitlich sozial bestimmten Faktoren Relevanz, Typik und Eigenschaften der Situation ab. Da Gedächtnis als Teilbereich des Wissensvorrats definiert wurde, können die subjektiven Grenz- und Ausnahmefälle (wie unvermittelt auftauchende subjektive Erinnerungen durch einen wieder wahrgenommenen Geruch oder Geschmack) an dieser Stelle in ihrem Status als Ausnahmen belassen werden. Sie gehörten erst dann zum persönlichen Wissensvorrat, wenn sie als Wissen auch mitteilbar wären, also in erzählbarer Form vorlägen. Das trifft für die spontane Erinnerung an ein bloßes Gefühl, einen Geschmack, einen Geruch nicht zu.

Daran schließt sich das Verhältnis individuellen Gedächtnisses zu kollektivem anhand des Verhältnisses der jeweiligen Wissensvorräte an. Die Grundlagen jeder subjektiven Wahrnehmung und Erinnerung – Identität, Bewusstsein, Relevanzstrukturen – erwiesen sich als ebenso von der sozialen Umwelt bestimmt wie die Regeln des Wissenserwerbs, die Eigenschaften der Situationen, in denen Erfahrungen erworben und weitergegeben werden, und nicht zuletzt auch die Inhalte des subjektiven Wissensvorrats, die mehrheitlich nicht selbst erworbenes, sondern erlerntes Wissen sind. Individuen können also nur wahrnehmen, weil sie in einer sozial geprägten Umwelt leben, und auch die Strukturen und Inhalte ihres Gedächtnisses sind dadurch hochgradig sozial geformt. Umgekehrt gibt es kein kollektives Gedächtnis, das aus sich selbst heraus entstehen würde. Quelle ist immer ein je individuelles Gedächtnis, dessen Inhalte im Verlauf der Sedimentierung in das kollektive übernommen wurden. Kollektives Gedächtnis besteht aus den Ergebnissen subjektiver Erinnerungen, die in eine objektive Struktur übernommen werden, welche wiederum auf die Gedächtnisse der Subjekte zurück wirkt. Welche subjektiven Gedächtniselemente dabei in den kollektiven Vorrat von Vergangenheitsrepräsentationen übernommen werden, hängt von den kollektiven Bedürfnissen und Zuständen in der Gegenwart ab, in der erinnert wird, und nicht von den Individuen oder den erinnerten Inhalten selbst.

In einem nächsten Schritt musste die Struktur dieses aus Einzelerinnerungen in sozialem Wirken entstandenen kollektiven Gedächtnisses analysiert werden. Dabei schälten sich zunächst die zeitlichen und räumlichen Dimensionen von Gedächtnis allgemein heraus. In der zeitlichen Dimension wurde deutlich, dass es doppelt durch die Gegenwart bestimmt ist: Sowohl die Wahrnehmung, die später zum Teil von Gedächtnis werden soll, als auch die Erinnerung an diese sind fest in eine bestimmte

Gegenwart eingebunden. Die Gegenwartsstrukturen fließen erstens in die Erfahrung ein und zweitens erinnert man sich an diese Erfahrung immer von einer spezifischen Gegenwart aus. Das Erinnern kann dabei im polythetischen oder im monothetischen Modus erfolgen – hauptsächlich gesteuert entweder durch die Struktur der Situation, in der erinnert wird, oder durch die Einstellungen, die in diesem Moment zuhanden sind. Die zeitliche Struktur des Gedächtnisses lässt sich deshalb nicht durch ein einfaches Erleben-Speichern-Abrufen beschreiben, sondern baut sich in einem komplizierten Geflecht von Vergangenheitsrückgriff, gegenwärtigem Wahrnehmen und Zukunftsvorgriff auf.

Zentrale Instanz der Vermittlung dieser Zeit-Aufschichtungen sind die symbolischen Sinnwelten. Als Sinnkomplexe, die Welt erklären und Wirklichkeit schaffen, integrieren sie für die vergesellschafteten Subjekte Vergangenheit, Gegenwart und Zukunft. Sie passen im Erinnern die Vergangenheit an ihre gegenwärtigen Bedürfnisse an, und sie tragen in sich diejenigen Wissenselemente der Vergangenheit, die Wahrnehmung und Beurteilung der Gegenwart mitbestimmen. In der Strukturierung von Wirklichkeit durch symbolische Sinnwelten liegt also auch die zeitliche Dimension kollektiven Gedächtnisses begründet.

In der räumlichen Dimension beginnt die Struktur des kollektiven Gedächtnisses bei der Leib-Bezogenheit von Erinnerung des Individuums. Jede Wahrnehmung muss zwangsläufig durch die Sinnesorgane des Körpers hindurch, und dieser prägt das Wahrgenommene ebenso wie die Sinnesorgane in ihrer Funktion durch kognitive Vorgänge geprägt sind. In der anderen Richtung braucht auch jede Äußerung den Körper und seine für Außenwirkung zuständigen Organe, er ist unser Ausdrucksfeld. Darüber hinaus ist er der Nullpunkt unseres Koordinatensystems, insofern sich von ihm aus sowohl die Zeit in Vergangenheit und Gegenwart erstreckt, als auch der Raum sich in die verschiedenen Zonen der Reichweite aufgliedert.

Auf der nächsten Ebene wurde festgestellt, dass Gedächtnis immer an den Austausch, die Kommunikation mit *anderen* gebunden ist und sich dieser Austausch räumlich in Entfernung, Mittelbarkeit und Perspektive aufstaffelt. Das wiederum hat Einfluss darauf hat, was und wie erinnert wird. Während das kollektive Gedächtnis definitionsgemäß immer an Gruppen gebunden ist, steht auch das individuelle Gedächtnis stets in Beziehung nicht nur zu anderen Individuen, sondern zu Gruppen und damit auch zu kollektiven Prozessen.

Zur Befestigung des kollektiven Gedächtnisses umgeben sich Menschen außerdem mit materiellen Manifestationen von mobilen Artefakten bis hin zu landschaftsarchitektonischen Großobjekten. Zusammen ergibt sich in der räumlichen Dimension also ein kompliziertes gegenseitiges Beziehungsgeflecht zwischen dem einzelnen Subjekt in seiner Leiblichkeit, seinen Gruppen und den Materialisierungen des Gedächtnisses im Raum.

Wie weiter klar wurde, kann Erinnerungskultur nur medial im Sinne von öffentlich (und mit Hilfe mannigfaltiger, in der heutigen Zeit meist: Massen-Medien) stattfinden. Denn im medialen Diskurs entscheidet sich, was Teil des kollektiven Gedächtnisses wird und was nicht. Dabei verändern die Medien die Inhalte der

Erinnerung durch ihre konventionellen Eigenschaften: Reduktion durch Prägnanzbildung, Narrativierung und De- wie Rekontextualisierung. Elemente der Erinnerungskultur können dabei selbst dann in den Medien weiterexistieren, wenn keine kollektiven Interessen mehr damit verbunden sind. Solcherart abgekoppelt, können sie entweder für andere Erinnerungszwecke vereinnahmt werden oder existieren nur noch als reine Medienprodukte weiter, ohne jede Bedeutung für Erinnerungskultur.

Als durchaus von Bedeutung für die Erinnerungskultur erwies sich dagegen das Verhältnis von Alltagswelt und theoretischer Welt. Denn einerseits bestimmen alltagsweltliche Interessen und Einstellungen darüber, wie man sich in der theoretischen Einstellung mit der Vergangenheit beschäftigt; und andererseits arbeiten Menschen in der theoretischen Einstellungen Konzepte von Vergangenheit aus, die wiederum in der Alltagswelt Wirkungsmacht entfalten – allerdings nur, wenn sie Trägergruppen finden, die mit ihnen bestimmte gegenwärtige Interessen verfolgen können.

Schließlich: Ein kollektives Gedächtnis, das derart entstanden und strukturiert ist, kann *eine* Aufgabe mit Sicherheit *nicht* erfüllen: die originalgetreue Abbildung vergangener Ereignisse und Wahrnehmungen, *wie sie gewesen sind*. Zum ersten gibt es keine Möglichkeit, eine objektive Realität zu erkennen, so es sie denn gibt. Jede Wahrnehmungs- und Erfahrungssituation ist immer schon von vielfältigen Vorbedingungen und Einstellungen bestimmt, die in der Regel (und vor allem in der Alltagswirklichkeit) nicht mit in den Griff des Bewusstseins gelangen. Es ist also schon einmal nicht möglich, außerhalb sozialer Einflüsse wahrzunehmen. Und darüber hinaus ist auch das Erinnern an sich eine rekonstruktive Handlung, die vor dem Hintergrund einer Vielzahl von Einflüssen stattfindet – motivationsgeleitet von konkreten Motiven und selbst wenn nicht, dann zumindest immer präfiguriert von den Eigenschaften der Situation, in der erinnert wird. Immerhin gibt es aber die Möglichkeit, Erinnerungen kritisch mit anderen Informationsquellen abzugleichen. Es ist jedoch keine Funktion des kollektiven Gedächtnisses, ein wahrheitsgetreues Abbild der Vergangenheit zu liefern.

Was dessen Funktionen sind, ist in einem weiteren Schritt der Arbeit untersucht worden. Für das Individuum strukturiert das Gedächtnis zunächst die Wahrnehmung sowie die Zeitvorstellungen, und es löst Handlungs- und Orientierungsprobleme im Alltag. Bereits diese Aufgaben kann das Gedächtnis jedoch nur unter Bezug auf soziale Strukturen und auf das kollektive Gedächtnis erfüllen. Darüber hinaus legitimiert das kollektive Gedächtnis die Identitäten der Einzelnen durch die Legitimierung der Rollen, die sie in ihrem Leben ausfüllen, und durch das Bereithalten einer Biographie im Rahmen eines Kollektivs (oder mehrerer). Auch die Legitimation der kollektiven Identitätstypen fällt in den Aufgabenbereich des kollektiven Gedächtnisses, indem es deren Herkunft und Geschichte beschreibt. Schließlich legitimiert es gesellschaftliche Institutionen und symbolische Sinnwelten, indem es die Gewissheit liefert, diese seien schon immer so gewesen oder seinerzeit aus gutem Grund entstanden.

All diese Funktionen haben klar gemacht, welchen unverzichtbaren Anteil kollektives Gedächtnis an dem hat, worin die Wirklichkeit von Individuen und Gruppen besteht. Das, was in der Gegenwart als wirklich gilt, wird mitbestimmt durch die kollektiven Bezüge auf die Vergangenheit. Gleichzeitig ist es die Gegenwart, die bestimmt, was erinnert wird und wie dies getan wird – genauer: sind es die gegenwärtigen Einstellungen und Zustände im Individuum und in der Gesellschaft. Die Auseinandersetzung um die Erinnerung geschieht dabei in der Öffentlichkeit und ist eine *politische* zwischen verschiedenen Akteuren, die unterschiedliche Motive hegen und Ziele verfolgen. Die politischen Aufgaben der Erinnerungskultur manifestieren sich in den Phänomenen der *Erinnerungspolitik* und ergeben sich aus den bereits genannten Funktionen: der Legitimation von Identitäten, Identitätstypen, Institutionen und Sinnwelten sowie das Herstellen von Zeit- und Geschichtsbezügen. All diese Funktionen zielen letztlich darauf, die Kohärenz von Gruppen und Gesellschaften im Angesicht all der Herausforderungen, denen sie sich im Lauf der Zeit gegenüber sehen, herzustellen.

Vergessen als der Widerpart des Erinnerns hat dagegen die Funktion, von Relevanzen gesteuert sowohl aus der Fülle der Wahrnehmungen als auch aus der Fülle der Gedächtnisinhalte eine Auswahl zu treffen. Dabei unterscheidet sich das primäre (das gar nicht erst Sedimentierte) von dem sekundären Vergessen (das aus dem Gedächtnis Getilgte). Wirklich vergessen kann einmal Sedimentiertes nur werden, wenn auch die Spuren, die Archivinhalte des Speichergedächtnisses, vernichtet werden: Erst wenn ein Gedächtnisinhalt für die Gegenwart nicht mehr relevant ist und darüber hinaus alle seine Sedimente aus dem kollektiven Gedächtnis verschwunden sind, ist er vergessen. Ist er nur momentan nicht relevant genug, erinnert zu werden, gehört er zum Speichergedächtnis. Ist er schließlich zwar in der Gegenwart präsent, aber von jeglicher gegenwärtigen Gedächtnisfunktion (wie dem Legitimieren von Sinnwelten oder Identitätstypen) entfremdet, dann zählt er zu den »abgekoppelten« Medien, die eben deswegen nicht mehr Teil kollektiven Gedächtnisses sind. Vergessen als Nicht-Erinnern und Nicht-Erinnernkönnen kann letztlich keine eigene *ars oblivionalis* begründen, da es auf den gleichen Entstehungsbedingungen wie die Erinnerung beruht, an die gleichen gegenwärtigen Strukturen und Funktionen gebunden ist und gezieltes Vergessen immer nur aus neuerlichen Erinnerungsakten bestehen kann.

Fassen wir zusammen: Der Mensch ist ein kulturelles Wesen. Sein Bewusstsein und seine Identität bilden sich erst in Kontakt mit anderen Menschen heraus. Ihre Wirklichkeit konstruieren sich vergesellschaftete Individuen in gemeinsamem Handeln. Diese Wirklichkeit ist zwar in ihrer Existenz abhängig von den Aktivitäten der Subjekte, erscheint den in ihr Lebenden aber als objektiv. Kultur ist die Gesamtheit dieser von Menschen erschaffenen objektiven Sinnstrukturen, materiellen Artefakte, gesellschaftlichen Prozesse, Zustände und Gefüge, die dem Individuum schließlich eine »Welt« begründen, in der es lernt, sich zu orientieren und zu handeln, sie zu reflektieren und zu ändern und schließlich andere in diese Welt einzubeziehen. Diese kulturelle Welt im Allgemeinen und die gesellschaftlich konstruierte Wirklichkeit im

Besonderen nun baut darauf auf, sich auf die Vergangenheit zu beziehen. Der Mensch ist offensichtlich nicht nur ein Wesen mit einem grundsätzlichen Bedürfnis nach Symbolisierung,[600] sondern auch nach Erinnerung. Nicht nur die Fähigkeit zur Konstitution von Sinn erwächst aus dem erinnernden Rückgriff des Bewusstseins auf vergangene Erfahrungen, es scheint vielmehr eine permanent stattfindende, spontane Tätigkeit des menschlichen Bewusstseins zu sein, sich ständig zwischen prospektivem Vorausgreifen in die Zukunft und erinnerndem Vergegenwärtigen des Gewesenen zu bewegen. Menschliches Bewusstsein ohne dieses Zeitbewusstsein und die darin stattfindende ununterbrochene Erinnerung wäre keines.

Dass diese Erinnerungsfähigkeit des Menschen durch Kollektive und deren Institutionen zu vielfältigsten Zwecken genutzt wird, ist dabei kein bösartiger Missbrauch, sondern Notwendigkeit. *Jeder kollektive Zusammenhalt basiert auch auf Erinnern-Können.*

Erinnern, das Reproduzieren vergangener Erfahrungen im Zusammenhang gegenwärtiger Handlungsnotwendigkeiten, ist essenzieller Bestandteil des Vorgangs der Wirklichkeitskonstruktion. In den Prozessen der Erinnerungskultur schaffen sich Menschen durch kollektives Handeln ihre objektive Wirklichkeit, die den Einzelnen dann wieder als scheinbar gegebene Welt gegenübersteht. Ohne das kollektive Gedächtnis könnten symbolische Sinnwelten und institutionale Ordnungen nicht aufrecht erhalten werden. Kollektives Erinnern trägt somit wesentlich zur Kohärenz des Gesellschaftsgefüges bei.

Zusammengefasst: Unter *Erinnerungskultur* verstehen wir demnach die *Gesamtheit aller kollektiven Handlungen und Prozesse, die das kollektive Gedächtnis, seine Sinnstrukturen und seine materiellen Artefakte erhalten und ausbauen, indem mit ihnen Vergangenheit repräsentiert wird – sie begründet Wirklichkeit und legitimiert die institutionale Ordnung.*

In beinahe jeder Gesellschaft kann hierbei davon ausgegangen werden, dass es immer mehrere parallel nebeneinander bestehende und miteinander konkurrierende Erinnerungskulturen gibt, die von verschiedenen gesellschaftlichen Gruppen mit jeweils unterschiedlichen Interessen betrieben werden – der Grenzfall einer monolithischen Gesellschaft mit nur einer Erinnerungskultur ist die Ausnahme und setzt die Abwesenheit jeglicher politischen Pluralität voraus.

Wenn es aber schon innerhalb einer einzelnen Gesellschaft mehrere Erinnerungskulturen gibt, dann gilt dies erst recht für hochdifferenzierte Gebilde wie zum Beispiel den Staatenbund der Europäischen Union mit seiner Vielzahl beteiligter Akteure und Kollektive. Der immer wieder eingeforderte Versuch, ein »europäisches Gedächtnis« zu etablieren, muss dabei an der Diversität der einzelnen Kollektive scheitern – und nicht nur der nationalen. Das gilt unabhängig davon, ob dieses Ge-

---

600 Im Sinne von Ernst Cassirer und Susanne K. Langer: »Die Bildung von Symbolen ist eine ebenso ursprüngliche Tätigkeit des Menschen wie Essen, Schauen oder Sichbewegen. Sie ist der fundamentale, niemals stillstehende Prozess des Geistes.« – dies.: Philosophie auf neuem Wege, S. 49.

dächtnis sich auf die Holocaust-Erfahrung stützen soll, ganz allgemein auf die Kriegserfahrung oder noch verschwommener auf eine ganz unspezifische Erfahrung menschlichen Leids im 20. Jahrhundert, mit der auch noch die deutschen Bombenkriegsopfer und Flüchtlinge mit dem Holocaust gleichgesetzt werden.[601] Da jede Erinnerungskultur an eine Gruppe und deren Interessen gebunden ist, müsste eine gemeinsame europäische auch von einem kohärenten europäischen Kollektiv getragen werden. Es ist zunächst gar nicht so abwegig, sich ein solches europäisches Gedächtnis vorzustellen – jedoch immer nur als ein partikulares, nämlich genau der (und nur der) Gruppen, die auch gemeinsame europaweite Interessen und Motive besitzen. Dazu zählen vor allem diejenigen, welche beruflich mit der EU und ihrem Gedächtnis befasst sind: »intellectuals and bureaucrats who convene as colleagues and are paid to discuss and administer European concerns«.[602] Ein allumfassendes Kollektiv dagegen, als dessen Mitglieder sich alle Bürgerinnen und Bürger der Union verstehen würden, gibt es nicht. Eine derart einheitliche Erinnerungskultur ist angesichts der seit dem Ende des Kalten Krieges um sich greifenden Re-Nationalisierung nicht nur kaum noch vorstellbar, sondern im Interesse der Pluralität auch gar nicht wünschenswert.

Zum Bestandteil von Erinnerungskultur können vielfältige Phänomene werden. Die Typologie der Erinnerungskultur machte deutlich, dass von der semiotischen Ebene der Geschichte und des Bilds bis hin zu komplexen Gedächtnisinstitutionen eine Vielfalt von Formen existiert, in denen Menschen kollektiv erinnern können. Sie tun dies mit der oder gegen die (politische) Herrschaft, in kleinen familiären oder weiträumigen nationalen Agglomeraten. Gemeinsam ist aller kollektiven Erinnerung jedoch, dass sie nicht um ihrer selbst oder der Vergangenheit willen erfolgt; vielmehr ist sie *immer für gegenwärtige Zwecke instrumentalisiert und wird deshalb auch zum Gegenstand politischer Auseinandersetzung.* Erinnerungskultur und Erinnerungspolitik sind zwar analytisch zu trennen, in der Alltagspraxis aber beinhaltet kollektives Erinnern immer politisches Handeln und ist jedes kollektive Gedächtnis Ziel dieses politischen Handelns. So wie die Phänomene von Erinnerungskultur unabdingbar für die Kohärenz des gesellschaftlichen Gefüges in der Gegenwart sind, bestimmen diese gegenwärtigen Gefüge wiederum darüber, wie die Vergangenheit erinnert wird.

5.2 Konsequenzen für Gedächtnisbegriffe

Das alles hat Konsequenzen für die in der Erinnerungsforschung dominierenden begrifflichen Differenzierungen kollektiven Gedächtnisses – vor allem für die Di-

---

601   Vgl. Leggewie, Claus: Schlachtfeld Europa. Transnationale Erinnerung und europäische Identität. In: Blätter für deutsche und internationale Politik 54 (2009) 2, S. 81–93; und: Eckel, Jan / Moisel, Claudia: Einleitung, S. 20.

602   Kansteiner, Wulf: Finding Meaning in Memory, S. 189.

chotomie von *kulturellem* und *kommunikativem* Gedächtnis.[603] Auch wenn Jan Assmann in seiner viel rezipierten Einführung in die Termini betont, dass es sich dabei um die beiden Pole einer *Skala* handle, auf der sich in den modernen Gesellschaften ganz unterschiedliche reale Phänomene in Vermischung und Übergang finden ließen, wird die Unterscheidung zwischen beiden Gedächtniskategorien vor allem im deutschen Sprachraum doch oft in ihrer dichotomischen Lesart verwendet. Assmanns Hauptthese ist: Kommunikatives Gedächtnis sei das Gedächtnis der gleichzeitig *lebenden* Menschen, »lebendige Erinnerung in organischen Gedächtnissen«,[604] flüchtig, auf den Erlebniszeitraum von vier bis fünf Generationen bzw. 40 bis 80 Jahre begrenzt, auf direkte und meist mündliche Kommunikation beschränkt[605] und auf Alltag und Biographie bezogen – es sei gewissermaßen das Kurzzeitgedächtnis der Gesellschaft, Gedächtnis im biographischen Modus. Das kulturelle dagegen sei das Zeitgenossenschaft und Generationen überschreitende Gedächtnis von kulturellen Inhalten, das ritualisiert und vor allem in Festen auftretend, von Fachleuten und -institutionen verwaltet und vermittelt, die Grundlage für Identitäten und Wirklichkeiten lege: Gedächtnis im fundierenden Modus. Die Inhalte unterlägen dabei einer hochgradig kulturellen Formung, es handele sich um relativ feste Objektivationen.

Wenn nun aber kommunikatives Gedächtnis einerseits nur das flüchtige der Gespräche innerhalb der Zeitgenossenschaft sein soll, nicht ritualisiert, kaum kulturell geformt, andererseits aber Zeiträume von doch immerhin mindestens 40 Jahren umspannen soll, ergeben sich aus dem Blickwinkel der vorangegangenen Beschreibung von Erinnerungskultur Widersprüche: Zunächst ist Kommunikation an sich bereits eine kulturelle Formung,[606] welche die zu erinnernden Inhalte in sozial bestimmte und vom Hier und Jetzt des Subjekt abgelöste Objektivationen fassen muss. Darüber hinaus findet auch die mündliche Unterhaltung über die Vergangenheit, so sie denn kollektiv relevant, weil zum kollektiven Gedächtnis gehörig, sein soll, immer in konkreten medialen Formen statt, die mehr sind als die jeweilige »lebendige Erinnerung«.[607] Und nicht zuletzt bleibt festzuhalten, dass jede Kommunikation zur Verfestigung von Identität beiträgt, erst recht die Unterhaltung zweier Zeitgenossinnen oder Zeitgenossen über ihre gemeinsame Vergangenheit.

Wir könnten dazu das bereits erwähnte Beispiel von der Unterhaltung in der Frühstückspause heranziehen, in der in Bezug auf die Fußball-Nationalmannschaft

---

603   Vgl. Kapitel 2.4.

604   Assmann, Jan: Das kulturelle Gedächtnis, S. 38.

605   Unter Verweis auf die direkte Kommunikation im Internet geht man mittlerweile auch von der Beschränkung auf Mündlichkeit ab. Vgl. Fraas, Claudia: Vom kollektiven Wissen zum vernetzten Vergessen? Neue Medien zwischen kultureller Reproduktion und kultureller Dynamik. In: Wagner, Franc / Kleinberger Günther, Ulla (Hg.): Neue Medien   neue Kompetenzen. Texte produzieren und rezipieren im Zeitalter digitaler Medien. Frankfurt/M. u. a.: Lang 2004, S. 6–32.

606   Vgl. Kapitel 2.4 und 3.1.2.1.

607   Vgl. Kapitel 3.2.4 und 4.1.2.

der Satz fällt: »Wir haben endlich wieder gewonnen!«.[608] Ein anschaulicheres Beispiel wäre aber ein fiktives Gespräch zwischen zwei ehemaligen Wehrmachtssoldaten, die sich in den fünfziger Jahren über ihre Erlebnisse im Zweiten Weltkrieg austauschen. Nach Assmanns Definition müsste dieser Vorgang eigentlich zum
kommunikativen Gedächtnis zählen. Er weist aber dennoch Merkmale auf, die dem
kulturellen zuzurechnen wären: Erstens wäre diese Kommunikation bereits kulturell
geformt, weil sie in einer gemeinsamen Sprache mit einer historisch-sozial einge-
bundenen, wahrscheinlich nationalsozialistisch aufgeladenen, Wortwahl stattfände.
Zweitens wäre sie erinnerungskulturell geformt, weil sie tradierten Erzählmustern
folgte, etablierte Bilder wiederholte und wahrscheinlich auch Elemente des kollektiven Gedächtnisses integriert hätte, die nicht zu den persönlichen Erlebnissen der
beiden gehören. Schließlich wäre das Gespräch wohl auch wichtig für die Identitätstypen der beiden als ehemalige Wehrmachtsangehörige und als Deutsche: Das
Austauschen über belanglose, lustige Anekdoten etwa unterstriche die Harmlosigkeit
ihres damaligen Tuns und bestenfalls auch das (Selbst-)Bild von der »sauberen
Wehrmacht«.

Wenn nun aber selbst eine solche beispielhafte Situation nicht zum kommunikativen Gedächtnis gehört, dann fragt sich, was dann überhaupt noch Teil des kommunikativen Gedächtnisses sein kann. Wie weiter oben am Beispiel des Abteilungsleiters beschrieben wurde, sind selbst die individuellen Erinnerungen, die mit der
eigenen Identität verknüpft sind, kulturell geformt. Umgekehrt gilt für alle Phänomene, die zu Assmanns kulturellem Gedächtnis zählen, dass sie wiederum nicht
ohne die Eigenschaften auskommen können, die dem kommunikativen Gedächtnis
zugewiesen werden: Auch sie bedürfen der sozialen Interaktion zwischen Individuen, auch sie können sich auf die nur kurz zurückliegende Vergangenheit beziehen.
Und auch sie können sich auf individualbiographische Erfahrungen berufen, wenn
individuelle Vergangenheitsrepräsentationen zu Inhalten des kollektiven Gedächtnisses werden.

Folgte man der Assmannschen Trennung als Dichotomie, dann ginge für das
kommunikative Gedächtnis die doch vorhandene kulturelle Formung, die Abhängigkeit von Objektivationen und Artefakten, der Einfluss institutioneller Stützung und
die Funktion der Legitimierung von Identitäten verloren. Das kulturelle Gedächtnis
dagegen verlöre seinen Bezug zu den Subjekten und seine Abhängigkeit von Interaktion zwischen diesen.

Assmanns Unterscheidung lässt auch gewisse Parallelen zur Diskussion um die
Trennung von Geschichte und Gedächtnis erkennen.[609] So weist er dem kulturellen
Gedächtnis die Besonderheit zu, sich weniger der faktischen als der erinnerten Ge-
schichte zuzuwenden bzw. die faktische Geschichte in Mythos umzuwandeln. Aus
konstruktivistischer Sicht hat sich jedoch gezeigt, dass *jedes* Gedächtnis sowohl im
Moment der Sedimentierung als auch im Moment des Erinnerns wenig Affinität zu

---

608   Vgl. Kapitel 2.4, S. 41.
609   Vgl. Kapitel 2.3.

Wahrheit oder Faktizität aufweist, da es primär darum geht, gegenwärtige Funktionen zu erfüllen. In der Konsequenz muss auch das kommunikative Gedächtnis aus der Pflicht entlassen werden, nur reine Fakten und keine Mythen zu produzieren oder weiterzugeben.

Aus allen bis zu diesem Punkt der vorliegenden Arbeit vorgetragenen Eigenschaften und Funktionen gesellschaftlicher Erinnerung folgt, dass kollektives Gedächtnis als Ganzes über die Eigenschaften *beider* von Assmann getrennter Gedächtnismodi verfügt, deren Trennung deshalb hier nicht im selben Ausmaß mitgemacht werden kann. Sicherlich ist dabei zu bedenken, dass Jan Assmann diese Skalierung vor allem an Beispielen aus frühen Hochkulturen festmacht und nicht in aller Deutlichkeit deren Gültigkeit auch für moderne Gesellschaften reklamiert. Die hier genannten Kritikpunkte reichen also nur soweit, wie die Trennung kulturelles/kommunikatives Gedächtnis Geltung allgemein für jede menschliche Vergesellschaftung oder spezifisch für die Moderne beansprucht.

Interessant für ein wissenssoziologisches Verständnis von Erinnerungskultur ist die Unterscheidung entlang der von Assmann gezogenen Linien aber dahingehend, wo die Übergangsbereiche zwischen *individuellem* und *kollektivem* sowie zwischen dem Gedächtnis von *Gruppen* und *gruppenübergreifendem* Gedächtnis in einer Gesellschaft zu finden sind. Die Phänomene, die Assmann dem kommunikativen Gedächtnis zuschreibt, können somit als Phänomene *protokollektiven* Erinnerns verstanden werden, dessen Inhalte sich in der Übergangszone zwischen individuellem und kollektivem bzw. zwischen Gruppen- und gruppenübergreifendem Gedächtnis befinden.

Keine Berücksichtigung finden dabei die von Assmann verwendeten Kategorien der Zeitstruktur von 80 bis 100 Jahren, der Interaktion sowie des Mediums »lebendige Erinnerung«. Die Kategorien Inhalt (Geschichtserfahrung im Rahmen individueller Biographie), Form (informell, wenig kulturell geformt), Verbreitung (Hörensagen) und Träger (Zeitzeug/-innen einer Erinnerungsgemeinschaft)[610] sind jedoch für ein Verständnis des *kollektiven Erinnerns im Vorstadium* von Nutzen. Im Gegensatz zum eigentlichen kollektiven Gedächtnis sind die Erinnerungen hier noch sehr an die subjektive Erfahrung gebunden, noch nicht in festgefügten Narrativen eingebaut oder mit allgemein bekannten Bildern angereichert und noch nicht in einem materiellen Trägermedium[611] objektiviert. Dennoch sind sie im gegebenen Fall aber schon mehr als nur individuelle Erinnerungen, ein *Übergangszustand*, in dem sich anhand der weiter oben erwähnten Kriterien[612] entscheidet, ob der konkrete Gedächtnisinhalt zum Teil des kollektiven Wissensvorrats über die Vergangenheit wird oder nicht. Zu diesem protokollektiven Gedächtnis würde etwa zählen, wie im Dresdner Luftschutzkeller 1945 die ersten Erzählungen über vorangegangene Erfahrungen im Bombardement ausgetauscht wurden. Vielleicht ist in diesem Zusammenhang auch

---

610   Assmann, Jan: Das kulturelle Gedächtnis, S. 56.
611   Im hier verwendeten, engeren Verständnis von Medium, das nicht schon die Sprache umfasst.
612   Siehe Kapitel 3.1.2.4.

zum ersten Mal die Geschichte vom Bären und dem Affen aufgetaucht: Kurz nach den Angriffen hätte es an einer Haustür in der Nähe des bombengeschädigten Zoos gekratzt. Nach dem Öffnen hätte den Einwohnern ein entflohener Bär gegenüber gestanden und um Einlass gebettelt. Auf seiner Schulter hätte dabei ein verletztes Äffchen gesessen.[613] Erst als diese Erzählung später, zusammen mit den anderen Anekdoten über die Folgen von angeblichen Bombentreffern im Zoo, zum stadtweit gültigen Wissensbestand geworden war, konnte sie als Teil des *kollektiven*, also »kulturellen« Gedächtnisses gelten.[614]

Gleiches gilt für die Übergangszone von Gruppen- zu gruppenübergreifendem Gedächtnis, denn die Unterscheidung zwischen diesen beiden ist es auch, bei der die Trennung zwischen kommunikativem und kulturellem Gedächtnis nach Assmann am plastischsten erscheint.

Gruppen wie Familien oder andere kleinere Erinnerungsgemeinschaften besitzen offenbar all die Eigenschaften, die er kommunikativem Erinnern zuweist, wohingegen die Spezifika des kulturellen Gedächtnisses typisch für größere Erinnerungskollektive wie Religionsgemeinschaften oder Nationen sind. Vergangenheitsrepräsentationen dieser kleineren Kollektive nun, die im Begriff sind, zum Teil von gruppenübergreifender Erinnerungskultur zu werden, sind deswegen immer noch »kulturelles« Gedächtnis, aber eben nur *innerhalb* der Erinnerungskultur der Gruppe. Aus der Perspektive des übergreifenden sozialen Zusammenhangs und seines Gedächtnisses weisen sie zu großen Teilen die nämlichen »kommunikativen« Eigenschaften auf: Sie beziehen sich auf eine spezifische Erinnerungsgemeinschaft von Zeitzeug/-innen, die diese Erfahrungen gemeinsam gemacht haben, sie sind an deren Biographien gebunden, sie erscheinen verhältnismäßig wenig geformt und dementsprechend auch an den Alltag und den Erfahrungsaustausch einer Gruppe, in der jede jeden kennt, gekoppelt. Damit sie Teil eines mehrere Gruppen umfassenden kollektiven Gedächtnisses werden können, muss die Erinnerung von ihren ursprünglichen Trägergruppen gelöst und abstrahiert werden – sie muss auf eine übergeordnete Sinnwelt bezogen werden. Damit kommen alle Eigenschaften des »kulturellen« Gedächtnisses im Sinne Assmanns zwangsläufig zum Tragen: Ereignisse in einer absoluten Vergangenheit, hohe Zeremonialität und Geformtheit sowie spezialisierte Traditionsträger.[615] Was in einem sozialen Zusammenhang, in dem die Gruppenmitglieder noch direkt miteinander kommunizieren können, in unmittelbaren Gesprächen ausgetauscht werden kann, muss nun über Träger der Erinnerungskultur vermittelt werden. In der Realität und am Beispiel bedeutet dieser Schritt, dass die erwähnte Bombenkriegs-Erzählung vom Bären mit dem Äffchen auf der Schulter

---

613 Schubert, Gunnar: Die kollektive Unschuld, S. 20–29.

614 Götz Bergander dazu: Die Legenden über Phosporregen, Tieffliegerangriffe und gigantische Totenzahlen »sind entstanden, wie es üblich und wohl unvermeidlich ist: aus Gerüchten. Einer hat es dem anderen erzählt, einer hat es dann aufgeschrieben, und daraufhin hat es einer beim anderen abgeschrieben. Wer macht sich schon die Mühe, zum eisernen Bestand gehörende Geschichten zu überprüfen?« – Dresden im Luftkrieg, S.187.

615 Assmann, Jan: Das kollektive Gedächtnis, ebd.

das Dresdner Erzählkollektiv verlässt: Sie wird aufgeschrieben, gedruckt und in großer Auflage an ein Publikum weit über die Stadt hinaus verbreitet.[616]

Weniger Verbreitung als die Assmannsche Differenzierung fand der Begriff des *sozialen Gedächtnisses*, den Harald Welzer in Absetzung von kommunikativem und kulturellem ins Spiel gebracht hatte.[617] Er will damit all jene Gedächtnisphänomene erfassen, die nicht wie diese auf intentionalem Erinnern beruhen, sondern *nebenher* und *unbewusst* im Alltag vor sich gehen: das »Universum der Vergangenheitsbildung en passant«.[618] Es geht um die Erinnerungen, die sich einstellen, obwohl unsere Absichten gerade ganz andere sind, und um Elemente des Gedächtnisses, die ursprünglich ganz anderen Zwecken dienen sollten und nun aber zum gemeinsamen Gedenken eingespannt werden.

Damit verdanken wir Welzer eine wesentliche Schärfung des Verständnisses von Erinnerungskultur: Ebenso wenig, wie wir uns in der Regel der sozialen Formung unserer Wirklichkeit und unserer alltäglichen Wahrnehmungen bewusst sind, sind wir es der Rolle, die das kollektive Gedächtnis dabei permanent und unauffällig spielt. Einen wesentlichen Teil seiner Funktionen erfüllt das kollektive Gedächtnis, *ohne* dass dieses Funktionieren durch das so erinnernde Subjekt reflektiert würde. Es wirkt also ebenso wie die gesellschaftliche Konstruktion von Wirklichkeit und als Teil von ihr meist im Hintergrund – transparent für das Individuum, das durch diese Brille wahrnimmt, denkt und handelt.

Auch wenn kollektives Gedächtnis Produkt gegenwärtiger Interessen und Bedürfnisse ist, in politischer Auseinandersetzung intentional handelnder Akteure ausgehandelt wird und in bewusster theoretischer Anstrengung ausgearbeitet worden sein kann, geschieht seine Umsetzung durch das Individuum nicht immer bewusst, sondern vor allem im Alltag oft, ohne darüber zu reflektieren, in jenem Moment »erinnert« zu haben.[619] Da nun diese unbewussten Elemente der Erinnerungskultur vor allem im Alltag ihren Platz haben, wird deutlich, welchen wichtigen Anteil das alltägliche Leben am kollektiven Gedächtnis hat. Erinnerungskultur findet eben nicht nur in festlichen Akten und an Feiertagen statt, sondern ist genauso im alltäglichen Leben präsent: Wenn bei der tagespolitischen Debatte in der Mittagspause Ereignisse der Vergangenheit mitdiskutiert werden oder wenn eine Studentin beim

---

616 Schubert, Gunnar: Die kollektive Unschuld, ebd.
617 Welzer, Harald: Das soziale Gedächtnis. Den Begriff verwenden auch Peter Burke (Geschichte als soziales Gedächtnis) und die Assmanns (Assmann, Aleida / Assmann, Jan: Das Gestern im Heute. Medien und soziales Gedächtnis), sie verbinden damit im Gegensatz zu Welzer aber keine begründete neue Kategorie des Erinnerns.
618 Welzer, Harald: Das soziale Gedächtnis. S. 12. Er bezieht sich mit den Medien des sozialen Gedächtnisses auch auf Bilder, Aufzeichnungen und Räume, die entgegen ihren eigentlichen Zwecken als Erinnerungsmedien fungieren, sein Hauptaugenmerk liegt jedoch auf Interaktionen wie dem memory talk bzw. dem »gemeinsame[n] Verfertigen der Vergangenheit im Gespräch« vor allem in Bezug auf das Familiengedächtnis – ders.: Das gemeinsame Verfertigen von Vergangenheit im Gespräch. In: ders.: Das soziale Gedächtnis (Hg.). S. 160–178.
619 Nicht gleichzusetzen ist das unbewusste Funktionieren kollektiven Erinnerns jedoch mit der rein individuellen *funktionslosen Erinnerung*.

Betreten der historischen Bibliothek der mehrhundertjährigen Geschichte ihrer Universität gewahr wird.

5.3 Erinnerungskultur und Wissenschaft vom Menschen

Mit dem Versuch, die Bedeutung von Erinnerungskultur für die Wirklichkeitskonstruktion zu klären, habe ich zwei Ziele verfolgt. Zum einen wollte ich die sozialkonstruktivistische Wissenssoziologie, wie sie Berger und Luckmann vertreten, im Rahmen der Schützschen Analyse der Lebenswelt um den Aspekt der Erinnerungskultur erweitern. Und im gleichen Zug war es Zweck der Untersuchung, das Thema Erinnerungskultur unter der Perspektive ebendieser Wissenssoziologie zu beleuchten und dabei auf Ergebnisse zurückzugreifen, die in den Neurowissenschaften, der Psychologie, der Soziologie, der Politik-, Geschichts- und Literaturwissenschaft zum Thema »kollektives Gedächtnis« erarbeitet worden sind. Mein Standpunkt war dabei ein kulturwissenschaftlicher, der versucht, die kulturelle Existenz des Menschen in möglichst vielen ihrer Facetten zu berücksichtigen. Und mehr als nur nebenbei habe ich mit dieser Arbeit versucht, am Beispiel der Erinnerungskultur das eingangs erwähnte Potenzial von Alfred Schütz' Werk zu verdeutlichen – das Potenzial zum Brückenschlag zwischen Mikro- und Makroebene der sozialen Welt, zwischen unmittelbar interaktivem Handeln und den Eigenschaften komplexer Wissenssysteme.

Das erste Ziel, die *erinnerungskulturelle Erweiterung der Wissenssoziologie*, wird mit dem Nachweis der Durchdringung der Lebenswelt durch die Erinnerungskultur erreicht. Sinnwelten, Institutionen, Identitäten, Rollen, Typisierung, Sedimentierung, selbst die bloße Wahrnehmung bedürfen des kollektiven Gedächtnisses, will heißen der gemeinsamen Verfertigung der Vergangenheit. Mithin ist der Großteil des Berger/Luckmannschen Inventars abhängig davon, dass die beteiligten Menschen kollektiv erinnern, also gemeinsam die Vergangenheit reproduzieren. Die »objektive« Welt der Kultur braucht den permanenten Bezug auf die Vergangenheit; ohne kollektives Gedächtnis würde menschliche Kultur nicht funktionieren. Deshalb kann die Wissenssoziologie nicht auf die Untersuchung der Phänomene der Erinnerungskultur verzichten.

Die *sozialkonstruktive Dimension von Erinnerungskultur* wiederum ließ sich aus drei Kategorien herleiten. Gedächtnis ist erstens sowohl in den Momenten des Erlebens als auch denen des Erinnerns von den *Gegebenheiten der jeweiligen Gegenwart* abhängig – diese reichen von den Bedingungen der Wahrnehmung über die soziale Geprägtheit der Situation in all ihren Dimensionen bis hin zu den stets mit der kollektiven Erinnerung verknüpften Motiven und Zwecken.

Zweitens ist Erinnerungskultur sozial geformt durch die *Struktur des Wissensvorrats*, dessen Teil das kollektive Gedächtnis ist. Damit unterliegt sie den gesellschaftlichen Prozessen von Objektivierung, Typisierung, Relevanzbeurteilung und

Sedimentation, auf deren Basis sich dieser Wissensvorrat aufbaut, und kann sich nur im Rahmen der vorgegebenen kommunikativen Gattungen vollziehen.

Und drittens ist Erinnerungskultur unverzichtbar für die *Herstellung der Wirklichkeit* von Menschen in Gesellschaft: sie erfüllt in Gruppen und Gesellschaften wirklichkeitskonstruierende *Funktionen* – von der Wahrnehmungsbewertung, der Handlungsleitung und der Herstellung von Zeitbezügen bis zur Legitimation von Sinnwelten, Institutionen und Identitäten.

Deshalb kann Erinnerungskultur nur verstanden werden, wenn sie als eine *konstruierte* und gleichzeitig *Wirklichkeit konstruierende* verstanden wird. Unter dieser Voraussetzung kann es weder eine »wahre« Erinnerung geben noch hat persönliche Erinnerung per se höhere Authentizität gegenüber anderen Quellen der Vergangenheit. Ziel einer Untersuchung von Erinnerungskultur kann also nicht sein, einer objektiven Wahrheit über die Geschehnisse der Vergangenheit auf die Spur zu kommen. Die Frage an kollektives Gedächtnis lautet demnach nicht: *Wie ist es wirklich gewesen?* Ein lohnenderes Objekt der Analyse ist vielmehr die Motivation und Zwecksetzung, die mit jeder erinnerungskulturellen Handlung zwangsläufig verbunden ist. Die mehr und plausiblere Erkenntnisse versprechende Frage ist: *Warum, von wem, wie,* aus *welchen Motivationen* heraus und zu *welchen Zwecken* wird etwas kollektiv erinnert? Für alle Untersuchungen zu kollektivem Gedächtnis ergibt sich daher die Prämisse, dass kollektives Erinnern immer instrumentell ist und stets etwas anderes reproduziert als die genaue Wiedergabe des Geschehenen, da die gesellschaftliche Auseinandersetzung mit der Vergangenheit ihre Ursprünge zweifellos in der Gegenwart hat.

Auf dieser Basis kann eine Fülle von Prozessen und Strukturen der Erinnerungskultur auf ihre Motivik, auf die beteiligten Subjekte und Kollektive und auch auf ihre Rezeption und Wirkung hin analysiert werden. Ebenfalls noch offen ist die Frage, bis zu welcher Tiefe die anthropologische Konstante des kollektiven Erinnerns eigentlich reicht: Welche Intensität des gemeinsamen Reproduzierens der Vergangenheit gilt für *jede* menschliche Gesellschaft, und welche ist nur charakteristisch für spezifische Gesellschaften, beispielsweise die westlichen der Gegenwart? In der Beantwortung all dieser Fragen kann die Erforschung der Erinnerungskultur einen wichtigen Beitrag zum Verständnis der Conditio Humana leisten – vom Menschen als einem kulturellen Wesen, das sich in sozialem Handeln nicht nur seine materiellen Verhältnisse selbst schafft, sondern auch seine Wirklichkeit und damit die Vergangenheit. Die anthropologische Konstante des Erinnerns ordnet sich damit in den Forschungsstand ein als ein wichtiger Aspekt der kulturellen Existenz des *animal symbolicum* Mensch.

Literaturverzeichnis

Abraham, Anke: Der Körper im biographischen Kontext. Ein wissenssoziologischer Beitrag. Wiesbaden: Westdeutscher Verlag 2002.

Ackermann, Zeno: »Der Untergang« und die erinnerungskulturelle Rahmung des Zivilisationsbruchs. In: *Geschichte in Wissenschaft und Unterricht* 58 (2007), 3, S. 148-162.

Albert, Hans: Methodologischer Individualismus und historische Analyse. In: Acham, Karl / Schulze, Winfried (Hg.): Teil und Ganzes. Zum Verhältnis von Einzel- und Gesamtanalyse in Geschichts- und Sozialwissenschaften. München: dtv 1990, S. 219–239.

Anderson, Benedict: Die Erfindung der Nation. Frankfurt/M. / New York: Campus 1993.

Assmann, Aleida / Assmann, Jan / Hardmeier, Christof (Hg.): Schrift und Gedächtnis. München: Fink 1983 (Beiträge zur Archäologie der literarischen Kommunikation, 1).

Assmann, Aleida / Assmann, Jan (Hg.): Kanon und Zensur. München: Fink 1987 (Beiträge zur Archäologie der literarischen Kommunikation, 2).

Assmann, Aleida / Harth, Dietrich (Hg.): Mnemosyne. Formen und Funktionen der kulturellen Erinnerung. Frankfurt/M.: Fischer 1991.

Assmann, Aleida / Assman, Jan: Das Gestern im Heute. Medien und soziales Gedächtnis. In: Merten, Klaus / Schmidt, Siegfried J. / Weischenberg, Siegfried (Hg.): Die Wirklichkeit der Medien. Opladen: Westdeutscher Verlag 1994, S. 114–140.

Assmann, Aleida / Frevert, Ute: Geschichtsvergessenheit, Geschichtsversessenheit. Vom Umgang mit deutschen Vergangenheiten nach 1945. Stuttgart: Deutsche Verlags-Anstalt 1999.

Assmann, Aleida: Kultur als Lebenswelt und Monument. In: dies. / Harth, Dietrich (Hg.): Kultur als Lebenswelt und Monument. Frankfurt/M.: Fischer 1991. S.11–25.

—: Zur Metaphorik der Erinnerung. In: dies. / Harth, Dietrich (Hg.): Mnemosyne, S. 13–35.

—: Funktionsgedächtnis und Speichergedächtnis. Zwei Modi der Erinnerung. In: Dabag, Mihran / Platt, Kristin (Hg.): Generation und Gedächtnis. Erinnerungen und kollektive Identitäten. Unter Mitwirkung von Susanne Heil. Opladen: Leske + Budrich 1995, S. 169–185.

—: Erinnerungsorte und Gedächtnislandschaften, in: Loewy, Hanno / Moltmann, Bernhard (Hg.): Erlebnis – Gedächtnis – Sinn: authentische und konstruierte Erinnerung. Frankfurt/M. / New York: Campus 1996, S. 13–29 (Wissenschaftliche Reihe des Fritz-Bauer-Instituts, 3).

—: Erinnerungsräume. Formen und Wandlungen des kulturellen Gedächtnis. München: Beck 1999.

—: Vier Formen des Gedächtnisses. In: *Erwägen Wissen Ethik* 13 (2002) 2, S. 183–190.

—: Vier Formen des Gedächtnisses – Eine Replik. In: *Erwägen Wissen Ethik* 13 (2002) 2, S. 231–238.

—: Persönliche Erinnerung und kollektives Gedächtnis in Deutschland nach 1945. In: Erler, Hans (Hg.): Erinnern und Verstehen. Der Völkermord an den Juden im politischen Gedächtnis der Deutschen. Frankfurt/M. / New York: Campus 2003, S. 126–138.

Assmann, Jan / Hölscher, Tonio (Hg.): Kultur und Gedächtnis. Frankfurt/M.: Suhrkamp 1988.

Assmann, Jan: Kollektives Gedächtnis und kulturelle Identität. In: ders. / Hölscher, Tonio

(Hg.): Kultur und Gedächtnis, S. 9–19.

Assmann, Jan: Die Katastrophe des Vergessens: Das Deuteronomium als Paradigma kultureller Mnemotechnik. In Assmann, Aleida / Harth, Dietrich (Hg.): Mnemosyne. Formen und Funktionen der kulturellen Erinnerung. Frankfurt/M.: Fischer 1991, S. 337–355.

—: Das kulturelle Gedächtnis. Schrift, Erinnerung und politische Identität in frühen Hochkulturen. München: Beck, [5]2005 11999 [1992].

—: Das kulturelle Gedächtnis. In: *Erwägen Wissen Ethik* 13 (2002) 2, S. 239–247.

Baberowski, Jörg: Geschichte ist immer Gegenwart. Vier Thesen zur Zeitgeschichte. Stuttgart / München: Deutsche Verlagsanstalt 2001.

Baer, Ullrich: Niemand zeugt für den Zeugen. Erinnerungskultur nach der Shoah. Frankfurt/M.: Suhrkamp 2000.

Barash, Jeffrey Andrew: Analyzing Collective Memory. In: Mendels, Doron (Hg.): On Memory. An Interdisciplinary Approach. Oxford u.a.: Peter Lang 2007, S. 101–116.

Bar-On, Dan: Die Erinnerung an den Holocaust in Israel und Deutschland. In: *Aus Politik und Zeitgeschichte* (2005) 15, S. 37–45.

Barthes, Roland: Mythen des Alltags. Frankfurt/M.: Suhrkamp 1964.

Bartlett, Frederic C.: Remembering. A Study in Experimental and Social Psychology. Cambridge: Cambridge University Press 1932 [Reprint 1995].

Beck, Heinrich u.a. (Hg.): Zur Geschichte der Gleichung »germanisch-deutsch«. Sprache und Namen, Geschichte und Institutionen. Berlin / New York: de Gruyter 2004 (Ergänzungsbände zum Reallexikon der Germanischen Altertumskunde, 34).

Becker, Alexander: Kann man Wissen konstruieren? In: Zittel, Claus (Hg.): Wissen und soziale Konstruktion. Berlin: Akademie 2002, S. 13–25 (Wissenskultur und gesellschaftlicher Wandel, 3).

Berg, Nicolas / Jochimsen, Jess / Stiegler, Bernd (Hg.): Shoah. Formen der Erinnerung. Geschichte, Philosophie, Literatur, Kunst. München: Fink 1996.

Berg, Nicolas: Perspektivität, Erinnerung und Emotion. Anmerkungen zum »Gefühlsgedächtnis« in Holocaustdiskursen. In: Echterhoff, Gerald / Saar, Martin (Hg.): Kontexte und Kulturen des Erinnerns. Maurice Halbwachs und das Paradigma des sozialen Gedächtnisses. Konstanz: UVK 2002, S. 225–251.

Bergander, Götz: Dresden im Luftkrieg. Vorgeschichte, Zerstörung, Folgen. Weimar u.a.: Böhlau 1994.

Berger, Peter L. / Luckmann, Thomas: Die gesellschaftliche Konstruktion der Wirklichkeit. Eine Theorie der Wissenssoziologie. Frankfurt/M.: Fischer [6]1999 [amer. 1966].

—: Soziale Mobilität und persönliche Identität. In: Luckmann, Thomas: Lebenswelt und Gesellschaft. Grundstrukturen und geschichtliche Wandlungen. Paderborn u.a.: Schöningh 1980, S. 142–160 [amer. 1964].

Bergmann, Klaus: Gedenktage, Gedenkjahre und historische Vernunft. In: *Geschichte lernen* 9 (1996), 49, S.11–18.

Bergmann, Werner: Die Reaktion auf den Holocaust in Westdeutschland von 1945–1989. In: *Geschichte in Wissenschaft und Unterricht* 43 (1992), 6, S. 327–350.

—: Antisemitismus in öffentlichen Konflikten. Kollektives Lernen in der politischen Kultur der Bundesrepublik 1949–1989. Frankfurt/M., New York: Campus 1997 (Schriftenreihe des Zentrums für Antisemitismusforschung Berlin, 4).

Berlin-Brandenburgische Akademie der Wissenschaften / Akademie der Wissenschaften zu Göttingen (Hg.): Deutsches Wörterbuch von Jacob und Wilhelm Grimm. Neubearbeitung. 8. Band: Emporheben-Exzitieren. Stuttgart: S. Hirzel 1999.

Bernecker, Walter L. / Brinkmann, Sören: Kampf der Erinnerungen. Der Spanische Bürgerkrieg in Politik und Gesellschaft 1936–2006. Nettersheim: Graswurzelrevolution 2006.

Blaicher, Günther: Die Deutschen als 'das Volk der Dichter und Denker'. Entstehung, Kontexte und Funktionen eines nationalen Stereotyps. In: *Historische Zeitschrift* 287 (2008) 2, S. 319–340.

Bloch, Marc: Kollektives Gedächtnis, Tradition und Brauchtum. Anmerkungen zu einer Neuerscheinung. In: ders.: Aus der Werkstatt des Historikers. Zur Theorie und Praxis der Geschichtswissenschaft. Frankfurt/M. / New York: 2000, S.241–251 [zuerst als: Mémoire collective, tradition et coutume. In: *Revue de Synthèse Historique* 40 (1925), S.78–83].

Bock, Petra / Wolfrum, Edgar: Einleitung. In: dies. / ders. (Hg.): Umkämpfte Vergangenheit. Geschichtsbilder, Erinnerung und Vergangenheitspolitik im internationalen Vergleich. Göttingen: Vandenhoeck & Ruprecht 1999, S. 7–14.

Bodemann, Y. Michal: In den Wogen der Erinnerung. Jüdische Existenz in Deutschland. München: dtv 2002.

Böhme, Hartmut: Vom Cultus zur Kultur(wissenschaft). Zur historischen Semantik des Kulturbegriffs. In: Glaser, Renate / Luserke, Matthias (Hg.): Literaturwissenschaft – Kulturwissenschaft. Positionen, Themen, Perspektiven. Opladen: Westdeutscher Verlag 1996, S. 48–68.

Bormann, C.v.: Erinnerung. In: Historisches Wörterbuch der Philosophie. Hg. v. Joachim Ritter. Band 2: D-F. Basel / Stuttgart: Schwabe 1972, Sp. 635–643.

Borries, Bodo von / Rüsen, Jörn u. a.: Geschichtsbewusstsein im interkulturellen Vergleich. Zwei empirische Pilotstudien. Pfaffenweiler: Centaurus 1994.

Borsó, Vittoria / Krumeich, Gerd / Witte, Bernd (Hg.): Medialität und Gedächtnis. Interdisziplinäre Beiträge zur kulturellen Verarbeitung europäischer Krisen. Unter Mitwirkung von Patrick Krassnitzer und Vera Viehöver. Stuttgart / Weimar: Metzler 2002.

Borsó, Vittoria: Einleitung. In: dies. / Krumeich, Gerd / Witte, Bernd (Hg.): Medialität und Gedächtnis, S. 9–20.

Boutler, C.: (Бес)Толковый Словарь Русского Мата, http://www.russki-mat.net, 4.1.2007.

Brandt, Susanne: Holocaust – redaktionell bearbeitet. Wie die Erstausstrahlung der Holocaust-Serie 1979 das deutsche Nachkriegserinnern beeinflusste. Über den Zusammenhang von Fernsehen und kollektivem Gedächtnis. In: *Zeitschrift für KulturAustausch* 49 (1999), 4, S. 89–91.

Brink, Cornelia: Ikonen der Vernichtung. Öffentlicher Gebrauch von Fotografien aus nationalsozialistischen Konzentrationslagern nach 1945. Berlin: Akademie 1998 (Schriftenreihe des Fritz-Bauer-Instituts, 14).

Brumlik, Micha / Funke, Hajo / Rensmann, Lars (Hg.): Umkämpftes Vergessen. Walser-Debatte, Holocaust-Mahnmal und neuere deutsche Geschichtspolitik. Berlin: Schiler 22004 [2000] (Schriftenreihe Politik und Kultur, 3).

Bundesministerium für Vertriebene, Flüchtlinge und Kriegsgeschädigte (Hg.): Dokumentation der Vertreibung der Deutschen aus Ost-Mitteleuropa. 5 Bände, 3 Beihefte. Bonn: Bundesministerium für Vertriebene, Flüchtlinge und Kriegsgeschädigte 1954–1961.

Burke, Peter: Geschichte als soziales Gedächtnis. In: Assmann, Aleida / Harth, Dietrich (Hg.): Mnemosyne. Formen und Funktionen der kulturellen Erinnerung. Frankfurt/M.: Fischer 1991, S. 289–304 [zuerst als: History as social memory. In: Butler, Thomas (Hg.): Memory. History, Culture and the Mind. Oxford: Blackwell 1989, S. 97–113].

Burkhardt, Benjamin: Der Trifels und die nationalsozialistische Erinnerungskultur: Architektur als Medium des kollektiven Gedächtnisses. In: Erll, Astrid / Nünning, Ansgar

(Hg.): Medien des kollektiven Gedächtnisses. Konstruktivität – Historizität – Kulturspezifität. Berlin / New York: de Gruyter 2004, S.237–254 (Media and cultural memory 1).

Butler, Thomas (Hg.): Memory. History, Culture and the Mind. Oxford: Blackwell 1989.

—: Memory: A Mixed Blessing. In: ders. (Hg.): Memory, S. 1–31.

Butzer, Günter / Günter, Manuela: Einleitung. In: ders. / dies. (Hg.): Kulturelles Vergessen: Medien – Rituale – Orte. Göttingen: Vandenhoeck & Ruprecht 2004, S. 9–14 (Formen der Erinnerung, 21).

Butzer, Günter / Günter, Manuela: Über die Notwendigkeit und die Unmöglichkeit des Vergessens. Ein Resümee. In: ders. / dies. (Hg.): Kulturelles Vergessen: Medien – Rituale – Orte. Göttingen: Vandenhoeck & Ruprecht 2004, S. 233–240 (Formen der Erinnerung, 21).

Campbell, Sue: The second voice. In: *Memory Studies* 1 (2008),1, S. 41–48.

Cancik, Hubert / Mohr, Hubert: Erinnerung/Gedächtnis. In: Handbuch religionswissenschaftlicher Grundbegriffe. Hg. v. Hubert Cancik, Burkhard Gladigow und Matthias Laubscher. Band II: Apokalyptik – Geschichte. Stuttgart u. a.: Kohlhammer 1990, S. 299–323.

Casey, Edward S.: Remembering: A phenomenological study. Bloomington: Indiana University Press 1987.

Cassirer, Ernst: Versuch über den Menschen. Einführung in eine Philosophie der Kultur. Hamburg: Meiner 1996 [1990, amer. 1944].

—: Philosophie der symbolischen Formen. Dritter Teil: Phänomenologie der Erkenntnis. Darmstadt: Wissenschaftliche Buchgesellschaft, ^{9}1990 [^{2}1954].

Cohn, Bernhard S.: Representing authority in Victorian India. In: Hobsbawm, Eric / Ranger, Terence (Hg.): The Invention of Tradition. Cambridge: Cambridge University Press 1983, S. 165–209.

Confino, Alon: Collective Memory and Cultural History: Problems of Method. In: *American Historical Review* 102 (1997), 5, S.1386–1403.

—: Germany as a Culture of Remembrance. Promises and Limits of Writing History. Chapel Hill: The University of North Carolina Press 2006.

Connerton, Paul: How societies remember. Cambridge: Cambridge University Press 1989.

—: Seven types of forgetting. In: *Memory Studies* 1 (2008), S. 59–71.

Cornelißen, Christoph / Klinkhammer, Lutz / Schwentker, Wolfgang (Hg.): Erinnerungskulturen. Deutschland, Italien und Japan seit 1945. Frankfurt/M.: Fischer 2003.

Cornelißen, Christoph: Was heißt Erinnerungskultur? Begriff – Methoden – Perspektiven. In: *Geschichte in Wissenschaft und Unterricht* 54 (2003), 9, S. 548–563.

Dabag, Mihran / Platt, Kristin (Hg.): Generation und Gedächtnis. Erinnerungen und kollektive Identitäten. Unter Mitwirkung von Susanne Heil. Opladen: Leske + Budrich 1995.

Dahrendorf, Malte: Die Darstellung des Holocaust in der westdeutschen Kinder- und Jugendliteratur. In: Stadtmuseum Oldenburg (Hg.): Antisemitismus und Holocaust. Ihre Darstellung und Verarbeitung in der deutschen Kinder- und Jugendliteratur. Katalog zur Ausstellung im Rahmen der 14. Oldenburger Kinder- und Jugendbuchmesse 1988 im Stadtmuseum Oldenburg. Oldenburg 1988, S. 83–96.

Davis, Natalie Zeman / Starn, Randolph: Introduction. In: *Representations* 7 (1989) 26, Special Issue: Memory and Counter-Memory, S. 1–6.

Dejung, Christof: Oral History und kollektives Gedächtnis. Für eine sozialhistorische

Erweiterung der Erinnerungsgeschichte. In: *Geschichte und Gesellschaft* 34 (2008) 1, S. 96–115.

Dimitroff, Georgi: Die Offensive des Faschismus und die Aufgaben der Kommunistischen Internationale im Kampf für die Einheit der Arbeiterklasse gegen den Faschismus. In: Institut für Marxismus-Leninismus beim ZK der SED (Hg.): Wilhelm Pieck – Georgi Dimitroff – Palmiro Togliatti: Die Offensive des Faschismus und die Aufgaben der Kommunisten im Kampf für die Volksfront gegen Krieg und Faschismus. Referate auf dem VII. Kongreß der Kommunistischen Internationale (1935). Berlin: Dietz 21960 [1957].

Diner, Dan: Nationalsozialismus und Stalinismus. Über Gedächtnis, Willkür, Arbeit und Tod. In: ders.: Kreisläufe, S.47–75 [1991].

—: Massenverbrechen im 20.Jahrhundert: über Nationalsozialismus und Stalinismus. In: Steininger, Rolf (Hg.): Der Umgang mit dem Holocaust. Europa – USA – Israel. Wien u.a.: Böhlau 1994, S. 468–481.

—: Gedächtnis und Institution. Über zweierlei Ethnos. In: ders.: Kreisläufe, S. 113–121.

—: Kreisläufe. Nationalsozialismus und Gedächtnis. Berlin: Berlin 1995.

—: Massenvernichtung und Gedächtnis. Zur kulturellen Strukturierung historischer Ereignisse. In: Loewy, Hanno / Moltmann, Bernhard (Hg.): Erlebnis – Gedächtnis – Sinn. Authentische und konstruierte Erinnerung. Frankfurt/M., New York: Campus 1996, S. 47–55 (Wissenschaftliche Reihe des Fritz-Bauer-Instituts, 3).

—: Ereignis und Erinnerung. Über Variationen historischen Gedächtnisses. In: Faulenbach, Bernd / Schütte, Helmuth (Hg.): Deutschland, Israel und der Holocaust. Zur Gegenwartsbedeutung der Vergangenheit. Essen: Klartext 1998, S. 55–70 (Geschichte und Erwachsenenbildung, 7).

—: Gedächtniszeiten. Über jüdische und andere Geschichten. München: Beck 2003.

—: Kumulative Kontingenz. Jüdische Erfahrung und israelische Legitimität. In: ders.: Gedächtniszeiten, S. 201–227.

—: Gegenläufige Gedächtnisse. Über Geltung und Wirkung des Holocaust. Göttingen: Vandenhoeck & Ruprecht 2007 (toldot – Essays zur jüdischen Geschichte und Kultur Band 7).

Dolle-Weinkauf, Bernd: Das Dritte Reich im Comic. Geschichtsbilder und darstellungsästhetische Strategien einer rekonstruierten Gattung. In: *Jahrbuch für Antisemitismusforschung* 2 (1993), S. 298–332.

Droysen, Johann Gustav: Historik. Vorlesungen über Enzyklopädie und Methodologie der Geschichte. Hg. v. Rudolf Hübner. München, Wien: Oldenbourg, 81977 [1937].

Ebach, Jürgen: Erinnerung gegen die Verwertung der Geschichte. In: Eschenhagen, Wieland (Hg.): Die neue deutsche Ideologie. Einsprüche gegen die Entsorgung der Vergangenheit. Darmstadt: Luchterhand 1988, S.100–113.

Echterhoff, Gerald / Saar, Martin (Hg.): Kontexte und Kulturen des Erinnerns. Maurice Halbwachs und das Paradigma des sozialen Gedächtnisses. Konstanz: UVK 2002.

Echterhoff, Gerald / Saar, Martin: Einleitung: Das Paradigma des kollektiven Gedächtnisses. Maurice Halbwachs und die Folgen. In: dies. (Hg.): Kontexte und Kulturen des Erinnerns, S. 13–35.

Eckel, Jan / Moisel, Claudia (Hg.): Universalisierung des Holocaust? Erinnerungskultur und Geschichtspolitik in internationaler Perspektive. Göttingen: Wallstein 2008 (Beiträge zur Geschichte des Nationalsozialismus, 24).

Eckel, Jan / Moisel, Claudia: Einleitung. In: dies.(Hg.): Universalisierung des Holocaust, S. 9–25.

Eco, Umberto: An Ars Oblivionalis? Forget it! In: *PMLA – Proceedings of the Modern Language Association* 103 (1988), S. 254–261.

Eder, Jacob: Holocaust-Erinnerung als deutsch-amerikanische Konfliktgeschichte. Die bundesdeutschen Reaktionen auf das United States Holocaust Memorial Museum in Washington, D.C. In: Eckel, Jan / Moisel, Claudia (Hg.): Universalisierung des Holocaust. Erinnerungskultur und Geschichtspolitik in internationaler Perspektive. Göttingen: Wallstein 2008, S. 109–134 (Beiträge zur Geschichte des Nationalsozialismus, 24).

Eliot, Thomas S.: Beiträge zum Begriff der Kultur. Berlin, Frankfurt/M.: Suhrkamp 1949.

Emcke, Caroline: Kollektive Identitäten. Sozialphilosophische Grundlagen. Frankfurt/M. / New York: Campus 2000.

Emden, Christian J.: Nation, Identität, Gedächtnis. Überlegungen zur Geschichtlichkeit des Politischen. In: Frank, Michael / Rippl, Gabriele (Hg.): Arbeit am Gedächtnis. Für Aleida Assmann. München: Wilhelm Fink 2007, S. 63–85.

Endert, Günther van / Hempel, Heike: »Dresden« als Beispiel fiktionalisierter Zeitgeschichte. In: ZDF-Jahrbuch 2006, http://www.zdf-jahrbuch.de/2006/programmarbeit/endert_hempel.html, 11.10.2007.

Endreß, Martin / Renn, Joachim: Einleitung der Herausgeber. In: Schütz, Alfred: Der sinnhafte Aufbau der sozialen Welt. Eine Einleitung in die verstehende Soziologie. Hg. v. Martin Endreß und Joachim Renn. Konstanz: UVK 2004 (= Alfred Schütz Werkausgabe, Band II).

Endreß, Martin: Varianten verstehender Soziologie. In: Lichtblau, Klaus (Hg.): Max Webers 'Grundbegriffe'. Kategorien der kultur- und sozialwissenschaftlichen Forschung. Wiesbaden: Verlag für Sozialwissenschaften 2006, S. 21–46.

Erll, Astrid / Nünning, Ansgar (Hg.): Medien des kollektiven Gedächtnisses. Konstruktivität – Historizität – Kulturspezifität. Berlin / New York: de Gruyter 2004 (Media and cultural memory 1).

Erll, Astrid: Medium des kollektiven Gedächtnisses – ein (erinnerungs-)kulturwissenschaftlicher Kompaktbegriff. In: dies. / Nünning (Hg.): Medien des kollektiven Gedächtnisses, S. 3–22.

—: Kollektives Gedächtnis und Erinnerungskulturen. Eine Einführung. Stuttgart / Weimar: Metzler 2005.

—: Medien und Gedächtnis. Aspekte interdisziplinärer Forschung. In: Frank, Michael / Rippl, Gabriele (Hg.): Arbeit am Gedächtnis. Für Aleida Assmann. München: Wilhelm Fink 2007, S. 87–98.

Eschebach, Insa: Öffentliches Gedenken. Deutsche Erinnerungskulturen seit der Weimarer Republik. Frankfurt/M. / New York: Campus 2005.

Eschenhagen, Wieland (Hg.): Die neue deutsche Ideologie. Einsprüche gegen die Entsorgung der Vergangenheit. Darmstadt: Luchterhand 1988.

Esposito, Elena: Soziales Vergessen. Formen und Medien des Gedächtnisses der Gesellschaft. Frankfurt/M.: Suhrkamp 2002.

Facius, Gernot: Deutschlands neues Wir-Gefühl. Patriotismus als »Voraussetzung des Weltbürgertums«. In: *Das Parlament* 42/2006 vom 16.10.2006, http://www.das-parlament.de/2006/42/Titelseite/001.html, 3.5.2009.

Faigle, Konstantin: Jenseits von Größenwahn. Deutschlandfunk, 06.10.2006, http://www.zeit.de/online/2006/41/dlf-schwarzrotgold-faigle, 3.5.2009.

Fehr, Michael: Das Museum, Ort des Vergessens. Vier Thesen. In: Zacharias, Wolfgang (Hg.): Zeitphänomen Musealisierung. Das Verschwinden der Gegenwart und die Konstruktion der Erinnerung. Essen: Klartext 1990, S. 220–223.

Fehr, Michael: Nicht mein Haus, nicht meine Geschichte. Ein Kommentar zum Haus der Geschichte in Bonn. In: *kritische berichte* 23 (1995) 2, S. 76–80.

Fentress, James / Wickham, Chris: Social memory. Oxford, Cambridge: Blackwell 1992.

Finscher, Ludwig: Werk und Gattung in der Musik als Träger des kulturellen Gedächtnisses. In: Assmann, Jan / Hölscher, Tonio (Hg.): Kultur und Gedächtnis. Frankfurt/M.: Suhrkamp 1988, S. 293–310.

Fisch, Jörg: Zivilisation, Kultur. In: Geschichtliche Grundbegriffe. Historisches Lexikon zur politisch-sozialen Sprache in Deutschland. Hg. v. Otto Brunner, Werner Conze und Reinhardt Koselleck. Band 7: Verw-Z. Stuttgart: Klett-Cotta 1992, S. 679–774.

Fraas, Claudia: Vom kollektiven Wissen zum vernetzten Vergessen? Neue Medien zwischen kultureller Reproduktion und kultureller Dynamik. In: Kleinberger-Günther, Ulla / Wagner, Franc (Hg.): Neue Medien – neue Kompetenzen? Texte produzieren und rezipieren im Zeitalter digitaler Medien. Frankfurt/M. u. a.: Lang 2004, S.6–32. (Bonner Beiträge zur Medienwissenschaft, 3)

Frank, Michael / Rippl, Gabriele (Hg.): Arbeit am Gedächtnis. Für Aleida Assmann. München: Wilhelm Fink 2007.

—: Arbeit am Gedächtnis. Zur Einführung. dies. (Hg.): Arbeit am Gedächtnis, S. 9–28.

Frei, Norbert: Vergangenheitspolitik. Die Anfänge der Bundesrepublik und die NS-Vergangenheit. München: Beck 1996.

—: Farewell to the Era of Contemporaries. National Socialism and Its Historical Examination en route into History. In: *History & Memory* 9 (1997) 1, S. 59–79.

—: 1945 und wir. In: ders.: 1945 und wir. Das dritte Reich im Bewusstsein der Deutschen. München: Beck 2005, S. 7–22.

—: 1945 und wir. Wie aus Tätern Opfer werden. In: *Blätter für deutsche und internationale Politik* (2005), 3, S. 356–364.

Frevert, Ute: Geschichtsvergessenheit und Geschichtsversessenheit revisited. Der jüngste Erinnerungsboom in der Kritik. In: *Aus Politik und Zeitgeschichte* B (2003), 40–41, S. 6–13.

Fried, Johannes: Der Schleier der Erinnerung. Grundzüge einer historischen Memorik. München: Beck 2004.

Friedländer, Saul: Die Shoah als Element in der Konstruktion israelischer Erinnerung. In: *Babylon. Beiträge zur jüdischen Gegenwart* 2 (1987) 2, S.10–22.

Friedrichs, Anne: Tagungsbericht zum First European Congress of World and Global History 2005, http://hsozkult.geschichte.hu-berlin.de/tagungsberichte/id=999, 18.3.2007.

Funkenstein, Amos: Collective Memory and Historical Consciousness. In: *History and Memory* 1 (1989) 1, S. 5–26.

Gedi, Noa / Elam, Yigal: Collective Memory – What Is It? In: *History & Memory* 8 (1996) 1, S. 30–50.

Geertz, Clifford: Dichte Beschreibung. Beiträge zum Verstehen kultureller Systeme. Frankfurt/M.: Suhrkamp, [5]1997 [1987].

—: Person, Zeit und Umgangsformen auf Bali. In: ders.: Dichte Beschreibung, S. 133–201.

—: Common sense als kulturelles System. In: ders.: Dichte Beschreibung, S.261–288.

—: Angestammte Loyalitäten, bestehende Einheiten. Anthropologische Reflexionen zur Identitätspolitik. In: *Merkur. Deutsche Zeitschrift für europäisches Denken* 48 (1994), 542, S. 392–403.

Gehlen, Arnold: Der Mensch. Seine Natur und seine Stellung in der Welt. Wiesbaden: Aula [3]1986 [1940].

Gellner, Ernest: Nationalismus. Kultur und Macht. Berlin: Siedler 1999 [engl. 1997].

Gillis, John R. (Hg.): Commemorations. The Politics of National Identity. Princeton: Princeton University Press 1994.

—: Memory and Identity: The History of a Relationship. In: ders. (Hg.): Commemorations, S. 3–24.

Goschler, Constantin: Paternalismus und Verweigerung. Die DDR und die Wiedergutmachung für jüdische Verfolgte des Nationalsozialismus. In: *Jahrbuch für Antisemitismusforschung* 2 1993, S. 93–117.

Greiffenhagen, Martin / Kühnl, Reinhard / Müller, Johann Baptist (Hg.): Totalitarismus. Zur Problematik eines politischen Begriffs. München: List 1972.

Grimm, Jacob und Wilhelm: Deutsches Wörterbuch. Leipzig: S. Hirzel. Dritter Band, E-Forsche 1862; Vierten Bandes Erste Abtheilung, Erste Hälfte, Forschel-Gefolgsmann 1878; Siebenter Band, N.O.P.Q. 1889.

Groehler, Olaf: Erblasten: Der Umgang mit dem Holocaust in der DDR. In: Loewy, Hanno (Hg.): Holocaust. Die Grenzen des Verstehens. Eine Debatte über die Besetzung von Geschichte. Reinbek: Rowohlt 1992, S. 110–127.

—: Kleine Geschichte der Aufrechung. In: *Blätter für deutsche und internationale Politik* 40 (1995) 2, S. 137–141.

Hacking, Ian: Was heißt »soziale Konstruktion«? Zur Konjunktur einer Kampfvokabel in den Wissenschaften. Frankfurt/M.: Fischer, ³2002 [1999].

Halbwachs, Maurice: Das Gedächtnis und seine sozialen Bedingungen. Berlin / Neuwied: Luchterhand 1966 [frz. 1925].

—: Das kollektive Gedächtnis. Frankfurt/M.: Fischer 1985 [1967, frz.1950].

—: Stätten der Verkündigung im Heiligen Land. Eine Studie zum kollektiven Gedächtnis. Konstanz: UVK 2003 [frz. 1941].

Harth, Dietrich (Hg.): Die Erfindung des Gedächtnisses. Frankfurt/M.: Keip 1991.

Hartung, Klaus: Schröders Schlußstrich, *ZEIT* 18/1998, http://www.zeit.de/1998/18/Schroeders_Schlussstrich, 3.5.2009.

Haug, Wolfgang Fritz: Vom hilflosen Antifaschismus zur Gnade der späten Geburt. Zweite, erweiterte Auflage. Hamburg, Berlin: Argument 1993 [1987].

Hein, Dörte: Mediale Darstellungen des Holocaust. Zum World Wide Web und zu seiner Disposition als Gedächtnismedium. In: *Jahrbuch für Kommunikationsgeschichte* 7 (2005), S. 176–196.

Heitmeyer, Wilhelm (Hg.): Deutsche Zustände. Folge 5. Frankfurt/M.: Suhrkamp 2007.

Herf, Jeffrey: Zweierlei Erinnerung. Die NS-Vergangenheit im geteilten Deutschland. Berlin: Propyläen 1998.

Herz, Thomas / Schwab-Trapp, Michael (Hg.): Umkämpfte Vergangenheit. Diskurse über den Nationalsozialismus seit 1945. Opladen: Westdeutscher Verlag 1997.

—: Konflikte über den Nationalsozialismus nach 1945. Eine Theorie der politischen Kultur. In: dies. (Hg.): Umkämpfte Vergangenheit, S. 11–36.

Hirst, William / Manier, David: The Diverse Forms of Collective Memory. In: Echterhoff, Gerald / Saar, Martin (Hg.): Kontexte und Kulturen des Erinnerns. Maurice Halbwachs und das Paradigma des sozialen Gedächtnisses. Konstanz: UVK 2002. S. 37–58.

Hobsbawm, Eric / Ranger, Terence (Hg.): The Invention of Tradition. Cambridge: Cambridge University Press 1983.

Hobsbawm, Eric: Introduction. In: ders./ Ranger, Terence (Hg.): The Invention of Tradition, S. 1–14.

Hobsbawm, Eric: Mass-Producing Traditions: Europe 1870–1914. In: ders./ Ranger, Terence (Hg.): The Invention of Tradition, S. 263–307.

—: Das Erfinden von Traditionen. In: Conrad, Christoph / Kessel, Martina (Hg.): Kultur & Geschichte. Neue Einblicke in eine alte Beziehung. Stuttgart: Reclam 1998, S. 97–118.

—: Nationen und Nationalismus. Mythos und Realität seit 1780. Bonn: Bundeszentrale für politische Bildung 2005 [engl. 1990].

Hoffmann, Detlef: Das Gedächtnis der Dinge. In: ders. (Hg.): Das Gedächtnis der Dinge. KZ-Relikte und KZ-Denkmäler 1945-1995. Frankfurt/M. / New York: Campus 1998, S. 6–35 (Wissenschaftliche Reihe des Fritz Bauer Instituts, 4).   .

Hoffmann, Jens: »Das kann man nicht erzählen«. »Aktion 1005« – wie die Nazis die Spuren ihrer Massenmorde in Osteuropa beseitigten. Hamburg: Konkret Literatur 2008.

Hoheisel, Horst: Aschrottbrunnen – Denk-Stein-Sammlung – Brandenburger Tor – Buchenwald. Vier Erinnerungsversuche. In: Berg, Nicolas / Jochimsen, Jess / Stiegler, Bernd (Hg.): Shoah. Formen der Erinnerung. Geschichte, Philosophie, Literatur, Kunst. München: Fink 1996, S. 253–266.

Holz, Klaus: Nationaler Antisemitismus. Wissenssoziologie einer Weltanschauung. Hamburg: HIS 2001.

Humboldt, Wilhelm von: Über die Verschiedenheit des menschlichen Sprachbaues und ihren Einfluß auf die geistige Entwicklung des Menschengeschlechts. Hg. v. Donatella Di Cesare. Paderborn u. a.: Schöningh 1998 [1836].

Huyssen, Andreas: Twilight Memories. Marking Time in a Culture of Amnesia. New York / London: Routledge 1995.

Immler, Nicole L.:Bericht zur Tagung »Nationale Erinnerungsorte hinterfragt«. In: H-Soz-u-Kult 11.12.2006, http://hsozkult.geschichte.hu-berlin.de/tagungsberichte/id=1405, 12.3.2007.

Insdorf, Annette: Indelible Shadows. Film and the Holocaust. Cambridge: Cambridge University Press 1989.

Institut für Sozialforschung: Kultur und Zivilisation. In: Konersmann, Ralf (Hg.): Kulturphilosophie. Leipzig: Reclam, [3]2004 [1996], S. 153–167 [zuerst in: Institut für Sozialforschung: Soziologische Exkurse. Nach Vorträgen und Exkursionen. Frankfurt/M.: Europäische Verlagsanstalt 1956, S. 83–92].

Jakisa, Miranda / Zifonun, Darius: Gedächtnis und Erinnerung. Sammelrezension. In: Soziologische Revue 27 (2004) 1, S. 58–68.

Jeismann, Karl-Ernst: Geschichtsbewußtsein. In: Handbuch der Geschichtsdidaktik. Hg. v. Klaus Bergmann, Annette Kuhn, Jörn Rüsen und Gerhard Schneider in Verbindung mit Werner Boldt u.a. Seelze-Velber: Kallmeyer, [4]1992 [[3]1985], S.40–43.

Jesse, Eckhard: Deutschland hat sich gewandelt. Ausbalancierteres Verhalten zur eigenen Identität. In: Das Parlament 42/2006 vom 16.10.2006, http://www.das-parlament.de/2006/42/Thema/003.html, 3.5.2009.

Jünger, Friedrich Georg: Gedächtnis und Erinnerung. Frankfurt/M.: Klostermann 1957.

Kaase, Max: Sinn oder Unsinn des Konzepts »Politische Kultur« für die Vergleichende Politikforschung, oder auch: Der Versuch, einen Pudding an die Wand zu nageln. in: ders. / Klingemann, Hans-Dieter (Hg.): Wahlen und politisches System. Analysen aus Anlass der Bundestagswahl 1980. Opladen: Westdeutscher Verlag 1983, S. 144–171 (Schriften des Zentralinstituts für Sozialwissenschaftliche Forschung der Freien Universität Berlin, 42).

Kaiser, Alexandra: »Sie wollen gar nicht, dass wir mit lauten Worten sie 'Helden' nennen«.

Der Volkstrauertag und der Mythos vom Sinn des Sterbens im Krieg. In: Hein-Kircher, Heidi / Hahn, Hans Henning (Hg.): Politische Mythen im 19. und 20. Jahrhundert in Mittel- und Osteuropa. Marburg: Herder-Institut 2006 (Tagungen zur Ostmitteleuropa-Forschung, 24), S. 63–80.

Kansteiner, Wulf: Finding Meaning in Memory. A Methodological Critique of Collective Memory. In: *History & Theory* 41 (2002) 2, S. 179–197.

—: Nazis, Viewers and Statistics: Television History, Television Audience Research and Collective Memory in West Germany. In: *Journal of Contemporary History* 39 (2004), 4, S. 575–598.

—: Postmoderner Historismus – Das kollektive Gedächtnis als neues Paradigma der Kulturwissenschaften. In: Jaeger, Friedrich / Straub, Jürgen (Hg.): Handbuch der Kulturwissenschaften. Band 2: Paradigmen und Disziplinen. Stuttgart: Metzler 2004, S.119–139.

—: In Pursuit of German Memory. History, Television, and Politics after Auschwitz. Athens: Ohio Unversity Press 2006.

—: Of Kitsch, Enlightenment, and Gender Anxiety: Exploring Cultural Memories of Collective Memory Studies. In: *History & Theory* 46 (2007) 1, S. 82–91.

Kapferer, Norbert: Der Totalitarismusbegriff auf dem Prüfstand. Ideengeschichtliche, komparatistische und politische Aspekte eines umstrittenen Terminus. Hannah-Arendt-Institut für Totalitarismusforschung: Dresden 1995 (Vorträge aus dem Hannah-Arendt-Institut, 5).

Keilbach, Judith: Politik mit der Vergangenheit. Der 50. Jahrestag der Befreiung der Konzentrationslager im US-amerikanischen und im bundesdeutschen Fernsehen. In: *Historical Social Research / Historische Sozialforschung* 30 (2005), 4, S. 86–111.

Keppler, Angela: Soziale Formen des Erinnerns. Die kommunikative Tradierung von (Familien-)Geschichte. In: Welzer, Harald (Hg.): Das soziale Gedächtnis. Geschichte, Erinnerung, Tradierung. Hamburg: Hamburger Edition 2001, S. 137–159.

Kießling, Bernd: Wie Massenmedien Wirklichkeit machen. In: *Universitas. Zeitschrift für interdisziplinäre Wissenschaft* 54 (1999), 637, S. 638–650.

Kirsch, Jan-Holger: »Wir haben aus der Geschichte gelernt«: der 8. Mai als politischer Gedenktag in Deutschland. Köln u.a.: Böhlau 1999 (Beiträge zur Geschichtskultur, 16).

—: Formen des Erinnerns – Kulturtheorie und Sozialgeschichte. In: *Erwägen Wissen Ethik* 13 (2002) 2, S. 253–255.

—: Nationaler Mythos oder historische Trauer? Der Streit um ein zentrales «Holocaust-Mahnmal« für die Berliner Republik. Köln u. a.: Böhlau 2003 (Beiträge zur Geschichtskultur, 25).

Kipper, Rainer: Der Germanenmythos im Deutschen Kaiserreich. Formen und Funktionen historischer Selbstthematisierung. Göttingen: Vandenhoeck & Ruprecht 2002 (Formen der Erinnerung, 11).

Kittel, Manfred: Die Legende von der zweiten Schuld. Vergangenheitsbewältigung in der Ära Adenauer. Berlin / Frankfurt/M.: Ullstein 1993.

Kittsteiner, Heinz D.: Vom Nutzen und Nachteil des Vergessens für die Geschichte. In: ders.: Out of Control. Über die Unverfügbarkeit des historischen Prozesses. Berlin / Wien: Philo 2004, S. 217–251.

Knapp, Steven: Collective Memory and the Actual Past. In: *Representations* 7 (1989) 26, Special Issue: Memory and Counter-Memory, S.123–149.

Knigge, Volkhard / Frei, Norbert (Hg.): Verbrechen erinnern. Die Auseinandersetzung mit Holocaust und Völkermord. Unter Mitarbeit von Annett Schweitzer. München: Beck 2002.

Knigge, Volkhard: Antifaschistischer Widerstand und Holocaust. Zur Geschichte der KZ-Gedenkstätten in der DDR. In: Moltmann, Bernhard / Kiesel, Doron u. a. (Hg.): Erinnerung. Zur Gegenwart des Holocaust in Deutschland West und Deutschland Ost. Frankfurt/M.: Haag und Herchen 1993, S. 67–79 (Schriftenreihe der Arbeitsstelle zur Vorbereitung des Frankfurter Lern- und Dokumentationszentrums des Holocaust / Fritz-Bauer-Institut, 4).

—: Statt eines Nachworts: Abschied der Erinnerung. In: ders. / Frei, Norbert (Hg.): Verbrechen erinnern, S. 422–439.

Knobloch, Charlotte: Deutschland braucht einen neuen Patriotismus. Deutschlandfunk, 02.10.2006, http://www.zeit.de/online/2006/40/dlf-schwarzrotgold-knobloch, 3.5.2009.

Kohlstruck, Michael: Erinnerungspolitik: Kollektive Identität, Neue Ordnung, Diskurshegemonie. In: Schwelling, Birgit (Hg.): Politikwissenschaft als Kulturwissenschaft. Theorien, Methoden, Problemstellungen. Wiesbaden: Verlag für Sozialwissenschaften 2004, S.173–193.

Köhnke, Klaus Christian / Kösser, Uta: Prägnanzbildung und Ästhetisierung in Bildangeboten und und Bildwahrnehmungen. Unter Mitwirkung von Anke Hofmann. Leipzig: Leipziger Universitätsverlag 2001 (Leipziger Studien zur Erforschung von regionenbezogenen Identifikationsprozessen, 6).

Köhnke, Klaus Christian: Der junge Simmel – in Theoriebeziehungen und sozialen Bewegungen. Frankfurt/M.: Suhrkamp 1996.

—: Einleitung des Herausgebers. In: Lazarus, Moritz: Grundzüge der Völkerpsychologie und Kulturwissenschaft. Hgg., mit einer Einleitung und Anmerkungen versehen von Klaus Christian Köhnke. Hamburg: Meiner 2003, S. IX–XXXVII.

Kölsch, Julia:»Erinnerung ist ein Hund, der sich (nicht) hinlegt, wo er will« – Gegenwärtige Vergangenheit, Politik und Gedächtnis. In: Erler, Hans (Hg.): Erinnern und Verstehen. Der Völkermord an den Juden im politischen Gedächtnis der Deutschen. Frankfurt/M. / New York: Campus 2003, S. 110–115.

König, Helmut: Politik und Gedächtnis. Weilerswist: Velbrück Wissenschaft 2008.

Konersmann, Ralf: Kulturphilosophie zur Einführung. Hamburg: Junius 2003.

Koonz, Claudia: Between Memory and Oblivion: Concentration Camps in German Memory. In: Gillis, John R. (Hg.): Commemorations. The Politics of National Identity. Princeton: Princeton University Press 1994, S. 258–280.

Koshar, Rudy J.: Building Pasts: Historic Preservation and Identity in Twentieth-Century Germany. In: Gillis, John R. (Hg.): Commemorations. The Politics of National Identity. Princeton: Princeton University Press 1994, S. 215–238.

Krassnitzer, Patrick: Autobiographische Erinnerung und kollektive Gedächtnisse: Die nationalsozialistische Erinnerung an das »Fronterlebnis« im Ersten Weltkrieg in den Autobiographien von »alten Kämpfern«. In: Borsó, Vittoria / Krumeich, Gerd / Witte, Bernd (Hg.): Medialität und Gedächtnis. Interdisziplinäre Beiträge zur kulturellen Verarbeitung europäischer Krisen. Unter Mitwirkung von Patrick Krassnitzer und Vera Viehöver. Stuttgart, Weimar: Metzler 2002, S. 215–258.

Krebs, Stefan / Tschacher, Stefan: Speer und Er. Und Wir? In: *Geschichte in Wissenschaft und Unterricht* 58 (2007), 3, S. 163–173.

Krönig, Jürgen: Angst vor der Nation. In: *ZEIT online* vom 19.6.2006, http://www.zeit.de/online/2006/25/WM-Patriotismus-Kommentar, 3.5.2009.

Krumeich, Gerd: Historische Wissenschaft und europäisches Gedächtnis. In: Borsó, Vittoria / ders. / Witte, Bernd (Hg.): Medialität und Gedächtnis. Interdisziplinäre Beiträge zur kulturellen Verarbeitung europäischer Krisen. Unter Mitwirkung von Patrick Krassnitzer und Vera Viehöver. Stuttgart, Weimar: Metzler 2002, S. 193–214.

Kurbjuweit, Dirk u.a.: Deutschland, ein Sommermärchen. In: *DER SPIEGEL* 25/2006 vom 19.06.2006, http://wissen.spiegel.de/wissen/dokument/dokument.html?id=47282143, 3.5.2009.

Landeshauptstadt Dresden (Hg.): Erklärung der Dresdner Historikerkommission zur Ermittlung der Opferzahlen der Luftangriffe auf die Stadt Dresden am 13./14. Februar 1945. 1.10.2008, http://www.dresden.de/media/pdf/presseamt/Erklaerung_Historikerkommission.pdf, 21.12.2008.

Langer, Susanne K.: Philosophie auf neuem Wege. Das Symbol im Denken, im Ritus und in der Kunst. Frankfurt/M.: Fischer 1984 [1965, amer. 1942].

Lanzmann, Claude: Ihr sollt nicht weinen. Einspruch gegen Schindlers Liste. In: *Frankfurter Allgemeine Zeitung*, 5.3.1994.

Lautmann, Rüdiger: Konstruktivismus. In: Lexikon zur Soziologie. Hgg. v. Werner Fuchs-Heinritz u.a.. Opladen: Westdeutscher Verlag 1994, S. 363.

Lazarus, Moritz: Ueber das Verhältniß des Einzelnen zur Gesammtheit. In: ders.: Grundzüge der Völkerpsychologie und Kulturwissenschaft. Hgg., mit einer Einleitung und Anmerkungen versehen von Klaus Christian Köhnke. Hamburg: Meiner 2003, S. 39–129 [zuerst in: *Zeitschrift für Völkerpsychologie und Sprachwissenschaft* 2/1862, S. 393–453].

Leggewie, Claus: Schlachtfeld Europa. Transnationale Erinnerung und europäische Identität. In: *Blätter für deutsche und internationale Politik* 54 (2009) 2, S. 81–93.

Le Goff, Jaques: Geschichte und Gedächtnis. Frankfurt/M., New York: Campus 1992 (Historische Studien, 6).

Lentin, Ronit: Memory, Forgetting, and Mourning Work: Deviant Narratives of Silence in the Gendered Relations between Israeli Zionism and the Shoah. In: dies. (Hg.): Re-Presenting the Shoah for the 21st Century, New York, Oxford: Berghahn 2004, S. 59–76.

Leo, Annette: Keine gemeinsame Erinnerung. Geschichtsbewusstsein in Ost und West. In: *Aus Politik und Zeitgeschichte* B (2003), 40–41, S.27–32.

Lersch, Edgar: Vom »SS-Staat« zu »Auschwitz«. Zwei Fernsehdokumentationen zur Vernichtung der europäischen Juden vor und nach »Holocaust«. In: *Historical Social Research / Historische Sozialforschung* 30 (2005), 4, S. 74–85.

Levy, Daniel / Sznaider, Natan: Erinnerung im globalen Zeitalter: Der Holocaust. Frankfurt/M.: Suhrkamp 2001 (Edition zweite Moderne).

Levy, Daniel / Sznaider, Natan / Feldman, Jackie: Kosmopolitisches versus nationales Erinnern. Eine Diskussion. In: *Mittelweg 36* 15 (2006) 1, S. 102–107.

List, Elisabeth / Srubar, Ilja: Vorwort. In: dies. / ders. (Hg.): Alfred Schütz: neue Beiträge zur Rezeption seines Werkes. Amsterdam: Rodopi 1988, S. 1–4 (Studien zur österreichischen Philosophie, 12).

Loewy, Hanno / Moltmann, Bernhard (Hg.): Erlebnis – Gedächtnis – Sinn: authentische und konstruierte Erinnerung. Frankfurt/M. / New York: Campus 1996 (Wissenschaftliche Reihe des Fritz-Bauer-Instituts, 3).

Loewy, Hanno (Hg.): Holocaust. Die Grenzen des Verstehens. Eine Debatte über die Besetzung von Geschichte. Reinbek: Rowohlt 1992.

Lorenz, Chris: Konstruktion der Vergangenheit. Eine Einführung in die Geschichtstheorie. Köln u.a.: Böhlau 1997 (Beiträge zur Geschichtskultur, 13).

Lowenthal, David: Identity, Heritage, and History. In: Gillis, John R. (Hg.): Commemorations. The Politics of National Identity. Princeton: Princeton University Press 1994, S. 41–57.

Löwenthal, Leo: Calibans Erbe. Bücherverbrennungen und kulturelle

Verdrängungsmechanismen. In: Assmann, Aleida / Assmann, Jan / Hardmeier, Christof (Hg.): Schrift und Gedächtnis. München: Fink 1983, S. 227–236 (Beiträge zur Archäologie der literarischen Kommunikation, 1).

Lübbe, Hermann: Vergangenheit: ihre Lust und deutsche Last. In: ders.: Zwischen Trend und Tradition. Überfordert uns die Gegenwart? Zürich: Edition Interfrom 1981, S. 7–22.

—: Der Fortschritt und das Museum. In: ders.: Die Aufdringlichkeit der Geschichte. Herausforderungen der Moderne vom Historismus bis zum Nationalsozialismus. Graz u. a.: Styria 1989, S.13–29 [zuerst als: Der Fortschritt und das Museum. Über den Grund unseres Vergnügens an historischen Gegenständen. The Bithell Memorial Lecture. University of London 1982].

Luckmann, Thomas: Aspekte einer Theorie der Sozialkommunikation. In: ders.: Lebenswelt und Gesellschaft, S. 93–121 [1973].

—: Philosophie, Sozialwissenschaften und Alltagsleben. In: ders.: Lebenswelt und Gesellschaft, S. 9–55 [amer. 1973].

—: Rationalität der Institutionen im modernen Leben. In: ders.: Lebenswelt und Gesellschaft, S. 190–206 [amer. 1975].

—: Persönliche Identität als evolutionäres und historisches Problem. In: ders.: Lebenswelt und Gesellschaft, S. 123–141, [amer. 1977].

—: Phänomenologie und Soziologie. In: Sprondel, Walter M. / Grathoff, Richard (Hg.): Alfred Schütz und die Idee des Alltags in den Sozialwissenschaften. Stuttgart: Enke 1979, S. 196–206.

—: Lebenswelt und Gesellschaft. Grundstrukturen und geschichtliche Wandlungen. Paderborn u.a.: Schöningh 1980.

—: Individuelles Handeln und gesellschaftliches Wissen. In: ders.: Wissen und Gesellschaft, S. 69–90 [1982].

—: Lebensweltliche Zeitkategorien, Zeitstrukturen des Alltags und der Ort des »historischen Bewußtseins«. In: ders.: Wissen und Gesellschaft, S. 55–66 [1983].

—: Eine phänomenologische Begründung der Sozialwissenschaften? In: Henrich, Dieter (Hg.): Kant oder Hegel? Über Formen und Begründungen der Philosophie. Stuttgart: Klett-Cotta 1983, S. 506–518.

—: Grundformen der gesellschaftlichen Vermittlung des Wissens: Kommunikative Gattungen. In: Neidhardt, Friedhelm (Hg.): Kultur und Gesellschaft. Sonderheft der *Kölner Zeitschrift für Soziologie und Sozialpsychologie* 27. Opladen: Westdeutscher Verlag 1986, S. 191–211.

—: Lebenswelt: Modebegriff oder Forschungsprogramm? In: *Grundlagen der Weiterbildung* 1 (1990) 1, S. 9–13.

—: Der kommunikative Aufbau der sozialen Welt und die Sozialwissenschaften. In: ders.: Wissen und Gesellschaft, S. 157–181 [1995].

—: Einige Bemerkungen zum Problem der Legitimation. In: Bohn, Cornelia / Willems, Herbert (Hg.): Sinngeneratoren. Fremd- und Selbstthematisierung in soziologisch-historischer Perspektive. Unter Mitarbeit von Marc Breuer und Marén Schorch. Konstanz: UVK 2001, S. 339–345.

—: Wissen und Gesellschaft. Ausgewählte Aufsätze 1981–2002. Konstanz: UVK 2002 (Erfahrung – Wissen – Imagination. Schriften zur Wissenssoziologie, 1).

—: Zur Ausbildung historischer Institutionen. In: ders.: Wissen und Gesellschaft, S. 105–115.

—: Vorwort. In: Schütz, Alfred / ders.: Strukturen der Lebenswelt. Konstanz: UVK 2003, S. 13–26.

Lyotard, Jean-Francois: Heidegger und »die Juden«. Wien: Passagen, ²2005 [1988].

Maier, Charles S.: Die Gegenwart der Vergangenheit. Geschichte und die nationale Identität der Deutschen. Frankfurt/M. / New York: Campus 1992.

Mannheim, Karl: Wissenssoziologie. In: Handwörterbuch der Soziologie. Hgg. v. Alfred Vierkandt. Stuttgart: Enke 1931, S. 659–680.

Marcuse, Harold: Die museale Darstellung des Holocaust an Orten ehemaliger Konzentrationslager in der Bundesrepublik. In: Moltmann, Bernhard / Kiesel, Doron u. a. (Hg.): Erinnerung. Zur Gegenwart des Holocaust in Deutschland West und Deutschland Ost. Frankfurt/M.: Haag und Herchen 1993, S. 79–97 (Schriftenreihe der Arbeitsstelle zur Vorbereitung des Frankfurter Lern- und Dokumentationszentrums des Holocaust / Fritz-Bauer-Institut, 4).

Margalit, Gilad: Dresden und die Erinnerungspolitik in der DDR. In: historicum.net, http://www.bombenkrieg.historicum-archiv.net/themen/ddr.html, 25.1.2004.

—: Der Luftangriff auf Dresden. Seine Bedeutung für die Erinnerungspolitik der DDR und für die Herauskristallisierung einer historischen Kriegserinnerung im Westem. In: Düwell, Susanne / Schmidt, Matthias (Hg.): Narrative der Shoah. Repräsentationen der Vergangenheit in Historiographie, Kunst und Politik. Paderborn u.a.: Schöningh 2002, S. 189–207 (Studien zu Judentum und Christentum).

Markowitsch, Hans J.: Bewußte und unbewußte Formen des Erinnerns. Befunde aus der neurowissenschaftlichen Gedächtnisforschung. In: Welzer, Harald (Hg.): Das soziale Gedächtnis. Geschichte, Erinnerung, Tradierung. Hamburg: Hamburger Edition 2001, S. 219–239.

Martínez, Matías: Zur Einführung: Authentizität und Medialität in künstlerischen Darstellungen des Holocaust. In: ders.(Hg.): Der Holocaust und die Künste. Medialität und Authentizität von Holocaust-Darstellungen in Literatur, Film, Video, Malerei, Denkmälern, Comic und Musik. Bielefeld: Aisthesis 2004, S. 7–22.

Matthes, Joachim: 'Berger und Luckmann'. In: ders. / Stosberg, Manfred (Hg.): Die gesellschaftliche Konstruktion der Wirklichkeit: Berger-Luckmann revisited. Nürnberg: Sozialwissenschaftliches Forschungszentrum der Friedrich-Alexander-Universität 1997, S. 53–62.

Maturana, Humberto. R.: Erkennen: Die Organisation und Verkörperung von Wirklichkeit. Ausgewählte Arbeiten zur biologischen Epistemologie. Braunschweig / Wiesbaden: Vieweg ^{2}1985 [1982].

Matz, Reinhard: Die unsichtbaren Lager. Das Verschwinden der Vergangenheit im Gedenken. Reinbek: Rowohlt 1993 (Schriftenreihe der Arbeitsstelle zur Vorbereitung des Frankfurter Lern- und Dokumentationszentrums des Holocaust, 6).

Mead, George Herbert: Geist, Identität und Gesellschaft aus Sicht des Sozialbehaviorismus. Frankfurt: Suhrkamp 1968 [amer. 1934].

Mehring, Nicole: Das Bunkermuseum Emden. Koffer, Zigarettendose, Besteck – Andenken der Alltagskultur und Repräsentationen des Nationalsozialismus. In: Dittrich, Ulrike / Jacobeit, Sigrid (Hg.): KZ-Souvenirs. Erinnerungsobjekte der Alltagskultur im Gedenken an die nationalsozialistischen Verbrechen. Potsdam: Brandenburgische Landeszentrale für politische Bildung 2005, S. 100–111.

Meja, Volker / Stehr, Nico: Zur gegenwärtigen Lage wissenssoziologischer Konzeptionen. In: dies. (Hg.): Der Streit um die Wissenssoziologie. Frankfurt/M.: Suhrkamp 1982, S. 893–946.

Mommsen, Wolfgang J.: Politik und politische Theorie bei Max Weber. In: Weiß, Johannes (Hg.): Max Weber heute. Beiträge und Probleme der Forschung. Frankfurt/M.: Suhrkamp 1989, S. 515–542.

Moller, Sabine: Die Entkonkretisierung der NS-Herrschaft in der Ära Kohl. Die Neue Wache, das Denkmal für die ermordeten Juden Europas, das Haus der Geschichte der Bundesrepublik Deutschland. Hannover: Offizin 1998.

Moltmann, Bernhard / Kiesel, Doron u. a. (Hg.): Erinnerung. Zur Gegenwart des Holocaust in Deutschland West und Deutschland Ost. Frankfurt/M.: Haag und Herchen 1993 (Schriftenreihe der Arbeitsstelle zur Vorbereitung des Frankfurter Lern- und Dokumentationszentrums des Holocaust / Fritz-Bauer-Institut, 4).

Naumann, Klaus: Auschwitz im Gedächtnisraum der Presse 1995. In: Hoffmann, Detlef (Hg.): Das Gedächtnis der Dinge. Frankfurt/M. / New York: Campus 1998, S. 324–329 (Wissenschaftliche Reihe des Fritz Bauer Instituts, 4).

Niethammer, Lutz (Hg.): Lebenserfahrung und kollektives Gedächtnis. Die Praxis der »Oral History«. Unter Mitarbeit von Werner Trapp. Frankfurt/M.: Suhrkamp 1985 [1980].

—: Einführung. In: ders. (Hg.): Lebenserfahrung und kollektives Gedächtnis, S. 7–33.

—: Erinnerungsgebot und Erfahrungsgeschichte. Institutionalisierungen im kollektiven Gedächtnis. In: Loewy, Hanno (Hg.): Holocaust. Die Grenzen des Verstehens. Eine Debatte über die Besetzung von Geschichte. Reinbek: Rowohlt 1992, S. 21–34.

—: Diesseits des »Floating Gap«. Das kollektive Gedächtnis und die Konstruktion von Identität im wissenschaftlichen Diskurs. In: Dabag, Mihran / Platt, Kristin (Hg.): Generation und Gedächtnis. Erinnerungen und kollektive Identitäten. Unter Mitwirkung von Susanne Heil. Opladen: Leske + Budrich 1995, S.25–50.

—: Kollektive Identität. Heimliche Quellen einer unheimlichen Konjunktur. Unter Mitarbeit von Axel Doßmann. Reinbek: Rowohlt 2000.

Nietzsche, Friedrich: Vom Nutzen und Nachtheil der Historie für das Leben (= Unzeitgemäße Betrachtungen. Zweites Stück.). München: Goldmann 1964 [1874].

N. N.: Großes Wörterbuch. Köln: Serges Medien 2000.

Noack, Juliane: Erik H. Eriksons Identitätstheorie.Oberhausen: Athena 2005.

Nora, Pierre: Les lieux de mémoire. 7 Bände. Paris: Gallimard 1984–1992.

—: Zwischen Geschichte und Gedächtnis, Berlin: Wagenbach 1990.

Novick, Peter: Nach dem Holocaust. Der Umgang mit dem Massenmord. Stuttgart / München: Deutsche Verlags-Anstalt 2001.

Olick, Jeffrey K./ Levy, Daniel: Collective Memory and Cultural Constraint: Holocaust Myth and Rationality in German Politics. In: *American Sociological Review* (1997), 62, S. 921–926.

Olick, Jeffrey K. / Robbins, Joyce: Social Memory Studies: From »Collective Memory« to the Historical Sociology of Mnemonic Practices. In: *Annual Review of Sociology* 24 (1998), S. 105–140.

Olick, Jeffrey K.: Collective Memory: The Two Cultures. In: *Sociological Theory* 17 (1999), 3, S. 333–348.

Pauthner, Rolf: Bericht zur Tagung »Zukunft der Erinnerung« In: H-Soz-u-Kult 24.01.2007, http://hsozkult.geschichte.hu-berlin.de/tagungsberichte/id=1456, 9.2.2007.

Patzelt, Werner J.: Einführung in die Politikwissenschaft. Grundriß des Faches und studiumbegleitende Orientierung. Passau: Rothe, [5]2003 [[1]1992].

Pawlowski, Tatjana (Hg.): 30 Jahre »Die gesellschaftliche Konstruktion der Wirklichkeit«: Gespräch mit Thomas Luckmann. Aachen: Shaker 2003.

Perpeet, Wilhelm: Kultur, Kulturphilosophie. In: Historisches Wörterbuch der Philosophie. Hg. v. Joachim Ritter. Band 4: I-K. Basel / Stuttgart: Schwabe 1976, Sp. 1309–1324.

—: Zur Wortbedeutung von »Kultur«. In: Brackert, Helmut / Wefelmeyer, Fritz (Hg.):
    Naturplan und Verfallskritik. Zu Begriff und Geschichte der Kultur. Frankfurt/M.:
    Suhrkamp 1984, S. 21–28.
Pethes, Nicolas: Rezension zu: Butzer, Günter / Günter, Manuela (Hg.): Kulturelles
    Vergessen. Medien - Rituale - Orte. In: H-Soz-u-Kult 19.1.2006,
    http://hsozkult.geschichte.hu-berlin.de/rezensionen/2006-1-043, 21.4.2006.
Platon: Phaidros. In: Die digitale Bibliothek der Philosophie. Berlin: Directmedia 2001
    (= Platon: Sämtliche Werke. Band 2. Berlin: Lambert-Schneider 1940).
Plato, Alexander von: Erinnerungen an ein Symbol: Die Bombardierung Dresdens im
    Gedächtnis von Dresdnern. In: *BIOS – Zeitschrift für Biographieforschung, Oral History
    und Lebensverlaufsanalysen* 20 (2007), 1, S. 123–137.
—: Medialität von Erinnerung. Darstellung und »Verwendung« von Zeitzeugen in Ton, Bild
    und Film. In: *BIOS – Zeitschrift für Biographieforschung, Oral History und
    Lebensverlaufsanalysen* 21 (2008), 1, S. 79–92.
Plessner, Helmuth: Macht und menschliche Natur. Ein Versuch zur Anthropologie der
    geschichtlichen Weltansicht. Berlin: Junker und Dünnhaupt 1931.
Popitz, Heinrich: Die normative Konstruktion von Gesellschaft. Tübingen: Mohr 1980.
Pollak, Alexander: Zwischen Erinnerung und Tabu – Die diskursive Konstruktion des Mythos
    von der »sauberen Wehrmacht« in den österreichischen Medien nach 1945. In: *Folia
    Linguistica* XXXV/1–2, Berlin 2001, S. 131–156.
Puvogel, Ulrike / Stankowski, Martin: Gedenkstätten für die Opfer des Nationalsozialismus.
    Eine Dokumentation. Unter Mitarbeit von Ursula Graf. Band I. Bonn: Bundeszentrale für
    politische Bildung 21995 [1987].

Recknagel, Eva / Kromeier, Kay-Uwe / Janke, Miriam: Ein globalisiertes Gedächtnis?
    Weltweite Umfrage zum Thema Erinnerung. In: *Journal / Universität Leipzig* (2005), 6,
    S. 20.
Reichel, Peter: Politik mit der Erinnerung. Gedächtnisorte im Streit um die
    nationalsozialistische Vergangenheit. Frankfurt/M.: Fischer 1999.
Reimer, Robert C. / Reimer, Carol C.: Nazi-Retro Film. How German Narrative Cinema
    remembers the Past. New York: Twayne 1992.
Rensmann, Lars: Baustein der Erinnerungspolitik. Die politische Textur der
    Bundestagsdebatte über ein zentrales 'Holocaust-Mahnmal'. In: Brumlik, Micha / Funke,
    Hajo / ders. (Hg.): Umkämpftes Vergessen. Walser-Debatte, Holocaust-Mahnmal und
    neuere deutsche Geschichtspolitik. Berlin: Hans Schiler 22004 [2000], S. 137–169
    (Schriftenreihe Politik und Kultur, 3).
Ricoeur, Paul: Gedächtnis, Geschichte, Vergessen. München: Fink 2004 [frz. 2000].
Roediger, Henry L. III / Wertsch, James V.: Creating a new discipline of memory studies. In:
    Memory Studies 1 (2008) 1, S. 9–22.
Rothberg, Michael / Stark, Jared: After the Witness. A Report from the Twentieth
    Anniversary Conference of the Fortunoff Video Archive for the Holocaust Testimonies at
    Yale. In: *History & Memory* 13 (2003) 1, S. 85–96.
Rüsen, Jörn: Was ist Geschichtsbewußtsein? Theoretische Überlegungen und heuristische
    Hinweise. In: ders.: Historische Orientierung, S. 3–24 [1991].
—: Geschichtskultur als Forschungsproblem. In: ders.: Historische Orientierung, S. 235–245
    [1992].
—: Historische Orientierung. Über die Arbeit des Geschichtsbewusstseins, sich in der Zeit
    zurechtzufinden. Köln u.a.: Böhlau 1994.
Rüsen, Jörn: Was ist Geschichtskultur? Überlegungen zu einer neuen Art, über Geschichte

nachzudenken. In: Füßmann, Klaus / Grütter, Heinrich Theodor / ders. (Hg.): Historische Faszination. Geschichtskultur heute. Köln u. a.: Böhlau 1994, S. 3–26.

—: Holocaust, Erinnerung, Identität – Drei Formen generationeller Praktiken des Erinnerns. In: Welzer, Harald (Hg.): Das soziale Gedächtnis. Geschichte, Erinnerung, Tradierung. Hamburg: Hamburger Edition 2001, S. 243–259.

—: The Horror of Ethnocentrism: Westernization, Cultural Difference, and Strife in Understanding Non-Western Pasts in Historical Studies [=Review of: Fuglestead, Finn: The Ambiguities of History: The Problem of Ethnocentrism in Historical Writing. Oslo 2005.], in: *History and Theory* 47 (2008) 2, S. 261–269.

Saar, Martin: Wem gehört das kollektive Gedächtnis? Ein sozialhistorischer Ausblick auf Kultur, Multikulturalismus und Erinnerung. In: Echterhoff, Gerald / ders. (Hg.): Kontexte und Kulturen des Erinnerns. Maurice Halbwachs und das Paradigma des sozialen Gedächtnisses. Konstanz: UVK 2002, S. 267–278.

Sandner, Günther: Hegemonie und Erinnerung: Zur Konzeption von Geschichts- und Vergangenheitspolitik. In: *Österreichische Zeitschrift für Politikwissenschaft* 30 (2001) 1, S. 5–17.

Santner, Eric L.: The Locations of Memory. In: *Erwägen-Wissen-Ethik* 13 (2002) 2, S.220–222.

Schacter, Daniel L.: Wir sind Erinnerung. Hamburg: Rowohlt 1999.

Schmid, Harald: Kommodes Gedenken. Die Erinnerungskultur des vereinten Deutschlands. In: *Blätter für deutsche und internationale Politik* 53 (2008) 11, S. 91–102.

Schmid, Karl (Hg.): Gedächtnis, das Gemeinschaft stiftet. München / Zürich: Schnell und Steiner 1985 (Schriftenreihe der Katholischen Akademie der Erzdiözese Freiburg).

Schmidt, Patrick: Zwischen Medien und Topoi: Die Lieux de mémoire und die Medialität des kollektiven Gedächtnisses. In: Erll, Astrid / Nünning, Ansgar (Hg.): Medien des kollektiven Gedächtnisses. Konstruktivität – Historizität – Kulturspezifität. Berlin / New York: de Gruyter 2004, S. 25–43 (Media and cultural memory, 1).

Schmidt, Siegfried J. (Hg.): Gedächtnis. Probleme und Perspektiven der interdisziplinären Gedächtnisforschung, Frankfurt/M.: Suhrkamp 1991.

—: Gedächtnisforschung: Positionen, Probleme, Perspektiven. In: ders. (Hg.): Gedächtnis, S. 9–54.

—: Gedächtnis – Erzählen – Identität. In: Assmann, Aleida / Harth, Dietrich (Hg.): Mnemosyne. Formen und Funktionen der kulturellen Erinnerung. Frankfurt/M.: Fischer 1991, S. 378–397.

Schnatz, Helmut: Tiefflieger über Dresden? Legenden und Wirklichkeit. Köln u. a.: Böhlau 2000.

Schubert, Gunnar: Die kollektive Unschuld. Wie der Dresden-Schwindel zum nationalen Opfermythos wurde. Hamburg: KVV Konkret 2006.

Schütz, Alfred / Luckmann, Thomas: Strukturen der Lebenswelt. Konstanz: UVK 2003 [zuerst als amer. Übers. 1973, dt. 1975].

Schütz, Alfred: Der sinnhafte Aufbau der sozialen Welt. Eine Einleitung in die verstehende Soziologie. Hgg. v. Martin Endreß und Joachim Renn. Konstanz: UVK 2004 [1932] (= Alfred Schütz Werkausgabe Band II).

—: Theorie der Lebensformen. Hg. und eingeleitet von Ilja Srubar. Frankfurt/M.: Suhrkamp 1981.

—: Symbol, Wirklichkeit und Gesellschaft. In: Knoblauch, Hubert / Kurt, Ronald / Soeffner, Hans-Georg (Hg.): Theorie der Lebenswelt 2. Die kommunikative Ordnung der Lebenswelt (=Alfred Schütz Werkausgabe Band V.2). Konstanz: UVK 2003 [amer.

1964], S. 117–210.

Schwan, Gesine: Politik und Schuld. Die zerstörerische Macht des Schweigens. Frankfurt/M.: Fischer 1997.

Schwemmer, Oswald: Die kulturelle Existenz des Menschen. Berlin: Akademie 1997.

Segev, Tom: Die siebte Million. Reinbek: Rowohlt 1995.

Seibert, Peter: Medienwechsel und Erinnerung in den späten 50er Jahren. Der Beginn der Visualisierung des Holocaust im westdeutschen Fernsehen. In: *Der Deutschunterricht* 53 (2001), 5, S. 74–83.

Sellin, Volker: Politik. In: Geschichtliche Grundbegriffe. Historisches Lexikon zur politisch-sozialen Sprache in Deutschland. Hgg. v. Otto Brunner, Werner Conze und Reinhardt Koselleck. Band 4: Mi-Pre. Stuttgart: Klett-Cotta 1993 [1978], S. 789–874.

Seuthe, Rupert: »Geistig-moralische Wende«? Der politische Umgang mit der NS-Vergangenheit in der Ära Kohl am Beispiel von Gedenktagen, Museums- und Denkmalprojekten. Frankfurt/M.: Lang 2001.

Shavit, Zohar: Gesellschaftliches Bewußtsein und literarische Stereotypen, oder: Wie Nationalsozialismus und Holocaust in der deutschen Kinder- und Jugendliteratur behandelt werden. In: Stadtmuseum Oldenburg (Hg.): Antisemitismus und Holocaust. Ihre Darstellung und Verarbeitung in der deutschen Kinder- und Jugendliteratur. Katalog zur Ausstellung im Rahmen der 14. Oldenburger Kinder- und Jugendbuchmesse 1988 im Stadtmuseum Oldenburg. Oldenburg 1988, S. 97–107.

Shils, Edward: Tradition. London: Faber and Faber 1981.

Shorter, Bani: Memory in Service of Psyche: The Collective Unconscious in Myth, Dream and Ritual. In: Butler, Thomas (Hg.): Memory. History, Culture and the Mind. Oxford: Blackwell 1989, S. 61–75.

Simmel, Georg: Soziologie. Untersuchungen über die Formen der Vergesellschaftung. (=Georg Simmel Gesamtausgabe, Bd. 11), Frankfurt/M.: Suhrkamp 1992 [1908].

Singer, Wolf: Die Entwicklung kognitiver Strukturen – ein selbstreferentieller Lernprozeß. In: Schmidt, Siegfried J. (Hg.): Gedächtnis. Probleme und Perspektiven der interdisziplinären Gedächtnisforschung, Frankfurt/M.: Suhrkamp 1991, S. 96–124.

Soeffner, Hans-Georg: Rezension zu Schütz/Luckmann: Strukturen der Lebenswelt, Bd. 1 u. 2, in: *Kölner Zeitschrift für Soziologie und Sozialpsychologie* 39 (1987), 4, S. 801–806.

—: Alltagsverstand und Wissenschaft. Anmerkungen zu einem alltäglichen Mißverständnis von Wissenschaft. In: ders.: Auslegung des Alltags – Der Alltag der Auslegung. Zur wissenssoziologischen Konzeption einer sozialwissenschaftlichen Hermeneutik. Konstanz: UVK ²2004, [1989], S. 15–60.

—: Verstehende Soziologie und sozialwissenschaftliche Hermeneutik – Die Rekonstruktion der gesellschaftlichen Konstruktion der Wirklichkeit. In: *Berliner Journal für Soziologie* 1 (1991) 2, S. 263–269.

—: Selbsterlösung. Einige Grundzüge deutscher Erinnerungspolitiken. In: Poggi, Stefano / Rudolph, Enno (Hg.): Diktatur und Diskurs. Zur Rezeption des Totalitarismus in den Geisteswissenschaften. Luzern: Orell Füssli 2005, S. 337–364 (Kultur – Philosophie – Geschichte. Reihe des Kulturwissenschaftlichen Instituts Luzern, 4).

Srubar, Ilja: Die Theorie der Typenbildung bei Alfred Schütz. Ihre Bedeutung und ihre Grenzen. In: Sprondel, Walter M. / Grathoff, Richard (Hg.): Alfred Schütz und die Idee des Alltags in den Sozialwissenschaften. Stuttgart: Enke 1979, S. 43–64.

—: Alfred Schütz' Konzeption der Sozialität des Handelns. In: List, Elisabeth / ders. (Hg.): Alfred Schütz: neue Beiträge zur Rezeption seines Werkes. Amsterdam: Rodopi 1988, S. 145–156 (Studien zur österreichischen Philosophie, 12).

Starr, Louis M.: Oral History in den USA. Probleme und Perspektiven. In: Niethammer, Lutz

(Hg.): Lebenserfahrung und kollektives Gedächtnis. Die Praxis der »Oral History«. Unter Mitarbeit von Werner Trapp. Frankfurt/M.: Suhrkamp 1985 [1980], S. 37–74.

Steininger, Rolf (Hg.): Der Umgang mit dem Holocaust. Europa – USA – Israel. Wien u. a.: Böhlau 1994.

Straub, Jürgen (Hrsg.): Erzählung, Identität und historisches Bewußtsein: die psychologische Konstruktion von Zeit und Geschichte. Frankfurt am Main: Suhrkamp 1998 (Erinnerung, Geschichte, Identität, 1).

—: Geschichten erzählen, Geschichte bilden. Grundzüge einer narrativen Psychologie historischer Sinnbildung. In: ders.(Hg.): Erzählung, Identität und historisches Bewußtsein, S. 81–169.

Sturken, Marita: Memory, consumerism and media: Reflections on the emergence of the field. In: *Memory Studies* 1 (2008),1, S. 73–78.

Sumner, Angela M.: Kollektives Gedenken individualisiert: Die Hypermedia-Anwendung *The Virtual Wall*. In: Erll, Astrid / Nünning, Ansgar (Hg.): Medien des kollektiven Gedächtnisses. Konstruktivität – Historizität – Kulturspezifität. Berlin / New York: de Gruyter 2004, S. 255–276 (Media and cultural memory, 1).

Taylor, Frederick: Dresden, Dienstag 13. Februar 1945. Militärische Logik oder blanker Terror? München: Bertelsmann 2004.

Ther, Philipp: Die Last der Geschichte und die Falle der Erinnerung. In: *Transit. Europäische Revue* 30 (2005/06), S. 70–87.

Thießen, Malte: Mythos und städtisches Selbstbild. Gedenken an Bombenkrieg und Kriegsende in Hamburg nach 1945. In: Hein-Kircher, Heidi / Hahn, Hans Henning (Hg.): Politische Mythen im 19. und 20. Jahrhundert in Mittel- und Osteuropa. Marburg: Herder-Institut 2006 (Tagungen zur Ostmitteleuropa-Forschung, 24), S. 107–122.

Vollrath, E.: Politik. In: Historisches Wörterbuch der Philosophie. Hgg. v. Joachim Ritter. Band 7: P–Q. Basel / Stuttgart: Schwabe 1989, Sp. 1038–1072.

Walser, Martin: Erfahrungen beim Verfassen einer Sonntagsrede – 11.10.1998. In: Schirrmacher, Frank (Hg.): Die Walser-Bubis-Debatte. Eine Dokumentation. Frankfurt/M.: Suhrkamp 1999, S. 7–17.

Warning, Rainer: Vergessen, Verdrängen und Erinnern in Prousts A la recherche du temps perdu. In: Haverkamp, Anselm / Lachmann, Renate (Hg.): Memoria. Vergessen und Erinnern. Unter Mitwirkung von Reinhart Herzog. München: Fink 1993, S.160–194 (Poetik und Hermeneutik XV).

Weber, Max: Politik als Beruf. München, Leipzig: Duncker & Humblodt 1919.

—: Soziologische Grundbegriffe. In: Gesammelte Aufsätze zur Wissenschaftslehre. Dritte, erw. und verb. Auflage, hgg. v. Johannes Winckelmann. Tübingen: Mohr Siebeck 1968 [1921], S. 541–581.

Weinert, F. E.: Gedächtnis. In: Historisches Wörterbuch der Philosophie. Hg. v. Joachim Ritter. Band 3: G–H. Basel / Stuttgart: Schwabe 1974, Sp. 35–42.

Weinrich, Harald: Gedächtniskultur – Kulturgedächtnis. In: *Merkur. Deutsche Zeitschrift für europäisches Denken* 45 (1991), 589, S. 569–582.

—: Lethe – Kunst und Kritik des Vergessens. München: Beck 2005 [1997].

Welzer, Harald / Moller, Sabine / Tschuggnall, Karoline: »Opa war kein Nazi«. Nationalsozialismus und Holocaust im Familiengedächtnis. Unter Mitarbeit von Olaf Jensen und Torsten Koch. Frankfurt/M.: Fischer 2002 (Die Zeit des Nationalsozialismus).

Welzer, Harald (Hg.): Das soziale Gedächtnis. Geschichte, Erinnerung, Tradierung. Hamburg: Hamburger Edition 2001.

—: Das soziale Gedächtnis. In: ders. (Hg.): Das soziale Gedächtnis, S. 9–21.

—: Das kommunikative Gedächtnis. Eine Theorie der Erinnerung. München: Beck 2002.

—: Von der Täter- zur Opfergesellschaft: Zum Umbau der deutschen Erinnerungskultur. In: Erler, Hans (Hg.): Erinnern und Verstehen. Der Völkermord an den Juden im politischen Gedächtnis der Deutschen. Frankfurt/M. / New York: Campus 2003, S.100–106.

—: Die Medialität des menschlichen Gedächtnisses. In: *BIOS – Zeitschrift für Biographieforschung, Oral History und Lebensverlaufsanalysen* 21 (2008), 1, S.15–27.

Wende, Waltraut Wara: Geschichte im Film. Mediale Inszenierungen des Holocaust und kulturelles Gedächtnis. Stuttgart / Weimar: Metzler 2002.

Winthrop-Young, Geoffrey: Zwischen Nil und Net. In: *Erwägen Wissen Ethik* 13 (2002) 2, S. 271–273.

Wippermann, Wolfgang: Totalitarismustheorien. Die Entwicklung der Diskussion von den Anfängen bis heute. Darmstadt: Primus 1997.

Wischermann, Clemens (Hg.): Vom kollektiven Gedächtnis zur Individualisierung der Erinnerung. Stuttgart: Steiner 2002 (Studien zur Geschichte des Alltags, 18).

Wissenschaftlicher Rat der Dudenredaktion (Hg.): Duden. Das große Wörterbuch der deutschen Sprache. In zehn Bänden. Mannheim: Bibliographisches Institut und Brockhaus 1999.

Wiwjorra, Ingo: Der völkische Germanenmythos als Konsequenz deutscher Altertumsforschung des 19. Jahrhunderts. In: Hein-Kircher, Heidi / Hahn, Hans Henning (Hg.): Politische Mythen im 19. und 20. Jahrhundert in Mittel- und Osteuropa. Marburg: Herder-Institut 2006 (Tagungen zur Ostmitteleuropa-Forschung, 24), S. 157–165.

Wodak, Ruth / Menz, Florian / Mitten, Richard / Stern, Frank: Die Sprachen der Vergangenheiten. Öffentliches Gedenken in österreichischen und deutschen Medien. Frankfurt/M.: Suhrkamp 1994.

Wohlrab-Sahr, Monika: Die Realität des Subjekts. Überlegungen zu einer Theorie biographischer Identität. In: Keupp, Heiner / Hohl, Joachim (Hg.): Subjektdiskurse im gesellschaftlichen Wandel. Bielefeld: transcript 2006, S. 75–97.

Wolffsohn, Michael: Ewige Schuld? 40 Jahre deutsch-jüdisch-israelische Beziehungen. München, Zürich: Piper 1988.

Wolfrum, Edgar: Geschichtspolitik in der Bundesrepublik Deutschland: der Weg zur bundesrepublikanischen Erinnerung 1948–1990. Darmstadt: Wissenschaftliche Buchgesellschaft 1999.

—: Geschichtspolitik in der Bundesrepublik Deutschland 1949–1989. Phasen und Kontroversen. In: Bock, Petra / ders. (Hg.): Umkämpfte Vergangenheit. Geschichtsbilder, Erinnerung und Vergangenheitspolitik im internationalen Vergleich. Göttingen: Vandenhoeck & Ruprecht 1999, S. 55–81.

—: Die beiden Deutschland. In: Knigge, Volkhart / Frei, Norbert (Hg.): Verbrechen erinnern. Die Auseinandersetzung mit Holocaust und Völkermord. Unter Mitarbeit von Annett Schweitzer. München: Beck 2002, S. 133–149.

—: Neue Erinnerungskultur? Die Massenmedialisierung des 17. Juni 1953. In: *Aus Politik und Zeitgeschichte* B (2003), 40–41, S.33–39.

Yates, Frances A.: Gedächtnis und Erinnerung. Mnemonik von Aristoteles bis Shakespeare. Weinheim: VCH, Acta Humaniora 1990.

Young, James E.: Die Textur der Erinnerung. Holocaust-Gedenkstätten. In: Loewy, Hanno (Hg.): Holocaust. Die Grenzen des Verstehens. Eine Debatte über die Besetzung von

Geschichte. Reinbek: Rowohlt 1992, S. 213–232.

—: Das Dilemma der ästhetischen Auseinandersetzung mit dem Holocaust. Deutschland und USA im Vergleich. In: Loewy, Hanno / Moltmann, Bernhard (Hg.): Erlebnis – Gedächtnis – Sinn: authentische und konstruierte Erinnerung. Frankfurt/M. / New York: Campus 1996, S. 79–99 (Wissenschaftliche Reihe des Fritz-Bauer-Instituts, 3).

—: Jom Hashoah: Die Gestaltung eines Gedenktages. In: Berg, Nicolas / Jochimsen, Jess / Stiegler, Bernd (Hg.): Shoah. Formen der Erinnerung. Geschichte, Philosophie, Literatur, Kunst. München: Fink 1996, S. 53–76.

—: Between History and Memory. The Uncanny Voices of Historian and Survivor. In: *History & Memory* 9 (1997) 1, S. 47–58.

—: Formen des Erinnerns. Gedenkstätten des Holocaust. Wien: Passagen 1997.

—: Beiträge zur Gegenwart der Erinnerung: Israel. In: Knigge, Volkhart / Frei, Norbert (Hg.): Verbrechen erinnern. Die Auseinandersetzung mit Holocaust und Völkermord. Unter Mitarbeit von Annett Schweitzer. München: Beck 2002, S. 272–287.

Zerubavel, Yael: The Historic, the Legendary, and the Incredible: Invented Tradition and Collective Memory in Israel. In: Gillis, John R. (Hg.): Commemorations. The Politics of National Identity. Princeton: Princeton University Press 1994, S.105–123.

Zifonun, Dariuš: Gedenken und Identität. Der deutsche Erinnerungsdiskurs. Frankfurt/M., New York: Campus 2004 (Wissenschaftliche Reihe des Fritz Bauer Instituts, 12).

—: Politisches Wissen und die Wirklichkeit der Politik. Zum Nutzen der Wissenssoziologie für die Bestimmung des Politischen. In: Schwelling, Birgit (Hg.): Politikwissenschaft als Kulturwissenschaft. Theorien, Methoden, Problemstellungen. Wiesbaden: Verlag für Sozialwissenschaften 2004, S. 255–275.

Zimmermann, Hans Dieter: Über Literatur und kulturelles Gedächtnis. In: *Die Neue Gesellschaft / Frankfurter Hefte* 43 (1996) 1, S. 79–84.

Zimmermann, Michael: Negativer Fixpunkt und Suche nach positiver Identität. Der Nationalsozialismus im kollektiven Gedächtnis der alten Bundesrepublik. In: Loewy, Hanno (Hg.): Holocaust. Die Grenzen des Verstehens. Eine Debatte über die Besetzung von Geschichte. Reinbek: Rowohlt 1992, S. 128–143.

Zimmermann, Moshe: Vom Jischuw zum Staat – Die Bedeutung des Holocaust für das kollektive Bewußtsein und die Politik in Israel. In: Faulenbach, Bernd / Schütte, Helmuth (Hg.): Deutschland, Israel und der Holocaust. Zur Gegenwartsbedeutung der Vergangenheit. Essen: Klartext 1998, S.45–53 (Geschichte und Erwachsenenbildung, 7).

—: Mythen der Verfolgung im israelischen Alltag. In: Welzer, Harald (Hg.): Das soziale Gedächtnis. Geschichte, Erinnerung, Tradierung. Hamburg: Hamburger Edition 2001, S. 296–320.

Zittel, Claus (Hg.): Wissen und soziale Konstruktion. Berlin: Akademie 2002 (Wissenskultur und gesellschaftlicher Wandel, 3).

—: Konstruktionsprobleme des Sozialkonstruktivismus. In: ders. (Hg.): Wissen und soziale Konstruktion, S. 87–108.

Zuckermann, Moshe: Zweierlei Holocaust. Der Holocaust in den politischen Kulturen Israels und Deutschlands. Göttingen: Wallstein 1999.

Zülsdorf-Kersting, Meik: Historische Identität und geschichtskulturelle Prägung: empirische Annäherungen. In: *Geschichte in Wissenschaft und Unterricht* 59 (2008) 11, S. 631–646.

Register